Hans-Gerd Angel

Christliche Moral zwischen Vernunft und Offenbarung

Studien zur Geschichte der kath. Moraltheologie
Herausgegeben von Johannes Gründel

Band 30

Hans-Gerd Angel

Christliche Moral zwischen Vernunft und Offenbarung

Der hermesianische Entwurf des Trierer Moraltheologen Godehard Braun (1798–1861)

Verlag Friedrich Pustet Regensburg

Die Deutsche Bibliothek – CIP-Einheitsaufnahme

Angel, Hans-Gerd:
Christliche Moral zwischen Vernunft und Offenbarung :
Der hermesianische Entwurf des Trierer Moraltheologen
Godehard Braun (1798–1861) Hans-Gerd Angel. –
Regensburg : Pustet, 1992
  (Studien zur Geschichte der katholischen Moraltheologie ; Bd. 30)
  Zugl.: Trier, Univ., Diss., 1990/91
  ISBN 3-7917-1327-2
NE: GT

ISBN 3-7917-1327-2
ISSN 0081-7295
© 1992 by Verlag Friedrich Pustet, Regensburg
Gesamtherstellung: Friedrich Pustet, Regensburg
Printed in Germany 1992

VORWORT

Die vorliegende Arbeit wurde im Wintersemester 1990/91 von der Theologischen Fakultät Trier als Dissertation angenommen, wofür ich der Theologischen Fakultät sehr verbunden bin. Für die Drucklegung wurde die Untersuchung lediglich geringfügig überarbeitet.

Der Verfasser hat vielfältigen Dank zu sagen. Besonderen Dank schulde ich meinem verehrten Lehrer, Herrn Domkapitular Professor Dr. Helmut Weber, der die Arbeit angeregt und ihre Entstehung stets mit hilfreichen Hinweisen und wohlwollender Kritik begleitet hat. Als sein Assistent hatte ich mannigfache Gelegenheit, mit den alten und neuen Problemen der Moraltheologie und der Arbeit in diesem Fach bekannt zu werden.

Ferner möchte ich Herrn Professor DDr. Wolfgang Ockenfels OP danken, der sich der Arbeit freundlicherweise als Korreferent angenommen hat. Zu Dank verpflichtet bin ich darüberhinaus Herrn Professor Dr. Johannes Gründel für die Aufnahme der Untersuchung in die von ihm herausgegebene Reihe 'Studien zur Geschichte der katholischen Moraltheologie'. Wertvolle Hinweise zum biographischen Teil verdanke ich dem Direktor des Bistumsarchivs Trier, Herrn Dr. Martin Persch.

Zu danken habe ich auch dem Bistum Trier für die Gewährung einer großzügigen Druckkostenbeihilfe.

Meinen Eltern, denen die Arbeit zugeeignet ist, möchte ich danken für ihre stete Unterstützung während meines Studiums. Nicht zuletzt geht ein herzlicher Dank an meine Frau, die während der Zeit des Entstehens der Dissertation einen nicht selten geistesabwesenden Mann mit Geduld ertragen hat.

Trier, im Dezember 1991   Hans-Gerd Angel

Meinen Eltern

INHALT

Abkürzungen 10
Zitationsweise 11
Quellen- und Literaturverzeichnis 13
  I. Quellen 13
    1. Unveröffentlichte Quellen 13
    2. G. Braun 13
    3. Weitere Quellen 13
  II. Literatur 15
Einleitung 27

ERSTER TEIL

1. Kapitel: Geistesgeschichtliche Einordnung

  I. Zur gesellschaftlichen Situation der katholischen Kirche zu Beginn
     des 19. Jahrhunderts 31
  II. Das Phänomen der Aufklärung 32
  III. Die Strömung der Romantik 40
  IV. Georg Hermes und der Hermesianismus 43
    1. Geistige Entwicklung von G. Hermes 43
    2. Grundzüge der hermesischen Theologie 49
      2. 1 'Philosophische Einleitung': formale Grundlegung 50
        a. 'Fürwahrhalten' und die Möglichkeit der Offenbarung 50
        b. 'Fürwahrannehmen' und die Gewißheit der Offenbarung 54
      2. 2 'Positive Einleitung' und 'Dogmatik': materiale Weiterführung 57
Exkurs: Anton Günther und der Güntherianismus 61

2. Kapitel: Leben und literarisches Werk Godehard Brauns

  I. Leben 63
    1. Ausbildung 63
    2. Akademische Tätigkeit 66
    3. Tätigkeit als Regens und Domkapitular 70
    4. Wirken als Weihbischof 76
  II. Literarisches Werk 77

ZWEITER TEIL

1. Abschnitt: ÄUSSERE FORM DES HANDBUCHES, DIE GRÜNDE SEINER ENTSTEHUNG, SEINE SPRACHLICHE STRUKTUR UND DIE BEACHTUNG BIS HEUTE

1. Kapitel: *Äußere Gestalt, Entstehungsgründe und Form der Darstellung*

I. Äußere Gestalt und Inhalt 81
II. Die Gründe der Entstehung 84
III. Die Form der Darstellung 86
   1. Die Forderung nach systematischer Ordnung 86
      1.1 Begriffsbestimmung und geschichtlicher Überblick 86
      1.2 Die Forderung nach systematischer Ordnung bei G. Hermes 90
      1.3 Die Forderung nach systematischer Ordnung bei G. Braun 91
   2. Die Forderung nach analytischer Darstellungsweise 93
      2.1 Begriffsbestimmung 93
      2.2 Die Forderung nach analytischer Darstellungsweise bei G. Hermes 94
      2.3 Die Forderung nach analytischer Darstellungsweise bei G. Braun 94
   3. Der sprachliche Ausdruck und die Wahl der Verweise 95
IV. Zusammenfassung und Urteil 100

2. Kapitel: *Beachtung und Beurteilung des Handbuches* 101

2. Abschnitt: DIE THEORETISCHEN GRUNDLAGEN DES 'SYSTEMS DER CHRISTKATHOLISCHEN MORAL'

3. Kapitel: *Das Selbstverständnis der Moraltheologie G. Brauns – Definition und Abgrenzung*

I. Die Definition der Moraltheologie 112
   1. Theologie 113
   Exkurs: Der hermesische Theologiebegriff 113
   2. Moraltheologie 119
   3. Christliche Moraltheologie 121
   4. 'Christkatholische' Moraltheologie 121
II. Die Abgrenzung von den Nachbarwissenschaften 122
   1. 'Christkatholische' Moraltheologie und Dogmatik 122
   2. 'Christkatholische' und nichtkatholische christliche Moral 126
   3. 'Christkatholische' Moraltheologie und Ethik 126
      3.1 Das Verhältnis zur Moralphilosophie 126
      3.2 Das Verhältnis zur Religionsphilosophie 129
   4. 'Christkatholische' Moraltheologie und Kasuistik 129
   5. Die Hilfswissenschaften der 'christkatholischen' Moraltheologie 129
III. Zusammenfassung und Einordnung 130

4. Kapitel: *Die Suche nach Fundament und Prinzip moralischen Handelns*

I. Die Quelle moralischer Vorschriften 137
   1. Die praktischen Lehren Christi 138
      1. 1 Die ausdrücklichen praktischen Vorschriften 139
      1. 2 Die indirekten Anordnungen 144
   2. Offenbarung und Vernunft 145
      2. 1 NT, AT und die Tradition 145
      2. 2 Die Rolle der Vernunft 148
   3. Die theoretischen Lehren des Christentums 150
II. Die Herleitung der moralischen Vorschriften aus der Quelle 152
III. Das oberste Moralprinzip 158
   1. Definition und Rechtfertigung des obersten Moralprinzips 159
   2. Die Herleitung des obersten Moralprinzips 161
      2. 1 Die Rolle der Sinnlichkeit 162
      2. 2 Die Rolle der praktischen Vernunft 164
   3. Die Qualität des obersten Moralprinzips 166
IV. Zusammenfassung 173
Exkurs: Das 'Lehrbuch der christlichen Sittenlehre' von H. J. Vogelsang 175

3. Abschnitt: WESENTLICHE EINZELASPEKTE DES 'SYSTEMS DER CHRISTKATHOLISCHEN MORAL'

5. Kapitel: *Die anthropozentrische Ausrichtung*

I. Moraltheologie als Pflichtenlehre 179
II. Der Zweck des Menschen und der Schöpfung 191
III. Zusammenfassung 194

6. Kapitel: *Die Bedeutung der praktischen Vernunft*

I. Die praktische Vernunft als Instrument autonomer Sittlichkeit 196
II. Die praktische Vernunft als Garant letztgültiger sittlicher Verpflichtung ... 208
III. Die anratende praktische Vernunft – die sittlichen Räte 212
IV. Die praktische Vernunft als Verpflichtung zur rechten Gesinnung 215
V. Zusammenfassung 220

Abschluß: *Zusammenfassende Würdigung* 222

Personenregister 231

ABKÜRZUNGEN

ADB	Allgemeine deutsche Biographie. Leipzig I, 1875 - LVI, 1912.
AmrhKG	Archiv für mittelrheinische Kirchengeschichte. Speyer 1949 ff.
ASKG	Archiv für schlesische Kirchengeschichte. Hildesheim u. a. 1936 ff.
BATr	Bistumsarchiv Trier.
DS	H. Denzinger - A. Schönmetzer, Enchiridion Symbolorum. Definitionum et Declarationum de rebus fidei et morum. Barcelona-Freiburg-Rom-New York ^{36}1976.
GMS	I. Kant, Grundlegung zur Metaphysik der Sitten, s. Literaturliste.
HJ	Historisches Jahrbuch der Görres-Gesellschaft. München u. a. 1880 ff.
HKG	Handbuch für Kirchengeschichte. Hg. H. Jedin. Freiburg-Basel-Wien I, 1962 - VII, 1979.
HVNrh	Historischer Verein für den Niederrhein.
KdpV	I. Kant, Kritik der praktischen Vernunft, s. Literaturliste.
KdU	I. Kant, Kritik der Urteilskraft, s. Literaturliste.
LHAK	Landeshauptarchiv Koblenz (früher Staatsarchiv Koblenz).
LThK	Lexikon für Theologie und Kirche. Hg. J. Höfer und K. Rahner. Freiburg ^{2}I, 1957 - X, 1965.
MS	I. Kant, Die Metaphysik der Sitten, s. Literaturliste.
NDB	Neue deutsche Biographie. Berlin I, 1953 - (bisher erschienen: XVI, 1990).
NR	J. Neuner - H. Roos, Der Glaube der Kirche in den Urkunden der Lehrverkündigung. Neubearbeitet von K. Rahner und K. H. Weger. Regensburg ^{12}1986.
PhJ	Philosophisches Jahrbuch der Görres-Gesellschaft. Fulda u. a. 1888 ff.
RGG	Die Religion in Geschichte und Gegenwart. Hg. K. Galling. Tübingen ^{3}I, 1956 - VI, 1962.
SM	Sacramentum mundi. Theologisches Lexikon für die Praxis. Hg. K. Rahner und A. Darlap. Freiburg I, 1967 - IV, 1969.
ThPh	Theologie und Philosophie. Vierteljahresschrift für Theologie und Philosophie. Freiburg 41, 1966 ff.
ThQ	Theologische Quartalschrift. Tübingen 1819 ff.
ThRv	Theologische Revue. Münster 1902 ff.
TRE	Theologische Realenzyklopädie. Hg. G. Krause und G. Müller. Berlin-New York I, 1977 - (bisher erschienen: XXI (Lieferung 1/2), 1991).
TThZ	Trierer Theologische Zeitschrift (bis 1944: Pastor Bonus). Trier 1888 ff.
ZKTh	Zeitschrift für katholische Theologie. Wien u. a. 1876/77 ff.

ZITATIONSWEISE

In den Anmerkungen wird die Literatur in der Regel verkürzt zitiert. Lediglich beim erstmaligen Nennen des Titels werden zumeist auch Erscheinungsort und Jahr hinzugefügt bzw. bei Aufsätzen ihre Quelle angegeben, um eine notwendige Erstinformation zu dem Titel zu bieten, so daß nicht ständig im Literaturverzeichnis nachgeschlagen werden muß.

In den Anmerkungen sind die Literaturangaben nach Möglichkeit wie folgt geordnet: Lexika, Handbücher, weitere Literatur in chronologischer Reihenfolge.

Die angeführten Titel sind mit ihren vollständigen Angaben im Literaturverzeichnis aufgenommen.

Bei Stellenangaben betreffen römische Ziffern stets den Band, arabische die Seite bzw. Spalte.

Das moraltheologische Hauptwerk von G. Braun wird nur durch Band- und Seitenzahl angegeben.

Im Text und in den Anmerkungen werden die Namen der Autoren von Sekundärliteratur durch Versalien, die der Autoren von Quellenwerken durch kursive Schreibweise hervorgehoben.

Orthographie und Interpunktion in den wörtlichen Zitaten entsprechen dem Original. Hinzufügungen des Verfassers sind durch eckige Klammern gekennzeichnet.

Hat ein wörtliches Zitat keine eigene Anmerkungszahl, so gilt stets die nächstfolgende Quellenangabe.

Die in wörtlichen Zitaten aus Quellenwerken kursiv hervorgehobenen Stellen sind im Original durchweg gesperrt gedruckt. Die kursiven Hervorhebungen lateinischer Zitate stammen zumeist vom Verfasser.

QUELLEN- UND LITERATURVERZEICHNIS

I. Quellen

1. Unveröffentlichte Quellen

BATr   Abt. 53: Bischöfliches Priesterseminar Trier.
       B III: Verwaltungsakten des preußischen Bistums 1821 ff.

LHAK   Abt. 403: Oberpräsidium der Rheinprovinz.
       Abt. 442: Bezirksregierung Trier.

2. G. Braun

BRAUN, G., System der christkatholischen Moral. 3 Bde., Trier 1834/40.
ders., De sacra scriptura praescientiam et praedestinationem divinam atque libertatem humanam sine repugnantia docente. Mainz 1826.
ders., Curriculum vitae, Anhang zur Doktordissertation 'De sacra scriptura'. Mainz 1826, 89-91.
ders., Etwas über den Werth des Fastens zur Berichtigung irriger Ansichten von demselben. Trier 1830.
ders., Kritik der Ansichten der neueren christlichen Moralisten über die sittlichen Räthe. Trier 1832.

3. Weitere Quellen

ALPHONS VON LIGUORI, Theologia moralis. Hg. F. J. Xavier. 9 Bde., Paris 1835.
Anonymus, Urkundliche Darstellung der Vorfälle im Trierischen Seminar während des Monats August 1831. Hanau 1834.
BIUNDE, F. X., Fundamentalphilosophie. Trier 1838.
ders., Versuch einer systematischen Behandlung der empirischen Psychologie. 3 Bde., Trier 1831/32.
BUSENBAUM, H., Medulla theologiae moralis. Monasterii Westphaliae ^{39}1667 (^{1}1650 ?).
DREY, J. S., Kurze Einleitung in das Studium der Theologie mit Rücksicht auf den wissenschaftlichen Standpunct und das katholische System. Reprint Darmstadt 1971 (Tübingen 1819).
ELVENICH, P. J., Moralphilosophie. 2 Bde., Bonn 1830/33.
ders., Aktenstücke zur Geheimen Geschichte des Hermesianismus. Breslau-Oppeln 1845.
ESSER, W., Moralphilosophie. Münster 1827.
ders., Denkschrift auf Georg Hermes. Köln 1832.
ders., Psychologie. 2 Bde., Münster 1854.
FICHTE, J. G., Ausgewählte Werke in sechs Bänden. Hg. F. Medicus. Darmstadt 1962. In Bd. II: Das System der Sittenlehre nach den Prinzipien der Wissenschaftslehre (1798), 391-759. In Bd. III: Appellation an das Publikum (1799), 151-198, und Die Bestimmung des Menschen (1800, ^{2}1801), 261-415.

FRINT, J., Handbuch der Religionswissenschaft für die Kandidaten der Philosophie (Religionshandbuch für die gebildeten Stände), 6 Bde., Wien-Baden-Triest 1806/08.
GÜNTHER, A., Vorschule zur spekulativen Theologie des positiven Christentums. 2 Bde., Wien 1828/29.
HERMES, G., Untersuchung über die innere Wahrheit des Christenthums. Münster 1805.
ders., Einleitung in die christkatholische Theologie. Erster Teil: Philosophische Einleitung. Münster 1819. Zweiter Teil: Positive Einleitung. Münster 1829.
ders., Christkatholische Dogmatik. Nach dessen Tode hg. von J. H. Achterfeldt, 3 Bde., Münster 1834.
Hermesiana. Trier 1938.
HIRSCHER, J. B., Die christliche Moral als Lehre von der Verwirklichung des göttlichen Reiches in der Menschheit. 3 Bde., Tübingen 1835/36.
ders., Recension zu J. M. Sailer: Handbuch der christlichen Moral, in: ThQ 1 (1819), 242-269, 407-416.
KANT, I., Werke in sechs Bänden. Hg. W. Weischedel. Darmstadt 1970/71. In Bd. IV: Grundlegung zur Metaphysik der Sitten (^{1}1785, ^{2}1786), 7-102; Kritik der praktischen Vernunft (1788), 103-302; Die Metaphysik der Sitten (^{1}1797, ^{2}1798), 303-634. In Bd. V: Kritik der Urteilskraft (1790, ^{2}1793, ^{3}1799), 233-620. In Bd. VI: Beantwortung der Frage: Was ist Aufklärung? (1784), 51-61.
KLÖVEKORN, L., Über Hermes, Hermesianer, Hermesianismus. (Münster ?) 1838.
LINSENMANN, F. X., Lehrbuch der Moraltheologie. Freiburg 1878.
LOMB, K., Christkatholische Moral. Regensburg 1844.
MICHELIS, F., Die letzten Hermesianer und ihr Anwalt. Ein Wort zur Verständigung. Neuß 1844.
MUTSCHELLE, S., Über das sittlich Gute. München 1788.
ders., - THANNER, J., Moraltheologie oder Theologische Moral, vorzüglich zum Gebrauch für seine Vorlesungen. Erster Teil: allgemeine Moral, Zweiter Teil: besondere Moral, fortgesetzt von einem Verehrer des sel. S. Mutschelle (= Thanner). München 1801/03.
Nekrolog zum Tode von G. Braun, in: Eucharius. Sonntagsblatt für die Diöcese Trier 1 (1861), 177, 185 f., 193 f.
NEUMANN, L., Erläuterungen der Hermesischen Einleitung in die christkatholische Theologie. Erster-philosophischer Teil. Ein Versuch. Trier 1835.
NÜSSLE, F. X., Theologia moralis. 3 Bde., Solodori 1824.
OBERRAUCH, H., Theologia moralis. 8 Bde., Bambergae et Norimbergae 1797/98.
PROBST, F., Katholische Moraltheologie. 2 Bde., Tübingen 1848/50.
REYBERGER, A. K., Institutiones ethicae christianae seu theologiae moralis usibus academicis accomodatae. 3 Bde., Viennae 1805/09.
RIEGLER, G., Christliche Moral nach der Grundlage der Ethik des Maurus von Schenkl. 4 Bde., Augsburg 1825/28.
RUEF, J. M., Leitfaden zur christlichen Moral. 3 Bde., Dillingen 1824/25. Die zweite Auflage dazu nennt sich: Handbuch der christlichen Moral. 2 Bde., München 1829.
SAILER, J. M., Handbuch der christlichen Moral zunächst für künftige katholische Seelsorger und dann für jeden gebildeten Christen. 3 Bde., München 1817, Wien ^{2}1818.
SCHENKL, M. v., Ethica christiana. 3 Bde., Ingolstadt 1800/01, ^{2}1802/04.
SCHMID, J. W., Christliche Moral, wiss. bearbeitet. 3 Bde., Jena 1798-1804.
STAPF, J. A., Theologia moralis in compendium redacta. 4 Bde., Innsbruck 1827/30.
STATTLER, B., Ethica Christiana Unvisalis. Augustae Vindelicorum 1772.
ders., Anti-Kant. 2 Bde., München 1788.

VOGELSANG, H. J., Lehrbuch der christlichen Sittenlehre. 3 Bde., Bonn 1834/39.
ders., Anfangsgründe der katholischen Religion. Bonn 1840.
VOLKMUTH, P., Das Gewissen der letzten Hermesianer. Ein Versuch zur Belehrung. Trier 1844.
WANKER, F. G., Christliche Sittenlehre oder Unterricht vom Verhalten des Christen, um durch Tugend wahrhaft glücklich zu werden. 2 Bde., Ulm 1794, Wien ²1803/04.
WERNER, C., System der christlichen Ethik. 3 Bände. Regensburg 1850/52.

II. Literatur

ADAMSKI, R., Art. 'Sailer, Johann Michael', in: LThK IX, 214 f.
ALBS, W., J. A. Stapf (1785-1844) und seine theologische Grundlegung der Sittenlehre. Diss. Freiburg 1941.
ARNOLD, F. X., Art. 'Hirscher, Johann Baptist', in: LThK V, 383 f.
AUBERT, R., Die komplexe Belebung der kirchlichen Wissenschaften, in: HKG VI/1, 287-307.
AUER, A., Grundzüge des christlichen Ethos nach F. X. Linsenmann. Diss. Tübingen 1947.
ders., Nach dem Erscheinen der Enzyklika 'Humanae vitae'. Zehn Thesen über die Findung sittlicher Weisungen, in: ThQ 149 (1969), 75-85.
ders., Autonome Moral und christlicher Glaube. Düsseldorf ³1989.
ders., Franz Xaver Linsenmann (1835-1898), in: Katholische Theologen Deutschlands im 19. Jahrhundert. Hg. H. Fries u. G. Schwaiger, Bd. III. München 1975, 215-240.
BAUMANNS, P., Fichtes ursprüngliches System. Sein Standort zwischen Kant und Hegel. Stuttgart-Bad Cannstatt 1972.
BÄUMER, R., Art. 'Lessius, Leonhard', in: LThK VI, 981 f.
BASTGEN, B., Die Besetzung der Bischofssitze in Preußen in der ersten Hälfte des 19. Jahrhunderts. Hg. und Bearb. R. Haas. München 1978.
BECKER, K., Ist der Trierer Moraltheologe Godehard Braun (1798-1861) in seinem "System der Christkatholischen Moral" vom Hermesianismus beeinflußt? Masch. Zulassungsarbeit Trier 1956.
BECKER, K. J., Die Notwendigkeit des vollständigen Bekenntnisses in der Beichte nach dem Konzil von Trient, in: ThPh 47 (1972), 161-228.
BERG, J., - GANTHALER, H., - MORSCHER, E., Bernard Bolzano (1781-1848), in: Christliche Philosophie im katholischen Denken des 19. und 20. Jahrhunderts. Hg. E. Coreth, W. M. Neidl, G. Pfligersdorffer, Bd. I: Neue Ansätze im 19. Jahrhundert. Graz-Wien-Köln 1987, 242-265.
BIHLMEYER, K., - TÜCHLE, H., Kirchengeschichte. Dritter Teil: Die Neuzeit und die neueste Zeit. Paderborn ¹²1956.
BIRKNER, H. J., Das Verhältnis von Dogmatik und Ethik, in: Handbuch der christlichen Ethik. Hg. A. Hertz, W. Korff, T. Rendtorff, H. Ringeling, Bd. I. Freiburg 1978, 281-296.
BLÄCKER, F., Johann Baptist von Hirscher und seine Katechismen in zeit- und geistesgeschichtlichem Zusammenhange. Ein Beitrag zur Katechismusfrage der Gegenwart (Untersuchungen zur Theologie der Seelsorge Bd. VI). Freiburg 1953.

BÖCKLE, F., Art.: 'Kasuistik', in: LThK VI, 18-20.
ders., Theonomie und Autonomie der Vernunft, in: Fortschritt wohin? Zum Problem der Normenfindung in der pluralen Gesellschaft. Hg. W. Oelmüller. Düsseldorf 1972, 63-86.
ders., Moraltheologie und philosophische Ethik, in: PhJ 84 (1977), 257-276.
ders., Fundamentalmoral. München ⁴1985.
ders., - HERMANN, I., Die Probe aufs Humane. Über die Normen sittlichen Verhaltens (Das theologische Interview Bd. XV). Düsseldorf 1970.
BREULMANN, H., Prolegomena einer zukünftigen Dogmatik. Zur Begründungstheorie Georg Hermes. Diss. Hamburg 1985.
BROSCH, H. J., Das Übernatürliche in der katholischen Tübinger Schule (Beiträge zur neueren Geschichte der katholischen Theologie Bd. III). Essen 1962.
BRUCH, E., Godehard Braun. Weihbischof v. Trier. Masch. Zulassungsarbeit Trier 1955.
BRUCH, R., Das Verhältnis zwischen katholischer und protestantischer Moraltheologie zur Zeit der Aufklärung, in: ders., Moralia varia. Lehrgeschichtliche Untersuchungen zu moraltheologischen Fragen (Moraltheologische Studien. Historische Abteilung Bd. VI). Düsseldorf 1981, 31-44.
BRÜCK, H., Geschichte der katholischen Kirche in Deutschland im 19. Jahrhundert. Bd. II: Vom Abschlusse der Concordate bis zur Bischofsversammlung in Würzburg im März 1848. Mainz 1889.
BRUGGER, W., Art. 'System', in: Philosophisches Wörterbuch. Hg. W. Brugger. Freiburg Sonderausgabe ³1987, 392 f.
CORETH, E., - SCHÖNDORF, H., Philosophie des 17. und 18. Jahrhunderts (Grundkurs Philosophie Bd. VIII). Stuttgart 1983.
ders., - EHLEN, P. - SCHMIDT, J., Philosophie des 19. Jahrhunderts (Grundkurs Philosophie Bd. IX). Stuttgart 1984.
DENZINGER, H., - SCHÖNMETZER, A., Enchiridion Symbolorum. Definitionum et Declarationum de rebus fidei et morum. Barcelona-Freiburg-Rom-New York ³⁶1976.
DIEBOLT, J., La Théologie Morale Catholique en Allemagne au temps du Philosophisme et de la Restauration 1750-1850. Strasbourg 1926.
DOBIOSCH, H., Rezension der Festschrift für J. G. Ziegler, in: ThRv 85 (1989), 317-320.
DÜRIG, W., Ferdinand Probst (1816-1899), in: Katholische Theologen Deutschlands im 19. Jahrhundert. Hg. H. Fries u. G. Schwaiger, Bd. III. München 1975, 87-105.
DYROFF, A., Carl Jos. Windischmann (1775-1839) und sein Kreis. Köln 1916.
ELORDUY, E., Art. 'Suarez, Francisco de', in: LThK IX, 1129-1132.
ERMECKE, G., Die katholische Moraltheologie heute, in: Theologie und Glaube 41 (1951), 127-142.
ESCHWEILER, K., Die zwei Wege der neueren Theologie. Georg Hermes - Matth. Jos. Scheeben. Eine kritische Untersuchung des Problems der theologischen Erkenntnis. Augsburg 1926.
EXELER, A., Eine Frohbotschaft vom christlichen Leben. Die Eigenart der Moraltheologie Johann Baptist Hirschers (1788-1865). Freiburg 1959.
FELDER, F. K. (Hg.), Gelehrten- und Schriftsteller Lexikon der deutschen katholischen Geistlichkeit, Bd. I. Landshut 1817.
FISCHER, B., Art. 'Probst, Ferdinand', in: LThK VIII, 780.
ders., Die Nachfolger Peter Conrads von 1805 bis zur Gegenwart einschließlich der Lehrstuhlinhaber und der Lehrbeauftragten der aus der Pastoraltheologie ausgegliederten Disziplinen, in: TThZ 93 (1984), 234-246.
FRANZEN, A., Art. 'Elvenich, Peter Josef', in: LThK III, 838.
FRIES, H., Art. 'Tübinger Schule' (I), in: LThK X, 390-392.

FUNK, PH., Von der Aufklärung zur Romantik. Studien zur Vorgeschichte der Münchener Romantik. München 1925.
FURGER, F., Ethik der Lebensbereiche. Entscheidungshilfen. Freiburg 1985 (²1988).
GALLAND, J., Die Fürstin Gallitzin und ihre Freunde. Köln 1880.
GATZ, E. (Hg.), Die Bischöfe der deutschsprachigen Länder 1785/1803 bis 1945. Ein biographisches Lexikon. Berlin 1983.
GEISELMANN, J. R., Art. 'Braun, Johann Wilhelm Josef', in: LThK II, 654 f.
ders., Die Katholische Tübinger Schule. Ihre theologische Eigenart. Freiburg 1964.
GELMI, J., Von der Französischen Revolution bis zur Mitte des 19. Jahrhunderts, in: Geschichte der Katholischen Kirche. Ein Grundkurs. Hg. J. Lenzenweger, P. Stockmeier, K. Amon, R. Zinnhobler. Graz-Wien-Köln 1986, 400-409.
GILEN, L., Kleutgen und der hermesianische Zweifel, in: Scholastik 33 (1958), 1-31.
GINTERS, R., Typen ethischer Argumentation. Zur Begründung sittlicher Normen (Texte zur Religionswissenschaft und Theologie. Ethische Sektion Bd. IV/1). Düsseldorf 1976.
GLASER, H., - LEHMANN, J., - LUBOS, A., Wege der deutschen Literatur. Eine geschichtliche Darstellung. Frankfurt-Berlin-Wien 1983.
GRABMANN, M., Geschichte der katholischen Theologie seit dem Ausgang der Väterzeit. Mit Benützung M. J. Scheebens Grundr. dargestellt. Freiburg 1933.
GRÜNDEL, J., Wandelbares und Unwandelbares in der Moraltheologie. Erwägungen zur Moraltheologie an Hand des Axioms "agere sequitur esse". Düsseldorf ²1971.
ders., - OYEN, H. van, Ethik ohne Normen? Zu den Weisungen des Evangeliums (Kleine ökumenische Schriften Bd. IV). Freiburg 1970.
HAASS, R., Die geistige Haltung der katholischen Universitäten Deutschlands im 18. Jahrhundert. Ein Beitrag zur Geschichte der Aufklärung. Freiburg 1952.
HADROSSEK, P., Die Bedeutung des Systemgedankens für die Moraltheologie in Deutschland seit der Thomas-Renaissance (Münchener Theologische Studien. Systematische Abteilung Bd. II). München 1950.
ders., Art. 'Linsenmann, Franz Xaver v.', in: LThK VI, 1067 f.
ders., Art. 'Mutschelle, Sebastian', in: LThK VII, 707.
HÄRING, B., Das Gesetz Christi. 3 Bde., Freiburg 1954, ⁸1967.
ders., Frei in Christus. Moraltheologie für die Praxis des christlichen Lebens. 3 Bde., Freiburg 1979/81.
HASHAGEN, J., Irrationalismus im Zeitalter der Aufklärung, in: ThQ 121 (1940), 83-85.
HAZARD, P., La crise de la conscience européenne 1680-1715. Paris 1935.
HEGEL, E., Zum Hermesianismus im Trierer Priesterseminar. Ein unbekannter Brief Franz Xaver Biundes, in: TThZ 62 (1953), 108-114.
ders., Geschichte der katholisch-theologischen Fakultät Münster 1773-1964 (Münsterische Beiträge zur Theologie Heft 30, 1-2). 2 Bde., Münster 1966/71.
ders., Dompropst Karl Josef Holzer von Trier (1800-1885). Beiträge zu seiner Charakteristik, in: FS A. Thomas. Trier 1967, 151-162.
ders., Georg Hermes, in: Bonner Gelehrte. 150 Jahre Rheinische Friedrich-Wilhelms-Universität zu Bonn 1818-1965 (Beiträge zur Geschichte der Wissenschaften in Bonn. Katholische Theologie). Bonn 1968, 13-25.
ders., Georg Hermes (1775-1831), in: Katholische Theologen Deutschlands im 19. Jahrhundert. Hg. H. Fries u. G. Schwaiger, Bd. I. München 1975, 303-322.
ders., Art. 'Hermes, Georg', in: TRE XV, 156-158.
ders., Art. 'Droste zu Vischering, Kaspar Max Freiherr', in: Die Bischöfe der deutschsprachigen Länder 1785/1803 bis 1945. Ein biographisches Lexikon. Hg. E. Gatz. Berlin 1983, 144 f.
ders., Art. 'Droste zu Vischering, Klemens August Freiherr', ebd. 145-148.
ders., Art. 'Spiegel, Ferdinand August Freiherr von', ebd. 716-721.

ders., Der Hermesianismus, in: Geschichte des Erzbistums Köln. Bd. V: Das Erzbistum Köln zwischen der Restauration des 19. Jahrhunderts und der Restauration des 20. Jahrhunderts (1815-1962). Köln 1987, 468-477.

HEINEN, W., Die Anthropologie in der Sittenlehre Ferdinand Geminian Wankers (1758-1824). Freiburg 1955.

HEIZMANN, W., Kants Kritik spekulativer Theologie und Begriff moralischen Vernunftglaubens im katholischen Denken der späten Aufklärung. Ein religionsphilosophischer Vergleich (Studien zur Theologie und Geistesgeschichte des Neunzehnten Jahrhunderts Bd. XXI). Göttingen 1976.

HERTZ, A., - KORFF, W., - RENDTORFF, T., - RINGELING, H. (Hg.), Handbuch der christlichen Ethik, 3 Bde., Freiburg 1978/82.

HESSE, W., Art.: 'Gewissen', in: Wörterbuch christlicher Ethik. Hg. B. Stoeckle. Freiburg ³1983, 114-120.

HEYER, F., Die katholische Kirche vom Westfälischen Frieden bis zum Ersten Vatikanischen Konzil, in: Die Kirche in ihrer Geschichte. Hg. K. D. Schmidt und E. Wolf, IV N. Göttingen 1963.

HIRSCHBERGER, J., Geschichte der Philosophie. II. Teil: Neuzeit und Gegenwart. Freiburg-Basel-Wien ¹³1988.

HIRSCHBRICH, E., Die Entwicklung der Moraltheologie im deutschen Sprachgebiet seit der Jahrhundertwende. Klosterneuburg 1959.

HOFFMEISTER, J., Art. 'Analytik-analytisch', in: Wörterbuch der philosophischen Begriffe. Hg. J. Hoffmeister. Hamburg ²1955, 36-38.

HOFMANN, R., Moraltheologische Erkenntnis- und Methodenlehre (Handbuch der Moraltheologie Bd. VII). München 1963.

HOHLWEIN, H., Art. 'Sailer, Johann Michael', in: RGG V, 1315.

HONNEFELDER, L., Die ethische Rationalität der Neuzeit, in: Handbuch der christlichen Ethik. Hg. A. Hertz, W. Korff, T. Rendtorff, H. Ringeling, Bd. I. Freiburg-Basel-Wien 1978, 19-45.

HÖRHAMMER, E., Die Moraltheologie J. Laubers (1744-1810) im Zeitalter des Josephinismus (Wiener Beiträge zur Theologie Bd. XLII). Wien 1973.

HÖRMANN, K., Art. 'Moralprinzip', in: Lexikon der christlichen Moral. Hg. K. Hörmann. Innsbruck-Wien-München 1976, 1086-1088.

ders., - KOVACS, E., Art. 'Geschichte der Moraltheologie', ebd. 608-626.

HUBER, E. R., - HUBER, W., Staat und Kirche im 19. und 20. Jahrhundert. Dokumente zur Geschichte des deutschen Staatskirchenrechts. Bd. I: Staat und Kirche vom Ausgang des alten Reiches bis zum Vorabend der bürgerlichen Revolution. Berlin 1973.

HUBER, G., Benedikt Stattler und sein Anti-Kant. München 1904.

HUNSCHEIDT, W., Sebastian Mutschelle. Ein Kantianischer Moraltheologe, Moralphilosoph und Moralpädagoge. Bonn 1948.

JAKOB, L., Das Trierer Priesterseminar im Restaurationszeitalter besonders unter Bischof Hommer. Masch. Staatsexamensarbeit Leiwen 1951.

JEDIN, H., Art. 'Ritter, Joseph Ignaz', in: LThK VIII, 1325 f.

ders., Eine Denkschrift Joseph Ignaz Ritters über Georg Hermes, in: Annalen HVNrh 174 (1972), 148-161.

JENDROSCH, B., Johann Michael Sailers Lehre vom Gewissen (Studien zur Geschichte der kath. Moraltheologie Bd. XIX). Regensburg 1971.

KELLER, CH., Das Theologische in der Moraltheologie. Eine Untersuchung historischer Modelle aus der Zeit des Deutschen Idealismus (Studien zur Theologie und Geistesgeschichte des 19. Jahrhunderts Bd. XVII). Göttingen 1976.

KELLER, E., Johann Baptist Hirscher (1788-1865), in: Katholische Theologen Deutschlands im 19. Jahrhundert. Hg. H. Fries u. G. Schwaiger, Bd. II. München 1975, 40-69.

KLEBER, K. H., Gerechtigkeit als Liebe. Die Moraltheologie Herkulan Oberrauchs OFM (1728-1808) (Moraltheologische Studien. Historische Abteilung Bd. VII). Düsseldorf 1982.

ders., Einführung in die Geschichte der Moraltheologie. Passau 1985.

KLEINEIDAM, E., Die katholisch-theologische Fakultät der Universität Breslau 1811-1945. Köln 1961.

KLEUTGEN, J., Die Theologie der Vorzeit, Bd. I. Münster 1853.

KLINGER, E., Art. 'Tübinger Schule', in: SM IV, 1031-1037.

KLUCKHOHN, P., Romantische Dichtung, in: Romantik. Ein Zyklus Tübinger Vorlesungen. Hg. Th. Steinbüchel. Tübingen-Stuttgart 1948, 27-41.

KOHLENBERGER, H. K., Art. 'Gesinnung', in: Historisches Wörterbuch der Philosophie. Hg. J. Ritter, Bd. III. Darmstadt 1974, 536-539.

KÖHLER, O., Art. 'Romantik', in: SM IV, 315-322.

ders., Die Aufklärung, in: HKG V, 368-408.

KOMP, J., Stephan Lück und seine kirchenmusikalische Sammlung. Masch. Zulassungsarbeit Trier 1939.

KOPP, C., Die Philosophie des Hermes besonders in ihren Beziehungen zu Kant und Fichte. Köln 1912.

ders., Die erste katholische Kritik an Kants Grundlegung zur Metaphysik der Sitten, in: PhJ 26 (1913), 170-177.

KRAUSS, W., Französische Aufklärung und deutsche Romantik, in: Romantikforschung seit 1945. Hg. K. Peter. Königstein 1980, 168-179.

LACHNER, R., Das ekklesiologische Denken Johann Sebastian Dreys. Ein Beitrag zur Theologiegeschichte des 19. Jahrhunderts. Diss. München-Freising 1985/86.

LENZ, J., Ein streitbarer Trierer Philosoph. Franz Xaver Biunde in der Sorge seines Bischofs Josef von Hommer, in: FS Bischof F. R. Bornewasser (Trierer Theologische Studien Bd. I). Trier 1941, 1-22.

ders., Die Philosophie am Trierer Priesterseminar im 19. Jahrhundert, in: TThZ 60 (1951), 267-280.

LILL, R., Die Anfänge der katholischen Bewegung in Deutschland und in der Schweiz, in: HKG VI/1, 259-271.

ders., Die Beilegung der Kölner Wirren 1840-1842. Vorwiegend nach Akten d. Vatikanischen Geheimarchivs (Studien zur Kölner Kirchengeschichte Bd. VI). Düsseldorf 1962.

LIPGENS, W., Art. 'Spiegel, Ferdinand August Frhr. v.', in: LThK IX, 965 f.

ders., Beiträge zur Lehrtätigkeit von Georg Hermes. Seine Briefe an den späteren Kölner Erzbischof Ferdinand August Graf Spiegel 1812-1824, in: HJ 81 (1962), 174-222.

LÖNNE, K. E., Politischer Katholizismus im 19. und 20. Jahrhundert. Frankfurt 1986.

MACK, M. J., Rezension zum 'System der christkatholischen Moral' von G. Braun und zum 'Lehrbuch der christlichen Sittenlehre' von H. J. Vogelsang, in: ThQ 22 (1840), 377-396.

MALTER, R., Reflexion und Glaube bei Georg Hermes. Historisch-systematische Studie zu einem zentralen Problem der modernen Religionsphilosophie. Diss. Saarbrücken 1966.

MARON, G., Art. 'Günther, Anton', in: RGG II, 1902 f.

ders., Art.: 'Hirscher, Johann Baptist', in: RGG III, 364 f.

MARX, J., Abriß der Geschichte des Priesterseminars zu Trier. Trier 1917.

MAUSBACH, J., Katholische Moraltheologie. Hg. P. Tischleder. Münster ^{7}1930/36.

MENNE, A., Art. 'System', in: LThK IX, 1264.

MERKLE, S., Die katholische Beurteilung des Aufklärungszeitalters. Vortrag auf dem Internat. Kongreß für historische Wissenschaft zu Berlin am 12. August 1908. Berlin 1909.

ders., Die kirchliche Aufklärung im katholischen Deutschland. Eine Abwehr und Zugleich ein Beitrag zur Charakteristik 'kirchlicher' und 'unkirchlicher' Geschichtsschreibung. Berlin 1910.

ders., Der hermesische Streit im Lichte neuer Quellen, in: HJ 60 (1940), 179-220.

MESSNER, J., Ethik. Kompendium der Gesamtethik. Innsbruck-Wien-München 1955.

MIETH, D., 'Natürliche' Theologie und 'autonome' Ethik, in: Anspruch der Wirklichkeit und christlicher Glaube. Probleme und Wege theologischer Ethik heute. FS A. Auer. Hg. H. Weber, D. Mieth. Düsseldorf 1980, 58-74.

MOCHTI, O., Das Wesen der Sünde. Kontinuität und Wandel im Verständnis von Sünde bei den Moraltheologen des deutschen Sprachraums in der ersten Hälfte des 19. Jahrhunderts. (Studien zur Geschichte der kath. Moraltheologie Bd. XXV). Regensburg 1981.

MÜHLHER, R., Art. 'Romantik' (I), in: LThK IX, 17-21.

MÜHLSTEIGER, J., Die Wiener Tätigkeit des Abtes Rautenstrauch. Diss. Innsbruck 1960.

MÜLLER, J., Zu den theologiegeschichtlichen Grundlagen der Studienreform Rautenstrauchs, in: ThQ 146 (1966), 62-97.

ders., Der pastoraltheologisch-didaktische Ansatz in Franz Stephan Rautenstrauchs 'Entwurf zur Einrichtung der theologischen Schulen' (Wiener Beiträge zur Theologie Bd. XXIV). Wien 1969.

MÜLLER, M., Ethik und Recht in der Lehre von der Verantwortlichkeit. Ein Längsschnitt durch die Geschichte der katholischen Moraltheologie. Regensburg 1932.

MÜLLER, W., Art. 'Gerbert, Martin', in: LThK IV, 710 f.

MÜNCK, H. J., Der Freiburger Moraltheologe Ferdinand Geminian Wanker (1758-1824) und Immanuel Kant. Historisch-vergleichende Studie unter Berücksichtigung weiterer philosophisch-theologischen Gedankenguts der Spätaufklärung (Moraltheologische Studien. Historische Abteilung Bd. X). Düsseldorf 1985.

NEUNER, J., - ROOS, H., Der Glaube der Kirche in den Urkunden der Lehrverkündigung. Neubearbeitet von K. Rahner und K. H. Weger. Regensburg ¹²1986.

OSSWALD, B., Anton Günther. Theologisches Denken im Kontext einer Philosophie der Subjektivität (Abhandlungen zur Philosophie, Psychologie, Soziologie der Religion und Ökumenik Bd. XLIII). Paderborn 1990.

OVERATH, J., Zwischen Hermes und Hermesianismus. Briefe des Breslauer Kirchenhistorikers Joseph Ignaz Ritter an den Kölner Erzbischof Ferdinand August Graf Spiegel 1830-1835, in: ASKG Bd. XXXVII (1979), 131-155.

PERSCH, M., Josef von Hommer (1760-1836), in: Rheinische Lebensbilder 10 (1985), 47-66.

ders., Das Trierer Diözesangesangbuch von 1846 bis 1975. Ein Beitrag zur Geschichte der Trierer Bistumsliturgie (Trierer Theologische Studien Bd. XLIV). Trier 1987.

PETER, K. (Hg.), Romantikforschung seit 1945. Königstein/Ts. 1980.

PHILIPP, W., Das Werden der Aufklärung in theologiegeschichtlicher Sicht (Forschungen zur systematischen Theologie und Religionsphilosophie Bd. III). Göttingen 1957.

PIEGSA, J., Freiheit und Gesetz bei Franz Xaver Linsenmann. Düsseldorf 1974.

PIEPER, J., Die Wirklichkeit und das Gute nach Thomas von Aquin. Münster ³1934.

PIEPMEIER R., - SCHMIDT, M., Art. 'Aufklärung' (I-II), in: TRE IV, 575-608.

PRITZ, J., Anton Günther (1783-1863), in: Katholische Theologen Deutschlands im 19. Jahrhundert. Hg. H. Fries u. G. Schwaiger, Bd. I. München 1975, 348-375.

ders., Carl Werner (1821-1888), in: Katholische Theologen Deutschlands im 19. Jahrhundert. Hg. H. Fries u. G. Schwaiger, Bd. III. München 1975, 145-168.

RAAB, H., Art. 'Aufklärung', in: SM I, 425-430.
ders., Der Untergang der Reichskirche in der großen Säkularisation, in: HKG V, 533-554.
REHMKE, J., Grundriß der Geschichte der Philosophie. Neu hg. v. F. Schneider. Bonn 1959.
REICHERT, F. R., Ungedruckte Materialien zur Geschichte des Trierer Priesterseminars in der Bibliothek des Seminars, in: AmrhKG 24 (1972), 177-187.
REIKERSTORFER, J., Anton Günther (1783-1863) und seine Schule, in: Christliche Philosophie im katholischen Denken des 19. und 20. Jahrhunderts. Hg. E. Coreth, W. M. Neidl, G. Pfligersdorffer, Bd. I: Neue Ansätze im 19. Jahrhundert. Graz-Wien-Köln 1987, 266-284.
REINHARDT, K., Art. 'Vazquez, Gabriel', in: LThK X, 645-647.
REINHARDT, R., Im Zeichen der Tübinger Schule, in: Attempo 25/26 (1968), 40-57.
ders., Die katholisch-theologische Fakultät Tübingen im 19. Jahrhundert. Faktoren und Phasen ihrer Entwicklung, in: Kirche und Theologie im 19. Jahrhundert. Referate und Berichte des Arbeitskreises Katholische Theologie. Hg. G. Schwaiger (Studien zur Theologie und Geistesgeschichte des Neunzehnten Jahrhunderts Bd. XI). Göttingen 1975, 55-87.
REITER, J., Der Moraltheologe Ferdinand Probst (1816-1899). Eine Studie zur Geschichte der Moraltheologie im Übergang von der Romantik zur Neuscholastik (Moraltheologische Studien. Historische Abteilung Bd. IV). Düsseldorf 1978.
ders., Leben aus dem Glauben. Grundzüge der christlichen Ethik nach Ferdinand Probst (1816-1899), in: Natur und Gnade. Die christozentrisch-pneumatische Grundgestalt der christlichen Sittlichkeitslehre. FS J. Piegsa. Hg. H. Dobiosch (Moraltheologische Studien. Systematische Abteilung Bd. XVI). St. Ottilien 1990, 171-186.
RENKER, J., Christliche Ehe im Wandel der Zeit. Zur Ehelehre der Moraltheologen im deutschsprachigen Raum in der ersten Hälfte des 19. Jahrhunderts (Studien zur Geschichte der kath. Moraltheologie Bd. XXIII). Regensburg 1977.
RIEF, J., Reich Gottes und Gesellschaft nach Johann Sebastian Drey und Johann Baptist Hirscher (Abhandlungen zur Moraltheologie Bd. VII). Paderborn 1965.
ders., Johann Sebastian von Drey (1777-1853), in: Katholische Theologen Deutschlands im 19. Jahrhundert. Hg. H. Fries u. G. Schwaiger, Bd. II. München 1975, 9-39.
ders., Überlegungen zum Gegenstand der Moraltheologie, in: Anspruch der Wirklichkeit und christlicher Glaube. FS A. Auer. Hg. H. Weber u. D. Mieth. Düsseldorf 1980, 118-134.
ROUSSEAU, J. J., Emile oder Über die Erziehung (Uni Taschenbücher Bd. CXV). Paderborn ³1975 (1762).
RUF, W., Johann Sebastian von Dreys System der Theologie als Begründung der Moraltheologie (Studien zur Theologie und Geistesgeschichte des Neunzehnten Jahrhunderts Bd. VII). Göttingen 1974.
SCHÄFER, PH., Philosophie und Theologie im Übergang von der Aufklärung zur Romantik dargestellt an Patriz Benedikt Zimmer (Studien zur Theologie und Geistesgeschichte des Neunzehnten Jahrhunderts Bd. III). Göttingen 1971.
SCHAFFNER, O., Art. 'Amort, Eusebius', in: LThK I, 446 f.
ders., Das Moralprinzip, in: ThQ 143 (1963), 1-21.
SCHARL, E., Freiheit und Gesetz. Die theologische Begründung der christlichen Sittlichkeit in der Moraltheologie Johann Bapt. Hirschers (+ 1865). Aus dem Nachlaß hg. von L. Brandl (Studien zur Geschichte der kath. Moraltheologie Bd. VI). Regensburg 1958.

SCHEEBEN, M. J., Die neuere Literatur der Moraltheologie, in: Literarischer Handweiser zunächst für das katholische Deutschland 56 (1867), 241-246.

SCHEFFCZYK, L. (Hg.), Theologie in Aufbruch und Widerstreit. Die deutsche katholische Theologie im 19. Jahrhundert. Bremen 1965.

ders., Philosophie im Denken der Tübinger Schule: Johann Sebastian von Drey (1777-1853), Johann Adam Möhler (1796-1838) und Johann Evangelist von Kuhn (1806-1887), in: Christliche Philosophie im katholischen Denken des 19. und 20. Jahrhunderts. Hg. E. Coreth, W. M. Neidl, G. Pfligersdorffer, Bd. I: Neue Ansätze im 19. Jahrhundert. Graz-Wien-Köln 1987, 86-108.

SCHIEL, H., Johann Michael Sailer. Leben und Briefe. 2 Bde., Regensburg 1948/52.

SCHILLING, O., Lehrbuch der Moraltheologie. 2 Bde., Stuttgart 1928.

SCHLUND, R., Der methodische Zweifel. Eine Untersuchung zur Wissenschaftslehre katholischer Theologie im 19. Jahrhundert. Diss. Freiburg 1947.

ders., Art. 'Hermes, Georg', in: LThK V, 258-260.

SCHMEING, C., Studien zur 'Ethica christiana' Maurus von Schenkls OSB und zu ihren Quellen (Studien zur Geschichte der kath. Moraltheologie Bd. VIII). Regensburg 1959.

ders., Art. 'Schenkl, Maurus v.', in: LThK IX, 389.

SCHMIDT, H., - SCHISCHKOFF, G., Art. 'Analyse', in: Philosophisches Wörterbuch (Kröners Taschenbuchausgabe Bd. XIII). Stuttgart [21]1982, 21 f.

dies., Art. 'Gesinnung', ebd. 229.

dies., Art. 'Synthese', ebd. 681 f.

dies., Art. 'System', ebd. 682.

SCHMITZ, PH., Ist die Schöpfung noch zu retten? Umweltkrise und christliche Verantwortung. Würzburg 1985.

SCHNABEL, F., Deutsche Geschichte im neunzehnten Jahrhundert. Bd. II: Monarchie und Volkssouveränität. Freiburg 1933.

SCHOLDER, K., Art. 'Romantik' (III), in: RGG V, 1177-1181.

SCHOLZ, F., Benedikt Stattler und die Grundzüge seiner Sittlichkeitslehre unter besonderer Berücksichtigung der Doktrin von der philosophischen Sünde. Freiburg 1957.

ders., Art. 'Stattler, Benedikt', in: LThK IX, 1023 f.

ders., Benedikt Stattler (1728-1797), in: Katholische Theologen Deutschlands im 19. Jahrhundert. Hg. H. Fries u. G. Schwaiger, Bd. I. München 1975, 11-34.

SCHREIER, J., Katholische deutsche Romantik - Gestalten und Probleme, in: Christliche Philosophie im katholischen Denken des 19. und 20. Jahrhunderts. Hg. E. Coreth, W. M. Neidl, G. Pfligersdorffer, Bd. I: Neue Ansätze im 19. Jahrhundert. Graz-Wien-Köln 1987, 127-149.

SCHRÖER, A., Art. 'Achterfeldt, Johann Heinrich', in: LThK I, 110 f.

SCHRÖER, CH., Naturbegriff und Moralbegründung. Die Grundlegung der Ethik bei Christian Wolff und deren Kritik durch Immanuel Kant (Münchener philosophische Studien Bd. III). Stuttgart 1988.

SCHRÖRS, H., Geschichte der katholisch-theologischen Fakultät zu Bonn 1818-1831 (Veröff HVNrh Bd. III). Köln 1922.

ders., Ein vergessener Führer aus der rheinischen Geistesgeschichte des neunzehnten Jahrhunderts. Johann Wilhelm Joseph Braun (1801-1863), Professor der Theologie in Bonn. Bonn-Leipzig 1925.

ders., Die Kölner Wirren (1837). Studien zu ihrer Geschichte. Berlin-Bonn 1927.

SCHÜLLER, B., Typen ethischer Argumentation in der katholischen Moraltheologie, in: ThPh 45 (1970), 526-550.

ders., Die Begründung sittlicher Urteile. Typen ethischer Argumentation in der Moraltheologie. Düsseldorf [3]1987.

ders., Naturrecht und Naturgesetz, in: Grundlagen und Probleme der heutigen Moraltheologie. Hg. W. Ernst. Würzburg 1989, 61-74.
SCHURR, A., Philosophie als System bei Fichte, Schelling und Hegel. Stuttgart-Bad Canstatt 1974.
SCHWAIGER, G., Die Aufklärung in katholischer Sicht, in: Concilium 3 (1967), 559-566.
ders., Johann Michael von Sailer (1751-1832), in: Katholische Theologen Deutschlands im 19. Jahrhundert. Hg. H. Fries u. G. Schwaiger, Bd. I. München 1975, 55-93.
SCHWARZ, A., - HEGEL, E., - SCHEFFCZYK, L., Art. 'Aufklärung', in: LThK I, 1056-1066.
SCHWEDT, H. H., Das römische Urteil über Georg Hermes (1775-1831). Ein Beitrag zur Geschichte der Inquisition im 19. Jahrhundert. Rom 1980.
ders., Georg Hermes (1775-1831), seine Schule und seine wichtigsten Gegner, in: Christliche Philosophie im katholischen Denken des 19. und 20. Jahrhunderts. Hg. E. Coreth, W. M. Neidl, G. Pfligersdorffer, Bd. I: Neue Ansätze im 19. Jahrhundert. Graz-Wien-Köln 1987, 221-241.
SECKLER, M., Das Reich-Gottes-Motiv in den Anfängen der Katholischen Tübinger Schule (J. S. Drey und J. B. Hirscher). Zugleich ein Beitrag zur Theorie des Christentums, in: ThQ 168 (1988), 257-282.
SEELHAMMER, N., Die Professoren der Moraltheologie an der Theologischen Fakultät und am Priesterseminar in Trier, in: Vorlesungsverzeichnis der Theologischen Fakultät für das Wintersemester 1953/54. Trier 1953, 17-19.
SPAEMANN, R., Christliche Religion und Ethik, in: PhJ 80 (1973), 282-291.
STEINBÜCHEL, TH. (Hg.), Romantik. Ein Zyklus Tübinger Vorlesungen. Tübingen-Stuttgart 1948.
ders., Romantisches Denken im Katholizismus mit besonderer Berücksichtigung der romantischen Philosophie Franz von Baaders, in: Romantik. Hg. Th. Steinbüchel. Tübingen-Stuttgart 1948, 87-109.
ders., Zerfall des christlichen Ethos im XIX. Jahrhundert. Frankfurt 1951.
STELZENBERGER, J., Lehrbuch der Moraltheologie. Die Sittlichkeitslehre der Königsherrschaft Gottes. Paderborn 1953.
ders., Reich Gottes bei den deutschen Moraltheologen 1800-1850, in: Moraltheologie und Bibel (Abhandlungen zur Moraltheologie Bd. VI). Paderborn 1964, 70-98.
STOLLENWERK, A., 'Brüggemann, Theodor', in: Kurzbiographien von Mittelrhein und Moselland. Hg. Arbeitsgemeinschaft für Landesgeschichte und Volkskunde im Regierungsbezirk Koblenz u. a. Trier 1970, 59.
STÖRIG, H. J., Kleine Weltgeschichte der Philosophie. Stuttgart ¹³1985.
STUFLER, J., Die Lehre des hl. Thomas von Aquin über den Endzweck des Schöpfers und der Schöpfung, in: ZKTh 41 (1917), 656-700.
SUDHOF, S. (Hg.), Der Kreis von Münster, Bd. I, 1-2. München 1962/64.
ders., Von der Aufklärung zur Romantik. Die Geschichte des Kreises von Münster. Berlin 1973.
THEINER, J., Die Entwicklung der Moraltheologie zur eigenständigen Disziplin (Studien zur Geschichte der kath. Moraltheologie Bd. XVII). Regensburg 1970.
THIMM, K., Die Autonomie der praktischen Vernunft in der Philosophie und Theologie des Hermesianismus. Diss. Teildruck München 1939.
THOMAS, A. (Hg.), Der Weltklerus der Diözese Trier seit 1800. Trier 1941.
ders., Wilhelm Arnold Günther 1763-1843. Staatsarchivar in Koblenz. Generalvikar und Weihbischof in Trier (Veröffentlichungen des Bistumsarchivs Trier Bd. IV). Trier 1957.
ders., Professor Franz Xaver Scholl (1801-1860), in: AmrhKG 19 (1967), 95-155.

ders., Art. 'Biunde, Franz Xaver', in: Kurzbiographien von Mittelrhein und Moselland. Hg. Arbeitsgemeinschaft für Landesgeschichte und Volkskunde im Regierungsbezirk Koblenz u. a. Trier 1970, 139 f.
ders., Art. 'Braun, Godehard', ebd. 57.
ders., Die christlichen Reformbestrebungen im Bistum Trier unter Bischof Josef Hommer, in: Die Kirche im Wandel der Zeit. FS Kardinal J. Höffner. Köln 1971, 111–127.
ders., Das Priesterseminar in Trier in der ersten Hälfte des 19. Jahrhunderts, in: AmrhKG 24 (1972), 195–222.
ders. (Hg., Übers. und Komm.), Josef von Hommer 1760–1836. Meditationes in vitam meam peractam. Eine Selbstbiographie (Quellen und Abhandlungen zur mittelrheinischen Kirchengeschichte Bd. XXV). Mainz 1976.
ders., Art. 'Arnoldi, Wilhelm', in: Die Bischöfe der deutschsprachigen Länder 1785/1803 bis 1945. Ein biographisches Lexikon. Hg. E. Gatz. Berlin 1983, 13–15.
ders., Art. 'Braun, Godehard', ebd. 72.
ders., Art. 'Hommer, Josef von', ebd. 330–332.
TILLMANN, F., Die Idee der Nachfolge Christi (Handbuch der katholischen Sittenlehre Bd. III). Düsseldorf 1934.
ders., Die Verwirklichung der Nachfolge Christi (Handbuch der katholischen Sittenlehre Bd. IV/1 und 2). Düsseldorf 1935/36.
TOTOK, W., Handbuch der Geschichte der Philosophie. Bd. V: Bibliographie. 18. und 19. Jahrhundert. Frankfurt 1986.
TRILLHAAS, W., Ethik. Berlin ³1970.
UEBERWEG, F., Grundriß der Geschichte der Philosophie. Bd. III: Die Philosophie der Neuzeit bis zum Ende des XVIII. Jahrhunderts. Bearb. von M. Frischeisen-Köhler, W. Moog. Basel-Stuttgart ¹²1961.
VALJAVEC, F., Der Josephinismus. Zur geistigen Entwicklung Österreichs im achtzehnten und neunzehnten Jahrhundert. München ²1945.
VERWEYEN, H., Recht und Sittlichkeit in J. G. Fichtes Gesellschaftslehre (Symposion. Philosophische Schriftenreihe Bd. L). Freiburg-München 1975.
VOGEL, C., Art. 'Bußbücher', in: LThK II, 802–805.
VRIES, J. DE, Art. 'Analyse', in: Philosophisches Wörterbuch. Hg. W. Brugger. Freiburg-Basel-Wien ¹⁴1976, 13.
WAPPLER, A., Geschichte der Theologischen Facultät der k. k. Universität zu Wien. Festschrift zur Jubelfeier ihres fünfhundertjährigen Bestehens. Wien 1884.
WEBER, CH., Aufklärung und Orthodoxie am Mittelrhein 1820–1850 (Beiträge zur Katholizismusforschung). München-Paderborn-Wien 1973.
WEBER, H., Sakrament und Sittlichkeit. Eine moralgeschichtliche Untersuchung zur Bedeutung der Sakramente in der deutschen Moraltheologie der ersten Hälfte des 19. Jahrhunderts (Studien zur Geschichte der kath. Moraltheologie Bd. XIII). Regensburg 1966.
ders., Ist Friedrich Spees Moraltheologie gefunden? Zur Verfasserschaft einer Kölner Handschrift, in: TThZ 97 (1988), 85–105.
WEITLAUFF, M., Kirche und Theologie in der ersten Hälfte des 19. Jahrhunderts, in: Münchener Theologische Zeitschrift 39 (1988), 155–180.
WENZEL, P., Art. 'Günther, Anton', in: LThK IV, 1276–1278.
WILPERT, G. v., Art. 'Empfindsamkeit', in: Sachwörterbuch der Literatur. (Kröners Taschenbuchausgabe Bd. CCXXXI). Stuttgart ⁶1979, 211–213.
ders., Art. 'Romantik', ebd. 699–704.
WINTER, E., Bernard Bolzano (1781–1848), in: Katholische Theologen Deutschlands im 19. Jahrhundert. Hg. H. Fries u. G. Schwaiger, Bd. I. München 1975, 323–347.

WITTMANN, M., Die Ethik des hl. Thomas v. Aquin. In ihrem systematischen Aufbau dargestellt und in ihren geschichtlichen, besonders in den antiken Quellen erforscht. München 1933.
WÖRLE, J., Art. 'Stapf, Joseph Ambros', in: LThK IX, 1018 f.
ZAHN, M., Art. 'System', in: Handbuch philosophischer Grundbegriffe. Hg. M. Krings, H. M. Baumgartner, Ch. Wild, Bd. III. München 1974, 1458-1475.
ZEEDEN, E. W., Art. 'Ammon, Christoph Friedrich', in: LThK I, 441.
ZEIMENTZ, H., Vernunft und Offenbarung in der Moraltheologie nach Georg Hermes (1775-1831), in: Sein und Handeln in Christus. Perspektiven einer Gnadenmoral. FS J. G. Ziegler. Hg. K. H. Kleber, J. Piegsa (Moraltheologische Studien. Systematische Abteilung Bd. XV). St. Ottilien 1988, 115-128.
ZIEGLER, J. G., Art. 'Moraltheologie' (IV), in: LThK VII, 618-623.
ZWINGELBERG, H. W., Kants Ethik und das Problem der Einheit von Freiheit und Gesetz (Abhandlungen zur Philosophie, Psychologie und Pädagogik Bd. LXI). Bonn 1969.

EINLEITUNG

Die Moraltheologie ist im Gesamt der christlichen- resp. christlich-katholischen Wissenschaft ein Zweig mittleren Alters.[1] In der Zeit ihres Bestehens als eigenständige Disziplin kann sie auf zwei Phasen zurückblicken, in denen das Aufkommen einer Vielzahl von Handbüchern die Moraltheologie innerhalb der Theologie zu profilieren vermochte. Es ist zum einen das Zeitalter des Barock zu erwähnen, in dem sich ein geschäftiges Bemühen insbesondere der Jesuiten in umfangreichen Handbüchern, die eine kasuistische Behandlung von 'Gewissensfällen' boten, niedergeschlagen hat. Zum anderen ist es das Gedankengut der Aufklärung, das nicht spurlos an der Theologie vorübergegangen ist und zu Auseinandersetzungen mit den neuen philosophischen Überlegungen geführt hat, was ebenfalls einen Niederschlag in Lehrbüchern der Moraltheologie gefunden hat, die sich nun allerdings absichtlich gegen eine kasuistische Behandlung des Stoffes richteten. Dabei wurden die Ideen der Aufklärung mit solcher Macht vorgetragen, daß eine ganze Reihe von Moraltheologen [2] bewußt den Versuch unternahmen, aufklärerisches Gedankengut mit christlicher Tradition zu verbinden und so die neuen Ideen für die Theologie fruchtbar zu machen. Andere versuchten eine Erneuerung der Moraltheologie, indem sie sich von der Aufklärung absetzten und ihren Handbüchern ein romantisches Organismusdenken zugrunde legten. [3]

Auch der Trierer Theologe G. Braun, dessen Handbuch der Moraltheologie im Zentrum dieser Arbeit untersucht werden soll, möchte mit seinem Lehrbuch eine völlig neue Konzeption der Moraltheologie bieten, wenngleich er einem romantisch-mystischen Denken ablehnend gegenübersteht. Allerdings nimmt er auch die Gedanken der Aufklärung nicht euphorisch auf, sondern will sie in den Dienst einer positiven Theologie stellen. Die Grundzüge seines Denkens hat der spekulativ arbeitende Bonner Dogmatiker *G. Hermes* vorgegeben.

Warum aber beschäftigt sich eine Dissertation mit dem Handbuch eines innerhalb der Moraltheologie relativ unbedeutenden und nahezu gänzlich in Vergessenheit geratenen Trierer Theologen?[4] Zur Beantwortung dieser Frage läßt sich folgendes sagen: Bis heute ist noch keine umfassende Geschichte der Moraltheologie geschrieben wor-

---

[1] Vgl. J. THEINER, Die Entwicklung der Moraltheologie zur eigenständigen Disziplin. Regensburg 1970.
[2] Etwa *B. Stattler* (1728-1797), *F. G. Wanker* (1758-1824), *M. v. Schenkl* (1749-1816), *S. Mutschelle* (1749-1800), *A. K. Reyberger* (1757-1818) u. a. Vgl. O. MOCHTI, Das Wesen der Sünde. Kontinuität und Wandel im Verständnis von Sünde bei den Moraltheologen des deutschen Sprachraums in der ersten Hälfte des 19. Jahrhunderts. Regensburg 1981, 187-204.
[3] So etwa *J. M. Sailer* (1751-1832) und der Vertreter der Tübinger Schule *J. B. Hirscher* (1788-1865).
[4] Bisher sind lediglich zwei kleine Monographien über G. Braun erschienen. Es sind die den heutigen Diplomarbeiten vergleichbaren 'Zulassungsarbeiten' von E. BRUCH, Godehard Braun. Weihbischof v. Trier. Trier 1955, und K. BECKER, Ist der Trierer Moraltheologe Godehard Braun (1798-1861) in seinem "System der Christkatholischen Moral" vom Hermesianismus beeinflußt? Trier 1956. Vgl. dazu unten S. 108 f.

den⁵, so daß sich das historische Bild nur durch Einzeluntersuchungen mehr und mehr klar abzeichnet. Dabei wäre es falsch, nur die bekannten und bedeutenden moraltheologischen Versuche zu berücksichtigen, denn eine Wissenschaft wird häufig im Wechselspiel der Meinungen in ihren Erkenntnissen weitergebracht, wobei auch jene Auffassungen dazu beitragen, die schnell wieder in Vergessenheit geraten. Gerade die nur zu kurzzeitigem Ruhm gelangten Vertreter einer Wissenschaft sind es, die wegen ihrer nicht selten ungewöhnlichen Auffassungen Anlaß zu einer intensiven Auseinandersetzung mit ihnen gegeben haben. Die extensive moraltheologische Diskussion innerhalb der Theologie im Umfeld der Aufklärung war insgesamt dazu verurteilt, in Vergessenheit zu geraten und von einer restaurativen Epoche etwa in der Mitte des 19. Jahrhunderts abgelöst zu werden, wurde sie nun von bedeutenden oder unbedeutenden Vertretern des Faches geführt. Wenn G. Braun eher zu den letztgenannten Vertretern seines Faches gehört, dann liegt es nicht daran, daß es ihm an ausreichendem wissenschaftlichen Talent gemangelt hätte, sondern viel eher daran, daß er ein 'Opfer' der kirchenpolitischen Entwicklung wurde, die einer Verbreitung seines Handbuches entgegenwirkte. So war das Werk schon vor seiner Fertigstellung theologisch und kirchenpolitisch überholt. Doch gerade dies macht das Handbuch in mehrfacher Hinsicht interessant: Zum einen ist das Lehrbuch im Sinne einer theologischen Richtung verfaßt, die für kurze Zeit einen dominierenden Einfluß auf die preußischen Universitäten auszuüben vermochte. Die Führungsrolle des Hermesianismus war hier derart stark, daß die Gegner nur durch ein Intervenieren von römischer Seite schließlich Oberhand gewinnen konnten.⁶ Das Werk von G. Braun ist also nur aus heutiger Sicht weniger bedeutend; vor dem römischen Urteil über *G. Hermes* und vor dem Einsetzen der Neuscholastik hatte es die besten Aussichten, in jener Zeit zu dem bedeutendsten moraltheologischen Lehrbuch des preußischen Raumes zu werden.

Zum anderen gibt es einen inhaltlichen Grund, der die Beschäftigung mit dem Trierer Handbuch interessant macht. Es ist das große Zutrauen, mit dem die menschliche Vernunft im Prozeß des sittlichen Handelns bedacht wird. Dies ist deshalb so beachtenswert, weil das Gewicht einer autonom arbeitenden Vernunft in der heutigen moraltheologischen Diskussion eine bedeutende Rolle spielt. Vielleicht sind

---

⁵ In jüngerer Zeit hat K. H. KLEBER einen knappen Überblick über die Geschichte der Moraltheologie geboten. Vgl. Einführung in die Geschichte der Moraltheologie. Passau 1985.
Vgl. auch die Darstellungen zur Geschichte der Moraltheologie J. G. ZIEGLER, Art. 'Moraltheologie' (IV. Geschichte der Moraltheologie), in: LThK VII, 618-623; K. HÖRMANN, - E. KOVACS, Art. 'Geschichte der Moraltheologie', in: Lexikon der christlichen Moral. Innsbruck-Wien-München 1976, 608-626; J. DIEBOLT, La Théologie Morale Catholique en Allemagne au temps du Philosophisme et de la Restauration 1750-1850. Strasbourg 1926; M. MÜLLER, Ethik und Recht in der Lehre von der Verantwortlichkeit. Ein Längsschnitt durch die Geschichte der katholischen Moraltheologie. Regensburg 1932; P. HADROSSEK, Die Bedeutung des Systemgedankens für die Moraltheologie in Deutschland seit der Thomas-Renaissance. München 1950; E. HIRSCHBRICH, Die Entwicklung der Moraltheologie im deutschen Sprachgebiet seit der Jahrhundertwende. Klosterneuburg 1959, und J. THEINER, Entwicklung.

⁶ Da sich letztendlich die ganze aufklärerische Richtung der Moraltheologie totgelaufen hat, wäre der Hermesianismus wohl auch ohne römisches Verfahren in Bedeutungslosigkeit zurückgefallen.

die Auffassungen einer 'Autonomen Moral' innerhalb der Moraltheologie so neu nicht.

Die Arbeit ist in zwei Teile gegliedert; ihnen folgt zum Schluß der Darstellungen ein Absatz mit zusammenfassend würdigenden Bemerkungen. Der erste Teil beschäftigt sich mit dem geistesgeschichtlichen und biographischen Umfeld von G. Braun. Dazu gehört neben einer kurzen Skizzierung der politischen und zeitgeschichtlichen Strömungen vor allem ein Überblick über das Denken von *G. Hermes*. Er liefert G. Braun die entscheidenden Grundpfeiler für sein Handbuch. Darüberhinaus geht es in diesem Teil um die Vorstellung der bio- und bibliographischen Daten G. Brauns.

Der zweite Teil ist als Hauptteil zu verstehen. Hier geht es im eigentlichen Sinne um das Trierer Handbuch. Dieser Teil gliedert sich noch einmal in drei größere Abschnitte.

Der erste Abschnitt bringt die formalen Aspekte des Werkes: Aufbau, sprachliche Darstellung sowie die Frage nach dem Beweggrund, überhaupt ein Handbuch der Moraltheologie zu schreiben. Zudem findet sich in diesem Abschnitt auch der Blick auf die Beachtung, die das Werk bis heute gefunden hat.

Im zweiten Abschnitt des zweiten Teiles geht es vor allem um eine Beschäftigung mit den theoretischen Grundlagen des Werkes. Sie sind es, die seine Eigentümlichkeit ausmachen, wie zu zeigen sein wird. Dieser zweite Abschnitt folgt - nicht ohne Grund - eng der Konzeption von G. Braun. [7]

Der dritte Abschnitt greift schließlich in systematischer Form die maßgeblichen Überlegungen des Trierer Theologen auf und versucht, auch verstreute Aussagen zusammenzuführen. Hier soll das Handbuch als Ganzes berücksichtigt und, wo es möglich ist, eine Brücke auch zu heutigen Vorstellungen geschlagen werden.

Zum Abschluß soll schließlich eine zusammenfassende Würdigung des Handbuches versucht werden.

---

[7] Warum dies so ist, wird schon die Untersuchung der formalen Aspekte im ersten Abschnitt hervorbringen. Vgl. auch weiter unten S. 112.

Erster Teil

1. Kapitel

GEISTESGESCHICHTLICHE EINORDNUNG

Ergebnisse geisteswissenschaftlichen Bemühens können in ihrer Eigenart nur nähergebracht werden, wenn der zeitgeschichtliche Kontext, in dem sie entstanden sind, mitberücksichtigt wird. Für die Bemühungen Godehard Brauns trifft dies in einer besonderen Weise zu, denn er lebte in einer Zeit des Umbruches. Es war eine Umbruchsituation, die vor allem den Bereich der Theologie betraf. Vor der Beschäftigung mit seinen moraltheologischen Überlegungen ist es daher nötig, die Hauptdenkrichtungen seiner Zeit etwas näher zu beleuchten; vor allem jene, die G. Braun zu beeinflussen vermochten, aber auch jene, denen er ablehnend gegenüberstand.

Doch zunächst soll kurz eine Bestandsaufnahme der politischen und gesellschaftlichen Situation der katholischen Kirche in jener Zeit vorausgeschickt werden.

I. Zur gesellschaftlichen Situation der katholischen Kirche zu Beginn des 19. Jahrhunderts[8]

Die im Zusammenhang mit der Französischen Revolution in Deutschland erfolgte Säkularisation erzwang eine völlige Neuorientierung des Katholizismus.

Bereits 1794 beendete die französische Besetzung des linken Rheinufers die Herrschaft der geistlichen Kurfürsten von Köln, Trier und Mainz sowie der Fürstbischöfe von Speyer und Worms.

Im Frieden von Lunéville wurden 1801 die Gebiete links des Rheins an Frankreich abgetreten. Die Reichskirche wurde säkularisiert, um die deutschen Fürsten entschädigen zu können. Die Säkularisation wurde im Reichsdeputationshauptschluß von 1803 festgeschrieben: 22 Bistümer, 80 reichsunmittelbare Abteien und 200 Klöster wurden enteignet. Nur der Freund *Napoleons, Theodor von Dalberg*, Kurfürst von Mainz, ist mit dem Hochstift Regensburg entschädigt worden.

Als *Franz II.* im Jahr 1806 die Kaiserkrone niederlegte, fand das 'Heilige Römische Reich Deutscher Nation' sein Ende. Neben der Enteignung der Bistümer, Abteien und Klöster forderte die Säkularisation die Aufhebung von 18 katholischen

---

[8] Zu diesem Abschnitt vgl. H. RAAB, Der Untergang der Reichskirche, in: HKG V, 533-554; R. LILL, Die Anfänge der katholischen Bewegung, in: HKG VI/1, 259-271; K. BIHLMEYER - H. TÜCHLE, Kirchengeschichte. Dritter Teil: Die Neuzeit und die neueste Zeit. Paderborn ¹²1956; F. SCHNABEL, Deutsche Geschichte im neunzehnten Jahrhundert II: Monarchie und Volkssouveränität. Freiburg 1933; L. SCHEFFCZYK (Hg.), Theologie in Aufbruch und Widerstreit. Bremen 1965; J. GELMI, Von der Französischen Revolution bis zur Mitte des 19. Jahrhunderts, in: Geschichte der Katholischen Kirche. Graz-Wien-Köln 1986, 400-409; K. E. LÖNNE, Politischer Katholizismus im 19. und 20. Jahrhundert. Frankfurt 1986.

Universitäten. Wertvolles Kulturgut wurde maßlos verschleudert: Handschriften, Bibliotheken und Kunstwerke von unwiederbringlichem Wert.

Dennoch ist die Säkularisation für die arm gewordene Kirche in gewisser Hinsicht von Vorteil gewesen: die Hindernisse einer inneren Erneuerung waren hinweggeräumt, die Kirche konnte nun zu einer echten Volkskirche werden. [9] Während sich die katholische Kirche äußerlich reorganisierte, indem die deutschen Partikularstaaten Verträge oder Übereinkünfte mit Rom schlossen [10], begannen auch die geistigen Kräfte des Katholizismus eine Neuorientierung in Auseinandersetzung oder bewußter Distanz zu der übermächtigen Geisteshaltung der Zeit, der Aufklärung.

II. Das Phänomen der Aufklärung[11]

Seit Beginn der Neuzeit hatte Europa durch Reformation, Humanismus und Renaissance tiefgreifende Veränderungen erfahren. Doch nichts hatte vermocht, die überlieferten Werte gänzlich zu zerstören. Erst die seit dem Ende des 17. Jahrhunderts [12] aufkeimende Aufklärung bewirkte in ihren verschiedensten Ausprägungen eine Neubegründung der Lebensgestaltung.[13] Die Aufklärung wandte sich in optimistischer Weise den Errungenschaften der Neuzeit zu und versucht, sie auf die menschliche Lebensführung anzuwenden. Die 'crise de la conscience européenne' [14] basierte auf einer umfassenden Aufwertung der Kräfte der menschlichen Vernunft, einem ausgeprägten Streben nach mathematischer Begrifflichkeit und vernünftiger Klarheit. Auf

---

[9] Vgl. J. GELMI, Franz. Revolution 404; H. RAAB, Der Untergang der Reichskirche 554, und K. BIHLMEYER - H. TÜCHLE, Kirchengeschichte 311 f.

[10] So wurde mit Bayern etwa ein Konkordat geschlossen. In Preußen bestimmte 1821 eine Zirkumskriptionsbulle die Errichtung der Kirchenprovinzen Köln und Gnesen-Posen. Vgl. J. GELMI, Franz. Revolution 406 f., und K. BIHLMEYER - H. TÜCHLE, Kirchengeschichte 317 f.

[11] Als Literatur zur Aufklärung vgl. in Auswahl: A. SCHWARZ - E. HEGEL - L. SCHEFFCZYK, Art. 'Aufklärung', in: LThK I, 1056-1066; H. RAAB, Art. 'Aufklärung', in: SM I, 425-430; R. PIEPMEIER - M. SCHMIDT, Art. 'Aufklärung' (I-II), in: TRE IV, 575-608; O. KÖHLER, Die Aufklärung, in: HKG V, 368-408; R. AUBERT, Die komplexe Belebung der kirchlichen Wissenschaften, in: HKG VI/1, 287-307; PH. FUNK, Von der Aufklärung zur Romantik. München 1925; TH. STEINBÜCHEL, Zerfall des christlichen Ethos im XIX. Jahrhundert. Frankfurt 1951; R. HAASS, Die geistige Haltung der katholischen Universitäten Deutschlands im 18. Jahrhundert. Freiburg 1952; W. PHILIPP, Das Werden der Aufklärung in theologiegeschichtlicher Sicht. Göttingen 1957; G. SCHWAIGER, Die Aufklärung in katholischer Sicht, in: Concilium 3 (1967), 559-566; E. CORETH - H. SCHÖNDORF, Philosophie des 17. und 18. Jahrhunderts. Stuttgart 1983, 80-94; M. WEITLAUFF, Kirche und Theologie in der ersten Hälfte des 19. Jahrhunderts, in: Münchener Theologische Zeitschrift 39 (1988), 155-180.
Eine umfassende Bibliographie zur Aufklärung findet sich bei W. TOTOK, Handbuch der Geschichte der Philosophie V. Frankfurt 1986, 22-34.

[12] Wie bei allen Epochen läßt sich über die Datierung streiten. H. RAAB, Art. 'Aufklärung' 426, sieht ihren Beginn etwa schon in der Mitte des 17. Jahrhunderts.

[13] Vgl. M. WEITLAUFF, Kirche und Theologie 162.

[14] O. KÖHLER, Aufklärung 371, nach dem Titel des Werkes von P. HAZARD, La crise de la conscience européenne 1680-1715. Paris 1935.

die völlige Autonomie der menschlichen Vernunft weist *I. Kant*(1724-1804) in seiner berühmt gewordenen Definition der Aufklärung hin: *"Aufklärung ist der Ausgang des Menschen aus seiner selbstverschuldeten Unmündigkeit. Unmündigkeit ist das Unvermögen, sich seines Verstandes ohne Leitung eines anderen zu bedienen. Selbstverschuldet ist diese Unmündigkeit, wenn die Ursache derselben nicht am Mangel des Verstandes, sondern der Entschließung und des Mutes liegt, sich seiner ohne Leitung eines andern zu bedienen. Sapere aude!* Habe Mut, dich deines *eigenen* Verstandes zu bedienen! ist also der Wahlspruch der Aufklärung". [15]

Die Aufklärung schaffte neue Zentren geistigen und kulturellen Interesses. "Natur, Mensch und Menschenrechte, Vernunft und Wissenschaft, Humanität und Freiheit sind die neuen Schlagworte, und gewöhnlich bedeuten sie eine Absage an die alten herrschenden Mächte."[16] In stark rationalistischer Weise richtete sich die Kritik gegen alle Formen überkommener Institutionen, vor allem aber gegen einen vermeintlichen Dogmatismus der Kirche. Die überlieferten Werte wurden in individualistischer Weise der Kritik der Vernunft unterzogen und deren von der Aufklärung hochgeschätzte Fähigkeit zum Maßstab dessen, wie der Mensch handeln sollte. Alles kreiste um die Frage, wie der Mensch kraft seiner eigenen Vernunft zu einem glücklichen Leben gelangen könne. Somit sind die Hauptfragen der Zeit moralische Fragen nach einer gelungenen Lebensführung gewesen. Es waren nicht mehr die christliche Offenbarung und die Tradition, welche die entscheidenden Anreize zu einem glücklichen Leben zu liefern vermochten, an deren Stelle trat die innerweltliche Kraft der alles vermögenden Vernunft. "Die Moral wurde von ihrer Verbindung mit der christlichen Offenbarungsreligion losgelöst, ihrer übernatürlichen Grundlage beraubt und zu einer rein natürlichen Sittlichkeitlehre, zur Ethik, ausgestaltet." [17]

Das allgemeine Interesse der Aufklärer an moralischen Fragen führte zu einer regelrechten Volksbildungsbewegung. Jene, die von sich glaubten, ihre Vernunft in rechter Weise gebrauchen zu können, hatten das pädagogische Interesse, auch andere zum rechten Gebrauch der Vernunft anzuleiten und sie so zu einer vernunftgemäßen Eigengestaltung ihres Lebens zu führen.[18] Überhaupt wurden die aufklärerischen Ideen weit in das Volk hineingetragen, da der geistige Träger der Aufklärung "mehr in den Kreisen der jungen bürgerlichen Bildung als bei den eigentlichen Gelehrten" [19] zu suchen war. Nur selten sind auch Fürsten, wie etwa *Friedrich der Große*, an der Aufklärung beteiligt.

---

[15] Beantwortung der Frage: Was ist Aufklärung?, in: *I. Kant*, Werke in sechs Bänden. Hg. W. Weischedel, VI, 53.
Alle Kant-Zitate sind dieser sechsbändigen Ausgabe entnommen. Die römische Ziffer bezieht sich auf den jeweiligen Band.
[16] J. HIRSCHBERGER, Geschichte der Philosophie II. Freiburg-Basel-Wien [13]1988, 245 f.
[17] R. HAASS, Die geistige Haltung 9.
[18] Vgl. H. RAAB, Art. 'Aufklärung' 427. Als Beispiel für das pädagogische Bestreben sei *J. J. Rousseaus* Erziehungsroman 'Emile oder Über die Erziehung'. Paderborn [3]1975, genannt.
[19] G. SCHWAIGER, Aufklärung 560.

So begannen die Aufklärer bewußt, die staatlichen und gesellschaftlichen Institutionen grundlegend zu verändern. Diese Institutionen wurden der kritischen Prüfung der autonomen Vernunft unterworfen, und nur, was vor ihr standhielt, hatte eine Daseinsberechtigung. Ihren Anspruch erklärte die Vernunft "aus dem Bewußtsein, im Namen einer Geschichte zu urteilen und zu handeln, die als Geschichte des Fortschritts in der Beherrschung der Natur und der Realisierung der Freiheit und des Glücks des Menschen gedeutet"[20] werde.

Das Vertrauen auf die eigene Vernunft machte die Aufklärung zu einem ausgeprägt individualistischen Zeitalter. Ihre Ideen zeigten sich in den verschiedenen Ländern und bei verschiedenen Vertretern sehr unterschiedlich.

So ist für *England* eine deistische[21] und liberalistische[22] Richtung charakteristisch gewesen; dort kommt es nicht zu einer Radikalisierung der Forderungen gegenüber Staat und Gesellschaft.

Anders dagegen in *Frankreich*. Hier hat die Aufklärung immer rücksichtslosere Formen der Gesellschafts- und Staatskritik angenommen.[23] Die Staatstheoretiker Frankreichs empfanden die Diskrepanz zwischen den Forderungen der Vernunft und der erlebten Geschichte als tiefen Abgrund. Sie haben so die Französische Revolution theoretisch vorbereitet. Über den englischen Deismus hinausgehend lehnte *Voltaire* (1694-1778) eine philosophische Begründung Gottes überhaupt ab. Gott bleibt für ihn lediglich relevant als Ursprung der göttlichen Ordnung. Die Geschichte vollzieht sich jedoch ohne göttliche Vorsehung als Fortschritt, "der durch vernünftiges Handeln der Menschen auf der Grundlage einer natürlichen Moral möglich wird"[24]. Bei *Voltaire* wendete sich die Ablehnung des Religiösen gar zu einem Haß gegen die Kirche. In ihr sah er die Bewahrerin von Aberglauben und finsterem Mittelalter. Was

---

[20] R. PIEPMEIER, Art. 'Aufklärung' 581.

[21] Der Deismus glaubt zwar an einen personal existierenden Gott, welcher die Welt und die Naturgesetze erschaffen habe, sieht aber im Akt der Schöpfung das einzige Eingreifen Gottes in die Welt, die ansonsten ohne übernatürliche Offenbarung wie ein einmal in Gang gesetztes Uhrwerk funktioniere. Das Reden von Wundern und einem übernatürlichen Eingreifen Gottes wird nur als symbolisches Reden verstanden. Das Christentum sei eine Vernunftreligion, Christus ein Religionsstifter unter vielen, die Bibel ein Produkt der Vernunft. Die Vernunft wird zur wahren Religion erhoben. Vgl. E. HEGEL, Art. 'Aufklärung' (II), in: LThK I, 1059, und E. CORETH - H. SCHÖNDORF, Philosophie des 17. und 18. Jahrhunderts 83-85.

[22] Der Liberalismus setzt sich vorwiegend für die Rechte des Individuums ein. In England basierte er wesentlich auf der Staatstheorie von *John Locke* (1632-1704), wonach die Naturrechte des Individuums selbst durch einen Staatsvertrag nicht aufgehoben werden können. Diese Gedanken über die naturgegebenen, unveränderlichen Rechte des Individuums bildeten die Grundlage für die Erklärung der Menschenrechte, die sich in fast allen Verfassungen der Neuzeit finden. Vgl. J. HIRSCHBERGER, Geschichte der Philosophie II, 247 f., und E. CORETH - H. SCHÖNDORF, Philosophie des 17. und 18. Jahrhunderts 81-83.

[23] *Charles de Montesquieu* (1689-1755) lehrte in Anlehnung an *John Locke* die Teilung der Gewalten des Staates. *Jean-Jacques Rousseau* (1712-1778) fordert in seinem 'contrat social' eine Rückkehr zur natürlichen Gutheit des Menschen und eine Verbrüderung aller in der Verwirklichung einer 'volonté générale'.

[24] R. PIEPMEIER, Art. 'Aufklärung' 582. Vgl. R. HAASS, Die geistige Haltung 10, und G. SCHWAIGER, Aufklärung 561 f.

den gläubigen Christen bisher heilig gewesen ist, überhäufte er mit Verachtung. 'Ecrasez l'infâme!' sollte zu seinem Wunsch für die Kirche werden. [25]

In *Deutschland* richtete die Aufklärung ihr Augenmerk vor allem auf religiöse, ethische und ästhetische Werte. Das Interesse an einer Veränderung des Staates war nicht so ausgeprägt wie in Frankreich.

Grundsätzlich jedoch übte die Aufklärung Kritik an den überlieferten Formen des Christentums. Die Vernunft sollte zu einem vom Dogma unabhängigen Maßstab für religiöse Streitfragen werden. Der Grund für diese mehr oder minder religionsfeindliche Haltung der Aufklärung lag wohl in den theoretischen Streitigkeiten vorausgegangener Jahrhunderte. Der lange währende Krieg im 17. Jahrhundert und das "fortwährende Gezänk der Theologen hat[te] viele edle Geister der Kirche entfremdet".[26]

Zu dem Überdruß an den Streitigkeiten der Theologen trat das im aufstrebenden Bürgertum sich bildende Bewußtsein von der Allmacht des eigenen geistigen Vermögens. Das neue Selbstbewußtsein des Mittelstandes lehnte sich auf gegen die pompöse Barockkultur der Oberschicht und die von außen herangetragenen Weisungen der Kirche. Vor der Kritik der Vernunft konnten Dogmen und Sakramente in ihrem übernatürlichen Charakter nicht mehr bestehen. Bestand hatte nur, was für die Erziehung des Menschen nützlich war. Dagegen ist die 'Nützlichkeit' von religiösen Feiertagen und Prozessionen, Wallfahrten und Heiligenverehrungen für die Aufklärer nicht ersichtlich gewesen. Diese Formen der Religiosität werden von ihnen zurückgedrängt. Auch erkannte man keinen Sinn mehr im asketischen Leben, weil ihm der Nutzen zu fehlen schien, und sprach ihm generell die Existenzberechtigung ab; allgemein erfolgte eine Abwertung des Priester- und Ordensstandes.[27] Religion wurde in erster Linie anthropozentrisch gedeutet als moralisches Verhalten des einzelnen. Predigten wurden zu Moralpredigten. Das pädagogische Interesse der Zeit ließ die Forderung nach der Volkssprache in der Liturgie laut werden, denn nur in der Volkssprache ist es möglich, alle Zuhörer zu belehren. Trotz der Ablehnung von bis dahin wesentlichen Elementen des Christentums blieb das grundsätzliche Interesse an religiösen Fragen erhalten, die jedoch, wie bereits erwähnt, gänzlich moralisiert wurden.

Im *katholischen Deutschland* begann die Aufklärung erst seit Mitte des 18. Jahrhunderts an Bedeutung zuzunehmen. Die radikale Richtung, die gänzlich mit der Kirche und ihren Dogmen brechen wollte, fand hier keinen Boden. Vielmehr waren die katholischen Vertreter der Aufklärung in Deutschland bemüht, das christliche Glaubensgut ohne Abstriche zu bewahren. Ebenso förderte keine katholische Regierung bewußt die offenbarungsfeindliche Aufklärung. Freilich kam man auch im katholischen Deutschland an den Idealen der Aufklärung nicht vorbei, nur wurde hier versucht, sie mit den überlieferten Werten möglichst in Einklang zu bringen. Es fanden sich viele Theologen, "die in bester Absicht bemüht waren, *das Alte mit dem nach Anerkennung drängenden Neuen zu verschmelzen*. Sie suchten im Grunde die Auf-

---

[25] Vgl. G. SCHWAIGER, Aufklärung 561.
[26] G. SCHWAIGER, Aufklärung 562.
[27] Vgl. H. RAAB, Art. 'Aufklärung' 428, und E. HEGEL, Art. 'Aufklärung' 1061 f.

gabe zu lösen, die der katholischen Wissenschaft, insbesondere der Theologie, stets von neuem gestellt wird, nämlich die christliche Antwort auf die brennenden Zeitfragen zu geben."[28]

Im katholischen Deutschland des 18. Jahrhunderts vermochte der Jesuitenorden, der gewissermaßen ein Monopol in der Universitätsausbildung besaß, zunächst an der scholastisch-thomistischen Tradition festzuhalten. Als die Ideen der Aufklärung jedoch mit Macht nach Deutschland drangen, wurde die Lehrmethode der Jesuiten zunehmend kritisiert.[29] Der Ruf nach einer Reform wurde laut. Seit der Mitte des 18. Jahrhunderts wurden in Deutschland verschiedene Versuche dazu unternommen. Solche Bemühungen gingen etwa von *E. Amort* (1692-1775)[30], dem Fürstabt von St. Blasien *M. Gerbert* (1720-1793)[31], *B. Stattler* oder *S. Mutschelle* aus.

So wandte sich der bedeutende Gelehrte und Lehrer *J. M. Sailers* (1751-1832)[32], *B. Stattler* (1728-1797)[33], in Ingolstadt den aufklärerischen Ideen zu. Zurückgehend auf die Philosophie *Ch. Wolffs* (1679-1754) suchte er in systematischer Apologetik, "die kirchliche Lehre (die übernatürliche Offenbarung) aus reinen Vernunftprinzipien als widerspruchloses, innerlich begründetes System nachzuweisen"[34]. Zur gleichen Zeit

---

[28] R. HAASS, Die geistige Haltung 166.
[29] Vgl. K. H. KLEBER, Gerechtigkeit als Liebe. Die Moraltheologie Herkulan Oberrauchs OFM (1728-1808). Düsseldorf 1982, 40-42.
[30] Zu *E. Amort* vgl. ADB I, 408 f.; NDB I, 256 f., und O. SCHAFFNER, Art. 'Amort, Eusebius', in: LThK I, 446 f.
[31] Zu *M. Gerbert* vgl. ADB VIII, 725-729; NDB VI, 257 f., und W. MÜLLER, Art. 'Gerbert, Martin', in: LThK IV, 710 f.
[32] *J. M. Sailer* lehrte Dogmatik, Pastoral- und Moraltheologie in Ingolstadt, Dillingen und Landshut. 1829 wurde er Bischof von Regensburg. Im Jahr 1817 veröffentlichte er in München sein dreibändiges 'Handbuch der christlichen Moral', das bereits ein Jahr später in Wien eine zweite Auflage erlebte.
Zu *J. M. Sailer* vgl. ADB XXX, 178-192; R. ADAMSKI, Art. 'Sailer, Johann Michael', in: LThK IX, 214 f.; H. HOHLWEIN, Art. 'Sailer, Johann Michael', in: RGG V, 1315; H. SCHIEL, Johann Michael Sailer. Leben und Briefe. 2 Bde., Regensburg 1948/52; H. WEBER, Sakrament und Sittlichkeit. Eine moralgeschichtliche Untersuchung der Bedeutung der Sakramente in der deutschen Moraltheologie der ersten Hälfte des 19. Jahrhunderts. Regensburg 1966, 53-121; B. JENDROSCH, Johann Michael Sailers Lehre vom Gewissen. Regensburg 1971; G. SCHWAIGER, Johann Michael Sailer, in: Kath. Theologen Deutschlands im 19. Jahrhundert I. München 1975, 55-93; CH. KELLER, Das Theologische in der Moraltheologie. Göttingen 1976, 193-329; J. RENKER, Christliche Ehe im Wandel der Zeit. Zur Ehelehre der Moraltheologen im deutschsprachigen Raum in der ersten Hälfte des 19. Jahrhunderts. Regensburg 1977, 56 f.; O.MOCHTI, Das Wesen der Sünde 84-91, 205-225.
[33] *B. Stattler*, Ethica Christiana Unvisalis. Augustae Vindelicorum 1772. Zu *B. Stattler* vgl. ADB XXXV, 498-506; F. SCHOLZ, Art. 'Stattler, Benedikt', in: LThK IX, 1023 f.; ders., Benedikt Stattler und die Grundzüge seiner Sittlichkeitslehre unter besonderer Berücksichtigung der Doktrin von der philosophischen Sünde. Freiburg 1957; ders., Benedikt Stattler (1728-1797), in: Kath. Theologen I, 11-34; O. MOCHTI, Das Wesen der Sünde 61-67.
[34] R. HAASS, Die geistige Haltung 171. Vgl. K. ESCHWEILER, Die zwei Wege der neueren Theologie. Georg Hermes - Matth. Jos. Scheeben. Eine kritische Untersuchung des Problems der theologischen Erkenntnis. Augsburg 1926, 83 f.

etwa versuchte S. *Mutschelle* (1749-1800)[35], die Ideen *I. Kants* auf moraltheologisches Gebiet zu übertragen. Er geriet dadurch in Auseinandersetzung zu *B. Stattler*, der mit einem dreibändigen 'Anti-Kant'[36] den Königsberger Philosophen widerlegen wollte, was ihm jedoch nicht gelang.[37]

Auf besonders fruchtbaren Boden fiel der Ruf nach Reformen in Österreich unter Kaiserin *Maria Theresia* (1717-1780) und ihrem Sohn *Joseph II.* (1741-1790). Sie versuchten, ihren umfassenden staatlichen Einfluß auch auf die Bereiche der Kirche auszudehnen.[38] Die Kirche sollte nur dort Bestand haben, wo sie dem Staat zur sittlichen Erziehung der Bürger nutzen konnte. "Soweit sie keinen praktischen Nutzen zu erbringen scheint, wird sie unterdrückt."[39] Auch auf den Bereich der theologischen Ausbildung nahmen die österreichischen Monarchen Einfluß. Nachdem im Jahr 1752 bereits eine erste Studienreform durchgeführt worden war, beauftragte die Kaiserin 1773 ihre Studienhofkommission, einen neuen Studienplan für Theologie ausarbeiten zu lassen. Einen solchen Plan erarbeitete neben anderen auch Abt *St. Rautenstrauch* (1734-1785), der damalige Direktor der theologischen Fakultät in Prag und Mitglied der Studienhofkommission. Er "unterzog nun die Studienordnung von 1752 einer genauen methodisch-systematischen Revision mit dem Ziel, den theologischen Studienbetrieb den profanen Wissenschaften anzugleichen"[40]. *St. Rautenstrauch* erntete mit seinem Vorschlag den größten Beifall, und dieser wurde 1774 als neuer Lehrplan für die theologische Ausbildung genehmigt und veröffentlicht.[41] In dieser Studienreform wurde der Moraltheologie in ihrer Rolle zur sittlichen Unterweisung besondere Be-

---

[35] S. *Mutschelle*, Über das sittlich Gute. München 1788; ders. /J. Thanner, Moraltheologie oder Theologische Moral, vorzüglich zum Gebrauch für seine Vorlesungen, 1. Teil: allgemeine Moral, 2. Teil: besondere Moral, fortgesetzt von einem Verehrer des sel. S. Mutschelle (= Thanner). München 1801/03.
Zu *S. Mutschelle* vgl. ADB XXIII, 115 f.; P. HADROSSEK, Art. 'Mutschelle, Sebastian', in: LThK VII, 707; W. HUNSCHEIDT, Sebastian Mutschelle. Ein Kantianischer Moraltheologe, Moralphilosoph und Moralpädagoge. Bonn 1948; CH. KELLER, Das Theologische in der Moraltheologie. Göttingen 1976, 87-93, und O. MOCHTI, Das Wesen der Sünde 75-78, 196 f.

[36] München 1788. Vgl. dazu G. HUBER, Benedikt Stattler und sein Anti-Kant. München 1904, und C. KOPP, Die erste katholische Kritik an Kants Grundlegung zur Metaphysik der Sitten, in: PhJ 26 (1913), 170-177.

[37] Vgl. dazu CH. SCHRÖER, Naturbegriff und Moralbegründung. Die Grundlegung der Ethik bei Christian Wolff und deren Kritik durch Immanuel Kant. Stuttgart 1988.

[38] Zum sogenannten 'Josephinismus', jener schon unter Kaiserin *Maria Theresia* beginnenden und bis zum Ende des 19. Jahrhunderts sich fortsetzenden Epoche, vgl. F. VALJAVEC, Der Josephinismus. Zur geistigen Entwicklung Österreichs im achtzehnten und neunzehnten Jahrhundert. München ²1945, und E. HÖRHAMMER, Die Moraltheologie J. Laubers (1744-1810) im Zeitalter des Josephinismus. Wien 1973.

[39] E. CORETH - H. SCHÖNDORF, Philosophie des 17. und 18. Jahrhunderts 92.

[40] E. HÖRHAMMER, Die Moraltheologie J. Laubers 39.

[41] Zu *St. Rautenstrauchs* Studienreform vgl. J. MÜLLER, Zu den theologiegeschichtlichen Grundlagen der Studienreform Rautenstrauchs, in: ThQ 146 (1966), 62-97; ders., Der pastoraltheologisch-didaktische Ansatz in Franz Stephan Rautenstrauchs 'Entwurf zur Einrichtung der theologischen Schulen'. Wien 1969; E. HÖRHAMMER, Die Moraltheologie J. Laubers 37-49; K. H. KLEBER, Gerechtigkeit als Liebe 43-45, und J. MÜHLSTEIGER, Die Wiener Tätigkeit des Abtes Rautenstrauch. Diss. Innsbruck 1960.

deutung zugemessen.⁴² Aus dieser war nämlich nach dem Tridentinum im Lehrbetrieb der Jesuiten eine rein kasuistische Moral geworden. ⁴³ Das Tridentinum verlangte ein detailliertes Sündenbekenntnis, wonach alle Sünden "nach Art, Zahl und näheren Umständen"⁴⁴ zu beichten seien. Infolge dieser Bestimmung wuchs der Stoff der Moraltheologie immer mehr an, und es kam zur Ausbildung einer umfangreichen Kasuistik, welche die Tat häufig isoliert vom Täter betrachtete. In der Mitte des 17. Jahrhunderts erschien die 'Medulla theologiae moralis' des Jesuiten *Hermann Busenbaum* (1600-1668), die bis zur Mitte des 18. Jahrhunderts in zweihundert Ausgaben vorlag und zur Quelle des einflußreichen kasuistischen Lehrbuches 'Theologia moralis' des Äquiprobabilisten *Alphons von Liguori* (1696-1787) wurde.⁴⁵ Die ausgefeilte Kasuistik kannte keine Anbindung an die spekulativen Themen der Theologie, die weiterhin zum Lehrbereich der Dogmatik gehörten. Die Kasuistik drohte die Moraltheologie zu einer 'mechanischen Sündenlehre' werden zu lassen.⁴⁶ Vor allem dieser Tendenz wollte nun Abt *St. Rautenstrauch* entgegenwirken.⁴⁷ Der kasuistischen Ansammlung von 'Sündenfällen' trat er mit einer Forderung nach logisch-systematischem Aufbau entgegen, um die seiner Auffassung nach unwissenschaftliche Moral der Kasuistik zu überwinden. Inhaltlich sollte die Moraltheologie eine Darstellung von Pflichten und Tugenden und der dazu erforderlichen Mittel sein; die Pflichten- und Tugendlehre rückte an die Stelle von Sündenkatalogen. Damit wollte er die Moraltheologie positiv wenden: nicht mehr das Verbotene, sondern das Erlaubte und Gebotene sollte dargestellt werden. Als Hauptquellen der Moraltheologie wurden die Heilige Schrift, insbesondere das Neue Testament, ferner die mündliche Tradition angegeben. Hierbei war besonderes Augenmerk auf die Lehre Christi zu lenken.

Ein dem Vorschlag *St. Rautenstrauchs* vergleichbarer Entwurf zur Reform der Studien, der bald an der Universität Ingolstadt und an den Gymnasien von München und Amberg Verwendung fand, erschien im Jahr 1777 in Bayern unter dem Titel: 'Entwurf einer sistematischen Lehrart in der katholischen Theologie für die theologischen Studien in Baiern'.⁴⁸

---

⁴² Zum Moralunterricht werden ergänzend in den Jahren 1776 und 1782 zwei ebenfalls von *St. Rautenstrauch* verfaßte Dekrete erlassen. Vgl. E. HÖRHAMMER, Die Moraltheologie J. Laubers 42-45.
⁴³ Vgl. F. BÖCKLE, Art. 'Kasuistik', in: LThK VI, 18-20.
⁴⁴ F. HEYER, Die katholische Kirche vom Westfälischen Frieden bis zum Ersten Vatikanischen Konzil. Göttingen 1963, 71.
Vgl. DS 1679 f.; NR 652, und K. J. BECKER, Die Notwendigkeit des vollständigen Bekenntnisses in der Beichte nach dem Konzil von Trient, in: Theologie und Philosophie 47 (1972), 161-228.
⁴⁵ Vgl. Theologia moralis. Hg. F. J. Xavier. 9 Bde., Paris 1835.
Vgl. auch H. WEBER, Ist Friedrich Spees Moraltheologie gefunden?, in: TThZ 97 (1988), 85.
⁴⁶ Vgl. G. SCHWAIGER, Aufklärung 565.
⁴⁷ Zum Inhalt der Rautenstrauchschen Dekrete vgl. E. HÖRHAMMER, Die Moraltheologie J. Laubers 42-49.
⁴⁸ Vgl. J. RENKER, Christliche Ehe 40-42.

Neben den Versuchen einzelner Moraltheologen, sich in ihren Lehrbüchern von der kasuistischen Barockmoral der Jesuiten abzusetzen, finden sich seit der zweiten Hälfte des 18. Jahrhunderts also auch staatliche Reformprogramme, welche die Unterrichtung in Moraltheologie reglementieren wollen. Allen diesen Reformversuchen des 18. Jahrhunderts sind einige Elemente gemeinsam:

Versuch der Überwindung der Kasuistik durch systematische Anordnung der Traktate[49],

positive Wendung der Moraltheologie vom Verbotenen zum Gebotenen; die Handbücher werden zu einer Darstellung von Pflichten und Tugenden,

stärkere Orientierung an der Bibel[50], vor allem an der Lehre Christi, aber auch an der kirchlichen Tradition.

Hinsichtlich der moraltheologischen Lehrmethode bedeutete die nicht in allen ihren Zügen theologiefreundliche Aufklärung also durchaus einen Fortschritt.[51] Die Kasuistik konnte zurückgedrängt werden; weitverzweigte scholastische Denkgebäude, die den Bezug zur Quelle der Offenbarung verloren hatten, wurden von den Aufklärern gemieden[52], so daß gegen Ende des 18. Jahrhunderts die Scholastik aus dem Lehrbetrieb der katholischen Universitäten schließlich verschwunden war. In verschiedener Weise setzten sich die katholischen Kräfte in Deutschland bis weit in das 19. Jahrhundert hinein mit dem Phänomen Aufklärung auseinander.

Dies geschieht noch zur Zeit Godehard Brauns und seines Lehrers *Georg Hermes*. Die beiden katholischen Denker sind noch unmittelbar von den Einflüssen der Aufklärung betroffen und öffnen sich ihnen, um eine Neuordnung in katholischem Geist zu versuchen. Dabei greift *G. Hermes* vor allem auf die philosophischen Lei-

---

[49] Zum Aufkommen systematischer Moraltheologien vgl. P. HADROSSEK, Systemgedanke.

[50] Einher geht eine stärkere Beschäftigung mit der bibelkritischen Methode, die in der Zeit der Aufklärung einen ersten Aufschwung erfuhr.

[51] Nicht immer schon ist versucht worden, die vorgenannten positiven Auswirkungen der Aufklärung in objektiver Weise darzustellen. Zu Beginn der Beurteilung der Aufklärung auf theologischer Seite stehen eine ausgeprägte Polemik und Pauschalurteile negativer Ausrichtung. Erst seit den Arbeiten des Würzburger Kirchenhistorikers S. MERKLE (1862-1945) zu Beginn unseres Jahrhunderts erhält das Zeitalter der Aufklärung eine differenziertere und objektivere Würdigung.
Vgl. S. MERKLE, Die katholische Beurteilung des Aufklärungszeitalters. Berlin 1909; ders., Die kirchliche Aufklärung im katholischen Deutschland. Berlin 1910.
Vgl. auch H. WEBER, Sakrament und Sittlichkeit 54; G. SCHWAIGER, Aufklärung 559, und J. REITER, Der Moraltheologe Ferdinand Probst (1816-1899). Eine Studie zur Geschichte der Moraltheologie im Übergang von der Romantik zur Neuscholastik. Düsseldorf 1978, 50 f.

[52] Vgl. R. BRUCH, Das Verhältnis zwischen katholischer und protestantischer Moraltheologie zur Zeit der Aufklärung, in: Moralia varia. Lehrgeschichtliche Untersuchungen zu moraltheologischen Fragen. Düsseldorf 1981, 33 f.

stungen *I. Kants* (1724-1804) und *J. G. Fichtes* (1762-1814)[53] zurück, und durch
G. Hermes wird auch G. Braun sich dieser eigentümlichen Verbindung aufklärerischer
Philosophien mit theologischem Denken zuwenden und versuchen, sie auf das Gebiet
der Moraltheologie zu übertragen.

Doch bevor der theologische Versuch des einflußreichen Lehrers G. Brauns etwas näher betrachtet werden wird, soll noch auf jenen anderen Zeitstrom hingewiesen werden, der für eine bestimmte Richtung der katholischen Erneuerung im 19. Jahrhundert auf allen Gebieten der Theologie bedeutsam wurde. Ihm stand *G. Hermes* ausdrücklich ablehnend gegenüber; diese Denkweise hat ihn so in umgekehrter Richtung beeinflußt.

III. Die Strömung der Romantik[54]

J. HASHAGEN weist in seiner kurzen Abhandlung 'Irrationalismus im Zeitalter der Aufklärung' zutreffend darauf hin, daß die Aufklärung nie allein regiert hat: "Von Anfang an richteten sich gegen die Aufklärung mächtige Gefühlsreaktionen: der Pietismus, die Empfindsamkeit, der Sturm und Drang, die Vorromantik, die Frühromantik und selbst der Supranaturalismus, außerdem die katholische Kirche!"[55]

Die Aufklärung, so bedeutsam sie für die gesellschaftliche Umstrukturierung vor allem des 18. Jahrhunderts gewesen sein mag, wurde von Anfang an von Geistesrichtungen begleitet, welche die Hochschätzung der Vernunft mit äußerster Zurückhaltung betrachteten. Eine gemeinsame Quelle haben diese den Gefühlen zuträglichen Strömungen im Pietismus. Während die Empfindsamkeit bereits im 18. Jahrhundert ihren Höhepunkt überschreitet und fast ausschließlich auf literarische Formen beschränkt geblieben ist[56], reichte die Romantik in ihrer Bedeutung weit in die erste Hälfte des 19. Jahrhunderts hinein und vermochte Einfluß auf die sich neu orientierende katholische Theologie zu nehmen. Sie entstand in bewußter Abgrenzung zu der als ungenügend empfundenen einseitigen Überschätzung der Vernunft, dem damit verbundenen Hang zum Individualismus und der Minderbewertung der Gefühle. "Die

---

[53] Lit. zu *I. Kant* vgl. W. TOTOK, Handbuch V, 44-145; zu *J. G. Fichte* ebd. 181-198.

[54] Literatur zur Romantik in Auswahl: R. MÜHLHER, Art. 'Romantik' (I), in: LThK IX, 17-21; K. SCHOLDER, Art. 'Romantik' (III), in: RGG V, 1177-1181; O. KÖHLER, Art. 'Romantik', in: SM IV, 315-322; R. AUBERT, Die komplexe Belebung 287-298; PH. FUNK, Von der Aufklärung zur Romantik; TH. STEINBÜCHEL (Hg.), Romantik. Ein Zyklus Tübinger Vorlesungen. Tübingen-Stuttgart 1948; PH. SCHÄFER, Philosophie und Theologie im Übergang von der Aufklärung zur Romantik. Göttingen 1971; W. KRAUSS, Französische Aufklärung und deutsche Romantik, in: Romantikforschung seit 1945. Königstein 1980, 168-179; J. SCHREIER, Katholische deutsche Romantik, in: Christliche Philosophie im katholischen Denken des 19. und 20. Jahrhunderts I. Graz-Wien-Köln 1987, 127-149.
Bibliographie zur Romantik vgl. W. TOTOK, Handbuch V, 37-39.

[55] In: ThQ 121 (1940), 83.

[56] Vgl. G. v. WILPERT, Art. 'Empfindsamkeit', in: Sachwörterbuch der Literatur. Stuttgart ⁶1979, 211-213; dort auch weitere Literaturangaben zur Empfindsamkeit.

Herrschaft der Vernunft sieht sich von vorneherein durch eine sensibilisierte romaneske Zone in ihrer Wirkung beeinträchtigt und in Frage gestellt."[57] Wie die vorausgehende Epoche der Empfindsamkeit war die Romantik in hohem Maße literarisch getragen.[58] Sie zeigte sich allerdings nicht so homogen wie die Empfindsamkeit und "so vielseitig in sich gegliedert, daß e[ine] einseitige Definition unmöglich und die geschichtliche Einordnung durch die Vielgesichtigkeit erschwert wird"[59]. Ein Wesenszug der Romantik war allerdings unbestritten das ausgeprägte Interesse an metaphysischen Fragen. Alles, was der Vernunft nicht direkt zugänglich war, das Dunkle, das Geheimnisvolle, das Phantastische und das Religiöse, schien die Romantiker magisch anzuziehen. Sie wandten sich den Grenzbereichen der Wissenschaften zu, die sich mit Traumdeutung, Hellsehen, Magnetismus, Magie und Alchimie befaßten, um dadurch "in die Tiefe der menschliche Psyche vorzudringen und ihre Geheimnisse aufzuhellen"[60]. Die menschliche Seele wurde in Beziehung zu einer kosmischen, unendlichen Sphäre gebracht, das Individuum trat zurück, das Ich wurde ins "Universale, Unendliche, Elementare"[61] gesteigert. Das statische, vergangenheitsfeindliche Bild der Aufklärung wurde durch ein dynamisches und somit vergangenheitsbejahendes Bild ersetzt. Geschichtsbewußtsein und Hinwendung zu überlieferten Traditionen traten in den Vordergrund. "Ein unumstrittenes Merkmal der Romantik ist ihre Hinwendung zu einem verherrlichten, poetisierten Mittelalter."[62] In diesem Punkt unterschied sich die Romantik deutlich von der Aufklärung, die ihrerseits das Mittelalter und die 'gotischen Sitten' immer wieder verspottet hatte, da sie gerade gegen die aus dem Mittelalter überlieferten Institutionen Position beziehen wollte.

Ein weiteres Merkmal der Romantik, freilich mit den vorher genannten Wesenszügen eng verbunden, war die Hochschätzung des Gefühls. Die Beschäftigung mit der eigenen Psyche und ihrer Beziehung zur Welt ließ ein schwärmerisches Naturgefühl entstehen, welches bis heute als Inbegriff des 'Romantischen' gilt. Mit dem Hang zum Gefühl ging die Liebe zu volkstümlichen Bräuchen, zu Sagen und Märchen einher.

Die so charakterisierte Epoche der Romantik hat ihren Niederschlag auch in der Theologie des 19. Jahrhunderts gefunden. Die katholischen Restaurationsbemühungen übten eine eigentümliche Anziehungskraft auf die Romantiker aus. Der Katholizismus wurde als wahre mystische Offenbarungsreligion verstanden; viele Romantiker konvertierten zum Katholizismus.

---

[57] W. KRAUSS, Französische Aufklärung 168.
[58] Zur literarischen Romantik vgl. P. KLUCKHOHN, Romantische Dichtung, in: Th. Steinbüchel (Hg.), Romantik 27-41; G. v. WILPERT, Art. 'Romantik', in: Sachwörterbuch der Literatur, 699-704; dort umfassende Literaturangaben. Vgl. auch K. PETER (Hg.), Romantikforschung seit 1945. Königstein/Ts. 1980, und H. GLASER – J. LEHMANN – A. LUBOS, Wege der deutschen Literatur. Frankfurt-Berlin-Wien 1983, 171-201.
[59] G. v. WILPERT, Art. 'Romantik' 699.
[60] H. GLASER – J. LEHMANN – A. LUBOS, Wege der deutschen Literatur 172.
[61] G. v. WILPERT, Art. 'Romantik' 700.
[62] W. KRAUSS, Französische Aufklärung 169.

Dem Moralismus der Aufklärung wurde in der Romantik eine Aufwertung der Glaubenserkenntnis entgegengesetzt, die gelegentlich auch zum Fideismus abgeglitten ist. Die Romantiker verstanden die Kirche als Glaubensgemeinschaft, die in ständiger Beachtung ihrer Tradition, besonders der Kirchenväter, einen Ort für eine organische Entwicklung von Glaubenssätzen darstellte. "Überhaupt [kam] die Kirche jetzt als historisches Phänomen ins Bewußtsein, das quellenmäßig zu erforschen und darzustellen ist."[63] Zudem betonte man die organische Einheit und innere Verbindung der verschiedenen theologischen Disziplinen, wie etwa der Dogmatik und der Moraltheologie.[64]

"Bei der Moraltheologie beobachtet[e] man darüber hinaus ein erhöhtes Interesse für Politik, für gesellschaftliche Ordnung, ständische Gliederung und soziale Pflichten. Als exemplarisch hierfür dürfen wohl die Schriften von J. M. Sailer und J. B. Hirscher angesehen werden."[65] Anders als die Aufklärer, konnten die Romantiker infolge des Vertrauens auf den Wert der Gefühle und das innere Vermögen des Menschen auch geoffenbarte Wahrheiten unmittelbar anerkennen; sie bedurften in ihren Augen nicht der Vermittlung durch eine die Erkenntnis konstruierende Vernunft.[66] Die kritische Vernunft war nicht unabdingbare Voraussetzung wissenschaftlich verwertbarer Erkenntnis.

Eben dieser Wesenszug war es, den *G. Hermes* in keiner Weise anerkennen mochte. Er wollte einen philosophischen Beweis für die Wahrheit der Offenbarung und ihres Inhaltes liefern, welcher der kritischen Vernunft und den zeitgenössischen philosophischen Systemen standzuhalten hatte. Romantisches Denken war für ihn "mystische Schwärmerey", die "für den vernünftigen Menschen unwürdig" sei, da sie sich der Vernunft entziehe, "welcher doch selbst nach der unverkennbaren Tendenz der Offenbarung jeder Mensch untergeordnet werden soll"[67]. Wissenschaftlich gesicherte Erkenntnis ohne kritische Vernunft konnte er nicht akzeptieren. In dieser grundsätzlichen Überzeugung folgte ihm G. Braun, für den das System von *G. Hermes* zu dem entscheidenden Anstoß für sein theologisches und insbesondere sein moraltheologisches Denken wurde.

Im nächsten Abschnitt wird daher die Person und die Philosophie bzw. Theologie von *G. Hermes* im Zusammenhang vorgestellt. Damit soll ermöglicht werden, die Einflüsse von *G. Hermes* auf G. Braun zu erkennen und auch Abweichungen festzustellen. Da in diesem Abschnitt auf eine möglichst zusammenhängende Darstellung der hermesischen[68] Ideen geachtet wird, werden Querverweise zwischen *G. Hermes* und G. Braun

---

[63] K. SCHOLDER, Art. 'Romantik' 1179.
[64] Vgl. R. AUBERT, Die komplexe Belebung 289.
[65] J. REITER, Ferdinand Probst 57.
[66] Vgl. TH. STEINBÜCHEL, Romantisches Denken im Katholizismus, in: ders. (Hg.), Romantik 107.
[67] Vorrede zur Philosophischen Einleitung. Münster 1819, XXX.
[68] Der Begriff 'hermesisch' bezieht sich stets auf die Gedanken von *G. Hermes* selbst. Er steht im Unterschied zur Bezeichnung 'hermesianisch', welche die Ansichten der sogenannten 'Hermesschule' benennt. Die Überlegungen der Schüler entstammen freilich den Gedanken von *G. Hermes*, so daß 'hermesianisch' immer auch die Vorstellungen

erst in jenen Kapiteln vorgenommen, die sich mit dem Handbuch von G. Braun beschäftigen. Begonnen werden soll der Abschnitt über *G. Hermes* mit einer biographischen Skizze, welche das Enstehen seiner Denkrichtung verfolgen läßt. Denn auch ein offenbar brillianter Geist wie der von *G. Hermes* ist von mannigfaltigen Einflüssen nicht frei gewesen.

IV. Georg Hermes und der Hermesianismus

1. Geistige Entwicklung von G. Hermes [69]

Georg Hermes wurde im Jahr 1775 in Dreyerwalde in Westfalen geboren. Von 1788-1792 besuchte er das von Franziskanern geleitete Gymnasium in Rheine, wo er eine humanistische Bildung genoß. In den Jahren 1792-1797 studierte er zwei Jahre Philosophie und vier Jahre Theologie an der Universität Münster, die im Jahr 1773 als zentrale staatliche Anstalt zur Ausbildung der im öffentlichen Dienst stehenden höheren Berufe gegründet worden war. 1794 trat *G. Hermes* in das bischöfliche Priesterseminar ein. Die Zeit des Studiums an der Universität Münster legte bereits den Grundstein für seine spätere Denkrichtung, wenn es auch eher die Schwäche der in Münster dargebotenen Dogmatik und Metaphysik gewesen ist, die ihn zu einer sein Denken entscheidend prägenden Privatlektüre animierte. Die "dargebotene Dogmatik war unzulänglich, so daß die theologischen Leistungen des Mittelalters wie der Kirchenväter unbekannt blieben; Metaphysik aber wurde überhaupt nicht gelesen, seitdem Überwasser, der dieses Fach zu vertreten hatte, zu der Überzeugung gelangt war, daß das bisher übliche System der Metaphysik unhaltbar, er selber jedoch nicht imstande sei, ein neues zu schaffen" [70]. *G. Hermes* beschäftigte sich daher in privaten Studien mit den Schriften des ehemaligen Jesuiten Wolffscher Prägung *B. Stattler*,

---

des Meisters mitumschließt, die nicht selten mit denen seiner Schüler identisch sind. Dort wo solche Übereinstimmungen bestehen, ist bisweilen nicht zwischen beiden Begriffen zu trennen; 'hermesianisch' hat jedenfalls die umfassendere Bedeutung.

[69] Vgl. zum folgenden Abschnitt ADB XII, 192-196; NDB VIII, 671 f.; R. SCHLUND, Art. 'Hermes, Georg', in: LThK V, 258-260; *W. Esser*, Denkschrift auf Georg Hermes. Köln 1832; H. SCHRÖRS, Geschichte der katholisch-theologischen Fakultät zu Bonn 1818-1831. Köln 1922, 69-78; W. LIPGENS, Beiträge zur Lehrtätigkeit von Georg Hermes, in: HJ 81 (1962), 174-222; L. SCHEFFCZYK, Theologie im Aufbruch 111-114; E. HEGEL, Art. 'Hermes, Georg', in: TRE XV, 156-158; ders., Geschichte der katholisch-theologischen Fakultät Münster 1773-1964 I. Münster 1966, 107-117; ders., Georg Hermes, in: Bonner Gelehrte. 150 Jahre Rheinische Friedrich-Wilhelms-Universität zu Bonn 1818-1965. Bonn 1968, 13-25; ders., Georg Hermes (1775-1831), in: Kath. Theologen I, 303-307; ders., Der Hermesianismus, in: Geschichte des Erzbistums Köln V. Das Erzbistum Köln zwischen der Restauration des 19. Jahrhunderts und der Restauration des 20. Jahrhunderts (1815-1962). Köln 1987, 468-477; J. OVERATH, Zwischen Hermes und Hermesianismus. Briefe des Breslauer Kirchenhistorikers Joseph Ignaz Ritter an den Kölner Erzbischof Ferdinand August Graf Spiegel 1830-1835, in: ASKG XXXVII (1979), 131-155; H. H. SCHWEDT, Das römische Urteil über Georg Hermes (1775-1831). Freiburg 1980, 2-5; ders., Georg Hermes, seine Schule und seine wichtigsten Gegner, in: Christliche Philosophie I, 221-223.

[70] E. HEGEL, Georg Hermes (Kath. Theologen I) 304.

der, wie bereits erwähnt, die kirchliche Lehre auf reine Vernunftprinzipien zurückführen wollte. Darüberhinaus setzte er sich in diesen Jahren mit den Philosophien von *I. Kant* und *J. G. Fichte* auseinander, auf die ihn sein Philosophieprofessor *F. Überwasser* (1752-1812)[71] hinwies. Diese beiden Denker sollten seine Vorstellungen entscheidend prägen. "Vor allem der Kritizismus Kants schien ihm den Weg zu eröffnen, auf dem die katholische Wahrheit mit dem philosophischen Zeitgeiste versöhnt werden konnte."[72]

Im Anschluß an seine Studien war *G. Hermes* in den Jahren 1798 bis 1807 zunächst Gymnasiallehrer in Münster.[73] Kurz nach Antritt dieses Amtes wurde er am 16. Februar 1799 von dem Münsteraner Weihbischof *Kaspar Max Droste zu Vischering* (1770-1846)[74] zum Priester geweiht.[75] Während seiner Zeit als Gymnasiallehrer veröffentlichte er dort im Jahr 1805 die Schrift 'Untersuchung über die innere Wahrheit des Christenthums', worin er sich mit der populären Auffassung *I. Kants* auseinandersetzte, daß es keine sichere Wahrheitserkenntnis und damit auch keine Wahrheit des Christentums gebe. Nach eigenem Bekunden war es seine Absicht, die "christliche Sittenlehre von der Seite [zu] begründen, von welcher man sie in [jenen] Tagen am allerwenigsten haltbar glaubt[e]"[76], von der Seite der zeitgenössischen Philosophie nämlich. Aufgrund dieser Veröffentlichung wurde ihm eine Dogmatikprofessur in Münster angetragen, die er in den Jahren 1807-1819 ausgeübt hat.

Seinen dogmatischen Vorlesungen stellte *G. Hermes* eine 'Einleitung' in die Theologie voran. Aus diesen die Dogmatik vorbereitenden Vorlesungen ging sein Hauptwerk hervor, die 'Einleitung in die christkatholische Theologie', dessen erster Teil er im Jahr 1819 in Münster veröffentlichte. Dieser erste Teil trägt den Titel 'Philosophische Einleitung'. Hierin beschäftigte er sich in drei Untersuchungen mit den Fragen nach sicherer Wahrheitserkenntnis, der Existenz Gottes und der Möglichkeit einer übernatürlichen Offenbarung. Er hat beweisen wollen, "daß es eine sichere Entschiedenheit über Wahrheit grundsätzlich gibt (gegen den philosophischen allgemeinen Skeptizismus), daß eine philosophische Gotteserkenntnis möglich ist (gegen den philosophischen Atheismus) und daß eine Offenbarung möglich ist (gegen die philosophische Leugnung einer Offenbarungsmöglichkeit)"[77]. In seiner Hochschätzung

---

[71] *F. Überwasser* verfaßte Schriften zur Psychologie, Logik und Moralphilosophie. Vgl. ADB XXXIX, 118 f.

[72] L. SCHEFFCZYK, Theologie im Aufbruch 111.

[73] Während dieser Zeit arbeitet *G. Hermes* eine Moralphilosophie aus, deren Seiten von seinem Diener irrtümlich als Kaffeefilter verwendet wurden. Vgl. *W. Esser*, Denkschrift 39 f., und H. WEBER, Sakrament und Sittlichkeit 153.
In der 1819 erscheinenden 'Philosophischen Einleitung' wird jedoch auch eine methodische Grundlage für eine Moraltheologie geboten.

[74] Zu Weihbischof *K. M. Droste zu Vischering* vgl. E. HEGEL, 'Droste zu Vischering, Kaspar Max Freiherr', in: Die Bischöfe der deutschsprachigen Länder 1785/1803 bis 1945. Ein biographisches Lexikon. Hg. E. Gatz. Berlin 1983, 144 f.

[75] Vgl. H. SCHRÖRS, Geschichte 70, und E. HEGEL, Georg Hermes (Kath. Theologen I) 305.

[76] *G. Hermes*, Untersuchung IV.

[77] H. H. SCHWEDT, Das römische Urteil 3.

der Vernunft bezeichnete er die aufkommende theologische Romantik als 'Aftermystik'.

Als die 'Philosophische Einleitung' erschienen war, wurden in Münster bereits einzelne Stimmen gegen G. Hermes laut. "Es war nicht so sehr eine klare Einsicht in den Grundirrtum des [hermesischen] Systems, was Bedenken hervorrief, als das unwillkürlich sich aufdrängende Gefühl, dass der Vernunft zu grosse Rechte eingeräumt würden", beurteilt H. SCHRÖRS den entstehenden Widerstand gegen die hermesische Lehre.[78] Vor allem der romantisch gesinnte Freundeskreis, der sich dort um die Fürstin A. Gallitzin (1748-1806)[79] scharte, stand dem Kritizismus von G. Hermes ablehnend gegenüber. H. SCHRÖRS führt eine gegnerische Stimme an, die als bezeichnend für die gegen G. Hermes vorgebrachten Gründe gelten mag: "Was! Die Kirche, die als Säule der Wahrheit 18 Jahrhunderte lang feststand, soll nun ein Luftfundament von Philosophie haben"?[80]

Den Anfechtungen entging G. Hermes schließlich, indem er 1819 einen Ruf an die neue preußische Universität des Rheinlandes in Bonn annahm. Im gleichen Jahr wurde er zum Ehrendoktor der Universität Breslau ernannt. Zwei Jahre später folgte die Verleihung einer Ehrendoktorwürde durch die Bonner philosophische Fakultät.

Bei seinem Weggang aus Münster konnte nur ein Verbot des dortigen Bistumsverwesers und späteren Erzbischofs von Köln, Klemens August Droste zu Vischering (1773-1845)[81], seine Schüler daran hindern, G. Hermes nach Bonn zu folgen, so beliebt waren seine Lehrveranstaltungen.[82] Trotz des schwierigen und trockenen Stoffes,

---

[78] Geschichte 73.
[79] Die Fürstin Amalie v. Gallitzin war die Tochter eines preußischen Generals und Gattin eines russischen Diplomaten. Zum Freundeskreis von Münster vgl. J. GALLAND, Die Fürstin Gallitzin und ihre Freunde. Köln 1880; S. SUDHOF (Hg.), Der Kreis von Münster I, 1-2. München 1962/64; ders., Von der Aufklärung zur Romantik. Die Geschichte des Kreises von Münster. Berlin 1973, und J. SCHREIER, Katholische deutsche Romantik - Gestalten und Probleme, in: Christliche Philosophie I, 133-137.
[80] H. SCHRÖRS übernimmt den anonymen Ausruf aus dem 1838 erschienenen Buch des Hermesschülers L. Klövekorn, das den Titel trägt 'Über Hermes, Hermesianer, Hermsianismus'. Der Ausruf findet sich dort auf den Seiten 4 f. Vgl. H. SCHRÖRS, Geschichte 74, und ebd. Anm. 3.
[81] Zum Kölner Erzbischof K. A. Droste zu Vischering vgl. E. HEGEL, 'Droste zu Vischering, Klemens August Freiherr', in: Die Bischöfe 145-148.
[82] Vgl. H. SCHRÖRS, Geschichte 75, wo darüberhinaus davon berichtet wird, daß die Studenten und G. Hermes bei seiner letzten Vorlesung in Münster in Tränen ausbrachen. Vgl. auch W. Esser, Denkschrift 107, und den Brief Drostes an Minister K. v. Altenstein vom 1. 3. 1837, abgedruckt bei H. SCHRÖRS, Die Kölner Wirren (1837). Studien zu ihrer Geschichte. Berlin-Bonn 1927, 613-617, worin Droste sein damaliges Verbot zu begründen versucht.
Das Verbot Drostes führte dazu, daß sich dieser vor der Regierung zu verantworten hatte und schließlich aus der Bistumsverwaltung ausgeschlossen wurde. Später war es ja wiederum Droste, der als Erzbischof von Köln massiv gegen den Hermesianismus opponierte. Sein Handeln gegen den Hermesianismus, das sich eher gegen Personen als gegen die Inhalte der Lehre richtete, und sein Verhalten in der Mischehenfrage führten erneut zu Auseinandersetzungen mit der Regierung - den sogenannten 'Kölner Wirren' - an deren Ende 1837 gar die Verhaftung und 'Absetzung' Drostes standen. Vgl. H. SCHRÖRS, Kölner Wirren 174-518; R. LILL, Die Beilegung der Kölner Wirren 1840-1842. Düsseldorf 1962, und E. HEGEL, Der Hermesianismus 468-477.

den *G. Hermes* in seinen Vorlesungen vortrug, schien er einen großen Eindruck auf seine Studenten zu machen. Seine Methode regte offenbar seine Schüler zum Mitdenken und selbständigen Fragen an, band sie aber gleichzeitig eng an den vorgetragenen Stoff. So wurde nur selten über die Grenzen des Dargebotenen geschaut. [83] Außerdem unterhielt *G. Hermes* Kontakt fast ausschließlich zu seinen Schülern und den daraus hervorgegangenen Dozenten; freundschaftliche Kontakte zu seinen Kollegen pflegte er nicht.[84] Neben der in ihrer Systematik fesselnden Lehre des *G. Hermes* ist daher wohl auch in seiner auf die Studenten faszinierend wirkenden Person ein Grund für die Ausbreitung seiner Denkrichtung und für die starke Geschlossenheit seiner Schule zu sehen. Seine Ideen wurden "vorgetragen in einem Unisono, einer Orthodoxie, die ihresgleichen sucht"[85]. Auch Godehard Braun lernte *G. Hermes* als Student in Bonn persönlich kennen und wohl in besonderer Weise schätzen.

In Bonn vermochte *G. Hermes* seine Schüler ebenso zu faszinieren. Im Wintersemester 1826/27 mußten im damals größten Hörsaal (156 Plätze) noch einhundert Studenten stehen, "was in Anbetracht des Umstandes, dass die ganze Universität nur 1002 Studenten zählte und von den 291 Theologen nur *ein* Jahrgang Hermes zu hören hatte, einen ausserordentlichen Erfolg darstellt[e]"[86]. *G. Hermes* gewann einen dominierenden Einfluß innerhalb der katholischen Fakultät, unterstützt durch den Kölner Erzbischof *Graf Ferdinand August Spiegel* (1764-1835)[87]. In knapp einem Jahrzehnt waren fast alle Lehrstühle in Bonn mit Hermesianern besetzt. Darüberhinaus fanden sich seine Anhänger als Lehrer in Köln, Breslau, Braunsberg und Trier.[88]

Im Jahr 1829 erschien dann, ebenfalls in Münster, der zweite Band seiner Einleitung mit dem Titel 'Positive Einleitung' in einer ersten Abteilung. In diesem zweiten Band seines Hauptwerkes wollte *G. Hermes* in Anknüpfung an die Grundfragen der 'Philosophischen Einleitung', wo er die Möglichkeit und den Weg eines Beweises der Grundprinzipien (Wahrheitserkenntnis, Existenz Gottes, übernatürliche Offenbarung) des Christentums aufzeigte, nun den Beweis anhand von Schrift und Tradition liefern.[89]

In der ersten Abteilung wollte er nachweisen, daß der neutestamentliche Kanon, "das erste Erkenntnisprinzip der katholischen Theologie, einen historisch und rational sicheren Grund für das theologische Denken abgäbe"[90] und damit die 'Philosophische

---

[83] Vgl. K. THIMM, Die Autonomie der praktischen Vernunft in der Philosophie und Theologie des Hermesianismus. Diss. Teildruck München 1939, 57.
[84] Vgl. H. SCHRÖRS, Geschichte 77, und W. Esser, Denkschrift 119.
[85] K. THIMM, Die Autonomie der praktischen Vernunft 58.
[86] H. SCHRÖRS, Geschichte 77. Vgl. W. Esser, Denkschrift 110.
[87] Zu Graf *F. A. Spiegel* vgl. ADB XXXV, 149-155; W. LIPGENS, Art. 'Spiegel, Ferdinand August Frhr. v.', in: LThK IX, 965 f., und E. HEGEL, 'Spiegel, Ferdinand August Freiherr von', in: Die Bischöfe 716-721.
[88] Vgl. H. BRÜCK, Geschichte der katholischen Kirche in Deutschland im 19. Jahrhundert II: Vom Abschlusse der Concordate bis zur Bischofsversammlung in Würzburg im März 1848. Mainz 1889, 487 f.
[89] Vgl. Pos. Einleitung 1-4.
[90] L. SCHEFFCZYK, Theologie im Aufbruch 112.

Einleitung' nach der faktischen Seite hin ergänzen. Die angekündigte zweite Abteilung, worin G. Hermes den Beweis hinsichtlich kirchlicher Überlieferung und Lehramt führen wollte[91], konnte nicht mehr veröffentlicht werden. In seinen Vorlesungen hatte er diesen Bereich jedoch behandelt. [92]

Vor Vollendung seiner Einleitung ereilte der Tod den Bonner Dogmatiker. G. Hermes, der zeitlebens unter gesundheitlichen Beschwerden zu leiden hatte [93], starb am 26. Mai 1831.

Im Jahr 1832 gründeten seine Schüler in Bonn die 'Zeitschrift für Philosophie und Theologie', die bis 1852 als Organ der Hermesschule erschienen ist und von Rom nie beanstandet wurde. In den Jahren 1834/35 hat sein Bonner Schüler J. H. Achterfeldt (1788-1877)[94] aus dem handschriftlichen Nachlaß die 'Christkatholische Dogmatik' in drei Bänden herausgegeben. Schon bald wurden die Schriften von G. Hermes auf Betreiben seiner Gegner in Rom einer kritischen Untersuchung unterzogen und hielten der Prüfung auf Rechtgläubigkeit nicht stand. [95] Am 26. September 1835 sind dann die Werke des persönlich untadeligen Bonner Dogmatikers – im Jahr 1825 wurde G. Hermes zum Domkapitular ernannt[96] – in dem päpstlichen Breve *'Dum acerbissimas'* verurteilt worden.[97] Das Breve wurde am 7. Januar 1836 noch durch ein Indexdekret ergänzt. Zwar flammte schon zu Lebzeiten verschiedentlich Kritik an der Lehre von G. Hermes auf, doch laut wurde sie erst nach dem Tod des Meisters. Es entbrannte ein heftiges Für und Wider bezüglich seiner Lehre. Nach der Verurteilung von G. Hermes unterwarfen sich viele seiner Anhänger der römischen Bestimmung, darunter auch G. Braun, in dessen Moraltheologie ein Einfluß des Urteils zu spüren ist, wie noch zu zeigen sein wird.

---

[91] Vgl. Pos. Einleitung 2 f.
[92] Vgl. K. ESCHWEILER, Die zwei Wege 298-300, und H. H. SCHWEDT, Das römische Urteil 4.
[93] Vgl. H. SCHRÖRS, Geschichte 75 f., und W. Esser, Denkschrift 185.
[94] Johann Heinrich Achterfeldt ist Schüler von G. Hermes in Münster gewesen. Seit 1817 war er Theologieprofessor in Braunsberg, ab 1826 Professor in Bonn und ab 1830 Leiter des Konviktes. Zu J. H. Achterfeldt vgl. NDB I, 33 f., und A. SCHRÖER, Art. 'Achterfeldt, Johann Heinrich', in: LThK I, 110 f.
[95] Durch seine herausragende Stellung an der Universität Bonn schaffte G. Hermes sich schon früh Gegner. Darunter war vor allem der Philosoph K. J. Windischmann (1775-1839), dessen Freund, der romantische Dichter Clemens Brentano (1778-1842), der auch Beziehungen zum Kreis von Münster pflegte, wohl als erster von der Notwendigkeit einer kirchlichen Prüfung der hermesischen Schriften gesprochen hat. Vgl. E. HEGEL, Der Hermesianismus 468. Zu K. J. Windischmann vgl. A. DYROFF, Carl Jos. Windischmann (1775-1839) und sein Kreis. Köln 1916, und H. SCHRÖRS, Geschichte 362-394.
[96] Vgl. L. SCHEFFCZYK, Theologie im Aufbruch 112.
[97] Das Breve nennt auch zwei seiner angeblichen Lehren. Es handelt es sich dabei einmal um die Lehre des sogenannten 'positiven Zweifels', dann um die der exklusiven Rolle der Vernunft in der Erkenntnis übernatürlicher Wahrheiten. H. H. SCHWEDT, Das römische Urteil 209-211, weist darauf hin, daß das Breve die gegen G. Hermes in Rom angezeigten Lehren nur *referiere*. Das Dekret verurteile keineswegs einzelne hermesische Irrtümer, sondern nur seine Bücher.

Die eifrigsten Anhänger von *G. Hermes*, *J. H. Achterfeldt* und
J. W. J. Braun (1801-1863)[98] in Bonn, *F. X. Biunde* (1806-1860)[99] in Trier,
J. I. Ritter (1787-1857)[100] und der Laie *P. J. Elvenich* (1796-1886)[101] in Breslau
suchten nach dem Urteil die hermesische Lehre in Rom zu verteidigen und ihre Ausbreitung in Deutschland weiter voranzutreiben. *J. W. J. Braun* und *P. J. Elvenich*
weilten in den Jahren 1837/38 wegen der Verurteilung von *G. Hermes* in Rom, waren
in ihren Bemühungen jedoch nicht erfolgreich. Der Streit um die Lehre von
G. Hermes hält noch in den vierziger Jahren an. [102] Schon unmittelbar nach dem Urteil verlor der Hermesianismus an Bedeutung. Doch vor allem mit dem Einsetzen der
Neuscholastik in der Mitte des 19. Jahrhunderts, das Erscheinen der 'Katholischen
Moraltheologie' von *F. Probst* (1816-1899) im Jahr 1848 mag dafür als Anhaltspunkt
gelten[103], wurde der Hermesianismus von einer neuen, stark restaurativen Epoche abgelöst.

---

[98] *Johann Wilhelm Josef Braun* war Schüler von *G. Hermes* in Bonn; seit 1829 dann dort selbst Theologieprofessor. Zu *J. W. J. Braun* vgl. H. SCHRÖRS, Ein vergessener Führer aus der rheinischen Geistesgeschichte des neunzehnten Jahrhunderts. Johann Wilhelm Joseph Braun (1801-1863). Bonn-Leipzig 1925. Dort auch Näheres über die Auseinandersetzungen nach dem Breve. Vgl. auch ADB III, 267 f.; NDB II, 552 f., und J. R. GEISELMANN, Art. 'Braun, Johann Wilhelm Josef', in: LThK II, 654 f.

[99] *Franz Xaver Biunde* ist Schüler des Hermesschülers *W. Esser* in Münster gewesen, seit 1829 war er Professor für Philosophie in Trier. G. Braun zieht ihn als Gewährsmann für psychologische Fragen heran. Vgl. J. LENZ, Ein streitbarer Trierer Philosoph. Trier 1941; ders., Die Philosophie am Trierer Priesterseminar im 19. Jahrhundert, in: TThZ 60 (1951), 273-275; E. HEGEL, Zum Hermesianismus im Trierer Priesterseminar, in: TThZ 62 (1953), 108-114., und A. THOMAS, 'Biunde, Franz Xaver', in: Kurzbiographien von Mittelrhein und Moselland. Trier 1970, 139 f.

[100] *Joseph Ignaz Ritter* ist seit 1823 Professor in Bonn, ab 1830 in Breslau gewesen. Vgl. H. JEDIN, Art. 'Ritter, Joseph Ignaz', in: LThK VIII, 1325 f., und ders., Eine Denkschrift Joseph Ignaz Ritters über Georg Hermes, in: Annalen HVNrh 174 (1972), 148-161.

[101] *Peter Josef Elvenich* ist Schüler von *G. Hermes* in Bonn gewesen. Seit 1829 war er Philosophieprofessor in Breslau. Vgl. A. FRANZEN, Art. 'Elvenich, Peter Josef', in: LThK III, 838.

[102] Nach dem römischen Urteil ist eine Fülle von unterstützenden und ablehnenden Schriften über die Auffassungen von *G. Hermes* entstanden. Zum hermesianischen Schrifttum vgl. die Zusammenstellung der Bibliothek des Priesterseminars Trier: Hermesiana, Trier 1938.
Als für die in den vierziger Jahren aufkommenden Schriften vgl. für die Gegner von *G. Hermes* die Werke seines früheren Anhängers P. Volkmuth, etwa das Werk: Das Gewissen der letzten Hermesianer. Ein Versuch zur Belehrung. Trier 1844. Als Verteidiger des Hermesianismus vgl. etwa *F. Michelis*, Die letzten Hermesianer und ihr Anwalt. Ein Wort zur Verständigung. Neuß 1844.
Vgl. auch H. SCHRÖRS, Ein vergessener Führer 377-429, und S. MERKLE, Der hermesische Streit im Lichte neuer Quellen, in: HJ 60 (1940), 179-220.

[103] Vgl. J. REITER, Ferdinand Probst 14. Zu *F. Probst* siehe weiter unten Anm. 521.

2. Grundzüge der hermesischen Theologie[104]

Die Philosophie von *G. Hermes* ist von dem Gedanken geleitet, das Christentum als eine von Gott gegebene Offenbarung sicher erweisen zu können. Denn, wie er im Vorwort zu seiner 'Philosophischen Einleitung' bekennt, bleibt ihm als erstes Resultat seiner intensiven Beschäftigung mit theologischen Fragen nur der fundamentale Zweifel: gibt es denn überhaupt einen Gott?[105] Ihn auszuräumen zieht er theologische Werke zu Rate und muß erkennen, daß die Grundfrage über die Existenz Gottes und seine Zuwendung zur Welt entweder nicht angegangen oder aber als erwiesen vorausgesetzt wird. Auch seine Hinwendung zur klassischen philosophischen Metaphysik bringt ihn der Lösung seines Problems nicht näher, da der dort vorgebrachte Gottesbeweis vor der Erkenntniskritik der damals neuen Philosophie nicht standhält. So wendet er sich schließlich dem Kritizismus *I. Kants* und dem Idealismus *J. G. Fichtes* zu. Zwar liefern auch sie ihm nicht die Lösung seiner Frage nach der Existenz Gottes – sie führen allenfalls zu der Antwort, daß über diese Fragen nichts Sicheres auszumachen sei[106] –, zeigen ihm aber den Weg auf und bieten das Handwerkszeug dazu. Denn wie "Kant und Fichte zielt Hermes [zunächst] auf eine Untersuchung des menschlichen Wahrheitsvermögens überhaupt"[107], um erst nach erwiesener Möglichkeit, zu sicherer Wahrheit gelangen zu können, dann schließlich auch die Inhalte der Offenbarung zweifelsfrei als wahr zu erweisen, sie "aus reinen Vernunftprinzipien heraus als widerspruchsloser, klarer und innerlich begründeter Vernunftzusammenhang"[108] aufzuzeigen. Bevor er sich also mit den metaphysischen Fragen beschäftigen kann, muß er eine Erkenntniskritik vorausschicken. Er tut dies mit dem ersten Band seiner zweiteiligen 'Einleitung in die christkatholische Theologie', der 'Philosophischen Einleitung'.

Für seine Untersuchungen bedient sich *G. Hermes* der philosophischen Leistungen *I. Kants*, von dem er die Erkenntniskritik sowie die damit verbundene Unterscheidung von theoretischer und praktischer Vernunft einschließlich der Theorie ihrer Wirkungsweisen übernimmt. Er akzeptiert dabei notwendigerweise auch die von

---

[104] Vgl. zum folgenden Abschnitt W. *Esser*, Denkschrift 139-173; L. *Neumann*, Erläuterungen der Hermesischen Einleitung in die christkatholische Theologie. Trier 1835; J. KLEUTGEN, Die Theologie der Vorzeit I. Münster 1853, 191-205; H. BRÜCK, Geschichte der katholischen Kirche II, 485-498; C. KOPP, Die Philosophie des Hermes besonders in ihren Beziehungen zu Kant und Fichte. Köln 1912; H. SCHRÖRS, Geschichte 78-83; K. ESCHWEILER, Die zwei Wege 81-130; J. DIEBOLT, La Théologie Morale Catholique 238-246; K. THIMM, Die Autonomie der praktischen Vernunft 23-34; R. SCHLUND, Der methodische Zweifel. Diss. masch. Freiburg 1947; L. GILEN, Kleutgen und der hermesianische Zweifel, in: Scholastik 33 (1958), 1-31; L. SCHEFFCZYK, Theologie im Aufbruch XXVII-XXX; R. MALTER, Reflexion und Glaube bei Georg Hermes. Diss. Saarbrücken 1966; E. HEGEL, Georg Hermes (Kath. Theologen I) 307-310; H. H. SCHWEDT, Das römische Urteil 5-16; ders., Georg Hermes 228-240; H. BREULMANN, Prolegomena einer zukünftigen Dogmatik. Zur Begründungstheorie Georg Hermes. Diss. Hamburg 1985, und H. ZEIMENTZ, Vernunft und Offenbarung in der Moraltheologie nach Georg Hermes (1775-1831), in: Sein und Handeln in Christus. St. Ottilien 1988, 115-128.
[105] Vgl. IV f.
[106] Vgl. Phil. Einleitung VII.
[107] H. ZEIMENTZ, Vernunft und Offenbarung 119.
[108] K. ESCHWEILER, Die zwei Wege 83.

I. Kant gesteckten Grenzen des Erkennens.[109] *G. Hermes* verbindet den Kantschen Kritizismus mit dem von *J. G. Fichte* eingeführten psychologischen Idealismus. Dieser weist die Dinge als Produkt des Bewußtseins aus. Maßgebend ist immer die Beziehung des Bewußtseins zu den Dingen und seine Auffassung von der Welt. Über die Welt und die Dinge an sich können keine verläßlichen Aussagen gemacht werden, da das Bewußtsein die Erkenntnisgrenzen steckt. Nach dieser Auffassung stammen die äußere Welt sowie die Vorstellungen, Gefühle und Triebe aus dem Ich der Person. Das Ich setzt gewissermaßen sein eigenes Sein. In moralischer Hinsicht besagt dies, daß es des Menschen oberste Pflicht ist, seiner Bestimmung gemäß zu handeln und das reine Ich zur Erfüllung zu bringen. Nach *J. G. Fichte* läßt sich das Sittengesetz etwa formulieren: 'Handle stets nach deiner Bestimmung!' Die das Individuum umgebende Natur stellt lediglich das notwendige Material zu dieser Pflichterfüllung bereit.[110] Für *G. Hermes* bedeutet dies in Verbindung mit dem Kantschen Kritizismus, daß nur das, was die Vernunft eines einzelnen Menschen selbst als wahr erkennt oder als wahr annimmt, einer kritischen Prüfung standhält. Es gibt für den Menschen also keine verläßliche Wahrheit außerhalb der Grenzen des Verstandes. Dieser psychologistische Kritizismus ist der Schlüssel zu seinem gesamten System.

Nun weist *G. Hermes* auf zwei verschiedene Wege hin, zu sicherer Wahrheitserkenntnis gelangen zu können: es gibt einmal das 'Fürwahr-' oder 'Fürwirklichhalten' der theoretischen Vernunft und das 'Fürwahr-' oder 'Fürwirklichannehmen' der praktischen Vernunft. Ihre Qualität und Anwendungsmöglichkeit hinsichtlich der Offenbarungswahrheiten untersucht er in der 'Philosophischen Einleitung'.

2. 1 'Philosophische Einleitung': formale Grundlegung

a. 'Fürwahrhalten' und die Möglichkeit der Offenbarung [111]

Es sind drei Hauptfragen, die *G. Hermes* in der 'Philosophischen Einleitung' beschäftigen. Er beschreibt sie folgendermaßen:

"I. Gibt es für Menschen Entschiedenheit über Wahrheit, die sicher ist - in welchen Wegen entsteht sie - und ist einer derselben anwendbar auf den Beweis des Christenthums?
II. Ist ein Gott, und wie ist er beschaffen?
III. Muß eine übernatürliche Offenbarung Gottes an die Menschen als möglich zugelassen werden, und unter welchen allgemeinen Bedingungen muß sie als wirklich erachtet werden?"[112]

Die drei Hauptfragen geht er in drei Untersuchungen der Reihe nach an.

---

[109] Zur näheren Beziehung von G. Hermes zu *I. Kant* und *J. G. Fichte* vgl. C. KOPP, Die Philosophie des Hermes.
[110] Vgl. J. REHMKE, Grundriß der Geschichte der Philosophie. Bonn 1959, 240-255, und H. J. STÖRIG, Kleine Weltgeschichte der Philosophie. Stuttgart [13]1985, 441-447.
[111] Vgl. Phil. Einleitung 94-202.
[112] Phil. Einleitung 80.

Am Anfang steht somit die Erkenntniskritik, die Frage ob und wie der Mensch zu sicherer Wahrheitserkenntnis gelangen kann. Der Wahrheitsbegriff, den *G. Hermes* seinen Untersuchungen zugrunde legt, ist bewußt traditionell. Er versteht unter Wahrheit die "Uebereinstimmung der Erkenntnis mit dem Erkannten"[113]. Er setzt sich damit gegen Wahrheitsbegriffe neuerer Philosophen ab und setzt gleichzeitig die Akzeptanz dieses traditionellen Wahrheitsbegriffes bei seinen Lesern voraus.

Zu Beginn prüft er, ob seine zwei von ihm angeführten Wege zur Wahrheit auch tatsächlich dahin führen. An erster Stelle steht die Untersuchung des 'Fürwahrhaltens', der Kategorie der *theoretischen* Vernunft. Das Fürwahrhalten der theoretischen Vernunft besteht darin, "daß wir unser Urtheil übereinstimmend mit der Wirklichkeit, und folglich die zwischen Subject und Prädikat gedachte Beziehung als auch in der Wirklichkeit unter ihnen daseyend halten"[114]. Das Halten der theoretischen Vernunft ist nicht frei, sondern wird dem Menschen mit Notwendigkeit angetan, unmittelbar oder mittelbar. Unmittelbar vermittelt das Halten etwa das Wissen, daß alles, was ist, einen zureichenden Grund für sein Dasein haben muß. Dieses unmittelbare Wissen ist nicht Ergebnis schlußfolgernden Denkens, sondern wird dem Menschen mit Notwendigkeit 'physisch'[115] angetan, es gehört zur Grundstruktur des Erkennens.[116] Aus mittelbarer Notwendigkeit für wahr hält *G. Hermes* die Ergebnisse der Einsicht; der unmittelbaren Einsicht durch apriorische und aposteriorische Anschauung und der mittelbaren Einsicht in Lehrsätze, die eines Beweises bedürfen. Zur mittelbaren Notwendigkeit der Wahrheit gehören darüberhinaus die Ergebnisse der Einbildung.

Zusammenfassend läßt sich der Modus des Fürwahrhaltens wie folgt darstellen: [117]

Fürwahrhalten

1. aus unmittelbarer Notwendigkeit (Satz vom zureichenden Grund)
2. aus mittelbarer Notwendigkeit (= aus Erkenntnis)
   a. aus Einsicht
      1. aus unmittelbarer (apriorische und aposteriorische Anschauung)
      2. aus mittelbarer (Lehrsätze, die eines Beweises bedürfen)
   b. aus Einbildung

Im Modus des Fürwahrhaltens zeigt *G. Hermes* also die Möglichkeiten auf, welche die *theoretische* Vernunft beschreiten kann, um zu sicherer Wahrheitserkenntnis zu gelangen. Es ist damit noch nicht gesagt, ob diese Wege tatsächlich ans Ziel führen. Dies prüft er in einer sich anschließenden kritisch systematischen Untersuchung der verschiedenen Möglichkeiten des Fürwahrhaltens im Hinblick auf ihre Sicherheit.

---

[113] Phil. Einleitung 84.
[114] Phil. Einleitung 86.
[115] Zum Begriff der 'physischen' Nötigung vgl. etwa Phil. Einleitung 249-251.
[116] Vgl. Phil. Einleitung 88.
[117] Vgl. Phil. Einleitung 91.

Nicht zu sicherem Fürwahrhalten kann man nach *G. Hermes* aus Einbildung gelangen, denn sie täuscht die Übereinstimmung zwischen der Erkenntnis und dem Erkannten nur vor.[118]

Ebenso gibt es kein sicheres Fürwahrhalten aus Einsicht, denn es ist seiner Vorstellung nach für den Menschen unmöglich, aus Einsicht zu entscheiden, ob er subjektiv oder objektiv *notwendige* Erkenntnis besitzt. Wissen um die Notwendigkeit einer Erkenntnis muß aber nach dem Axiom, daß nur notwendige Erkenntnis sichere Erkenntnis sein kann, vorhanden sein.[119] Höchste Form der für den Menschen erreichbaren Erkenntnis ist für *G. Hermes* das sogenannte 'unmittelbare Bewußtsein der Sache in uns', ein an den Menschen unmittelbar herangetragenes Wissen, das auch die Grundlage für das Fürwahrhalten aus Einsicht wie für alle übrigen menschlichen Erkenntnisse liefert.[120] Dieses ist jedoch selbst noch unsicher, da es ebenfalls noch nicht als notwendig erwiesen ist. Da das 'unmittelbare Bewußtsein der Sache in uns' die Grundlage für das Fürwahrhalten aus Einsicht ist, können die Erkenntnisse aus Einsicht schon deshalb nicht sicher sein, da die Grundlage selbst noch nicht als sicher erwiesen ist.

In dem Wissen um die Unsicherheit dieser Grundlage menschlicher Erkenntnis außerhalb einer unmittelbaren Notwendigkeit glaubt *G. Hermes* mit *J. G. Fichte* übereinzustimmen, aber im Gegensatz zu *I. Kant* zu stehen, der seiner Auffassung nach dieses 'unmittelbare Bewußtsein der Sache in uns' und erst recht die Erkenntnisse aus Einsicht schon für sicher hält. Hier denkt *G. Hermes*, einen entscheidenden Fehler des Kantschen Denkens entlarvt zu haben: Wenn *I. Kant* behauptet, daß die theoretische Vernunft nur bis zum Denken der Dinge, nicht aber zu den Dingen an sich vordringen kann, dann sind seine Ergebnisse nur subjektive Wahrheit. Aussagen über die (objektive) Wahrheit der Dinge an sich sind für *I. Kant* nicht möglich, da eben die Grundlage der Einsicht, das 'unmittelbare Bewußtsein der Sache in uns' und die Einsicht selbst keine Sicherheit über Wahrheit verbürgt. Dann ist aber auch die Aussage *I. Kants* unsicher, daß die theoretische Vernunft nichts Definitives über Gott und die Offenbarung ausmachen könne.[121] Eine Philosophie der Einsicht ist für *G. Hermes* bloß eine Philosophie des Scheins: "Eine solche Philosophie hört also da auf, wo das Hauptgeschäft der Philosophie anfängt: denn ob hinter dem Gedanken noch ein Gedachtes, hinter dem Scheine noch eine Wirklichkeit stecke, das ist doch, was die Philosophie vorzüglich aufdecken soll."[122]

---

[118] Vgl. Phil. Einleitung 94-100.
[119] Vgl. Phil. Einleitung 101-145, bes. 131, 133, 139 f.
[120] Phil. Einleitung 126: "*Das unmittelbare Bewußtseyn der Sache in uns* ist daher vor sich selbst die höchste Erkenntnis des Menschen, und ist das Urprinzip der Gewißheit aller andern menschlichen Erkenntnisse: denn diese alle, sie mögen theoretische oder praktische seyn, können nun keine andere Gewißheit bekommen, als daß das unmittelbare Bewußtseyn sie ihnen bezeugt, und keine höhere, als es ihnen bezeugt."
[121] Vgl. Phil. Einleitung 134-139, 143-145, und C. KOPP, Die Philosophie des Hermes 55-59.
[122] Phil. Einleitung 135.

Weder Einbildung noch Einsicht führen also für *G. Hermes* zu sicherer Wahrheitserkenntnis. Damit sind beide Möglichkeiten des Fürwahrhaltens aus mittelbarer Notwendigkeit verworfen.

Es bleibt noch die Frage, ob eine unmittelbare Notwendigkeit zu sicherer Wahrheitserkenntnis zu führen vermag? *G. Hermes* bejaht ein solches notwendiges Fürwahrhalten der theoretischen Vernunft. Er umschreibt es als "Nothwendigkeit der Vernunft, ihren Begriff *Grund* zu bilden und dadurch zu denken"[123]. Es liegt in der Natur der Vernunft, daß sie stets zu einem Denken des Grundes genötigt wird; dies ist ebenfalls ein Ausdruck des unmittelbaren Bewußtseins. Um einen Grund zu denken, muß sie aber vorher ein Sein als möglich zulassen. Alles Sein denkt jedoch ursprünglich nicht die Vernunft, sondern der Verstand, und zwar mit Notwendigkeit. Der Verstand ist also das niederwertigere Vermögen des Erkennens, die Vernunft das darüberhinausragende Vermögen des Begreifens. Der Verstand erkennt mit Notwendigkeit ein Sein und "nimmt das Gegebene als Gegebenes an, ohne nach dem Seinkönnen des Gegebenen (nach dem Grund) zu fragen"[124]. Die den Verstand übersteigende Nötigung der Vernunft, zu einem Sein einen Grund hinzuzudenken, ist jedoch nur unreflex gegeben. In der Reflexion ist die Vernunft nicht dazu gezwungen, einen Grund zu denken und ihn für wirklich zu halten. Aber in der Reflexion wird diese unreflexe Nötigung als notwendiges Halten der Vernunft erkannt und damit indirekt auch der hinzugedachte Grund für wirklich gehalten. In der Reflexion wird also nur die Form, die Notwendigkeit des Haltens, bestätigt. Durch das Akzeptieren der Form wird auch der dahinterstehende Inhalt, welcher der Form auf der unreflexen Ebene notwendig zugeordnet wird, als wahr bestätigt.[125]

Daß dieses Halten nur subjektive Gewißheit über den notwendigen Grund und das dahinter sich verbergende Sein liefern kann, hat *G. Hermes* gewußt. Doch für ihn kann es objektive Sicherheit über Wahrheit nur in höchster subjektiver Gewißheit geben[126], da der Mensch sein subjektives Bewußtsein nicht ablegen kann: "Es mag an sich wahr oder falsch seyn was ich für wahr halte, wenn ich finde, daß ich es für wahr halten muß, und daß ich nicht anders kann, so ist und bleibt es mir wahr; was ich nicht bezweifeln kann, das kann ich nicht bezweifeln: alle Bürgschaft für seine Wahrheit ist für mich überflüssig, und aller Beweis wider seine Wahrheit ist für mich ohne Wirkung."[127] Damit steht am Ende seiner Kritik der theoretischen Vernunft die Erkenntnis, daß die Vernunft "als Vermögen des Begründens und Begreifens allem für wirklich Gehaltenen einen 'Grund hinzu denken muß'"[128]. Auch in der Reflexion wird diese Forderung eines Grundes für notwendig gehalten, wenn auch indirekt.

---

[123] Phil. Einleitung 157.
[124] R. MALTER, Reflexion und Glaube 91 f. Vgl. Phil. Einleitung 154, 163, und K. ESCHWEILER, Die zwei Wege 88.
[125] Vgl. Phil. Einleitung 180-182, und H. ZEIMENTZ, Vernunft und Offenbarung 119.
[126] Vgl. Phil. Einleitung 189 f.
[127] Phil. Einleitung 147.
[128] H. ZEIMENTZ, Vernunft und Offenbarung 120. Vgl. Phil. Einleitung 155.

Mit der Erklärung der Funktionsweise der theoretischen Vernunft in ihrem notwendigen Fürwahrhalten glaubt *G. Hermes* den Eingang zur Metaphysik gefunden zu haben und stellt nun die Frage nach Dasein und Beschaffenheit Gottes. Die Nötigung, einen Grund zu denken, ermöglicht nun in einem "Fortgehen von Grund zu Grund" in kritischer Reflexion weiterzuschreiten, um "endlich auch wohl auf einen *Gott* und *dessen Eigenschaften* hinkommen"[129] zu können.[130] Die Urursache Gott muß die theoretische Vernunft am Ende dieses Rückschreitens von Grund zu Grund für wahr halten. Ebenso kann sie erkennen, daß Gott die *"einige, ewige, absolute, unveränderliche, persönliche, schöpferische Urursache der veränderlichen Welt"*[131] ist. Die Fragen aber, zu welchem Zweck Gott die Welt erschaffen hat und zu welchem Zweck er die Menschen bestimmt hat, läßt die theoretische Vernunft offen, da sie mit der Erkenntnis Gottes als moralischem Wesen zusammenhängen. Moralische Eigenschaften und Verpflichtungen aber vermag die theoretische Vernunft nicht zu erkennen.[132] Ebenso ist die theoretische Vernunft bezüglich der Offenbarung nicht zu voller Erkenntnis fähig. Die theoretische Vernunft vermag lediglich die Unbegreiflichkeit der Offenbarung festzustellen oder zu konstatieren, daß es weder einen Grund dafür noch dagegen gibt, also ihre Möglichkeit einzuräumen. Über Wirklichkeit und Inhalt der Offenbarung vermag sie zu keiner sicheren Aussage zu kommen.[133] "Da Offenbarung nur in geschichtlicher Vermittlung zugängig ist, unterliegt ihr Inhalt - wie alle geschichtliche Erkenntnis - dem theoretisch nicht auszuschließenden Zweifel."[134]

Es bleiben folglich zwei Felder, welche die theoretische Vernunft nicht auszufüllen vermag: Sicherheit über die moralischen Qualitäten Gottes sowie Wirklichkeit und Inhalt der Offenbarung sind mit ihrem Vermögen nicht zu erreichen. Sie zu erlangen, entwickelt *G. Hermes* eine Kritik des 'Fürwahrannehmens' der praktischen Vernunft.

b. 'Fürwahrannehmen' und die Gewißheit der Offenbarung[135]

Während die Inhalte der theoretischen Vernunft im Bereich der unmittelbaren Erkenntnis mit unabdingbarer Notwendigkeit an den Menschen herangetragen werden und das Hinzudenken eines zureichenden Grundes nicht auch abgelehnt werden kann, ist es dem Menschen grundsätzlich freigestellt, der Verpflichtung der praktischen Vernunft nachzukommen. Das Fürwahrannehmen als Teil der praktischen Vernunft ist "ein freyer Entschluß des Willens, ein Urtheil als wahr ... gelten zu lassen".[136] Es zerfällt in zwei Beweggründe: In ein Fürwahrannehmen aus dem Beweggrund der Neigung bzw. der Sinnlichkeit und in ein Fürwahrannehmen aus dem Beweggrund der

---

[129] Phil. Einleitung 200.
[130] Vgl. C. KOPP, Die Philosophie des Hermes 93-98.
[131] Phil. Einleitung 393.
[132] Vgl. Phil. Einleitung 453-456.
[133] Vgl. etwa Phil. Einleitung 603 f.
[134] H. ZEIMENTZ, Vernunft und Offenbarung 120; vgl. Phil. Einleitung 579 f.
[135] Vgl. Phil. Einleitung 202-268.
[136] Phil. Einleitung 90; vgl. K. ESCHWEILER, Die zwei Wege 99 f.

Pflicht.[137] Dem Fürwahrannehmen aus Neigung mißt *G. Hermes* keine besondere Bedeutung bezüglich einer Sicherheit über Wahrheit zu: "Die *Sinnlichkeit* . . . setzt uns *keine nothwendige Zwecke*. Denn sie kann ihre Forderungen weder als Gebothe aussprechen, noch sie mit Strafe unterstützen: sondern alles, was sie dieselben durchzusetzen thun kann, besteht darin, daß sie durch Vorhaltung und Ausmahlung des Angenehmen auf der einen und des Unangenehmen auf der andern Seite die Beystimmung der Freyheit zu gewinnen sucht."[138]

Eine Notwendigkeit ergibt sich nach *G. Hermes* jedoch im Bereich des Fürwahrannehmens aus Pflicht. Es ist eine moralische Notwendigkeit, die jedoch keinen absolut zwingenden Charakter in der Ausführung besitzt. D. h. die praktische Vernunft trägt ihre Forderung zwar mit unbedingtem Anspruch vor, doch hat sie keine Möglichkeit, ein Handeln nach diesem Anspruch durchzusetzen. Ihre Notwendigkeit entsteht auf folgende Weise: "Die praktische Vernunft spricht in den genannten Fällen ihre Forderungen an den freyen Willen als Gebothe aus: *Du sollst das!* ist da ihr Ausspruch in uns; und sie unterstützet ihr Geboth mit der Strafe der Verwerfung des freyen Menschen im Falle des Ungehorsams."[139] Weil der Mensch sich mit Selbstverachtung straft, wenn er den Geboten der praktischen Vernunft keine Folge leistet, wird die praktische Vernunft zur Gesetzgeberin für den Menschen. Das Sittliche entspringt folglich aus einer autonom arbeitenden Vernunft, die selbsttätig aus dem Sein Gesetze formuliert. Ein Teil der menschlichen Vernunft selbst - nämlich der Teil, der praktischen Vernunft heißt - zeigt dem Menschen, was sittlich gut ist; das Wissen um gut und böse wird nicht von außen herangetragen. Gesetzgebenden Charakter hat die praktische Vernunft aber nur, wenn die einzelnen Pflichtgebote von einem obersten Pflichtgebot abgeleitet werden, da die auf konkrete Situationen sich beziehenden Gebote immer von Bedingungen abhängen und so "die Möglichkeit der Erfüllung nicht oder zumindest nicht immer mit zweifelsfreier Gewißheit auszumachen sei"[140]. Gefordert wird somit ein systematisches Gefüge von Pflichten, wobei die konkreten aus einer allgemeineren obersten Pflicht abgeleitet werden. Das oberste Pflichtgebot muß sich nach *G. Hermes* in seinem Inhalt darauf beziehen, wodurch der Mensch sich als höchstes irdisches Wesen konstituiert. Alles, was dazu gehört, sei es Intelligenz, Freiheit oder Fähigkeit zum Mitleid[141], gipfelt seiner Auffassung nach in der Menschenwürde. Demnach lautet das für ihn höchste Pflichtgebot : "Suche die Menschenwürde in dir und in Andern rein darzustellen und zu erhalten." [142] Die Verpflichtung zur Einhaltung der Menschenwürde ist für *G. Hermes* unbezweifelbar, da sie ein 'unmittelbares Bewußtsein der Sache in uns' ist und aus der Autonomie der praktischen Vernunft entspringt. Da es sich aber um eine moralische Verpflichtung ohne absolut zwingenden Charakter handelt, kann sich der Wille auch gegen das Sittengebot entscheiden, jedoch nur um den Preis der Selbstverwerfung. Ein Ablehnen des

---

[137] Vgl. Phil. Einleitung 90 f.
[138] Phil. Einleitung 209 f.
[139] Phil. Einleitung 209.
[140] H. ZEIMENTZ, Vernunft und Offenbarung 122. Vgl. Phil. Einleitung 219-221.
[141] Vgl. Phil. Einleitung 205.
[142] Phil. Einleitung 221.

obersten Sittengebotes entspricht nicht der menschlichen Vernunft, denn es führt zu negativen Folgen. Die Sicherheit über Wahrheit, die der Mensch hinsichtlich des moralischen Fürwahrannehmens erhalten kann, ist der des theoretischen Fürwahrhaltens gleichgestellt, da beide Vermögen 'unmittelbar' gegeben sind.[143]

Wie kann die praktische Vernunft nun in Gott die moralischen Eigenschaften erkennen, welche die theoretische Vernunft nicht ausmachen konnte? *G. Hermes* geht voraussetzend davon aus, daß dem Menschen moralische Pflichten "vor aller Erkenntnis eines Gottes und ganz unabhängig von dieser" auferlegt sind. Wenn jetzt die theoretische Vernunft die Existenz Gottes beweist, muß die praktische Vernunft fordern, "den erkannten Gott so zu denken und anzunehmen, daß ihre Pflichtgebothe *damit bestehen können*. Hier ist es also möglich, daß die praktische Vernunft zur Aufrechterhaltung ihrer Pflichtgebothe *moralische Eigenschaften an Gott* fordere."[144] Moralische Pflichten haben nur dann einen Sinn, wenn ihr Ursprung, Gott, selbst diese moralischen Forderungen will. Ansonsten wären die aus ihm hervorgehenden moralischen Forderungen pure Willkür. Wenn Gott nicht selbst das will, was er dem Menschen durch die Vernunft gebietet, fehlt dem Gebotenen die moralische Glaubwürdigkeit. "Das Gebot könnte nicht mehr um seiner selbst willen erfüllt, der Wert nicht um des Wertes willen erstrebt werden. Die Moralität müßte sich in Legalität auflösen."[145] Folglich muß die praktische Vernunft Gott um ihrer eigenen Notwendigkeit wegen als moralisches Wesen postulieren.

Sind so die moralischen Eigenschaften Gottes durch die praktische Vernunft gefordert, bleibt nur noch die Sicherstellung der Offenbarung im Beweisgefüge offen. Hier muß *G. Hermes* einen Weg eröffnen, eine im geschichtlichen Prozeß übermittelte Kenntnis in das eigene Fürwahrannehmen der praktischen Vernunft 'hereinzunehmen'. Das Hereinnehmen solch fremder Erkenntnis sieht er im obersten Moralgebot mitgefordert. Immer dann, wenn das Pflichtgebot nicht erfüllt werden könnte, ohne fremde Erfahrung und Einsicht zu nutzen, ist ein Heranziehen aller möglichen Mittel, das Gebot dennoch zu erfüllen, gefordert.[146] Die Wahrheiten der Offenbarung können demnach in den eigenen Erkenntnisprozeß hereingenommen werden, wenn es notwendig ist, d. h. wenn es Menschen gibt, die nicht aus eigener Kraft in der Lage sind, das Pflichtgebot zu erfüllen. Dazu muß der Inhalt der Offenbarung in der 'Sprache' der praktischen Vernunft, also in Pflichten, verbreitet werden. Beide Bedingungen hält *G. Hermes* für erfüllt. Er sieht die meisten Menschen nicht dazu in der Lage, dem obersten Sittengebot aus eigener Kraft nachzukommen.[147] So tritt Gott, sich in positiven 'natürlichen' Pflichten offenbarend, als Lehrer auf.[148]

---

[143] Vgl. Phil. Einleitung 251-255, und C. KOPP, Die Philosophie des Hermes 87 f.
[144] Phil. Einleitung 470.
[145] H. ZEIMENTZ, Vernunft und Offenbarung 124.
[146] Phil. Einleitung 222: "Gebrauche zur Erreichung dieses Zweckes, bey dir und bey Andern - soweit es erforderlich und selbst nicht der Menschenwürde zuwider ist - alle Einsicht und Erfahrung, überhaupt alle Erkenntnisse, deine eignen und fremde."
[147] Vgl. Phil. Einleitung 554 f.
[148] Durch die Akzeptanz der Pflichten in der Offenbarung müssen dann alle anderen Lehren der Offenbarung mit für wahr angenommen werden. Vgl. Phil. Einleitung 557 f.

Damit hat *G. Hermes* alle in der 'Philosophischen Einleitung' angegangenen Fragen beantwortet. Er hat die Erkenntnismöglichkeit der theoretischen Vernunft aufgezeigt und feststellen müssen, daß diese hinsichtlich der moralischen Eigenschaften Gottes und der Wirklichkeit der Offenbarung nicht zu sicheren Aussagen kommen kann. Diese Lücke schließt die Erkenntnisfähigkeit der praktischen Vernunft, die zu sicherer Erkenntnis sowohl über die moralischen Eigenschaften Gottes als auch über die geschichtliche Tatsache seiner Offenbarung kommen kann. Diese untrüglichen Fähigkeiten der theoretischen als auch der praktischen Vernunft funktionieren unmittelbar; sie sind dem Menschen in seiner Vernunft mit Notwendigkeit angetan. *G. Hermes* glaubt durch den subjektiven Wahrheitsbegriff eines unmittelbaren Bewußtseins über *I. Kant* hinaus zum Erweis objektiver metaphysischer Wahrheiten vorgestoßen zu sein. Er hat Gott und die Wirklichkeit der Offenbarung, so glaubt er, zweifelsfrei bewiesen. Was noch aussteht, ist die Prüfung des Inhaltes der Offenbarung. Zu diesem Zweck schließt er an die 'Philosophische' die 'Positive Einleitung' an. Das Ergebnis der kritischen Untersuchung, die inhaltlichen Aussagen über Gott und seine Offenbarung, werden in der erst posthum erschienen 'Dogmatik' niedergelegt.

2. 2 'Positive Einleitung' und 'Dogmatik': materiale Weiterführung

Gemäß seinem System der 'christkatholischen' Theologie nimmt er sich nun vor, das Neue Testament, die Überlieferung und das Lehramt der Kirche mit seinen kritizistischen Erkenntnismitteln zu hinterfragen. Er wollte dies in fünf Untersuchungen abhandeln.[149] Im ersten Teil der 'Positiven Einleitung' beschränkt er sich auf die Schriften des Neuen Testamentes, weitere Teile sind, wie erwähnt, nie erschienen.

Mit der einem Kritizisten eigenen Methode des Zweifels stellt *G.Hermes* zunächst die Echtheit der Bücher des Neuen Testamentes in Frage. Diese mit aller Systematik betriebene historische Quellenkritik nennt er den 'besonderen' Zweifel. Er widmet der Echtheitsfrage den weitaus größten Teil seiner Untersuchung und benutzt die für seine Zeit neuesten bibelkritischen Erkenntnisse. "Was die junge Wissenschaft über die patristische Bezeugung des neutestamentlichen Kanons, über die Textgeschichte usw. damals schon erarbeitet hatte, wird selbständig benutzt. Im Jahre 1829 war diese 'Einleitung in das N. T.' jedenfalls nach der historisch kritischen Seite hin auf der Höhe der Forschung."[150] Auf hunderten von Seiten[151] schließt er alle möglichen Zweifel an der Echtheit der Bücher des Neuen Testamentes aus[152] und gelangt am Schluß seiner Untersuchung vom 'besonderen' zum 'allgemeinen' Zweifel, nämlich zu

---

[149] Vgl. Pos. Einleitung 2 f.
[150] K. ESCHWEILER, Die zwei Wege 105.
[151] Zum Nachweis der Echtheit der Bücher des Neuen Testamentes verwendet *G. Hermes* nahezu 600 Seiten (37-614). Zur Ausräumung des 'allgemeinen' Zweifels benötigt er dann nur noch zwölf Seiten (614-626).
[152] Vgl. Pos. Einleitung 614 f.

der Frage, ob der *"Inhalt dieser Bücher* in einer *nothwendigen Verbindung mit unserer Pflichterfüllung* stehe."[153]

G. *Hermes* stellt hier also zunächst die Frage nach der Wahrheit des Inhaltes der neutestamentlichen Schriften. Dieser Inhalt ist, wie in der 'Philosophischen Einleitung' grundgelegt, der theoretischen Vernunft nicht unmittelbar einsichtig, da Geschichtserkenntnis überhaupt nicht unmittelbar als wahr angenommen werden kann. Als Kriterium der sicheren Wahrheitserkenntnis gilt daher auch für die neutestamentlichen Schriften das sittlich verpflichtende Fürwahrannehmen der praktischen Vernunft. Die Pflicht ist für *G. Hermes* der stärkste Beweggrund, den Inhalten des Christentums nahe zu kommen. Daher ist die Antwort für ihn klar, wenn er zum Schluß seiner 'Positiven Einleitung' die rhetorische Frage an alle diejenigen stellt, die seiner Beweisführung skeptisch gegenüber stehen: *"Müssen also nicht die Menschen in jedem Falle und in jedem Systeme durch das Band der Pflicht an das Christenthum geknüpft werden?"*[154]

Obwohl *G. Hermes* die Beweisführung bzgl. der Überlieferung und des Lehramtes der Kirche schuldig geblieben ist, weist die obige Frage doch deutlich auf die Art der Beweisführung hin, die er auch an die beiden 'katholischen' Prinzipien angelegt hätte: nur die verpflichtende Erkenntnis der praktischen Vernunft ermöglicht dem Menschen auch hier ein sicheres Annehmen der Lehren der Überlieferung und des Lehramtes der Kirche.

Nachdem *G. Hermes* nun 'Möglichkeit', 'Notwendigkeit' und 'Wirklichkeit' der Offenbarung in der 'Philosophischen' und 'Positiven Einleitung' untersucht hat, wendet er seine Methoden und Ergebnisse auf den eigentlichen Bereich der Dogmatik an. [155]

Im ersten Band seiner Dogmatik befaßt er sich nach einer umfangreichen methodologischen Einführung (140 Seiten) mit der Gotteslehre, die er in Fragen nach Gottes Dasein, Wesenheit und Persönlichkeit abhandelt (600 Seiten). *G. Hermes* stellt hier "die Offenbarungslehre und nicht die Philosophie zu diesen Themen dar"[156]. Bzgl. der Frage nach der Schöpfungsabsicht Gottes antwortet *G. Hermes*, wie schon in der 'Philosophischen Einleitung' angeklungen[157], entgegen der Tradition, daß die Schöpfung nicht zum Vorteil Gottes, sondern zum Vorteil der Geschöpfe erfolgt sei.[158]

Der weniger umfangreiche zweite Band der Dogmatik (180 Seiten) handelt den traditionellen Traktat 'De creatione' ab, wo Grund und Zweck des Daseins der Welt erörtert werden. Auch Angelologie und Dämonologie finden hier ihren üblichen Platz. In der Frage nach dem Endzweck der Schöpfung lehnt *G. Hermes* einen 'selbstsüchtigen' Grund Gottes ab und sieht daher nicht in der Ehre Gottes den

---

[153] Pos. Einleitung 615.
[154] Pos. Einleitung 626.
[155] Vgl. zum Folgenden die von J. H. *Achterfeldt* in drei Bänden posthum herausgegebene 'Christkatholische Dogmatik'. Münster 1834.
[156] H. H. SCHWEDT, Das römische Urteil 9.
[157] Vgl. 479 f.
[158] Vgl. Dogmatik I, 474. Vgl. auch *L. Neumann*, Erläuterungen 82-84; K. ESCHWEILER, Die zwei Wege 117, und H. H. SCHWEDT, Das römische Urteil 9.

Zweck des Daseins der Welt, sondern die "vollkommenste Vernunft" erkennt, "daß *sein letzter Endzweck* bey der Erschaffung die *Glückseligkeit* der glückseligkeits-fähigen Geschöpfe gewesen sey"[159].

Im dritten Band der Dogmatik behandelt *G. Hermes* schließlich die traditionelle Erlösungs- und Gnadenlehre in vier Kapiteln (520 Seiten). Das letzte Kapitel, über die Gnadenmittel, bleibt in der Vorlage unvollendet und sollte durch einen Schüler von ihm ergänzt und nachgereicht werden. Wegen des römischen Urteils von 1835 geschieht dies jedoch nicht mehr.[160]

Bis auf die methodologische Einführung und wenige Eigentümlichkeiten innerhalb der Traktate ist die Dogmatik das untypischste Werk, das von *G. Hermes* überliefert ist, und K. ESCHWEILER sieht wohl richtig, daß "seine Dogmatik nicht viel mehr als eine Registrierung des damals in Deutschland massgebenden *sensus communis* der katholischen Dogmatiker"[161] ist. Damit überein stimmt die These von H. H. SCHWEDT, der nachweist, daß nicht die Dogmatik der Grund zur Verurteilung von *G. Hermes* gewesen ist.[162]

Für G. Braun werden vor allem die Aussagen, die *G. Hermes* zur praktischen Vernunft macht, bedeutsam. In zusammenfassenden Bemerkungen soll daher nun abschließend zu *G. Hermes* vor allem auf die Qualitäten der praktischen Vernunft, die ja dem Vermögen des moralischen Handelns zugeordnet ist, eingegangen werden: [163]

Beeindruckt von den philosophischen Leistungen der Aufklärer versucht *G. Hermes* deren Ergebnisse auf den 'christkatholischen' Glauben anzuwenden und in apologetischer Weise ein logisch stringentes System zu konzipieren, welches von vorneherein jeden nur denkbaren Zweifel an Möglichkeit, Notwendigkeit und Wirklichkeit der Offenbarung ausschließt. Er erhebt den Zweifel zur Methode der Beweisführung. Ausgangspunkt seiner Untersuchungen ist die menschliche Vernunft, in Anlehnung an *I. Kant* geschieden in die theoretische Vernunft des reinen Erkennens und in die praktische Vernunft sittlicher Verpflichtung. Beiden Arten der Vernunft spricht *G. Hermes* das Vermögen zu, prinzipiell absolut zweifelsfrei Wahrheit erkennen zu können. Doch bzgl. der Offenbarungswahrheiten reicht die theoretische Vernunft zu absolut sicherer Wahrheitserkenntnis nicht hin. Die theoretische Vernunft ist nicht in der Lage, zu den göttlichen Wahrheiten aufzusteigen, da es sich um geoffenbarte, also fremde Erkenntnis handelt. Auch eine Machttat Gottes könnte die theoretische Vernunft nicht zu sicherer Erkenntnis der Offenbarungswahrheiten führen, da ihr ein Annehmen fremder Einsicht grundsätzlich nicht möglich ist.

Besondere Bedeutung erhält daher für *G. Hermes* die praktische Vernunft, die für ihn das einzige Vermögen darstellt, das dem Menschen ermöglicht, sich fremde Ein-

---

[159] Dogmatik II, 107, vgl. 99-114.
[160] Vgl. die Ankündigung *J. H. Achterfeldts* im Vorwort des dritten Bandes der Dogmatik. Vgl. auch H. H. SCHWEDT, Das römische Urteil 9 f.
[161] Die zwei Wege 120.
[162] Vgl. Das römische Urteil 8.
[163] Vgl. dazu *L. Neumann*, Erläuterungen 74-78, und K. ESCHWEILER, Die zwei Wege 115-121.

sichten zu eigen machen zu können. "Die Freiheit des sittlichen Vernunftwesens erweitert die engen Schranken der theoretischen Vernunft bis ins Unendliche." [164]

Ein in seiner Bedeutung nicht zu unterschätzender Wert der Aufklärung, die Menschenwürde, wird bei *G. Hermes* zum unmittelbar einsichtigen höchsten sittlichen Wert, der als solcher von der autonom arbeitenden praktischen Vernunft an das Bewußtsein herangetragen wird. Die Pflicht zur Darstellung und Erhaltung der Menschenwürde wird das "oberste und absolut verpflichtende Gebot unseres vernünftigen Wesens und Daseins"[165]. Der obersten Sittennorm sind alle anderen Pflichten zugeordnet. Jede positive Pflicht kann nur hinsichtlich der obersten Pflicht den Menschen zum Handeln anleiten. Positive Vorschriften, die nicht der Darstellung und Erhaltung der Menschenwürde dienen, erzeugen im Menschen nicht den verpflichtenden Drang zu ihrer Erfüllung. Dies gilt auch für die positiven göttlichen Pflichten. Ihre Verbindlichkeit wird von *G. Hermes* keinesfalls geleugnet, nur kann der Mensch sie, da es sich um fremde Einsicht handelt, nicht unmittelbar verwerten. Ihr sittlich verpflichtender Charakter ergibt sich für ihn allein in ihrer Unterstützung zur Darstellung und Erhaltung der Menschenwürde. Fremde Vorschriften jedweder Art müssen dem sittlich verpflichtenden Fürwahrannehmen integriert werden, um Verpflichtung zum Handeln erzeugen zu können. Damit erhalten die fremden Gebote, auch die göttlichen, die gleiche Qualität wie die, welche die eigene praktische Vernunft zur Einhaltung des obersten Sittengebotes zu erkennen vermag, läuft doch für *G. Hermes* der gleiche psychische Prozeß ab. "Religiöse Pflichten und moralische Pflichten sind dem Wesen nach dasselbe."[166] Freilich anerkennt *G. Hermes*, daß die religiösen Pflichten nicht aus der Vernunft herrühren, sondern ihren Ursprung in Gott als dem Schöpfer der Vernunft haben. Als Schöpfer der Vernunft ist Gott aber auch Ursprung der moralischen Pflichten und somit wird "durch die Erkenntnis Gottes als des Schöpfers der menschlichen Vernunft . . . dem Menschen die *Vernunft-Moral* zu einer *theologischen Moral*"[167]. Jede Moral ist also für *G. Hermes* vom Ursprung her eine theologische Moral, von ihrer Durchführung her aber ist jede Moral eine Moral der sittlich verpflichtenden praktischen Vernunft.

Nach der Erschaffung der Welt und der Vernunft des Menschen kann Gott sich nur noch über die Vernunft dem Menschen mitteilen, wenn der Mensch zu sicherer Erkenntnis gelangen will. Jede Art der Offenbarung, der übernatürlichen göttlichen Mitteilung, kommt daher an der menschlichen Vernunft nicht vorbei. Da nur die praktische Vernunft sich fremde Einsichten als Pflichten zu eigen machen kann, vermag der Mensch nur Moralisches in der Offenbarung sicher zu beweisen. Was nicht auf diesem Weg zu beweisen ist, hält *G. Hermes* für Schwärmerei. Er steht in diesem Punkt in deutlichem Gegensatz zu den Auffassungen der Romantik, Mystik und dem Pietismus seiner Zeit. Wunder können nur zugelassen werden, insofern sie in einer Beziehung zur Pflichterfüllung stehen. Auch die christliche Tradition dient zur Einhaltung des obersten Pflichtgebotes. Indem die verpflichtende Vernunft zum einzigen

---

[164] K. ESCHWEILER, Die zwei Wege 115.
[165] K. ESCHWEILER, Die zwei Wege 116.
[166] K. ESCHWEILER, Die zwei Wege 116.
[167] *G. Hermes*, Phil. Einleitung 493 Anm.

Ort erhoben wird, an dem fremde Erkenntnis in Gestalt göttlichen Gnadenwirkens in Schrift und Tradition dem Menschen zu eigen werden kann, ist das System von *G. Hermes* ein moralistisches System. Sein Anliegen war es darzustellen, wie die katholischen Glaubenswahrheiten sicher bewiesen werden könnten. Dies war ihm nur unter Zuhilfenahme des Instrumentes einer unmittelbaren sittlichen Verpflichtung möglich.

Exkurs: Anton Günther und der Güntherianismus

Nicht lange nach der Blütezeit der Hermesschule entstand erneut eine die Vernunft betonende theologische Richtung. Ihren Ursprung nahm sie diesmal in der österreichischen Hauptstadt Wien. Der Gründer war *Anton Günther* (1783-1863).[168] Dieser wurde am 17. November 1783 im böhmischen Lindenau geboren. In den Jahren 1803-1809 studierte er in Prag, wo der bedeutende Theologe, Philosoph und Mathematiker *B. Bolzano* (1781-1848)[169] zu seinen Lehrern gehört hat, Philosophie und Jura. Insbesondere hat er sich mit der Philosophie *R. Descartes', I. Kants, J. G. Fichtes* und *F. W. J. Schellings* beschäftigt. Nach seinen Studien in Prag kommt *A. Günther* nach Wien, wo er 1817 mit einem Theologiestudium beginnt, das er aber im wesentlichen privat betrieb und worin er nur von einigen Professoren unterstützt wurde. Dazu zählte *R. S. Zängerle*, Professor für Exegese des Neuen Testamentes, der auch zu den Wiener Lehrern G. Brauns gehörte. "Während des theologischen Studiums kam er ... zur Überzeugung, daß ein Glaubensverständnis, das sich mit einem bloß negativen Vernunftkriterium, das heißt damit zufriedengibt, daß sich Glaube und Vernunft nicht widersprechen, keinesfalls genügt, daß es vielmehr eines positiven Vernunftkriteriums bedarf, wonach der Glaube der Vernunft entsprechen muß." [170] In diesem positiven Vernunftkriterium gleicht die Auffassung *A. Günthers* denen von *G. Hermes* und G. Braun, die ebenfalls eine Übereinstimmung von Vernunft und Glauben fordern.

Nach Abschluß seiner Wiener theologischen Studien wurde *A. Günther* 1821 37-jährig zum Priester geweiht und trat ein Jahr danach in Galizien ins Noviziat der Jesuiten ein. Doch schon 1824 verließ er den Orden wieder und kehrte als Privatgelehrter nach Wien zurück. Berufungen nach München, Bonn, Breslau und Gießen nahm er nicht an. In Wien "zog er viele suchende und ringende Geister an, so daß er

---

[168] Zu *A. Günther* vgl. ADB X, 146-167; NDB VII, 268 f.; P. WENZEL, Art. 'Günther, Anton', in: LThK IV, 1276-1278; G. MARON, Art. 'Günther, Anton', in: RGG II, 1902 f.; J. PRITZ, Anton Günther (1783-1863), in: Kath. Theologen I, 348-375; J. REIKERSTORFER, Anton Günther (1783-1863) und seine Schule, in: Christliche Philosophie I, 266-284; B. OSSWALD, Anton Günther. Paderborn 1990; J. REITER, Ferdinand Probst 77 f.

[169] Zu *B. Bolzano* vgl. E. WINTER, Bernard Bolzano (1781-1848), in: Kath. Theologen I, 323-347., und J. BERG - H. GANTHALER - E. MORSCHER, Bernard Bolzano (1781-1848), in: Christliche Philosophie I, 242-265. Weitere Literatur dazu vgl. W. TOTOK, Handbuch V, 330-334.

[170] J. PRITZ, Anton Günther 351.

bald zum Mittelpunkt eines Kreises von Anhängern und Freunden wurde" [171]. Eine enge Freundschaft verband ihn mit *J. H. Pabst*, einem Mediziner und Naturwissenschaftler, mit dem *A. Günther* in den Jahren 1825 bis 1835 kongenial zusammenarbeitete.

In den Jahren 1828/29 tritt *A. Günther* mit seinem Erstlingswerk 'Vorschule zur spekulativen Theologie des positiven Christentums'[172] an die Öffentlichkeit. Zuvor hatte er nur längere Rezensionen verfaßt. Die Wiener Freunde trafen sich regelmäßig, und es bildeten sich mit der Zeit in ganz Österreich und darüberhinaus Anhängerschaften. In Deutschland trafen die Vorstellungen von *A. Günther* besonders dort auf fruchtbaren Boden, wo zuvor schon *G. Hermes* Anhänger gefunden hatte. So entstanden vor allem in Bonn und Breslau Kreise von Anhängern *A. Günthers;* darüberhinaus aber auch in Bamberg, Augsburg, Tübingen und München. Auch *J. M. Sailer* und *J. B. Hirscher* machten sich mit dem Gedankengut des Wiener Theologen vertraut. Von *A. Günther* beeinflußt ist das 'System der christlichen Ethik' von *Carl Werner*, der auf den Einfluß des Wiener Denkers in der Vorrede des ersten Bandes hinweist.[173] Sogar Bischof *W. Arnoldi* (1798-1864) in Trier, der als Gegner des Hermesianismus galt, soll zu seinen Förderern gehört haben. [174]

Ähnlich dem Vorhaben von *G. Hermes* strebte auch der Versuch von *A. Günther* nach einer Synthese von Wissen und Glauben auf einer neuen Basis. Vätertheologie und Scholastik ablehnend, versuchte er die übernatürlichen Wahrheiten von einem anthropologischen Ansatz her zu ergründen.[175] Seine negative Einstellung zur Scholastik brachte ihn seit Mitte des 19. Jahrhunderts in Konflikt mit den Vertretern der einsetzenden Neuscholastik. Zentrum der Auseinandersetzung um den Güntherianismus war erneut Bonn, in Österreich wurde sie nur mit verminderter Schärfe geführt. Am Ende des Ringens nahm das Lehramt der Kirche an *A. Günther* wie zuvor an *G. Hermes* Anstoß. Am 8. Januar 1857 wurden alle seine Werke nach einer mehrjährigen Prüfung von *Pius IX.* auf den Index gesetzt. *A. Günther* unterwarf sich der römischen Entscheidung unverzüglich. Die Irrtümer seiner Lehre wurden erst später in verschiedenen römischen Einzelerklärungen definiert. Dazu gehörte auch seine Lehre über den Endzweck der Schöpfung. Darin und in dem Versuch der Verteidigung der Lehre durch seine Anhänger ergaben sich weitere Übereinstimmungen mit *G. Hermes*.

---

[171] J. PRITZ, Anton Günther 353.

[172] 2 Bände. Wien 1828/29. Zu weiteren Werken und zur Sekundärliteratur vgl. J. PRITZ, Anton Günther 374 f.

[173] Vgl. I, VI. Das dreibändige Werk ist in erster Auflage 1850-52 in Regensburg erschienen. Zu *Carl Werner* vgl. J. PRITZ, Carl Werner (1821-1888) in: Kath. Theologen III, 145-168.

[174] Vgl. J. PRITZ, Anton Günther 356.

[175] Vgl. P. WENZEL, Art. 'Günther, Anton' 1276 f., und J. PRITZ, Anton Günther 363 f., 368.

2. Kapitel

LEBEN UND LITERARISCHES WERK GODEHARD BRAUNS

I. Leben[176]

1. Ausbildung

Godehard Braun wurde am 30. Dezember 1798 in Vallendar am Rhein geboren. Er war der Sohn des wohlhabenden Landwirts und Gutsbesitzers *Karl Braun*. Auf den Rat des Pfarrers von Ehrenbreitstein schickte der Vater seinen Sohn Godehard zur Lateinschule nach Ehrenbreitstein. Im Jahr 1814 wechselte er zum Gymnasium nach Koblenz, wo er drei Jahre später die Abschlußprüfung bestand. [177] Da in jenem Jahr für die Heimatgemeinde Vallendar kein bestimmtes Priesterseminar zuständig gewesen ist - Vallendar gehörte zum apostolischen Vikariat Ehrenbreitstein, wo der spätere Bischof von Trier, *Josef von Hommer* (1760-1836)[178], als Pfarrer bis zur Neuordnung der preußischen Bistümer durch die Bulle *'De salute animarum'* im Jahr 1821 die Jurisdiktion innehatte - ging G. Braun zum Studium an entferntere Theologische Fakultäten.

Zunächst hat er sich in den Jahren 1817-1818 in Würzburg eingeschrieben. Dort belegte er bei dem von *F. W. J. Schelling* und *F. Schleiermacher* beeinflußten Professor *Klein* Anthropologie, Logik, Metaphysik, Naturrecht, Moralphilosophie und Ästhetik. Bei Professor *Wagner* studierte er theoretische und praktische Philosophie, bei Professor *Fischer* lernte er hebräische, chaldäische und syrische Grammatik. Eine Einführung in Plato's 'Phaidon' und Tacitus' 'Germania' hörte er bei Professor *Blümm*, der den Studenten auch eine Einführung in Enzyklopädie und philologische Metho-

---

[176] Zum Leben von G. Braun vgl. neben den Quellen im Bistumsarchiv von Trier (BATr) und im Landeshauptarchiv von Koblenz (LHAK Abt. 403, 442): G. Braun, Curriculum vitae, Anhang zur Doktordissertation, 89-91; Nekrolog, in: Eucharius 1 (1861), 177, 185 f., 193 f.; A. THOMAS (Hg.), Der Weltklerus der Diözese Trier (1941), 65; ders., Wilhelm Arnold Günther 1763-1843. Trier 1957, 71-73; ders., 'Braun, Godehard', in: Kurzbiographien von Mittelrhein und Moselland. Trier 1970, 57; ders. (Hg., Übers. und Komm.), Josef von Hommer 1760-1836. Meditationes in vitam meam peractam. Eine Selbstbiographie. Mainz 1976, 472; ders., 'Braun, Godehard', in: Die Bischöfe 72; N. SEELHAMMER, Die Professoren der Moraltheologie, in: Vorlesungsverzeichnis WS 1953/54, 17-19; E. BRUCH, G. Braun; K. BECKER, G. Braun 2-7; CH. WEBER, Aufklärung und Orthodoxie am Mittelrhein 1820-1850. München-Paderborn-Wien 1973, 171 Anm. 65; J. RENKER, Christliche Ehe 62.
Zu den Vorgängen, die das Trierer Priesterseminar betreffen, vgl. außerdem J. MARX, Abriß der Geschichte des Priesterseminars zu Trier. Trier 1917, und die Staatsexamensarbeit von L. JAKOB, Das Trierer Priesterseminar im Restaurationszeitalter besonders unter Bischof Hommer. Masch. Leiwen 1951.
[177] Vgl. Curriculum vitae 89.
[178] Zu J. v. Hommer vgl. ADB XIII, 59-63; NDB IX, 592 f.; A. THOMAS, 'Hommer, Josef von', in: Die Bischöfe 330-332; ders., Meditationes, und M. PERSCH, Josef von Hommer (1760-1836), in: Rheinische Lebensbilder 10 (1985), 47-66.

dologie bot.[179] Allgemeine Geschichte hörte G. Braun bei Professor *Berks*, Mathematik bei Professor *Schön*. Bei Professor *Fischer* belegte er außerdem biblische Philologie und neutestamentliche Exegese. Dogmatik hörte er bei *A. J. Onymus* (1754-1836)[180], Moral- und Pastoraltheologie bei *G. L. Eyrich*.

Dann zwang eine Krankheit G. Braun zu einer eineinhalbjährigen Unterbrechung seiner Studien. Dazu schreibt er in seinem Lebenslauf: *"Sed morbo non levi affectus sequens semestre sanitati recuperandae devovi".*[181]

Im Sommersemester 1820 immatrikulierte sich G. Braun an der Theologischen Fakultät in Bonn. Bei dem erst kurze Zeit in Bonn lehrenden *Georg Hermes* hörte er Vorlesungen über philosophische und positive Einführung in die allgemeine Theologie, Dogmatik und Dogmengeschichte. Während G. Braun in seinem Lebenslauf bei den übrigen Professoren nur Name und Fach nennt, erwähnt er *G. Hermes* ausführlicher und ausdrücklich lobend: " ... *erga quem virum pro singulari, quam mihi praestitit, benevolentia et pro ea, qua me imbuit, scientia, nunquam potero me satis gratum exhibere...* "[182]

Neben *G. Hermes* hörte G. Braun in Bonn Professor *P. A. Gratz*, der Hermeneutik und neutesamentliche Exegese las. *P. A. Gratz* war Anhänger einer rationalistischen Exegese, deren Ergebnisse sich nicht für eine dogmatische Auswertung verwenden ließen. *P. A. Gratz*, der erste Dekan der Bonner Theologischen Fakultät, stand damit "in offene[m] Gegensatz zu der damals auf strengkirchlicher Seite geübten Exegese, die die dogmatische Ausschöpfung zur Herstellung eines Schriftbeweises mit der sprachlichen Auslegung und der biblischen Theologie vermischte, die Exegese des Dogmatikers nicht von der des Exegeten unterschied" [183]. Sein Kommentar zum Mt-Evangelium wurde von kirchlicher Seite beanstandet, und er mußte schließlich seinen Bonner Lehrstuhl aufgeben.[184]

Kirchenrecht hörte G. Braun in Bonn bei *F. Walter*, Kirchengeschichte bei Konsistorialrat *Schwarz*, der jedoch insgesamt nur zwei Semester Vorlesungen gehalten hat.[185] Bei dem Professor für orientalische Sprachen, *Freytag*, lernte er hebräische Grammatik und hörte eine Einführung in den Pentateuch; bei dem Philosophen *K. J. Windischmann*, einem entschiedenen Gegner von G. Hermes [186], hörte er Philosophiegeschichte, bei Professor *Delbrück* Pädagogik.

Offensichtlich war der preußische Staat bereits in Bonn auf den Studenten G. Braun aufmerksam geworden, denn die Regierung schickte ihn im Herbst 1821 an die Uni-

---

[179] Vgl. Curriculum vitae 89. E. BRUCH, G. Braun 7, spricht fälschlich von philosophischer anstatt philologischer Methodologie.

[180] Vgl. ADB XXIV, 359-361.

[181] Curriculum vitae 89. Nähere Angaben zum Studium in Würzburg können nicht mehr gemacht werden, da die Akten der Theologischen Fakultät Würzburg am 16. März 1945 bei der Zerstörung Würzburgs verbrannt sind. Vgl. E. BRUCH, G. Braun 7.

[182] Curriculum vitae 90.

[183] H. SCHRÖRS, Geschichte 60.

[184] Weiteres zu *Peter Alois Gratz* bei H. SCHRÖRS, Geschichte 52-69.

[185] Vgl. H. SCHRÖRS, Geschichte 105 f.

[186] Zu *K. J. Windischmann* vgl. Anm. 95.

versität Tübingen, deren Theologische Fakultät sich bereits durch die 'Tübinger Schule'[187] einen Ruf erworben hatte. Die von *Johann Sebastian v. Drey* (1777-1853)[188] gegründete Schule befand sich damals in der sogenannten ersten Phase, in der verschiedene Vertreter noch der Aufklärung nahe standen. Die vollständige Überwindung der Aufklärung gelang der Schule erst ab den dreißiger Jahren, vor allem auch durch den Einfluß *J. M. Sailers*. In Tübingen hörte G. Braun bei *J. S. Drey*, mit dessen Auffassung von Dogmatik und Moraltheologie er sich in seinem Handbuch auseinandersetzen wird, eine Einführung in die allgemeine Theologie, Apologetik, Dogmatik und Dogmengeschichte.[189] Außer bei *J. S. Drey* belegte G. Braun Vorlesungen bei *A. B. Feilmoser*, nämlich biblische Hermeneutik und neutestamentliche Exegese (Mk und Lk, Gal, Eph und Hebr), sowie alttestamentliche Exegese (Jesaia) und arabische Grammatik bei *J. G. Herbst*. Wie E. BRUCH erwähnt, hingen beide Exegeten noch stark der Aufklärung bzw. der rationalistischen Exegese an. Dieser verweist auch darauf, daß G. Braun seinen Gönner, den preußischen König, in Tübingen nicht enttäuschte, da er mit "ausgezeichnetem Fleiße und Fortgange" studiert hat, wie das Matrikelbuch zu berichten wisse.[190]

Im Jahr 1823 schrieb sich G. Braun, erneut auf Geheiß des preußischen Ministeriums, zum Sommersemester an der Universität Wien ein. Hier studierte er als außerordentlicher Hörer, da er als Ausländer keine Prüfung ablegen durfte. Zudem bestimmten die Statuten der Universität, "dass nur solche Individuen zum Studium der Theologie zuzulassen seien, welche dem Clerus einer Diöcese oder einem Orden bereits einverleibt sind und unmittelbar oder mittelbar unter der Disciplinaraufsicht und Leitung ihrer geistlichen Oberen stehen". Externe, "solche, welche dem Clerus einer Diöcese oder einem Orden nicht einverleibt und weder Zöglinge eines Seminariums noch in einem Kloster"[191] waren, konnten in Wien nur studieren, wenn sie bereits die Zu-

---

[187] Zur 'Tübinger Schule' vgl. H. FRIES, Art. 'Tübinger Schule' (I), in: LThK X, 390-392; E. KLINGER, Art. 'Tübinger Schule', in: SM IV, 1031-1037; H. J. BROSCH, Das Übernatürliche in der katholischen Tübinger Schule. Essen 1962; J. R. GEISELMANN, Die Katholische Tübinger Schule. Freiburg 1964; R. REINHARDT, Im Zeichen der Tübinger Schule, in: Attempo 25/26 (1968), 40-57.; ders., Die katholisch-theologische Fakultät Tübingen im 19. Jahrhundert, in: Kirche und Theologie im 19. Jahrhundert. Göttingen 1975, 55-87; L. SCHEFFCZYK, Philosophie im Denken der Tübinger Schule, in: Christliche Philosophie I, 86-108; M. SECKLER, Das Reich-Gottes-Motiv in den Anfängen der Katholischen Tübinger Schule, in: ThQ 168 (1988), 257-282.
[188] Zu *J. S. Drey* vgl. J. RIEF, Johann Sebastian von Drey, in: Kath. Theologen II, 9-39; ders., Reich Gottes und Gesellschaft nach Johann Sebastian Drey und Johann Baptist Hirscher. Paderborn 1965; W. RUF, Johann Sebastian von Dreys System der Theologie als Begründung der Moraltheologie. Göttingen 1974, und R. LACHNER, Das ekklesiologische Denken Johann Sebastian Dreys. Diss. München-Freising 1985/86.
[189] *S. v. Drey* hat sich mit seiner Theologie von der scholastischen Form der Theologie abgehoben und in der 'Tübinger Schule' das Bewußtsein von der Geschichtlichkeit der Kirche als wesentliche Denkrichtung eingeführt. Vgl. etwa J. R. GEISELMANN, Tübinger Schule 23-35, 54-59, 69-91, et mult.
[190] Vgl. E. BRUCH, G. Braun 10 f.
[191] A. WAPPLER, Geschichte der theologischen Facultät der k. k. Universität Wien. Wien 1884, 217.

sicherung des zuständigen Bischofs oder Ordensoberen haben, in den geistlichen Stand aufgenommen zu werden. [192]
In Wien hörte G. Braun Vorlesungen in Kirchengeschichte bei *J. Ruttenstock*, Exegese des NT bei *R. S. Zängerle*, des AT bei *P. F. Ackermann*. Arabische, chaldäische und syrische Grammatik sowie Exegese des Buches Iob belegte er bei *A. Oberleitner*.[193]
Noch im gleichen Semester verließ G. Braun jedoch Wien und trat auf Wunsch der preußischen Regierung in das Priesterseminar von Münster ein. Dort empfing er vom damaligen Weihbischof und späteren Bischof von Münster, *Kaspar Max Droste zu Vischering*, am 20. Dez. 1823 die Subdiakonatsweihe, am 22. Dez. 1823 die Diakonats- und am 13. März 1824 die Priesterweihe. [194] Da für G. Braun zu dieser Zeit noch kein Bischof direkt zuständig gewesen ist, wurde er auf den Titel des väterlichen Erbes geweiht.

Wie aus dem *Curriculum vitae* hervorgeht, widmete sich G. Braun während seines Studiums an den Theologischen Fakultäten vor allem der Exegese, den Sprachen sowie der Dogmatik und Dogmengeschichte. Den Pastoralfächern schien er kein sonderlich großes Interesse entgegenzubringen. Moraltheologie belegte er für nur ein Semester in Würzburg. Wie E. BRUCH wohl richtig bemerkt, hatte die spezielle Ausrichtung des Studiums von G. Braun auf die biblischen und vor allem dogmatischen Disziplinen ihren Grund darin, daß die preußische Regierung ihn für ein Lehramt für Dogmatik vorgesehen hatte. [195]

2. Akademische Tätigkeit

Unmittelbar nach der Priesterweihe von G. Braun in Münster erhob der Bischof von Trier, der ehemalige Vikar von Ehrenbreitstein, *Josef von Hommer*, Anspruch auf ihn, denn das apostolische Vikariat von Ehrenbreitstein war inzwischen aufgrund der Zirkumskriptionsbulle *'De salute animarum'*[196] der Diözese Trier angegliedert worden.

---

[192] Danach muß angenommen werden, daß G. Braun zu diesem Zeitpunkt diese Zusicherung bereits hatte.
[193] Vgl. Curriculum vitae 91. Zu den Wiener Professoren vgl. A. WAPPLER, Geschichte der theologischen Facultät Wien 438-443.
[194] In Münster war ein Vierteljahrhundert zuvor schon *G. Hermes* von *Kaspar Max Droste zu Vischering* zum Priester geweiht worden.
[195] Vgl. E. BRUCH, G. Braun 13. H. SCHRÖRS, Geschichte 198, vermutet, daß G. Braun von der preußischen Regierung auf Betreiben von *G. Hermes* in seinen Studien unterstützt worden sei.
[196] Die Verhandlungen zwischen Preußen und Rom wurden durch eine Vereinbarung beendet, welche jedoch durch eine einseitige Kundgabe durch den päpstlichen Stuhl veröffentlicht wurden. Die Bulle *'De salutate animarum'* wurde am 16. Juli 1821 von *Pius VII.* unterzeichnet. Der preußische König billigte die Bulle durch eine Kabinettsorder vom 23. August 1821 und intergrierte sie der Preußischen Gesetzessammlung. Die Bulle "regelte die neue Zirkumskription der Diözesen, die Dotation der Bischöfe und der Domkapitel, sowie das Wahlrecht der Domkapitel bei der Bischofsernennung". E. R. HUBER,

Bischof *J. v. Hommer* legte besonderen Wert auf die Ausbildung der jungen Theologen. Wie er in einem Brief vom 15. April 1826 an das preußische Ministerium erwähnt, hatte er das Bischofsamt in erster Linie angenommen, um für die Zukunft vorzusorgen, indem er junge Geistliche zu einer höheren Bildung heranziehen wollte.[197] Da der preußische Staat, der für den Unterhalt des Priesterseminars aufzukommen hatte, auf Sparsamkeit drängte, konnte der Bischof seine angestrebte Reform des Seminars nur ungenügend verwirklichen und mußte auf junge Theologen zurückgreifen, die zudem noch von außerhalb der Diözese kamen. Wegen der Anstellung neuer Professoren verhandelte der Bischof mit den Universitäten von Münster und Bonn. In Bonn schlugen ihm sowohl *F. J. Seber*[198] als auch *G. Hermes* eigene Schüler zur Anstellung vor. *J. v. Hommer* entschloß sich schließlich, die Lehrstühle möglichst mit Hermesianern zu besetzen, da ihm die Lehre von *F. J. Seber* zwar leichter verständlich, die von *G. Hermes* aber besser fundiert und stärker im Einklang mit der Psychologie zu sein schien. Beide Richtungen zugleich wollte er jedoch nicht im Seminar vertreten sehen.[199] Nahezu alle Professoren wurden daraufhin ausgetauscht.[200]

So wurde Godehard Braun als Dozent für Moraltheologie ausersehen [201] und vom preußischen Kultusminister – das Ministerium mischte sich aufgrund der Verwobenheit von Kirche und Staat aktiv in die Personalentscheidungen des Bischofs ein [202] –

W. HUBER, Staat und Kirche im 19. und 20. Jahrhundert I. Berlin 1973, 203; der deutsche Wortlaut der Bulle findet sich ebd. 204-221.

[197] Vgl. J. MARX, Geschichte des Priesterseminars Trier 32, und A. THOMAS, Meditationes 307.

[198] *F. J. Seber* (1777-1827) war seit 1819 Professor für Moraltheologie und Dogmatik in Bonn, übernahm 1825 eine Professur für Philosophie in Löwen. Vgl. ADB XXXIII, 506; H. SCHRÖRS, Geschichte 35-52, 166-187, und A. THOMAS, Meditationes 471.

[199] Vgl. A. THOMAS, Meditationes 307 f., und BATr Abt. 53, 42 Nr. 6 Bl. 110.

[200] "Als Hommer 1824 Bischof von Trier wurde, wirkten im Priesterseminar die Professoren: Johann Steinsiepen (Moral), Martin Scherr (Philosophie), Wilhelm Arnoldi (alttest. Exegese), Richard Maria Steininger (neutest. Exegese), Engelbert Schue (Dogmatik und Kirchengeschichte), Thomas Billen (Pastoral)." A. THOMAS, Meditationes 472. Vgl. ders., Das Priesterseminar in Trier in der ersten Hälfte des 19. Jahrhunderts, in: AmrhKG 24 (1972), 216 f.

[201] Am 8. Juli 1824 korrespondierte G. Braun mit *J. v. Hommer* wegen einer eventuellen Anstellung als Dozent für Moraltheologie. Vgl. BATr Abt. 53, 42 Nr. 6 Bl. 2.

[202] Seit 1817 stand Minister *Karl Freiherr von Altenstein* (1770-1840) dem preußischen Kultusministerium vor. Das Kultusministerium wurde in diesem Jahr vom Innenministerium abgetrennt, was schon *Wilhelm von Humboldt* erstrebt hatte. Die Abtrennung war insofern bedeutungsvoll, weil damit zum Ausdruck gebracht werden sollte, daß die Angelegenheiten der Kirche und der Bildung nun nicht mehr wie im absolutistischen Staat eine Angelegenheit des Polizeiwesens sei.
Der Franke *K. v. Altenstein* stand dem preußischen Kultusministerium 23 Jahre (1817-1840) vor. Er gab dem Ministerium ein eigenes Gepräge, und unter ihm wurde Preußen zu einem klassischen Land der Schulen. Sein Ziel war es, Preußen die geistige Führungsstelle in Deutschland zu verschaffen. Daher kam dem Minister *K. v. Altenstein* eine sich abzeichnende einheitliche Schule, wie der Hermesianismus im theologischen Bereich, sicher gelegen.
Da es noch kein Berufungsverfahren gab, verfügte der Minister souverän über die Besetzung der Lehrstühle vornehmlich aufgrund von Bewerbungen. Seit den 30er Jahren begannen die Fakultäten das Berufungsrecht zu fordern, zumal der Minister es liebte, die Anzahl der Dozenten – bei gleichzeitiger Einschränkung der Gehälter – zu erhöhen. Vgl. F. SCHNABEL, Deutsche Geschichte II, 342-364.

zur Übernahme des moraltheologischen Lehrstuhls in Trier verpflichtet. Zum Wintersemester 1824/25 begann G. Braun seine Lehrtätigkeit als Dozent der Moraltheologie in Trier[203], nachdem sein Vorgänger, *Johann Hermann Steinsiepen* (1821-1824), vom Bischof *J. v. Hommer* entlassen worden war, weil er "Anhänger der alten scholastischen Theologie [war], die in keiner anderen Fakultät, in keinem anderen Seminar mehr vorgetragen"[204] würde.

Zunächst trug G. Braun die Moraltheologie nach dem zweibändigen Lehrbuch von *F. G. Wanker*[205], 'Christliche Sittenlehre', vor, das 1794 in Ulm erschienen war. Der Bischof wünschte jedoch kein deutsches Lehrbuch, daher verwandte G. Braun schließlich das auch an der Universität Wien eingeführte Handbuch von *A. K. Reyberger*, 'Institutiones ethicae christianae seu theologiae moralis usibus academicis accomodatae'.[206] G. Braun hat seine Vorlesungen allerdings in deutscher Sprache gehalten.[207] Auch an den damals üblichen Disputationen beteiligte sich G. Braun als Leiter. So präsidierte er etwa zum Jahresbeginn 1825 einer Disputation zu der Frage, ob die Vernunft ein Prinzip der Moral sein könne. Dem Bischof schienen diese Disputationen wichtig für die Ausbildung der Studenten zu sein, denn er nahm des öfteren selbst daran teil.[208]

Nach eineinhalb Jahren der Lehrtätigkeit bekam G. Braun vom Kultusminister am 8. Juni 1826 den Titel 'Professor' verliehen.[209] Im Wintersemester 1826/27 mußte er aber wegen einer Krankheit seine Lehrveranstaltungen unterbrechen, wodurch die Vorlesungen in Moraltheologie fast das ganze Semester hindurch ausfielen.[210] Dadurch kam die Reihenfolge der Disputationen durcheinander, und G. Braun mußte

---

Zu *K. v. Altenstein* vgl. ADB XXXV, 645-660 (unter Stein), und NDB I, 216 f.

[203] In einem Brief vom 5. Okt. 1824 dankt G. Braun dem Bischof für die Übertragung der Dozentur. Vgl. BATr Abt. 53, 42 Nr. 6 Bl. 3.

[204] A. THOMAS, Meditationes 307.

[205] *Ferdinand Geminian Wanker* wurde am 1. Oktober 1758 in Freiburg geboren. Von 1788 bis zu seinem Tod 1824 war er an der dortigen Universität Professor für Moraltheologie. Sein Lehrbuch war in zwei Teilen erstmals 1794 erschienen und erlebte 1830 die vierte Auflage, wobei das anfangs vorhandene aufklärerische Gedankengut mit jeder Auflage in den Hintergrund rückte, um gleichzeitig der Offenbarung einen immer größeren Stellenwert einzuräumen.
Zu *F. G. Wanker* vgl. ADB XLI, 157 f.; W. HEINEN, Die Anthropologie in der Sittenlehre Ferdinand Geminian Wankers (1758-1824). Freiburg 1955; J. RENKER, Christliche Ehe 52 f.; O. MOCHTI, Das Wesen der Sünde 67-72, 190-194; H. J. MÜNCK, Der Freiburger Moraltheologe Ferdinand Geminian Wanker (1758-1824) und Immanuel Kant. Düsseldorf 1985.

[206] Das dreibändige Handbuch ist in erster Auflage 1805/09 in Wien erschienen. Der Benediktinerpater *A. K. Reyberger* war Professor für Moraltheologie von 1786-1788 in Pest und von 1788-1810 in Wien. Danach kehrte er zu seiner Ausbildungsstätte Kloster Melk zurück, dem er bis zu seinem Tod 1818 als Abt vorstand. Zu *A. K. Reyberger* vgl. J. RENKER, Christliche Ehe 55 f., und O. MOCHTI, Das Wesen der Sünde 81-84, 199 f.

[207] Er folgte darin einer Überzeugung von *G. Hermes*, der sich in dem seiner Phil. Einleitung angehängten 'Studir-Plan der Theologie' 26-32, nachdrücklich für den Gebrauch der Muttersprache in den Vorlesungen ausgesprochen hatte.

[208] Vgl. E. BRUCH, G. Braun 15 f.

[209] Vgl. BATr Abt. 53, 42 Nr. 6 Bl. 12.

[210] Vgl. L. JAKOB, Das Trierer Priesterseminar 105.

sich vor dem Bischof wegen einer ausgefallenen Disputation rechtfertigen. Prinzipiell mußten die Professoren dem Bischof monatlich über den behandelten Stoff berichten.

Bereits im Jahr 1825 war G. Braun auf Vorschlag der Bonner Theologischen Fakultät als Kandidat für den Lehrstuhl der neutestamentlichen Exegese ausersehen. [211] *Georg Hermes* hielt ihn jedoch für diesen Lehrstuhl wohl weniger geeignet, denn er favorisierte einen anderen seiner Schüler für diesen Posten. Zudem hatte er G. Braun wahrscheinlich als Kandidat ausschließlich für die Dogmatik ausersehen, denn schon 1824 hatte *G. Hermes* gegenüber dem preußischen Kultusminister *K. v. Altenstein* den Wunsch geäußert, daß er ihm G. Braun zur Unterstützung als Repetent und Privatdozent nach Bonn schicken möge. Die Annahme der Professur für NT im Jahr 1825 kam jedenfalls nicht zustande, wohl wegen der erwähnten Bedenken von *G. Hermes* einerseits und dem Einspruch von Kultusminister *K. v. Altenstein* andererseits, der G. Braun vom Trierer Seminar, wo er zu diesem Zeitpunkt bereits als Professor für Moraltheologie vorgesehen war, nicht wegnehmen wollte.

Im Jahr 1827 nahm aber die Krankheit von *G. Hermes*, mit der er, wie erwähnt, zeitlebens zu kämpfen hatte, derart zu, daß er gegenüber dem preußischen Ministerium erneut darauf gedrängt hat, G. Braun als Extraordinarius für Dogmatik nach Bonn zu berufen. Inzwischen hatte sich G. Braun über sein Studium hinaus fachliche Qualifikation für das Fach Dogmatik erworben, denn im Jahr 1826 promovierte er in Breslau mit einer exegetisch-dogmatischen Arbeit über den Widerspruch von göttlicher Vorherbestimmung und menschlicher Freiheit. [212] Die preußische Regierung benachrichtigte Bischof *J. v. Hommer* über den Wunsch von *G. Hermes* und schlug ihm einen Nachfolger für G. Braun vor, der jedoch zu diesem Zeitpunkt noch in Rom studierte und dem Bischof somit nicht zur Verfügung stand. Daraufhin wandte sich *J. v. Hommer* um Rat an *G. Hermes* in Bonn. Er schlug *G. Hermes* zwei Kandidaten als Nachfolger für G. Braun vor, war aber auch bereit, einen von *G. Hermes* vorgeschlagenen Kandidaten als Professor zu benennen, um auch weiterhin eine einheitliche Richtung in Trier vertreten zu wissen. Doch die Bemühungen von *G. Hermes* und der Bonner Theologischen Fakultät schlugen auch diesmal fehl, obwohl sich sogar der Erzbischof von Köln, *F. A. Spiegel*, lobenswert über den jungen Professor G. Braun äußerte, da er ihm wegen seiner Gelehrsamkeit und seines Fleißes aufgefallen war.[213] G. Braun wollte jedoch nur nach Bonn, wenn er dort ebenfalls Moraltheologie und nur eine Stunde täglich hätte lesen können, da auch er wohl unter einer angegriffenen Gesundheit zu leiden hatte. Auch forderte er für den Fall einer Tätig-

---

[211] Zu den Bemühungen der Bonner Theologischen Fakultät um G. Braun vgl. H. SCHRÖRS, Geschichte 198 f. Vgl. darüberhinaus E. BRUCH, G. Braun 16-19, dort auch nähere Angaben zu den Briefwechsel zwischen G. Braun, Bischof *J. v. Hommer* und dem preußischen Minister.

[212] Vgl. dazu weiter unten den zweiten Abschnitt dieses Kapitels.
Die Promotion war die vom Ministerium geforderte Voraussetzung für die Ernennung zum ordentlichen Professor.

[213] So der Erzbischof in einem Brief vom Mai 1827 an Kultusminister *K. v. Altenstein*. Vgl. H. SCHRÖRS, Geschichte 198.

keit in Bonn die Erhöhung seiner Bezüge von vormals 400 Talern. [214] Da die preußische Regierung G. Braun als Extraordinarius für Dogmatik vorgesehen hatte, verzichtete sie unter diesen Bedingungen auf eine entsprechende Ernennung. [215] G. Braun blieb somit weiterhin in Trier.

Im Jahr 1830 unternahm das Kultusministerium noch einen weiteren Versuch, G. Braun zu versetzen, und bot ihm einen Lehrstuhl für Dogmatik in Breslau an. Diesen Ruf lehnte G. Braun wegen des dortigen Klimas ab [216], bot sich aber an, eine Professur für Moraltheologie in Bonn oder Münster zu übernehmen. Doch dieses Anliegen konnte er nicht durchsetzen, und so blieb G. Braun auch diesmal Trier als Professor für Moraltheologie erhalten. [217]

Ab dem Jahr 1828 hat G. Braun seine moraltheologischen Disputationen offenbar in Kolloquien umgewandelt, worin er mit seinen Studenten in besonderer Weise das Zusammenspiel von Ratio und moralischem Streben behandelte. [218]

3. Tätigkeit als Regens und Domkapitular

Anscheinend hatte G. Braun unter den Trierer Professoren eine gewisse führende Rolle inne, denn er war es, der 1827 bei der Einführung des neuen Regens *Reichelstein* die Begrüßung im Namen der Professoren aussprach, und er war es, den Bischof *J. v. Hommer* 1831 der preußischen Regierung als Nachfolger für das Amt des Regens empfohlen hatte. Da G. Braun allerdings weiterhin Professor für Moraltheologie bleiben sollte und zugleich eine Ernennung als Domkapitular vom Bischof angestrebt war, zögerte das Ministerium zunächst und verlangte nun seinerseits Auskunft über G. Brauns Gesundheitszustand, der ein Jahr zuvor Anlaß gewesen war, daß G. Braun dem Ruf der Regierung nach Breslau nicht gefolgt war.

Nachdem gesundheitliche Bedenken vom Hausarzt ausgeräumt werden konnten, wollte die Regierung nun vom Bischof wissen, ob G. Braun auch die Fähigkeit habe, die Finanzen des Priesterseminars zu regeln. Der Bischof antwortete mit dem Hinweis, daß G. Brauns Vater im Ruf eines guten Ökonomen stehe und G. Braun schon von daher einige Kenntnisse besitze. Außerdem habe er nur die Oberaufsicht über die

---

[214] Offenbar bezogen die Professoren in Bonn ein weitaus höheres Gehalt als ihre Trierer Kollegen. *G. Hermes* erhielt in Bonn 1400 Taler, der Exeget *P. A. Gratz* sogar 1600 Taler, was das Vierfache des Gehaltes von G. Braun bedeutete. Vgl. H. SCHRÖRS, Geschichte 53, 73. Zum Gehalt der Professoren des Trierer Priesterseminars vgl. L. JAKOB, Das Trierer Priesterseminar 75-77.

[215] Der mögliche Wechsel nach Bonn muß jedoch schon recht konkrete Formen angenommen haben. Dafür spricht neben den handfesten Bemühungen um einen Nachfolger für G. Braun, daß die Regierung ihn am 19. Sept. 1827 erneut als Professor für Moraltheologie bestätigte. Vgl. BATr Abt. 53, 42 Nr. 6 Bl. 48.

[216] Am 1. April 1830 berichtet der Bischof der Regierung, daß G. Braun nicht nach Breslau kommen kann. Vgl. BATr Abt. 53, 42 Nr. 6 Bl. 100.

[217] H. SCHRÖRS, Geschichte 199, bedauert, daß G. Braun, nach seinem Urteil ein "durchaus selbständig arbeitender, mit reichem Wissen und konstruktiver Kraft ausgerüsteter Geist", nicht zur Bonner Fakultät gewechselt ist.

[218] Vgl. E. BRUCH, G. Braun 19.

Finanzen des Seminars.[219] Schließlich gab die Regierung dem Anliegen des Bischofs nach, und G. Braun wurde am 1. September 1831 zum Domkapitular und am 1. Oktober 1831, erst 32-jährig, zum Regens ernannt.

Seine Amtszeit begann mit einem für das Priesterseminar unerfreulichen Zwischenfall.[220] Noch vor seiner Einführung als Regens - er weilte gerade auf Anordnung des Bischofs u. a. zur Besichtigung der Priesterseminare von Freiburg, Rottenburg und Tübingen auf Reisen[221] - verfaßten die Seminaristen in Trier eine Bittschrift, die an den Bischof gerichtet war. Darin wandten sich die Seminaristen gegen die Absicht des Bischofs, das Studium um ein Jahr auf fünf Jahre zu verlängern.[222] Darüberhinaus enthielt die Schrift eine Beschwerde über den Professor der Pastoraltheologie, F. X. Boner, welcher nach Ansicht der Seminaristen zu wenig praktische Erfahrung seinen Vorlesungen zugrunde legen könne und sie auch zu weitschweifig und leblos vortragen würde. F. X. Boner, dem die Studenten wohl persönlich die gleichen Vorwürfe machten, fühlte sich beleidigt und weigerte sich, noch länger zu dozieren. Seine Kollegen F. X. Biunde und F. X. Scholl griffen in den Vorfall ein und hielten den Studenten anstatt einer Vorlesung jeweils eine Strafpredigt. Nun fühlten sich die Studenten beleidigt und verlangten in einem weiteren Schreiben an den Bischof eine Entschuldigung von den Professoren. Der Bischof delegierte schließlich die Angelegenheit an den für das Seminar zuständigen bischöflichen Kommissar, Dompropst H. Auer, der verschiedene vergebliche Vorschläge zur Vermittlung vortrug. Schließlich wurde die Entscheidung in dieser Sache bis in den Oktober 1831 vertagt, und somit war nun auch der neue Regens G. Braun davon betroffen.

Am 17. Oktober 1831 beschlossen Dompropst H. Auer, Regens G. Braun und die Professoren F. X. Boner, J. J. Rosenbaum, F. X. Biunde und J. G. Müller unter Vorsitz des Bischofs, der Regens solle allen Studenten, die nach den Ferien wieder in das Seminar eintreten wollten, ein Schriftstück zur Unterschrift vorlegen, wodurch sich die Seminaristen für ihr ungebührliches Verhalten entschuldigen sollten.[223] Bis auf wenige Ausnahmen unterzeichneten die Studenten den vom Regens vorgelegten Widerruf. Die übrigen wechselten Fach und Universität[224], und wohl einige von ihnen machten den Vorfall in der im Jahr 1834 anonym in Hanau erschienenen Schrift 'Urkundliche

---

[219] Vgl. E. BRUCH, G. Braun 20.
[220] Vgl. dazu J. MARX, Geschichte des Priesterseminars Trier 36-38; J. LENZ, Ein streitbarer Philosoph 12 f.; L. JAKOB, Das Trierer Priesterseminar 131-145; E. BRUCH, G. Braun 22-29; A. THOMAS, Professor Franz Xaver Scholl (1801-1860), in: AmrhKG 19 (1967), 118-125, und ders., Meditationes 523-525.
[221] Vgl. A. THOMAS, Die christlichen Reformbestrebungen im Bistum Trier unter Bischof Josef Hommer, in: Die Kirche im Wandel der Zeit. Köln 1971, 114.
[222] Im Oktober 1830 hatte Bischof J. v. Hommer ein viertes theologisches Studienjahr eingeführt, so daß sich die Studienzeit einschließlich des philosophischen Studienjahres auf fünf Jahre verlängerte. Vgl. BATr Abt. 53, 42 Nr. 6 Bl. 40, und A. THOMAS, Das Priesterseminar in Trier 218 f.
[223] Vgl. E. BRUCH, G. Braun 25, und L. JAKOB, Das Trierer Priesterseminar 141 f. Zu den Trierer Professoren vgl. A. THOMAS, Meditationes 472-475.
[224] E. BRUCH, G. Braun 25, und L. JAKOB, Das Trierer Priesterseminar 142, sprechen von neun, J. MARX, Geschichte des Priesterseminars Trier 37, nennt sechs, A. THOMAS, Meditationes 525, sieben Seminaristen.

Darstellung der Vorfälle im Trierischen Seminar während des Monats August 1831' über Trier hinaus bekannt.[225] Die freilich nicht objektive Beschwerdeschrift richtete sich auch gegen Regens G. Braun und warf ihm übertriebenen Ehrgeiz und Herrschsucht vor und sah den Grund dafür in seinem hermesianischen Denken.[226] Neben der Bereinigung des oben erwähnten Vorfalls gehörten zu den Aufgaben G. Brauns als Regens die regelmäßige Berichterstattung an den Bischof über Fehler und Vergehen der Seminaristen. Damit waren vor allem die Verstöße gegen die Hausordnung gemeint. Daneben waren seine Aufgaben als Regens, sich um die Hausandacht, geistliche Übungen und Meditationen der Seminaristen zu kümmern sowie sie in der Führung der Pfarrbücher und im Finanzwesen zu unterrichten. Über seine Pflichten hinaus richtete er mehrere Studierräume für die Seminaristen ein [227], was beim preußischen Regierungs- und Schulrat Th. Brüggemann[228] lobende Anerkennung hervorrief, als dieser im Frühjahr 1832 das Seminar wegen vorgenannter Streitigkeiten visitierte.

In den ersten drei Jahren seiner Regentenzeit dozierte G. Braun weiter als Professor für Moraltheologie, bis die Ausübung beider Ämter seine Kräfte überstiegen hat und der Bischof in einem Brief vom 21. 6. 1834 der preußischen Regierung den Vorschlag machte, G. Braun von seinem Amt als Professor der Moraltheologie freizustellen und ihm als Nachfolger von Professor *R. M. Steininger* die nicht so umfangreiche Dozentur für Liturgik zu übertragen, was auch im Herbst des gleichen Jahres geschah.[229] Als Nachfolger für den Lehrstuhl der Moraltheologie war der Schüler von G. Braun, *Stephan Lück* (1806-1883)[230], vorgesehen, der somit die her-

---

[225] Hierin wird auf Seite VIII von 20 Austritten aus dem Seminar gesprochen.
[226] Vgl. E. BRUCH, G. Braun 26.
[227] Vgl. LHAK Abt. 403 Nr. 7503.
[228] *Theodor Brüggemann* (1796-1866) war in den Jahren 1831-1837 Schulrat in Koblenz. Sein Einfluß wird als bedeutend beschrieben. Er war in Münster Schüler von G. Hermes gewesen und galt als hermesianisch, jedoch kirchlich gesinnt. Mit zunehmendem Alter soll er sich mehr und mehr vom Hermesianismus abgewendet haben.
Vgl. ADB III, 407-409; A. THOMAS, W. A. Günther 83 f. Anm. 167; A. STOLLENWERK, 'Brüggemann, Theodor', in: Kurzbiographien von Mittelrhein und Moselland. Trier 1970, 59, und CH. WEBER, Aufklärung und Orthodoxie 85.
[229] Vgl. den Brief des Kultusministers *K. v. Altenstein* an Bischof *J. v. Hommer* vom 27. 10. 1834 im LHAK Abt. 403 Nr. 16021, 11-13, hier 11, worin dieser einräumt, daß die Ämter als Regens und Professor für Moraltheologie "auf die Dauer die Kräfte eines Mannes übersteigen dürften", er aber gleichzeitig auf das noch jugendliche Alter von G. Braun verweist. *K. v. Altenstein* wollte den Antrag noch ein Jahr ruhen lassen, damit *Stephan Lück* (im Brief *Altensteins* fälschlich *Philipp Lück* genannt) sich auf sein Amt vorbereiten könne.
Zum Fach Liturgik am Trierer Priesterseminar vgl. auch B. FISCHER, Die Nachfolger Peter Conrads von 1805 bis zur Gegenwart, in: TThZ 93 (1984), 241 f.
[230] *Stephan Lück* war zuvor seit kurzer Zeit (1835) Choral- und Gesangslehrer am Priesterseminar. Die Professur für Moraltheologie behielt er bis 1849 inne. Im gleichen Jahr wurde er zum Domkapitular ernannt.
Vgl. J. KOMP, Stephan Lück und seine kirchenmusikalische Sammlung. Masch. Zulassungsarbeit Trier 1939; N. SEELHAMMER, Die Professoren 19; A. THOMAS, Das Priesterseminar in Trier 217 Anm. 170; F. R. REICHERT, Ungedruckte Materialien zur Geschichte des Trierer Priesterseminars in der Bibliothek des Seminars,

mesianische Richtung für die Moraltheologie garantierte. Nach einigen Bedenken, die sich unter anderem gegen seine wissenschaftliche Unerfahrenheit richteten, stimmte das Ministerium zu; allerdings wurde *Stephan Lück* zunächst provisorisch eingestellt und erst ab 1839 voll bezahlt. [231]

Wenn G. Braun auch zum Zeitpunkt der Verurteilung der Lehren von *Georg Hermes* durch das Breve *'Dum acerbissimas'* Papst *Gregors XVI.* vom 26. September 1835 den Lehrstuhl der Moraltheologie nicht mehr innehatte, war er dennoch von dem römischen Urteil unmittelbar betroffen, denn *Stephan Lück* legte seinen Vorlesungen den 1834 erschienenen ersten Teil der Braunschen Moraltheologie, die 'Religionslehre', zugrunde.

Die römische Entscheidung über die Lehre von *G. Hermes* wurde dem Trierer Bischof im Oktober 1835 von dem römischen Agenten *C. de Augustinis* mitgeteilt.[232] *J. v. Hommer* hat sich darauf mit den übrigen Bischöfen Westdeutschlands beraten und verbot schließlich den Gebrauch der hermesischen Bücher an seinem Seminar. Nach Beratungen mit den Bonner Professoren gaben die Trierer Hermesianer am 18. November 1835 eine schriftliche Erklärung ab. Darin verpflichteten sich die Professoren *J. J. Rosenbaum, F. X. Boner, F. X. Scholl, J. G. Müller, F. X. Biunde* und G. Braun zum Gehorsam gegenüber dem Papst und bis zur endgültigen Klarstellung der Angelegenheit, die Bücher von *G. Hermes* in ihren Vorlesungen nicht mehr zu verwenden.[233] *St. Lück* und *J. Marx* unterzeichneten diese Erklärung jedoch nicht.

Da hartnäckige Anhänger von *G. Hermes* den Papst zur Rücknahme der Verurteilung bewegen wollten - *J. W. J. Braun* aus Bonn und *P. J. Elvenich* aus Breslau weilten zu diesem Zweck 1837/38 vergeblich in Rom - spaltete sich in Trier das Lager der Anhänger von *G. Hermes*. Die Hermesianer *F. X. Boner, F. X. Scholl, J. Marx* und *St. Lück* unterwarfen sich, die meisten bereits zum zweitenmal, nach dem erfolglosen Intervenieren der beiden Professoren in Rom unter der Führung von Regens G. Braun mit zwei Erklärungen, die sie am 8. und 12. Juni 1838 dem Bistumsverweser Weihbischof *W. A. Günther* überreichen - Bischof *J. v. Hommer* war am 11. November 1836 gestorben -, der sie über Berlin nach Rom weiterleiten sollte. [234]

---

in: AmrhKG 24 (1972), 185 Anm. 53, und M. PERSCH, Das Trierer Diözesangesangbuch von 1846 bis 1975. Trier 1987, 141-144.

[231] Vgl. J. MARX, Geschichte des Priesterseminars Trier 41.

[232] Nach preußischem Staatsrecht durfte der Bischof die auf diese Weise erhaltene 'Damnatio' jedoch nicht veröffentlichen, noch durfte er überhaupt bekanntgeben, daß er sie erhalten habe. Vgl. A. THOMAS, Meditationes 532.

Vgl. J. LENZ, Ein streitbarer Philosoph 18 Anm. 24, und A. THOMAS, W. A. Günther 82 Anm. 159.

[233] Vgl. BATr B III 12, 1, Bd. 2 Bl. 15. Vgl. auch A. THOMAS, W. A. Günther 86, und ders., Meditationes 533 f.

[234] *P. J. Elvenich*, Aktenstücke zur Geheimen Geschichte des Hermesianismus. Breslau-Oppeln 1845, 77 f.: (8. Juni) "Heiligster Vater! Seit jener Zeit, da es Deiner Heiligkeit gefallen hat, die Schriften des Hermes zu verdammen, sind wir zwar bereitwillig gewesen durch Beistimmung zu Deinem Urteile und durch Folgsamkeit gegen Deine Befehle die Pflichten echter Söhne zu erfüllen. Da jedoch der hl. apostl. Stuhl zwei Schülern des Hermes, den Prof. Braun und Elvenich bewilligt hat, die Lehre desselben mehr auseinanderzusetzen, so haben wir geglaubt so lange schweigen zu müssen, bis diese ihren Auftrag würden erfüllt haben. Da wir nun aber gehört haben, daß jene Pro-

Obwohl sich das Kultusministerium weigerte, diese Erklärung nach Rom zu senden, da das römische Breve der Regierung nicht auf offiziellem Wege zugestellt worden war, wurde dem Papst die Unterwerfung der fünf Trierer Professoren bekannt. [235] Auch die Trierer Öffentlichkeit nahm Anteil an dieser Sache: Am 24. Juli 1838 berichtete die 'Trier'sche Zeitung' von der Unterwerfung der Professoren, druckte am 26. Juli 1838 eine deutsche Übersetzung der beiden Erklärungen und nannte am 2. August 1838 die Namen derer, die sich unterwarfen. [236] Am 3. August 1838 berichtet die Zeitung schließlich, die Unterwerfungserklärungen seien auf privatem Weg zum Papst gelangt, der den ganzen Tag über, an dem ihm diese Nachricht zuging, "mit Begeisterung davon gesprochen" hätte, und es sei auf seine Anordnung hin "eben wegen dieses Ereignisses das Te Deum in der Kirche des deutschen Collegii gesprochen"[237] worden. Versuche der beiden Hermesianer *J. W. J. Braun* und *P. J. Elvenich*, die Trierer Kollegen zur Rücknahme ihrer Unterwerfung zu bewegen, schlugen fehl.

Die beiden Schreiben mit ihrer völligen Unterordnung unter die römische Entscheidung haben *F. X. Biunde* und *J. J. Rosenbaum* nie unterschrieben; sie verfassen zunächst an *W. A. Günther*, dann an Bischof *W. Arnoldi* eigene Unterwerfungserklärungen.[238]

---

fessoren, nach dem sie die Lehre des Hermes auseinandergesetzt von Rom abgereist seien, so beeilen wir uns, obgleich wir bis zu dieser Stunde über das Resultat ihrer Bemühungen nichts erfahren haben, zu erklären: daß wir Deinem Urteil in dieser Sache einfach, ohne alle Bedingung, ohne irgend eine Art von inneren Vorbehalt beistimmen." (12. Juni) "Am 8. ds. Mts. haben wir Deiner Hochwürden ein Schreiben zur Einsendung an den hl. Vater ehrerbietigst überreicht, in welchem wir erklärt haben, daß wir dem Urteil des hl. apostl. Stuhles in der hermesischen Angelegenheit beistimmen. Da wir aber inzwischen in öffentlichen Blättern gelesen haben, Se. päpstl. Heiligkeit fordere, daß die Schüler des Hermes folgende Submissionsformel unterschreiben: aus schuldigem Gehorsam dem Urteil des hl. Stuhles, wodurch die Schriften des Hermes verdammt wurden, mit Herz und Seele sich unterwerfen zu wollen, dasjenige reprobierend, was von dem Stuhle Petri reprobiert worden und niemals etwas zu begehen, wodurch sie von diesem untrüglichen Wege der Wahrheit abwichen, so haben wir auf das bereitwilligste auch diese Formel mit aufrichtigem Herzen und ohne irgend einen geheimen Vorbehalt unterschrieben; weil wir in dieser Sache keinen anderen Wunsch haben, als dem Heiligen Vater genugzutun, unsere Rechtsgläubigkeit und unsere Ehrfurcht und Folgsamkeit gegen den apostl. Stuhl nicht nur durch Worte, sondern auch tatsächlich zu beweisen. Wir bitten daher Eure Hochwürden ehrerbietigst, auch diese unsere Erklärung an den hl. Vater einsenden zu wollen."
Die lateinischen Originale finden sich BATr B III 12, 1 Bd. 2 Bl. 37a und 41a. Vgl. LHAK Abt. 403 Nr. 4847; E. BRUCH, G. Braun 32-34, und A. THOMAS, W. A. Günther 92 f.

[235] Vgl. BATr B III 12, 1 Bd. 2 Bl. 43 vom 28. Juni 1838, und BATr B III 12, 1 Bd. 2 Bl. 45 vom 5. Juli 1838.
Am 12. Juli bitten die Dozenten schließlich W. A. *Günther*, die Erklärungen direkt nach Rom zu senden. Vgl. BATr B III 12, 1 Bd. 2 Bl. 49.

[236] Vgl. BATr B III 12, 1 Bd. 2 Bl. 47, 48, 51a.

[237] BATr B III 12, 1 Bd. 2 Bl. 52a.

[238] Bis es soweit war, gab es einige Auseinandersetzungen zwischen *F. X. Biunde*, *J. J. Rosenbaum* und dem Bistumsverweser *W. A. Günther*. In den Streit griff auch die Geistlichkeit von Trier ein, die am 23. 12. 1840 das Domkapitel gebeten hat, gegen die beiden Professoren einzuschreiten. Vgl. BATr B III 12, 1 Bd. 2 Bl. 62.
Schließlich hat *W. A. Günther* Kardinalstaatssekretär *L. Lambruschini* um Verhaltensmaßregeln gegen *F. X. Biunde* und *J. J. Rosenbaum* ersucht. Vgl. BATr B III 12, 1 Bd. 2 Bl. 68.

Nachdem das römische Urteil über *G. Hermes* gefällt war, richteten sich die Trierer Seminaristen mit der Forderung an Regens G. Braun, künftig keine hermesianischen Lehrbücher in den Vorlesungen zu benutzen.[239] Dies galt auch für die Moraltheologie G. Brauns. Der Regens erklärte sich sofort dazu bereit, zog sein Handbuch als Grundlage der Vorlesung zurück, und *Stephan Lück* benutzte fortan ein anderes. Der Streit zwischen den Anhängern von *G. Hermes* und seinen Gegnern dauerte in Trier noch während der gesamten ersten Hälfte der vierziger Jahre an.

Als Domkapitular kam G. Braun neben Chordienst und Predigten im Dom die Aufgabe zu, nach dem Tod von Bischof *J. v. Hommer* 1836 an der Wahl eines Nachfolgers teilzunehmen. Wegen der rechtlich ungeklärten Frage, inwieweit sich die preußische Regierung aufgrund der Bulle *'De salute animarum'* in die Angelegenheiten der Bischofswahl einmischen dürfe, zog sich die Wahl eines neuen Bischofs über sechs Jahre hin.[240] Zusammen mit den Domkapitularen *W. Arnoldi* und *J. G. Müller* vertrat G. Braun die Ansicht, die Initiative zur Bischofswahl müsse vom Domkapitel und nicht von der Regierung ausgehen; die Domkapitulare wandten sich dazu in einem Schreiben direkt nach Rom. Die Regierung war jedoch mit dieser Vorgehensweise keineswegs einverstanden, und die drei Domkapitulare wurden wegen Gesetzesmißachtung zu je 50 Talern Strafe verurteilt. Außerdem forderte die Regierung die Entfernung von G. Braun aus dem Regentenamt, was jedoch wegen der Sympathien des Klerus für G. Braun wieder aufgegeben wurde. Das Schreiben nach Rom wurde von dem antihermesianisch gesinnten Kardinalstaatssekretär *L. Lambruschini* (1776-1854) beantwortet - der Kardinalstaatssekretär korrespondierte auch, wie erwähnt, wegen des Streits um den Hermesianismus mit dem Trierer Priesterseminar -, der dem Trierer Domkapitel volle Wahlfreiheit zur Wahl des Bischofs zusicherte, unter der Voraussetzung allerdings, daß die vorgeschlagenen Kandidaten auch die Gunst des Staates besäßen. Schließlich wurde am 1. Mai 1839 *Wilhelm Arnoldi*[241] im 3. Wahlgang zum Bischof gewählt. König *Friedrich Wilhelm III.* bestätigte *W. Arnoldi* jedoch nicht, weil er, vermutlich wegen des Briefes nach Rom, eben nicht in der Gunst des Staates stand. Auch der Nachfolger auf dem Thron, *Friedrich Wilhelm IV.*, wollte die Wahl vom 1. Mai 1839 nicht bestätigen, versprach jedoch sein Entgegenkommen bei einer Neuwahl. Unter den Kandidaten für die Neuwahl befand sich auch

---

Sowohl *F. X. Biunde* als auch *J. J. Rosenbaum* wurden dann von Bischof *W. Arnoldi* ihrer Lehrtätigkeit enthoben und zur Übernahme von Pfarreien verpflichtet. *F. X. Biunde* übernahm Saarburg, *J. J. Rosenbaum*, der allerdings 1862 als Domkapitular wieder nach Trier zurückkehrte, Andernach. Vgl. BATr B III 12, 1 Bd. 2 Bl. 55-87; LHAK Abt. 403 Nr. 4874; A. THOMAS, W. A. Günther 93-98, und ders., Meditationes 473 f.

[239] So belegt in der 'Augsburger Postzeitung' vom 7. 12. 1838. Vgl. N. SEELHAMMER, Die Professoren 18, und E. BRUCH, G. Braun 37 f.

[240] Zum Vorgang der Bischofswahl vgl. B. BASTGEN, Die Besetzung der Bischofssitze in Preußen in der ersten Hälfte des 19. Jahrhunderts. Hg. und Bearb. R. Haas. München 1978, 45-97.

[241] Zu Bischof *W. Arnoldi* vgl. A. THOMAS, 'Arnoldi, Wilhelm', in: Die Bischöfe 13-15.

G. Braun, der schon bei der Wahl 1839 im ersten Wahlgang eine Stimme erhalten hatte.[242] Am 27. Juni 1842 wurde dann *Wilhelm Arnoldi* erneut gewählt, diesmal sogar einstimmig.[243]
G. Braun wurde vom Bischof zu einem seiner engsten Mitarbeiter auserkoren. Schon unter dem Bistumsverweser *W. A. Günther* war G. Braun mit Verwaltungsangelegenheiten des Bistums beauftragt.[244] Bischof *W. Arnoldi* bewirkte nun bei der Regierung die Zustimmung zu seiner Ernennung zum Vikariatsrat (14. Dez. 1842) und Domdechanten (1. Okt. 1843). Eine seiner wichtigsten Aufgaben als Vikariatsrat war das Amt des Ordenskommissars, als Domdechant hatte sich G. Braun um die Ausgestaltung des Gottesdienstes im Dom zu kümmern.

Mit der Ernennung zum Domdechanten gab er sein Amt als Regens des Priesterseminars auf, nachdem er bereits 1841 das Amt dem Bistumsverweser zur Verfügung gestellt, Weihbischof *W. A. Günther* den Verzicht jedoch nicht angenommen hatte.

4. Wirken als Weihbischof

Als *J. G. Müller*, der unter Bischof *W. Arnoldi* Weihbischof geworden war, zum Bischof von Münster ernannt wurde, fiel das vakant gewordene Amt des Weihbischofs der Trierer Diözese an G. Braun. Am 7. Oktober 1849 erhielt er von Bischof *W. Arnoldi*, dem Bischof *J. G. Müller* und der Apostolische Vikar *J. Th. Laurent* von Luxemburg assistierten, die Bischofsweihe.

Noch nahezu zwölf Jahre bewältigte der ehemalige Professor für Moraltheologie die ihm zukommenden Aufgaben als Weihbischof, wie Visitations- und Firmungsreisen sowie die Konsekration von Kirchen und Altären.

Während einer Firmungsreise wurde er am 21. Mai 1861 von einem Schlaganfall überrascht und kehrte unverzüglich nach Trier zurück. Bereits einen Tag später starb Godehard Braun am 22. Mai 1861, nachdem er von Bischof *W. Arnoldi* die Sterbesakramente empfangen hatte.[245]

Am 25. Mai 1861 wurde er in der Weihbischofskapelle des Domkreuzganges beigesetzt. Auch in Rom wurde man auf seinen Tod aufmerksam, und Papst *Pius IX.* schickte am 4. September 1861 Bischof *W. Arnoldi* ein Beileidsschreiben.

---

[242] Vgl. B. BASTGEN, Die Besetzung der Bischofssitze 70, 96.
In einem Brief vom 12. 6. 1838 hatte *K. J. Holzer* (1800-1885), der seit 1832 Pfarrer von Liebfrauen in Koblenz, dann ab 1849 Dompropst in Trier gewesen ist, an Schulrat *Th. Brüggemann* geschrieben: "Ich bin immer noch der Meinung, daß unter allen mir bekannten Priestern der einzige Braun der geeignetste Mann für das Episcopat ist. Der alte Günther ist wahrlich eine Schlafmütze." CH. WEBER, Aufklärung und Orthodoxie 199. Zu *K. J. Holzer* vgl. auch E. HEGEL, Dompropst Karl Josef Holzer von Trier (1800-1885). Beiträge zu seiner Charakteristik, in: FS A. Thomas. Trier 1967, 151-162.
[243] Vgl. B. BASTGEN, Die Besetzung der Bischofssitze 96.
[244] Vgl. A. THOMAS, W. A. Günther 44.
[245] Vgl. die Todesanzeige und den Nekrolog in: Eucharius 1 (1861), 177, 185 f., 193 f. Vgl. auch den Nachruf des Dekanates Ahrweiler zum Tod des Weihbischofs ebd. 244 f.

II. Literarisches Werk

Es ist wohl die Belastung der vielen Ämter, welche G. Braun ja schon in jungen Jahren zu spüren bekam, die den Ausschlag dafür gegeben hat, daß er nicht allzuviel Schriftliches aus seinem akademischen Leben hinterlassen hat. Neben seinem dreibändigen Hauptwerk, das noch intensiv zu untersuchen sein wird, sind es lediglich drei kleinere Schriften, die darüberhinaus noch vorliegen. Es handelt sich dabei neben der oben bereits erwähnten Doktorarbeit um eine Abhandlung über das Fasten sowie eine Auseinandersetzung mit seiner Auffassung nach irrigen Ansichten über die sittlichen Räte.

Die Doktorarbeit, die an der Universität Breslau angenommen wurde, ist im Jahr 1826 in Mainz erschienen, als G. Braun bereits Dozent für Moraltheologie in Trier gewesen ist. Sie ist, was einigermaßen erstaunen mag, keine moraltheologische Abhandlung, sondern eine dogmatische Arbeit, deren Thesen auf der Grundlage der Bibel bewiesen werden sollen. Vielleicht ist die dogmatische Thematik der Dissertation ein Hinweis für eine damals noch möglich gehaltene Berufung auf einen Lehrstuhl für Dogmatik.

Die etwa neunzig Seiten (35 §§) umfassende Untersuchung ist in lateinischer Sprache abgefaßt und trägt den Titel *'De sacra scriptura praescientiam et praedestinationem divinam atque libertatem humanam sine repugnantia docente'*. Der Titel gibt Auskunft über die Absicht des Werkes: G. Braun möchte nachweisen, daß die in der Bibel sich findende Lehre von der göttlichen Vorherbestimmung - er unterscheidet zwischen einer göttlichen *praescientia* und der eigentlichen *praedestinatio*[246] - nicht im Widerspruch zur menschlichen Freiheit steht. Nach einleitenden Bemerkungen, worin er auch auf die geschichtlichen Mißdeutungen der Prädestinationslehre hinweist[247], gibt er an, wie er seine Untersuchung aufbauen will. Er beabsichtigt, dies in einer wohlgeordneten Reihenfolge tun: Zunächst will er bestimmen, was mit *praescientia* (§§ 7-11), dann, was mit *praedestinatio* (§§ 12-19) gemeint ist. Sodann beschäftigt er sich in einem dritten Punkt mit der Freiheit des menschlichen Willens (§§ 20-28). Nachdem er so die benötigten Begriffe und ihre Inhalte geklärt hat, gibt er schließlich in einem vierten Punkt (§§ 29-35) Antwort auf die eigentliche Frage, ob ein Widerspruch zwischen der göttlichen Vorherbestimmung und der menschlichen Freiheit bestehe.

Die Begriffe klärt er im wesentlichen durch Verweis auf die maßgeblichen Belegstellen in der Bibel. Schwierigkeiten bekommt er dabei allerdings bei der Abhandlung zur menschlichen Freiheit, da hier offenbar keine deutlichen Aussagen zur Unterstützung seiner Ansicht in der Bibel zu finden sind: *"Sed etiamsi non disertis verbis*

---

[246] Unter *praescientia* versteht er mit *Augustinus* das göttliche Vorauswissen, die Allwissenheit, die alles Zukünftige umfaßt, auch das, was Gott nicht will. Darunter würde dann wohl auch das Böse fallen, von dem Gott in seiner Allwissenheit zwar weiß, das es geschehen wird, es aber selbst nicht will. *Praedestinatio* hingegen bezieht sich nur auf das von Gott beeinflußte Zukünftige, seinen vorherbestimmenden Weltenplan. Vgl. 12-16 (§ 5).
Diese Unterscheidung traf schon *Johannes von Damaskus* (um 650 - um 750), De fide orthodoxa II, 30: "Deus omnia praescit, sed non omnia praefinit".
[247] Vgl. 7-9 (§ 3).

hominem liberum esse ss. litterae testentur, tamen innumera huius rei argumenta suppeditant . . . "[248] Es gelingt ihm dennoch, genügend Beweise für seine Ansicht in der Bibel auszumachen, so daß er zu dem Schluß gelangen kann, daß die biblische Lehre von der *praescientia* und *praedestinatio* nicht im Widerspruch zum freien menschlichen Willen steht: *"Igitur certissimum est et extra omnem iustam dubitationem positum, s. scripturae doctrinas de praescientia et praedestinatione divina eiusdem s. scripturae doctrinae de libera hominis voluntate non repugnare."*[249]

Wenn es sich auch um eine nicht allzu umfangreiche Schrift handelt, vermag die Doktorarbeit doch bereits Aufschluß über G. Brauns wissenschaftliche Arbeitsweise zu geben. Er bevorzugt eine logische Vorgehensweise, wobei sich ein Schritt aus dem vorhergehenden sinnvoll ergibt. Am Anfang steht das, was man als ein Bereitlegen des Werkzeuges bezeichnen könnte: die Klärung der wesentlichen Begriffe nach Bezeichnung und Inhalt. Mit ihnen kann er dann ohne Verstehensunsicherheit weiterarbeiten. Diese Arbeitstechniken werden auch bei seinem wissenschaftlichen Hauptwerk begegnen.

Ein Jahr bevor G. Braun zum Regens des Priesterseminars ernannt worden ist, erschien 1830 in Trier eine in deutscher Sprache verfaßte Abhandlung über das Fasten mit dem Titel 'Etwas über den Werth des Fastens zur Berichtigung irriger Ansichten von demselben'. Auch hier weist der Titel schon deutlich auf den Inhalt hin: Offenbar gibt es seiner eigenen Ansicht widersprechende Auffassungen über das Fasten, die er mit dem Schriftchen korrigieren möchte. Er tut dies auf rund 80 Seiten. Die seiner Meinung nach irrige Ansicht ist die, daß verschiedene Theologen die Auffassung vertreten würden, die Kirche sehe im Fasten eine Tugend und schriebe es auch als solche vor. Dagegen vertritt er die These, das Fasten sei weder eine Tugend, noch Religiosität, noch etwas Verdienstliches an sich, sondern nur ein Tugendmittel, ein Mittel zur Beförderung der Tugend. Ebenso sehe es auch die Kirche und schreibe es nicht als Tugend vor.[250] Zur Unterstützung seiner These verweist er darauf, daß das Fasten an sich nur eine körperliche Verrichtung sei, unter Tugenden verstehe man hingegen gute 'Gemütsstimmungen und Gesinnungen'[251].

Nachdem er die These vorgestellt und die damit verbundenen Begriffe 'Tugend' und 'Tugendmittel' erläutert hat, geht er wieder Schritt für Schritt vor, um seine Ansicht zu untermauern und zu beweisen. Zunächst entfaltet er die Behauptung, daß die Kirche im Fasten keine Tugend sehe. Dazu führt er neben *Tertullian* das Tridentinum und weitere Konzilsaussagen an.[252] Danach geht er darauf ein, daß die Kirche das Fasten nur als Tugendmittel vorschreibe. Hier führt er neben Konzils- und Vätermeinungen auch verschiedene Meßgebete zum Beweis an.[253] Hiernach geht er in einem

---

[248] 57 f. (§ 21).
[249] 88 (§ 35).
[250] Vgl. 3 f.
[251] Vgl. 6.
[252] Vgl. 10–18.
[253] Vgl. 18–39.

dritten Teil auf die Meinungen der Gegner ein in der Absicht, sie zu entkräften. Vor allem die Perikope Mt 9, 14-17 scheint seiner Ansicht wertvolle Unterstützung zu bieten, denn er räumt ihrer Erklärung einigen Platz ein. [254] Obwohl er betont, daß er es nicht für nötig hält, seine "anderweitig hinlänglich begründeten Ansichten durch Autoritäten von Theologen [seiner] Zeit zu unterstützen" [255], führt er zum Schluß die Ansichten von F. G. Wanker, J. M. Sailer und J. G. Riegler an. Durch geschicktes Entkräften der gegnerischen Ansichten und Begründen seiner eigenen hat G. Braun damit die anfangs aufgestellte These verteidigt.

In seiner Doktorarbeit hat er erwiesen, daß er mit der Bibel umzugehen weiß und theoretisch-dogmatische Probleme zu erörtern fähig ist. Seine Abhandlung über das Fasten läßt darüberhinaus deutlich werden, daß er sowohl die Aussagen der Väter und der Konzilien als auch die der maßgeblichen Vertreter seiner zeitgenössischen Kollegen kennt und gezielt für seine Zwecke heranzuziehen weiß. Wenngleich die beiden Abhandlungen nur geringen Umfangs sind, lassen sie G. Braun - in einem vorsichtigen Urteil - als gelehrten Mann erscheinen, der sich auf dem Feld der Theologie auszukennen scheint und seine Ansichten geschickt vorzutragen und zu verteidigen weiß.

Das ist nicht anders in der dritten Untersuchung, die den Titel trägt 'Kritik der Ansichten der neueren christlichen Moralisten über die sittlichen Räthe'. Sie ist im Jahr 1832 in Trier erschienen, also als G. Braun bereits Regens und Domkapitular gewesen ist. Auch sie ist nur geringen Umfangs; sie umfaßt etwa 30 Seiten. Darin beschäftigt sich G. Braun in der Hauptsache mit der Widerlegung von seiner Meinung nach falschen Ansichten zeitgenössischer Moraltheologen über das angeratene Verhalten. [256] Über den näheren Inhalt dieses Büchleins wird noch an anderer Stelle weiter unten zu reden sein.[257]

Als letzte und weitaus umfangreichste Schrift erscheint dann in den Jahren 1834-1840 in Trier das dreibändige 'System der christkatholischen Moral'. Darin entfaltet er in drei großen Teilen seine Ansichten zur allgemeinen und speziellen Moral. Die allgemeine Moral wird in einer umfangreichen Prinzipienlehre dargelegt, die spezielle in eine 'Religions-' und eine 'Sittenlehre' untergliedert.

Im zweiten Teil soll nun auf dieses Hauptwerk von G. Braun näher eingegangen werden. Zunächst sei dabei die äußere Form und der Aufbau beachtet.

---

[254] Vgl. 57-61.
[255] 77.
[256] Am 3. November 1832 spricht sich Oberpräsident Pestel von Koblenz in einem Brief an Bischof J. v. Hommer anerkennend über die Abhandlung von G. Braun aus. Vgl. BATr Abt. 53, 42 Nr. 6 Bl. 112.
[257] Vgl. 212 f.

Zweiter Teil

1. Abschnitt
ÄUSSERE FORM DES HANDBUCHES, DIE GRÜNDE SEINER ENTSTEHUNG, SEINE SPRACHLICHE STRUKTUR UND DIE BEACHTUNG BIS HEUTE

1. Kapitel
ÄUSSERE GESTALT, ENTSTEHUNGSGRÜNDE UND FORM DER DARSTELLUNG

I. Äußere Gestalt und Inhalt

Das 'System der christkatholischen Moral' umfaßt zwei Teile, welche sich in drei Bänden finden. Der erste Teil findet sich in Band I. Der zweite Teil zerfällt in zwei Abteilungen, wobei die erste Abteilung Band II, die zweite Abteilung Band III entspricht.[258]

Der erste Band erscheint 1834 in Trier bei dem Buchhändler und Verleger F. A. Gall.[259] Wie im Vorwort des ersten Bandes erwähnt, war sein Erscheinen jedoch schon für einen früheren Zeitpunkt angekündigt.

Die erste Abteilung des zweiten Teiles erscheint erst vier Jahre später, im Jahr 1838 in Trier.[260]

Mit der Veröffentlichung der zweiten Abteilung des zweiten Teiles im Jahr 1840 war dann das dreibändige 'System' vollständig vorhanden. G. Braun hat damit für die Fertigstellung seines Handbuches, verglichen mit den übrigen zwischen 1817 und 1854 erschienenen Werken, die längste Zeit benötigt.[261] Zwischen dem Erscheinen des ersten und zweiten Bandes waren die Schriften von G. Hermes in Rom verurteilt worden, was seinen Schüler G. Braun veranlaßt hat, die Darstellung im zweiten Teil seines 'Systems' dem veränderten theologischen Umfeld anzupassen, worauf weiter unten noch näher eingegangen werden soll.

---

[258] Die Trennung des zweiten Teils des Handbuches in zwei Abteilungen verdeutlicht lediglich die Aufteilung auf zwei verschiedene Bände; inhaltliche Gründe gibt es dafür nicht. Bisweilen sprechen manche Autoren daher auch von nur zwei Bänden, wobei dann der zweite Band die beiden Abteilungen umschließt. Da es sich aber bei dem Handbuch um drei einzeln gebundene Bücher handelt, erscheint die dreibändige Zählweise sinnvoller.

[259] Bei ihm erscheinen auch die zwei weiteren Bände. Wie aus dem Subskribenten-Verzeichnis im ersten Band der Braunschen Moraltheologie ersichtlich ist, hatte Bischof J. v. Hommer sechs (!) Exemplare des Handbuches geordert. Vgl. I, XXI.

[260] Am 13. Juni 1838 findet sich in der im Koblenz erschienenen 'Rhein und Mosel Zeitung' eine Anzeige, die den Kauf des ersten Bandes und der ersten Abteilung des zweiten Bandes empfiehlt. Vgl. BATr B III 12, 1 Bd. 2 Bl. 36.

[261] Vgl. H. WEBER, Sakrament und Sittlichkeit 153.

Der erste Band des 'Systems' umfaßt gut 400 Seiten. Dem eigentlichen Gegenstand der Abhandlung, der 'Religionslehre', geht eine umfangreiche 'Einleitung in die christkatholische Moraltheologie' voraus, die knapp 170 Seiten umfaßt. In dieser Einleitung behandelt G. Braun zwei Bereiche, die seiner Meinung nach unabdingbare Voraussetzungen einer Beschäftigung mit der Moraltheologie sind: den Begriff und die Methode der 'christkatholischen' Moral.

Die 'Religionslehre' selbst ist in zwei Abschnitte untergliedert. Der erste, weitaus umfangreichere Abschnitt beinhaltet die allgemeinen Vorschriften des Verhaltens gegen Gott; er umfaßt etwas über 200 Seiten. Es sind jene Anordnungen, die von allen Menschen befolgt werden sollen. Hier lassen sich näherhin innere ('Gemüthsstimmungen und Gesinnungen') und äußere Vorschriften des Verhaltens gegen Gott unterscheiden.[262] Der zweite Abschnitt handelt von den besonderen Vorschriften des Verhaltens gegen Gott. Diese Pflichten beziehen sich nur auf bestimmte Gruppen von Menschen oder bestimmte Situationen. Es handelt sich somit um Standespflichten, auf deren Erwähnung im Umfeld der Aufklärung und hier besonders im preußischen Regierungsbezirk großen Wert gelegt wurde.[263] Dieser Abschnitt ist jedoch wesentlich knapper gehalten und umfaßt lediglich 40 Seiten. Für die 'Religionslehre' ergibt sich folgendes Gliederungsbild:[264]

<u>Erster Teil.</u> Religionslehre.

<u>Erster Abschnitt.</u> Von den allgemeinen Vorschriften des Verhaltens gegen Gott.

Pflichten aufgrund von 'Gemütsstimmungen und Gesinnungen':
Pflicht des Wohlgefallens an Gott; Anbetung Gottes; Ehrfurcht, Demut vor Gott; Liebe zu Gott; Glauben an Gottes Wort; Furcht vor den Strafen Gottes; Vertrauen auf Gott; Bittgebet.

Pflichten eines äußeren Verhaltens gegen Gott:
Empfang der Sakramente; Teilnahme am Meßopfer; Feier des Sonntags und der kirchlichen Festtage; allgemein pflichtwidrige Handlungen gegen Gott.

---

[262] Vgl. I, 333.

[263] Auch J. G. Fichte kennt in seinem 'System der Sittenlehre', in: Ausgewählte Werke in sechs Bänden. Hg. F. Medicus, II, 727-759, Standespflichten, die er wie G. Braun 'besondere' Pflichten nennt. Für J. G. Fichte fallen unter die 'besonderen' Pflichten solche, die sich aus dem natürlichen Stand ergeben (z. B. die Pflichten der Eltern gegenüber den Kindern und umgekehrt, vgl. 727-737), und auch solche, die sich aufgrund der Wahl eines bestimmten Berufes ergeben (z. B. die Pflichten der 'moralischen Volkslehrer', vgl. 737-759). Vgl. dazu H. VERWEYEN, Recht und Sittlichkeit in J. G. Fichtes Gesellschaftslehre. Freiburg-München 1975, 165-172.

[264] Vgl. I, XLIII f. Die Gliederung entspricht in der Aufzählung der Pflichten und in der Schreibweise nicht exakt der von G. Braun, da nur eine Auswahl aus dem Pflichtenkatalog angeführt ist.

Zweiter Abschnitt. Von den besonderen Vorschriften des Verhaltens gegen Gott.

Besondere Pflichten des geistlichen Standes, des Ehestandes gegen Gott; Glaubens- und Religionsbekenntnis; Eid; Gelübde.

In der 'Religionslehre' werden sowohl die allgemeinen als auch die besonderen Pflichten gegenüber Gott in einem dreigliedrigen Schema behandelt: Zunächst wird die Pflicht vorgestellt, dann werden die Mittel zur Erfüllung der Pflicht, die Tugendmittel, vorgetragen, schließlich die Möglichkeiten zur Verletzung der Pflicht genannt.[265]

Der zweite Teil des 'Systems' bringt sodann die 'Sittenlehre', die 'Lehre vom sittlichen Verhalten gegen die Menschen'. Er zerfällt wie der erste Teil inhaltlich in zwei Abschnitte, die im Umfang allerdings nicht mit den zwei Bänden übereinstimmen. Der erste Abschnitt behandelt wieder die 'allgemeinen Vorschriften über das Verhalten gegen die Menschen', der zweite die 'besonderen Vorschriften über das Verhalten gegen die Menschen'.

Der erste Abschnitt ist auch hier der weitaus umfangreichere; er umfaßt den gesamten zweiten Band (etwa 350 Seiten) und den größten Teil des dritten Bandes (noch einmal etwa 350 Seiten).

Den ersten Abschnitt der 'Sittenlehre' untergliedert G. Braun weiter in jenen Teil der Pflichten, der sich unter Mitwirkung der Kraft des menschlichen Vermögens herleiten läßt, und in einen weiteren Teil, welcher die Anwendung der von "außen dargebotenen Mittel"[266] betrifft.

Die Pflichten, die der Kraft des menschlichen Vermögens zugeordnet werden, sind im zweiten der drei Bände des 'Systems' abgehandelt.

Die Pflichten, die sich auf die von außen dargebotenen Mittel beziehen, unterteilt G. Braun nach den 'Hauptverhältnissen' der Seele. Dies sind die "Verhältnisse zu Gott, - zu den Engeln, zu den Seligen im Himmel und den Seelen im Reinigungsorte, - zum Leibe, mit dem sie umkleidet ist, - zu den Dingen dieser Welt, - und zu den Mitmenschen"[267].

Der zweite Abschnitt des zweiten Teiles behandelt wieder die Standespflichten, diesmal die 'besonderen Vorschriften über das Verhalten gegen die Menschen'. Er umfaßt schließlich die letzten 40 Seiten des dritten Bandes.

Die 'Sittenlehre' zeigt somit folgende Gliederung:[268]

---

[265] Vgl. H. WEBER, Sakrament und Sittlichkeit 154 Anm. 9.
[266] III, 2. Vgl. H. WEBER, Sakrament und Sittlichkeit 154.
[267] III, 3. Vgl. H. WEBER, Sakrament und Sittlichkeit 154 f.
[268] Vgl. III, Inhaltsanzeige. Auch hier nur eine Auswahl aus den von G. Braun angeführten Pflichten.

Zweiter Teil. Sittenlehre. Erste Abteilung.

Erster Abschnitt. Von den allgemeinen Vorschriften über das Verhalten gegen die Menschen.

Aus der Kraft des menschlichen Vermögens:
Wohlgefallem am Ebenbilde Gottes im Menschen; Pflicht des Religionseifers; Pflicht der Achtung des Ebenbildes Gottes im Menschen; Beherrschung der Herrschbegierde, der Ehrbegierde, des Geschlechtstriebes, der Begierde nach Vergnügen, der sinnlichen Gefühle; Vermeidung und Dämpfung des des Zorns; Ausbildung des höheren Gefühlsvermögens, des moralischen und religiösen Gefühls, des Mitgefühls; Selbst-, Menschenkenntnis.

Zweite Abteilung. Nach den fünf Hauptverhältnissen der Seele:
Sakramente; Pflichten, die auf positiven Geboten der Kirche beruhen; Pflichten, die auf unserem Verhältnis zur Geisterwelt, auf dem Verhältnis der Seele zum Leib (Verbot des Selbstmordes, des Menschenmordes) beruhen; Pflichten in Ansehung der Dinge dieser Welt (Eigentum, Almosengeben); Pflichten, die auf unseren Verhältnissen zum Mitmenschen beruhen (wechselseitige Erbauung, Wahrhaftigkeit, Nächstenliebe, Gerechtigkeit, Verträge, Eigentum).

Zweiter Abschnitt. Von den besonderen Vorschriften über das Verhalten gegen die Menschen.

Standeswahl; Pflichten der Geistlichen, der Laien; Pflichten gegenüber dem Staat; Pflichten der Eheleute, Eltern, Kinder, Herrschaften und Dienstboten.

Das dreigliedrige Schema zur Darstellung der Pflichten findet sich im zweiten Band nicht mehr so streng durchgehalten, im dritten Band wird es nur noch gelegentlich verwendet.
Wie im Vorwort erwähnt, hat am ersten Band des 'Systems' der Trierer Philosoph und Hermesanhänger *Franz Xaver Biunde* mitgearbeitet. Am zweiten und dritten Band hat G. Brauns Nachfolger auf dem Lehrstuhl für Moraltheologie, sein Schüler *Stephan Lück*, mitgewirkt.

II. Die Gründe der Entstehung

Was veranlaßte den durch die Professur und die Ämter als Regens und Domkapitular ausreichend belasteten G. Braun dazu, ein umfangreiches Lehrbuch der Moraltheologie in Angriff zu nehmen?²⁶⁹ Obwohl in seinem Handbuch direkt nichts über die Beweggründe zu erfahren ist, kann sein Anliegen jedoch mit einiger Sicherheit vermutet werden. Dabei sind mehrere Gründe denkbar:

Zunächst ist es sicherlich ein weit verbreitetes Anliegen der Zeit, der wissenschaftlichen Tätigkeit als Lehrer von Studenten in einem Lehrbuch Ausdruck zu geben. J. RENKER hat in seiner Untersuchung zur Ehelehre in der ersten Hälfte des 19. Jahrhunderts die Werke von nicht weniger als 34 Moraltheologen heranziehen müssen.²⁷⁰ Der wohl von den Forderungen der Aufklärung herrührende Wunsch nach einem eigenen Lehrbuch kann daher auch bei G. Braun vermutet werden, wenngleich er hier in engem Zusammenhang mit der Eigenart der Hermesschule gesehen werden muß. Die von ihm als Professor der Moraltheologie benutzten Lehrbücher von *F. G. Wanker* (1758-1824) und *A. K. Reyberger* (1757-1818) genügten ihm hinsichtlich seiner Hochschätzung gegenüber seinem Lehrer *G. Hermes* nicht mehr. Ein Handbuch der Moraltheologie, das im Sinne der Lehre von *G. Hermes* verfaßt worden wäre, gab es noch nicht.²⁷¹ Angesichts des Erfolges seiner Lehre und des hohen Stellenwertes der Moral im hermesischen System mußte es sich einem Professor der Moraltheologie und Anhänger von *G. Hermes* geradezu aufdrängen, ein Lehrbuch der Moraltheologie im Sinne der neuen Richtung zu schreiben, um die theoretisch dogmatischen Lehren des Meisters auf der Grundlage von dessen Erkenntniskritik in moraltheologischer Hinsicht zu ergänzen, zumal dies schon für die Moralphilosophie geschehen war.²⁷²

Ähnlich urteilt K. THIMM in seiner bereits genannten Dissertation. Er betont die große Geschlossenheit des Hermesschule und sieht alle systematischen Werke der Schule als innerlich zusammengehörend an. Als möglicherweise ausschlaggebend für die Ausarbeitung von Moralphilosophien und Moraltheologien bei den Anhängern von *G. Hermes* hält er die Tatsache, daß der Meister zwar ethische Themen in seinen Werken vielerorts angerissen, deren Ausarbeitung aber nicht in Angriff genommen habe.²⁷³

G. Brauns Anliegen zur Konzipierung eines Lehrbuches läßt sich auch hinter seiner Forderung nach einer streng wissenschaftlichen, gründlichen und vollständigen

---

²⁶⁹ Da er seit 1831 Regens und Domkapitular war und der erste Band des Lehrbuches 1834 erschien, ist sein Entschluß zum Schreiben wohl in den Jahren dieser starken Beanspruchung gefallen.

²⁷⁰ Vgl. Christliche Ehe 33, 46-48.

²⁷¹ Das 'Lehrbuch der christlichen Sittenlehre' des Hermesschülers *H. J. Vogelsang* erschien, ebenfalls in drei Bänden, in den Jahren 1834, 1837 und 1839, also nahezu zeitgleich mit G. Brauns 'System'. Der erste Band des Handbuchs von *H. J. Vogelsang* war sogar vor dem ersten Band von G. Braun erschienen. Er zitiert *H. J. Vogelsang* im ersten Band auf Seite 329. Zum Handbuch von *H. J. Vogelsang* vgl. unten 175-178. Vgl. dazu H. WEBER, Sakrament und Sittlichkeit 166 f.
Berücksichtigt man jedoch das Vorwort zum ersten Band des 'Systems', war das Erscheinen schon für einen früheren Zeitpunkt vorgesehen, so daß wohl tatsächlich noch kein Lehrbuch im hermesianischen Sinn vorlag, als G. Braun seinen Entschluß zum Schreiben faßte.

²⁷² Vgl. *W. Esser*, Moralphilosophie. Münster 1827, und *P. J. Elvenich*, Moralphilosophie. 2 Bde., Bonn 1830/33.

²⁷³ Vgl. Die Autonomie der praktischen Vernunft 58-60.

Behandlung der christlichen Moraltheologie erkennen. Er möchte ein Handbuch gemäß diesen Forderungen schreiben, um erstens Theologen gründlich und wissenschaftlich in Moraltheologie hermesianischer Prägung ausbilden zu können, die dann zweitens aufgrund dieser Ausbildung als Seelsorger Vorbild sein sollen in der Befolgung der Lehren und "die Unwissenden, die Zweifler, die Irrenden, die Schwankenden und Versunkenen zur genauen und festen Erkenntnis und zur bereitwilligen und pünktlichen Beobachtung der christlichen Sittenlehren anleiten" [274].

Seine Beweggründe sind also sowohl wissenschaftlicher als auch seelsorgerlicher Natur, wobei er der Überzeugung ist, daß beide Komponenten untrennbar miteinander verbunden sind. Denn seiner Meinung nach kann nur die wissenschaftlich exakte Kenntnis der 'christkatholischen' Moral in ihrer - noch näher anzuschauenden - logischen Struktur eine günstige Voraussetzung zu einem vorbildhaften Leben und zu einer Weitergabe der Lehren sein. Sein doppeltes Anliegen entspricht seiner doppelten Tätigkeit in Trier im Hinblick auf die Ausbildung der Studenten: als Professor der Moraltheologie und als Regens am Priesterseminar. [275]

III. Die Form der Darstellung

Schon im Titel ist zu erkennen, daß G. Braun mit seinem Handbuch eine Moraltheologie bieten möchte, der eine systematische Ordnung zugrunde liegt. Um die systematische Gliederung seines Stoffes sowie die eigentliche Form seiner Darstellung näher zu beleuchten, folgen im Fortgang der Untersuchung der Trierer Moraltheologie nun zwei Abschnitte mit jeweils zwei Vorbemerkungen. Dem ersten Abschnitt wird eine kurze Definition sowie ein geschichtlicher Überblick über das Bemühen nach Systematik, dem zweiten Abschnitt nur eine Begriffserklärung vorausgeschickt. Vor der Behandlung des Handbuches selbst folgt dann jeweils noch die Auffassung von G. Hermes.

1. Die Forderung nach systematischer Ordnung

1.1 Begriffsbestimmung und geschichtlicher Überblick

Philosophisch läßt sich 'System' definieren als "Zusammenschluß eines Mannigfaltigen zu einem einheitlichen und wohlgegliederten Ganzen, in dem das Einzelne im Verhältnis zum Ganzen und zu den übrigen Teilen die ihm angemessene Stellung ein-

---

[274] I, 12.
[275] Zumindest gilt dies noch für die Zeit der Entstehung des ersten Bandes der 'christkatholischen' Moral.

nimmt"[276]. Das bedeutet, daß sowohl die Einzelteile untereinander als auch in ihrer Beziehung zum Ganzen in einem geordneten und sinnvollen Verhältnis stehen.

P. HADROSSEK hat in einer Studie die Bedeutung des Systemgedankens für die deutsche Moraltheologie seit der Neuscholastik untersucht.[277] Zu Beginn definiert er den Systembegriff speziell für die Moraltheologie: "System im moraltheologischen Sinne ist der nach einem Ordnungsprinzip einheitlich geformte Aufbau der christlichen Sittenlehre zu einem umfassenden Ganzen."[278] Er möchte mit dieser Definition alle in der Moraltheologie aufgetretenen Systeme erfassen und hält sie daher bewußt ganz allgemein. Die Definition macht jedoch deutlich, daß der Begriff 'System' das Ordnungsprinzip eines *ganzen* Werkes erfassen möchte. Er umschreibt das logische Konzept, die auf Vernunftargumenten beruhende Vorgehensweise eines Gesamtaufbaus des zu behandelnden Stoffes.

Für die Moraltheologie war die Forderung nach einer systematischen Ordnung schon im Mittelalter bedeutsam.[279] Erste Ansätze eines systematischen Aufbaus finden sich bereits in der Frühscholastik. *Petrus Abaelard* (1079-1142) etwa, *Hugo von St. Viktor* (1096-1141) oder *Petrus Lombardus* (um 1100-1160) verarbeiteten die Sentenzensammlung der Väter in systematischer Form nach heilsgeschichtlichen oder dialektischen Aspekten. *Petrus Lombardus* etwa faßte die drei göttlichen und die vier Kardinaltugenden zusammen und schuf so ein systematisches Gerüst.[280]

Die Forderung nach einer systematischen Ordnung wurde dann zu einem zentralen Problem für die Hochscholastik. Der Wille nach geordneter Gliederung des zu behandelnden Stoffes ließ die literarische Gattung der Summen entstehen, deren Gestaltung *Thomas von Aquin* (um 1225-1274) zum Höhepunkt führte. Bei ihm ist die Ethik "im Kontext seines theologischen Gesamtsystems"[281] erschienen. *Thomas von Aquin* wurde damit zum Begründer einer wissenschaftlichen und systematischen Moraltheologie. Besondere Bedeutung hat er einer Verbindung von Dogmatik und Moral beigemessen.[282] Leitidee seines systematischen Gesamtaufbaus war die Idee von einem

---

[276] H. SCHMIDT - G. SCHISCHKOFF, Art. 'System', in: Philosophisches Wörterbuch. Stuttgart ²¹1982, 682. Vgl. zum Systembegriff auch A. MENNE, Art. 'System', in: LThK IX, 1264; M. ZAHN, Art. 'System', in: Handbuch philosophischer Grundbegriffe III. München 1974, 1458-1475, mit ausführlichen Literaturangaben zum philosophischen Systemverständnis, und W. BRUGGER, Art. 'System', in: Philosophisches Wörterbuch. Freiburg-Basel-Wien Sonderausgabe ³1987, 392 f.

[277] Die Bedeutung des Systemgedankens für die Moraltheologie in Deutschland seit der Thomas-Renaissance. München 1950.

[278] Systemgedanke 8. Vgl. auch J. REITER, Ferdinand Probst 127 f.

[279] Allerdings hat sich die Moraltheologie im Mittelalter noch nicht als eigenständige theologische Disziplin etabliert.

[280] Vgl. J. G. ZIEGLER, Art. 'Moraltheologie' (IV), in: LThK VII, 620, und K. H. KLEBER, Geschichte der Moraltheologie 54-57.

[281] A. AUER, Autonome Moral und christlicher Glaube. Düsseldorf ³1989, 127. Vgl. dazu M. WITTMANN, Die Ethik des hl. Thomas v. Aquin. München 1933.

[282] Vgl. J. G. ZIEGLER, Art. 'Moraltheologie' 620; J. THEINER, Entwicklung 49, und K. H. KLEBER, Geschichte der Moraltheologie 57.

"vollkommen-vollendeten Menschen"[283], eine Systematisierung, die mit P. HADROSSEK als "personal systematisierte Ethik" [284] bestimmt werden kann.

In der Spätscholastik fand jedoch wieder ein Ablassen von der bei *Thomas* zu einem vorläufigen Höhepunkt gekommenen Forderung nach systematischer Darbietung des zu behandelnden Lehrstoffes statt. Im Rückgriff auf die bereits im 6. - 11. Jahrhundert bekannten Bußbücher[285] wurde erneut eine kasuistische Behandlung des moraltheologischen Stoffes vorangetrieben, was Niederschlag in den Beichtsummen des 14. und 15. Jahrhunderts fand. [286]

Eine gelegentliche Unterbrechung hat die Kasuistik allerdings für etwa ein Jahrhundert bei den Theologen der Thomasrenaissance in der Spätscholastik gefunden. Theologen wie *F. Suarez* (1548-1619)[287], *L. Lessius* (1554-1623)[288] oder *G. Vazquez* (1549-1604)[289] "sind noch Dogmatiker und Moralisten 'in Personalunion'" [290]. Auf der Grundlage der Summe des *Thomas von Aquin* bewahrten ihre Kommentare wiederum die Einheit von Dogmatik und Moral, was sich allerdings sehr bald ändern sollte.

Es sind zwei nahezu parallel verlaufende Ursachen, die den Verlust der von *Thomas* begründeten systematischen Ordnung einleiten:

Ein erster Grund ist das Beichtdekret des Tridentinum mit seiner Forderung nach einem detailliertem Sündebekenntnis.[291] Die Folge war, daß die Moraltheologen als Hilfe für die Beichtväter in immer umfangreicher werdenden Handbüchern den immer komplizierter werdenden 'Sündenfällen' begegneten und die übergreifenden, spekulativen Themen der Moraltheologie in diesen kasuistischen Handbüchern keinen Platz fanden. Die Konzentration der Autoren auf die mannigfaltigen Möglichkeiten zum Sündigen ließ eine Gesamtsystematik erst gar nicht aufkommen. Es kam schließlich dazu, daß in der Studienordnung des Jesuitenordens im 16. Jahrhundert ein eigener Lehrstuhl für 'Gewissensfälle' (casus conscientiae) eingerichtet wurde.[292] Die 'casus conscientiae' erfreuten sich wegen ihrer auf die Praxis des Seelsorgers ausgerichteten Form zunächst großer Beliebtheit. Doch wohl schon bald erlahmte das Interesse der Hörer infolge einer übergroßen Anzahl vorgestellter Einzelfälle.[293]

Neben den Forderungen des Tridentinums hinsichtlich der Beichte und der damit verbundenen Absplitterung der speziellen moraltheologischen Themen von ihren spekulativen Grundlagen gab es noch eine zweite Ursache für den Verlust der systemati-

---

[283] Systemgedanke 70.
[284] Systemgedanke 72.
[285] Vgl. C. VOGEL, Art. 'Bußbücher', in: LThK II, 802-805.
[286] Vgl. F. BÖCKLE, Art. 'Kasuistik' 18-20, und K. H. KLEBER, Geschichte der Moraltheologie 60 f.
[287] Vgl. E. ELORDUY, Art. 'Suarez, Francisco de', in: LThK IX, 1129-1132.
[288] Vgl. R. BÄUMER, Art. 'Lessius, Leonhard', in: LThK VI, 981 f.
[289] Vgl. K. REINHARDT, Art. 'Vazquez, Gabriel', in: LThK X, 645-647.
[290] P. HADROSSEK, Systemgedanke 76. Vgl. K. H. KLEBER, Geschichte der Moraltheologie 64-66.
[291] Vgl. oben S. 38.
[292] Vgl. dazu J. THEINER, Entwicklung 116-128, und K. H. KLEBER, Geschichte der Moraltheologie 66.
[293] Vgl. J. THEINER, Entwicklung 118 f.

schen Ordnung. Im 16. Jahrhundert ist ein allgemeines Interesse an einem rechtlichen Denken zu beobachten.[294] Es waren gerade die Vertreter der Thomasrenaissance *(F. Suarez, L. Lessius)*, die letztendlich der Trennung von Dogmatik und Moral Vorschub leisteten, obwohl sie selbst an einem Miteinander von Dogmatik und Moral festgehalten haben. Denn das große Interesse an rechtlichem Denken führte innerhalb der Moraltheologie analog zum Gesetzesdenken im juristischen Bereich zu einer starken Konzentration auf die Behandlung von Einzelfällen. Unterstützt wurde das Gesetzesdenken dadurch, daß die meisten neu errichteten Lehrstühle für 'Gewissensfälle' auch einen Lehrauftrag für Kanonistik beinhalteten, da - zumindest in der Studienordnung des Jesuitenordens - keine eigenen Lehrstühle für Kirchenrecht vorgesehen waren, jedoch auch die Kanonistik im Lehrbereich belassen werden sollte. [295]

Zusammenfassend läßt sich die nachtridentinische Moraltheologie wie folgt beschreiben:

Die Bestimmungen im Beichtdekret des Tridentinums hatten ein starkes Anwachsen des moraltheologischen Stoffes zur Folge, wobei das Augenmerk auf der Sündhaftigkeit der einzelnen Taten lag.

In der Konsequenz kam es zur Trennung von Dogmatik und Moral, wobei die speziellen Themen der Moral dem Lehrbereich der neu errichteten Lehrstühle für 'Gewissensfälle' zugeordnet wurden. Die spekulativen Themen der Moral verblieben im Lehrbereich der Dogmatik. Die einstmals bei *Thomas* positive Betrachtung der Moral - Moral als Tugendlehre [296] - wird in den Bereich der Aszetik verwiesen.[297]

Vor allem infolge der Studienordnung der Jesuiten kam es zu einer ausgeprägt juristischen Ausrichtung der Moral.

Diese Entwicklung ließ den Blick für ein systematisch geordnetes Handbuch der Moraltheologie in den Hintergrund treten. Die Handbücher jener Zeit bestanden aus einer Folge von Einzeltraktaten. Das Fehlen des spekulativen Überbaus ließ sich mit der Forderung nach einem systematischen Gesamtaufbau nicht in Einklang bringen. Es ist die profane Philosophie gewesen, die der systematischen Darstellung wieder Interesse entgegenbrachte. "Der breitfließende und selbst die Geister im katholischen

---

[294] Vgl. P. HADROSSEK, Systemgedanke 77; K. H. KLEBER, Geschichte der Moraltheologie 65 f., und J. REITER, Ferdinand Probst 138.
[295] Vgl. H. WEBER, Ist Friedrich Spees Moraltheologie gefunden 91, wo auf P. *Laymanns* (1574-1635) Interesse an rechtlichen Stoffen verwiesen wird.
[296] Vgl. dazu M. WITTMANN, Thomas von Aquin 217-317.
[297] Die Themen der Aszetik übernehmen die ignatianische *(I. v. Loyola, A. Rodriquez)*, die karmelitische *(T. v. Avila, J. v. Kreuz)* und die salesianische *(Fr. v. Sales)* Schule. Vgl. J. G. ZIEGLER, Art. 'Moraltheologie' 622.

Lager in ihren Bann ziehende Strom der Philosophie der deutschen Aufklärung und des Idealismus [begann], seine Systeme zu entfalten."[298] *I. Kant, J. G. Fichte, F. W. J. Schelling* und *G. W. Fr. Hegel* gehörten zu den herausragendsten Verfechtern des Systemgedankens.[299] *I. Kant* etwa forderte als Gliederungsmerkmale transzendentale Prinzipien, die beide Erkenntnismöglichkeiten, die theoretische (Verstand) und die praktische Erkenntnis (Vernunft) apriorisch dem Inhalte nach bestimmen "und die daher die Einteilung der Philosophie in die theoretische und praktische rechtfertigt"[300].

Die Systemspekulationen der großen deutschen Idealisten wurden bis weit in das 19. Jahrhundert hinein rezipiert. Viele Lehrbücher - wie das von G. Braun - lassen bereits im Titel ihren Anspruch an eine systematische Gestaltung erkennen. [301] Auf katholischer Seite wurde von *H. Oberrauch*[302] und vor allem von *B. Stattler*[303] das Sytembewußtsein wiedererweckt. *B. Stattlers* Methode verlangte "vollständige Begriffsbestimmungen, gute Unterteilungen, Beweisführung ohne Sprünge und bei Behandlung historischer Stoffe ein literarkritisches Verfahren". In seiner Argumentationsweise hält er sich an die Grundregel: "deutlich erklären, gründlich erweisen (das heißt den hinreichenden Grund aufzeigen!), ordentlich verknüpfen und die Dinge aus dem Zusammenhang erklären"[304]. Der katholische Aufklärer *B. Stattler* suchte in Anwendung der Methode der großen profanen Philosophen diese durch Einbeziehung des christlichen Inhaltes zu überwinden in der Überzeugung, er besäße die besseren Argumente. Er löste damit eine Entwicklung aus, die im 18. Jahrhundert und in der ersten Hälfte des 19. Jahrhunderts viele christliche Denker in ihren Bann gezogen hat: den profanen Philosophien in ihrer Methode und Vernunftargumentation zu folgen, diese Elemente jedoch auf den Bereich des christlichen Glaubens anzuwenden, um damit die Lehren des Christentums ganz im Sinne des Zeitgeistes auf die Basis zwingender Einsicht zu stellen. Eng damit verbunden war die Forderung nach systematischer Ordnung des darzubietenden Stoffes, was offensichtlich dem Hörer bzw. Leser die Einsicht in die Struktur der Argumentation erleichtern sollte.

Auch *G. Hermes* fordert eine Systematik. Auf seine Vorstellungen, die wohl unmittelbar auf G. Braun gewirkt haben, soll nun etwas näher eingegangen werden.

1. 2 Die Forderung nach systematischer Ordnung bei G. Hermes

Georg Hermes fordert wie *B. Stattler* einen systematischen Aufbau des Stoffes nicht um der Systematik selbst willen. Vielmehr will er dadurch seine Werke an Klarheit

---

[298] P. HADROSSEK, Systemgedanke 82.
[299] Vgl. dazu P. BAUMANNS, Fichtes ursprüngliches System. Sein Standort zwischen Kant und Hegel. Stuttgart 1972, und A. SCHURR, Philosophie als System bei Fichte, Schelling und Hegel. Stuttgart 1974.
[300] *I. Kant*, KdU V, 248. Vgl. auch M. ZAHN, Art. 'System' 1465-1467.
[301] Vgl. P. HADROSSEK, Systemgedanke 82-84.
[302] Zu *H. Oberrauch* vgl. K. H. KLEBER, Gerechtigkeit als Liebe.
[303] Vgl. oben S. 36.
[304] F. SCHOLZ, Benedikt Stattler (Katholische Theologen I) 15.

und Deutlichkeit der Erkenntnis gewinnen lassen.[305] Er begründet seine Belange, indem er darauf hinweist, daß die 'christkatholische' Theologie sich insgesamt nur über wenige Gegenstände äußere, welche jedoch ihrer Natur nach verknüpft seien.[306] Diese innere Verknüpfung ermögliche, ja sie erfordere eine Darstellung der einzelnen Teile des Stoffes in logischer Abhängigkeit voneinander: "Die einzelnen christkatholischen Lehren dürfen also nur so, wie sie ihrer Natur nach zusammen gehören und auf einander folgen, zusammengestellt, und so zu einzelnen Tractaten nach der Zahl und Verschiedenheit der Hauptgegenstände der Theologie vereinigt werden; und dann auch diese einzelnen Traktate wieder, wie sie ihrer Natur nach am meisten verbunden sind und sich einander voraussetzen, zusammengeordnet werden zu einem Ganzen."[307] G. Hermes ist davon überzeugt, daß auch die einfachsten und bekanntesten Lehren der Theologie in ihrem vollen Sinn nur dann verstanden werden können, wenn "eine jede derselben als ergänzender Theil eines vollendeten Systems gesehen, und wenn dieses System nicht im Wege der Untersuchung - Untersuchung im Gegensatze zu der sonst gewöhnlichen synthetischen Zusammenordnung verstanden - aufgebauet und durch alle Irrgänge des Zweifels hindurch geführt worden"[308] sei.

Der Lehrer von G. Braun favorisiert damit für seine philosophischen und dogmatischen Abhandlungen in eindeutiger Weise eine systematische Darstellung.

Wie aber bestimmt G. Braun selbst seine Vorgehensweise für das Handbuch der Moraltheologie?

1.3 Die Forderung nach systematischer Ordnung bei G. Braun

G. Braun unterscheidet in seiner 'Einleitung' zwei verschiedene Ausprägungen von Moraltheologie: einerseits eine Form, wie sie "etwa in Katechismen, in Erbauungsbüchern u. drgl. vorgetragen" werde und die unwissenschaftlich und populär sei, andererseits eine Moraltheologie, die in wissenschaftlicher Weise zur "Erkenntnis der christlichen Sittenlehren"[309] gelange. Die Unterscheidung zwischen einer populären und einer wissenschaftlichen Form gelte auch für weitere Bereiche der Theologie. Für das Handbuch der Moraltheologie komme nur die zweite, wissenschaftliche Form der Darstellung in Betracht, da es in erster Linie der wissenschaftlichen Ausbildung von Theologen dienen solle. Zu diesem Zweck weist G. Braun auf vier Punkte hin, die bei einer wissenschaftlichen Darstellung der katholischen Moral seiner Meinung nach berücksichtigt werden sollen: umfassende Behandlung des Stoffes, wissenschaftliche Begründung, inhaltliche Klarheit der Lehren sowie strenge Systematik.[310]

---

[305] Vgl. Dogmatik I, 121.
[306] Vgl. Dogmatik I, 106.
[307] Dogmatik I, 106.
[308] Phil. Einleitung IV.
[309] I, 10.
[310] Vgl. I, 10-14. In noch viel umfassender Weise hat F. X. Biunde im ersten Band seiner 'Empirischen Psychologie' 32-54, genau die gleichen vier Forderungen abgehandelt, wobei nur der zweite und dritte Punkt in umgekehrter Reihenfolge erscheinen. Die Forderungen beziehen sich somit nicht auf eine bestimmte Wissenschaft, sondern auf die

1. Zunächst fordert er Vollständigkeit in der Behandlung der Themen. Es sollen nicht nur die Vorschriften, die uns die Lehre Christi für einzelne Situationen vorschreibt, vorgetragen werden, sondern darüberhinaus alle Regeln, die "zu einem wahrhaft christlichen innern und äußern Verhalten nöthig"[311] seien, selbst dann, wenn das Christentum sie nicht ausdrücklich als solche Regeln gekennzeichnet habe. Damit spricht er indirekt ein Defizit der Bibel hinsichtlich ethischer Themen an. Es ist das Problem, daß die Bibel, bei G. Braun hier auf die Lehre Christi spezifiziert, nicht alle Bereiche des menschlichen Lebens, die sittlicher Klarstellung bedürfen, anspricht.[312] Die wissenschaftliche Moraltheologie soll diesen Mangel ausgleichen. Darüberhinaus ist diese Forderung auch als eine Absage an eine kasuistische Behandlung der Moral zu verstehen, sollen doch alle Bereiche des menschlichen Lebens und nicht nur Einzelsituationen von einer wissenschaftlichen Moral berücksichtigt werden.

2. Der zweite Punkt zielt auf die wissenschaftliche Begründung der Moral und die Zuverlässigkeit der einzelnen Lehren. Beide Forderungen bedingen sich gegenseitig: das Herausführen der moralischen Vorschriften aus ihrer theoretischen Grundlegung – die Frage nach den Quellen und der Begründbarkeit sittlicher Vorschriften, nach G. Braun die Komponente der 'Gründlichkeit' –, ist Garant für eine umfassende und zuverlässige Behandlung der Vorschriften. Umgekehrt erzwingt die Forderung nach Zuverlässigkeit in den einzelnen Lehren auch deren wissenschaftliche Begründung, das Herausführen aus der Quelle. An dieser Stelle ist die Bedeutung des 'Systemgedankens' für G. Braun deutlich zu spüren, denn es geht ihm hier um das rechte Verhältnis der einzelnen Vorschriften zum Gesamt der wissenschaftlichen Moraltheologie.

3. Die dritte Forderung an eine wissenschaftliche Behandlung der Moraltheologie zielt auf die Deutlichkeit der Aussagen. G. Braun fordert, daß die Erkenntnisse präzise und klar vermittelt werden. Er tut dies hier im Hinblick auf die zwei von ihm intendierten Ziele: Wissenschaftlichkeit der Lehre, die durch die Klarheit der Aussagen an Gestalt gewinnt, und ein Leben nach den in der Wissenschaft vermittelten Lehren, welchem die Klarheit für ein besseres Befolgen nützt, denn die Lehren können so besser im Gedächtnis haften bleiben.

4. An vierter Stelle fordert er schließlich 'strengste' innere Ordnung und den Zusammenhang der Lehren. Er unterscheidet zwischen einer äußeren und einer inneren Ordnung der Lehren. Unter äußerer Ordnung versteht er, "daß alles dasjenige an derselben Stelle vorkomme, was gleicher Art ist". Innere Ordnung bedeutet hingegen, "daß jede Lehre an der Stelle vorkomme, wo der Beweis für sie auf dem kürzesten Wege möglich und einleuchtend wird"[313].

---

wissenschaftliche Methode. *F. X. Biunde* dürfte die Braunsche Darstellung dieser vier Punkte maßgebend beeinflußt haben.

[311] I, 11.

[312] Er bringt diesen Hinweis im Zusammenhang mit der Behandlung der praktischen Vorschriften Christi noch einmal vor. Vgl. I, 46 f.

[313] I, 13.

Diese vier Forderungen an eine wissenschaftliche Moraltheologie bedingen zugleich die Art der sprachlichen Form: die analytische Darstellung, von deren Anwendung auch G. Hermes für seine wissenschaftlichen Abhandlungen überzeugt war. Im folgenden Abschnitt soll nun die analytische Form etwas näher betrachtet werden.

2. Die Forderung nach analytischer Darstellungsweise

Bevor darauf eingegangen werden wird, wie G. Braun die analytische Methode in seiner Moraltheologie anwendet, soll zunächst der Begriff 'analytisch' näher bestimmt werden. In einer zweiten Vorbemerkung soll dann, wie erwähnt, noch darauf hingewiesen werden, wie G. Hermes die analytische Methode beurteilt.

2. 1 Begriffsbestimmung

Seinen Ursprung besitzt das Wort 'analytisch' im griechischen 'analytikos', was "auflösend, zerlegend, zergliedernd"[314] bedeutet. Unter 'analytischer Methode' wird "die Methode der gedanklichen *Zergliederung* eines Ganzen ... in seine Teilinhalte"[315] verstanden. Der Gegenpol der analytischen Methode ist die synthetische Methode, die versucht, eine Vielfalt von Teilen zu einem Gesamt zu komponieren, wobei die Gegensätze und Widersprüche der einzelnen Teile möglichst ausgeglichen oder aufgehoben werden.[316]

Näherhin bezeichnet die analytische Methode das schrittweise Vorgehen von übergeordneten Gesichtspunkten zu enger umgrenzten, untergeordneten Punkten. "Ihr Sinn und Zweck ist nicht die Zerlegung oder Zergliederung als solche, sondern das Eindringen in das Einzelne, die letzten Elemente und ihren Zusammenhang, um hieraus die Gesetzmäßigkeit des Ganzen, das Allgemeingültige und das Gefüge der Bedingungen, unter denen das Ganze zustande kommt, zu erkennen." [317]

Je nach der Beziehung, die zwischen den einzelnen Teilen und dem Gesamt des Stoffes besteht, werden verschiedene Arten der analytischen Methode unterschieden: Die *elementare* Analyse zerlegt das Ganze in Teile, die weder zueinander noch zum Ganzen in logischer Beziehung stehen. Die *logische* Analyse beachtet den logischen Zusammenhang zwischen den Teilen und dem Ganzen, die *kausale* Analyse den ursächlichen.[318]

---

[314] J. HOFFMEISTER, Art. 'Analytik-analytisch', in: Wörterbuch der philosophischen Begriffe. Hamburg ²1955, 37.
[315] J. DE VRIES, Art. 'Analyse', in: Philosophisches Wörterbuch. Freiburg-Basel-Wien ¹⁴1976, 13.
[316] Vgl. H. SCHMIDT - G. SCHISCHKOFF, Art. 'Synthese' 681 f.
[317] J. HOFFMEISTER, Art. 'Analytik-analytisch' 37.
[318] Darüberhinaus wird noch zwischen der *phänomenologischen* und *psychologischen* Analyse unterschieden, wobei die erste Form das Herausarbeiten von Bewußtseinsinhalten, die zweite die Zerlegung von Bewußtseinsinhalten in Einzelelemente meint. Vgl. dazu H. SCHMIDT - G. SCHISCHKOFF, Art. 'Analyse' 21 f., und J. HOFFMEISTER, Art. 'Analytik-analytisch' 36.

Grundsätzlich bedeutet die analytische Vorgehensweise folglich eine schrittweise Zerlegung eines Ganzen in seine Teile, wobei die Teile meist in einem erkennbaren Zusammenhang zum Ganzen und zu den weiteren Teilen stehen.

2. 2 Die Forderung nach analytischer Darstellungsweise bei G. Hermes

G. Hermes mißt der Methode, nach welcher die Darstellung des Stoffes erfolgen soll, eine entscheidende Bedeutung zu, wenn er schreibt: "Es ist bekannt, daß der Ausgang einer jeden Untersuchung, ja sogar das Gelingen eines jeden verwickeltern Beweises hauptsächlich abhängt von der Methode, in welcher das Ziel erstrebt wird." [319] Da *G. Hermes* jeden einzelnen Teil seiner Untersuchung für wissenschaftlich beweisbar hält und dies auch aufzeigen möchte, erscheint ihm die synthetische Methode nicht geeignet, da sie einzelne Schritte der Beweisführung nicht herauszukristallisieren vermag. Er bevorzugt für seine Untersuchungen dagegen nachdrücklich die analytische Methode. Seine Wahl begründet er: "... so ist doch die Übersicht aller Theile dieser Untersuchungen bis auf die kleinsten hinunter, zumahl in strenge wissenschaftlicher Verkettung und mit Einsicht ihrer Erforderlichkeit und Vollständigkeit, für den Anfänger in der Theologie unmöglich, wenn sie *synthetisch* aufgestellt werden soll, weil sie dann die Kenntnis der ganzen Lehre über die Erkenntnis-Prinzipien schon voraussetzt; und auch von dem wirklichen Theologen kann sie, in *synthetischer Ordnung* vorgelegt und angesehen, wenigstens nicht mit einer durchweg unbezweifelbaren Gewißheit als richtig und vollständig erkannt werden, wie das einen jeden der Versuch lehren wird. Verfährt man aber in *analytischer Methode*, so kann jeder, und zwar der Anfänger wie der vollendete Theologe, diese Übersicht mit absoluter Richtigkeit, Vollständigkeit und Gewißheit gewinnen, wie das aus der Natur dieser Methode bekannt ist."[320]

Absolute Gewißheit über die Inhalte der Theologie ist für *G. Hermes* nur erreichbar, wenn er sich der analytischen Vorgehensweise bedient, da nur so auch der Theologe ohne umfassende Voraussetzungen der Darstellung zu folgen vermag. Vor allem wo es um die Grundlagen der Theologie gehe, wo es heißt "bei diesen Untersuchungen in Ansehung der Quellen Fehlgriffe zu vermeiden"[321], sei die analytische Methode der synthetischen eindeutig überlegen.

2. 3 Die Forderung nach analytischer Darstellungsweise bei G. Braun

G. Braun nennt die Methode, die er in seinem Handbuch verwendet, nicht explizit 'analytische Methode'. Vielmehr bezeichnet er seine Vorgehensweise als "*wissenschaftliches* oder *methodisches Verfahren*"[322]. Daß sich hinter diesen Begriffen

---

[319] Pos. Einleitung 10.
[320] Pos. Einleitung 17.
[321] Pos. Einleitung 18.
[322] I, 14.

die 'analytische Methode' verbirgt, läßt sich unschwer erkennen. Denn in den bereits erwähnten vier Forderungen an die 'christkatholische Moral als Wissenschaft' lassen sich neben seinen Vorstellungen vom Gesamtaufbau des Handbuchs auch seine Ansichten zum methodischen Vorgehen erkennen. Die Forderung nach 'Deutlichkeit der Aussagen' läßt sich nur in Anwendung der analytischen Methode verwirklichen. Denn präzise, klar und bestimmt den Inhalt einer Lehre zu fassen, widerspricht der synthetischen Form der Darstellung, die mit komplexen Begriffen arbeitet.

Auch die Forderung nach 'strenger innerer Ordnung' der Lehren macht den Gebrauch der analytischen Methode notwendig. Nur mit dieser Methode ist es möglich, eine Abhandlung in allen Teilen konsequent in logische Abhängigkeit zum übergeordneten Ganzen zu bringen. Nur die analytische Form ermöglicht ein umfassendes Abhandeln und ein umfassendes Abwägen aller möglichen Formen der Darstellung.

Darüberhinaus läßt G. Brauns tatsächliche Vorgehensweise erkennen, daß er die analytische Methode meint, wenn er von 'methodischem Verfahren' spricht. Denn sein Handbuch ist, dies gilt zumindest hinsichtlich der vierundvierzig Paragraphen der 'Einleitung', streng analytisch aufgebaut.[323]

Als Beispiel für seine analytische Methodik sei die Herleitung der Definition der 'christkatholischen' Moral angeführt.[324] Bevor G. Braun diese Definition formuliert, tastet er sich schrittweise vom jeweils übergeordneten Begriff zum nächstfolgenden, wobei er jeden einzelnen Begriff näher erläutert. Beginnend mit der Erklärung des Begriffs 'Theologie' - hier stützt er sich allerdings weitgehend auf die Vorleistung von G. Hermes - schreitet er zur Erläuterung des Begriffs 'Moraltheologie', sodann zur Erhellung des Terminus 'christliche Moraltheologie', um schließlich zur Definition des angestrebten Terminus 'christkatholische' Moraltheologie zu gelangen. Ein solches Vorgehen demonstriert die von seinem Lehrer vorzüglich verwendete analytische Methode in reinster Form. Während die synthetische Methode sofort bei dem zu definierenden Begriff angesetzt hätte, entschachtelt die analytische Vorgehensweise zunächst den komplexen übergeordneten Begriff 'Theologie'.

3. Der sprachliche Ausdruck und die Wahl der Verweise

Während sich die selbstauferlegte Forderung nach einem 'System' auf die Gesamteinrichtung des Handbuches bezieht, bestimmt die analytische Darstellungsart den Fortgang der einzelnen Gedankenschritte. Das Gesamtbild der Braunschen Moraltheologie wird aber ebenso durch die Wahl der sprachlichen Form geprägt. Es ist schon darauf hingewiesen worden, daß zwischen dem ersten und den zwei weiteren Bänden des Handbuches ein Wechsel in der Wahl des sprachlichen Ausdrucks feststellbar ist. Äu-

---

[323] K. BECKER, G. Braun 16, schreibt dazu: "Auch in formaler Hinsicht ist in diesem Werk die hermesianische Methode, alles auf analytischem Wege zu entwickeln, überall streng durchgeführt."
[324] Vgl. I, 2-10. An dieser Stelle ist nur der formale Aspekt von Interesse. Zur inhaltlichen Betrachtung s. Kapitel 3, Abschnitt I.

ßeres Anliegen für diesen Wandel war wohl die inzwischen erfolgte Verurteilung von G. Hermes.

Der erste Band des 'Systems' vermittelt den Eindruck einer durchgehend apologetisch gehaltenen Schrift. In umfassender Weise werden zeitgenössische Autoren vor allem dazu herangezogen, ihre Auffassungen als denen G. Brauns entgegengesetzt darzustellen, als unakzeptabel zu verwerfen und somit die Richtigkeit der eigenen Aussagen zu verteidigen.[325] Diese Einwände gegen andere Autoren finden sich sowohl in der Prinzipienlehre als auch in der 'Religionslehre'. Sie dienen mehreren Intentionen: Indem sich G. Braun mit den Argumenten der Zeitgenossen auseinandersetzt, macht er deutlich, daß er die Werke dieser Autoren kennt. Er begegnet so von vorneherein dem Vorwurf, er baue eine neuartige Moraltheologie, ohne die Kenntnis der Leistungen anderer Moraltheologen. Dadurch daß er seinen Gegnern Unwissen oder eine falsche Einschätzung der Sachverhalte vorwirft, führt er darüberhinaus dem Leser die mangelnde Kompetenz seiner Zeitgenossen vor Augen und benutzt diese von ihm hervorgehobene Inkompetenz dazu, die Evidenz des hermesianischen Systems in seiner logischen Schritt-für-Schritt-Entwicklung zu betonen. Dies kann G. Braun insbesondere dort tun, wo es gilt, die hermesianischen Prinzipien vorzustellen und zu verteidigen, in der Prinzipienlehre nämlich.

Er greift seine Zeitgenossen bisweilen mit recht harten Worten an, von denen hier einige genannt sein sollen:[326]

"Am unrichtigsten und zugleich komisch ist, was *J. W. Schmid* . . . angiebt"[327];

"Ueber die *Apostasie* . . . findet man recht viel Seichtes, Unrichtiges und Intolerantes bei *Ammon*"[328];

"Wenn man mit *Cannabich* . . . läugnet, so begeht man einen groben Irrthum oder man will nur Wortgezänke erregen"[329];

"Höchst schal und nichts weniger, als evangelisch ist, was Superintendent *Cannabich* . . . bemerkt hat"[330];

"Was hier *Ammon* seinen angeführten Autoritäten . . . nachspricht, ist jedenfalls . . . eine ganz grundlose Hypothese, die demjenigen vielleicht zusagen mag, der sich so weit vom Evangelium verloren hat, daß er Jesum nicht als wirklichen Sohn Gottes, sondern als einen bloßen Menschen ansieht, der sich seine Wissenschaft mühsam und unter Benutzung alles Vorliegenden in seinem Fache erwerben muß."[331]

---

[325] Vgl. etwa I, 42 f., 48 f., 74 f., 151-153, 243.
[326] Vor allem nennt er zeitgenössische protestantische Autoren und hier besonders G. Ch. Cannabich (1745-1830). Darauf hat schon H. WEBER, Sakrament und Sittlichkeit 165, hingewiesen. Zu G. Ch. Cannabich vgl. ADB III, 760 f.
Da es nur um die Wahl der Worte gehen soll, sei auf deren Zusammenhang hier keine Rücksicht genommen.
[327] I, 153.
[328] I, 243 Anm.
[329] I, 259 Anm.
[330] I, 270 Anm.
[331] I, 303 Anm.

Solch polemische Attacken scheinen eine stilistische Eigenart von G. Braun zu sein; sie finden sich so weder bei *G. Hermes* selbst, noch bei *H. J. Vogelsang* oder anderen Hermesianern wie *F. X. Biunde* oder *W. Esser.* Der Grund dafür ist wohl darin zu sehen, daß die übrigen Hermesianer, einschließlich *G. Hermes* selbst, längst nicht in diesem Umfang auf zeitgenössische Autoren verweisen.

Doch die Verweise von G. Braun sind nicht *nur* negativer Art. Insbesondere Argumente aus dem katholischen Bereich finden durchaus seine Zustimmung [332], wobei ein und derselbe Autor bisweilen nicht durchgehend positiv oder negativ beurteilt wird.[333] Die Zeitgenossen werden von ihm auch unreflex angeführt, d. h. er enthält sich einer ausdrücklichen Kritik über deren Ansichten und übernimmt einfach deren Ausführungen, was natürlich eine unausgesprochene Zustimmung bedeutet. [334]

Durchweg zustimmend wird auf die beiden Bände der hermesischen 'Einleitung in die christkatholische Theologie' verwiesen. Hierbei wird jedoch der 'Philosophischen' vor der 'Positiven Einleitung' der Vorzug gegeben. [335] Auch andere Hermesianer werden im ersten Band bestätigend angeführt: *F. X. Biunde*[336], *P. J. Elvenich*[337], *W. Esser*[338], *H. J. Vogelsang*[339]. Diese Verweise auf hermesianische Ansichten finden sich gehäuft in der Prinzipienlehre. Darüberhinaus wird auch der Lehrer, der wohl auf *G. Hermes* den entscheidenden Einfluß ausgeübt hat, *Ferdinand Überwasser*, von G. Braun genannt. [340]

Neben zeitgenössischen Moraltheologen und den dem Hermesianismus anhängenden Gewährsmännern führt G. Braun im ersten Band zur Unterstützung seiner Ansichten

---

[332] Bekräftigt werden etwa Ansichten von *S. Mutschelle* und *A. K. Reyberger* I, 47; *G. Riegler* I, 291, und *F. G. Wanker* I, 298, aber auch von *J. M. Sailer* I, 343. Besonders häufig wird in positiver Weise das vierbändige lateinische Werk 'Theologia moralis in compendium redacta' des Innsbrucker und später Brixener Moraltheologen *J. A. Stapf* (1785-1844) genannt, das in den Jahren 1827/30 in Innsbruck erschienen ist. Vgl. etwa I, 52, 233, 237, 262, 345.
G. Braun führt *J. A. Stapf* als Gewährsmann an, obwohl dieser als 'traditioneller' Moraltheologe gilt und in seinem 1841/42 erscheinenden vierbändigen deutschsprachigen Handbuch die nicht aus der Aufklärung herrührende Reich-Gottes-Idee von *J. B. Hirscher* übernimmt.
Zu *J. A. Stapf* vgl. ADB XXXV, 449; J. WÖRLE, Art. 'Stapf, Joseph Ambros', in: LThK IX, 1018 f.; W. ALBS, J. A. Stapf (1785-1844) und seine theologische Grundlegung der Sittenlehre. Diss. Freiburg 1941; H. WEBER, Sakrament und Sittlichkeit 219-239; J. RENKER, Christliche Ehe 65 f., und O. MOCHTI, Das Wesen der Sünde 237-241.

[333] So wird etwa der Meinung von *S. Mutschelle* auf einer Seite zugestimmt, auf der nächsten Seite wird eine andere Ansicht dann in einer Reihe falscher Auffassungen genannt. Ebenso geschieht dies mit *A. K. Reyberger*. Vgl. I, 47 mit I, 48.

[334] Beispielsweise übernimmt er kommentarlos die Einteilung, die *F. G. Wanker* und *A. K. Reyberger* bzgl. des praktischen Teils der Lehren Christi vorgenommen haben. Vgl. I, 17 f.

[335] Verweisstellen auf die 'Philosophische Einleitung' finden sich I, 2, 6, 23, 73, 90, 97, 126, 156, 367; auf die 'Positive Einleitung' I, 56.

[336] Vgl. I, 73, 97.

[337] Vgl. I, 79, 90, 97, 126, 155.

[338] Vgl. I, 73, 97, 155, 163.

[339] Dieser wird nur ein einziges Mal genannt. Vgl. I, 329.

[340] Vgl. I, 346, 348, 353, 359, 363.

vereinzelt auch traditionelle Quellen an. Hierbei wird das Konzil von Trient mehrfach genannt.[341] Erwähnung finden daneben das IV. Laterankonzil[342], das Konzil von Basel[343] sowie der *hl. Bernhard*[344], *Franz von Sales*[345] und *Johannes Chrysostomus*[346].

Während G. Braun insgesamt gesehen im ersten Band nur vereinzelt auf traditionelle Quellen zurückgreift, geschieht der Verweis auf Bibelstellen mehr als häufig.[347] Sie dienen der nachträglichen Bestätigung seiner Ansichten, werden so als Autoritätszitate verwendet.

Der zweite und dritte Band zeigt dagegen einige Veränderungen in der Wahl des sprachlichen Ausdrucks sowie in der Auswahl der Quellenverweise. Beide Bände sind ja erschienen, nachdem *G. Hermes* in den Jahren 1835/36 verurteilt worden war. Da sich G. Braun unverzüglich dem Urteil des Papstes unterworfen und den ersten Band seines 'Systems' als Grundlage der Vorlesungen von *St. Lück* zurückgezogen hat, konnte er die noch ausstehenden Bände des Handbuches nicht im Stil des ersten Bandes weiterführen, wollte er nicht unglaubwürdig erscheinen.

Die wichtigste Veränderung gegenüber dem ersten Band ist wohl, daß er jetzt keine der von ihm angeführten Quellen dazu benützt, sie als seiner Ansicht entgegengesetzt darzustellen, sondern sie ausschließlich in bestätigender Form anführt. Damit einher geht ein nahezu völliges Verschwinden seines polemischen Tones, der im ersten Band häufig zu spüren war. Zeitgenössische Moraltheologen werden auch weiterhin angeführt, jedoch in einer insgesamt wesentlich reduzierten Zahl. Dabei fällt auf, daß wiederum vor allem *J. A. Stapf* lobend erwähnt wird.[348] In gleichem Maße wie die Erwähnung der zeitgenössischen Autoren abnimmt, vergrößert sich die Anzahl der Zitationen traditioneller Quellen. Autoren und Formulare aus der christlichen Tradition werden nun sehr häufig angeführt.

Vor allem Kirchenväter und -lehrer wie etwa *Augustinus*[349], *Origenes*[350], *Johannes Chrysostomus*[351], *Bernhard von Clairvaux*[352], *Ambrosius*[353], *Hieronymus*[354] und *Teresa von Avila*[355] werden genannt. Ihre Zahl und die Anzahl der Verweise auf sie ist im

---

[341] Vgl. I, 132, 259, 338.
[342] Vgl. I, 377 f.
[343] Vgl. I, 378.
[344] Vgl. I, 220 f.
[345] Vgl. I, 337.
[346] Vgl. I, 344 f.
[347] Vgl. etwa I, 67, 92, 107 f., 132 f., 181, 184, 197, 199 ff. u. v. a.
[348] Vgl. II, 107, 276, 278; III, 373.
[349] Vgl. II, 58, 92, 139, 153, 177, 192, 204, 226, 230, 249, 270 f., 280, 305; III, 6, 15, 81, 87, 102, 132, 138, 163, 164, 177, 183, 249, 259, 261 f., 265, 294, 338.
[350] Vgl. III, 41, 102, 113.
[351] Vgl. II, 30, 82, 95, 112 f., 170, 177, 183 f., 192, 193, 196 f., 198, 209, 276; III, 15, 37, 41, 105, 136, 194, 199, 200, 250.
[352] Vgl. II, 113, 146, 152, 206, 208, 209, 351; III, 12, 201, 257, 294.
[353] Vgl. III, 37, 41, 105, 114, 220.
[354] Vgl. II, 112, 121, 151, 319; III, 105, 106, 381.
[355] Vgl. II, 71, 315.

dritten gegenüber dem zweiten Band noch einmal gesteigert. Auch finden sich im dritten Band mehr Verweise auf Päpste[356] und Konzilien[357]. Darüberhinaus werden, wiederum vor allem im dritten Band, der Catechsimus Romanus [358] und, ausschließlich dort, das Rituale Trevirense[359] genannt.

Neben christlichen Quellen finden auch antike Autoren wie *Seneca*[360] und *Sokrates*[361] Erwähnung.

Mag es G. Braun im allgemeinen nicht sonderlich schwer gefallen sein, christliche Autoren als Belege heranzuziehen, werden ihm die Verweise auf den wegen seiner scholastischen Lehrweise bei den Hermesianern nicht beliebten *Thomas von Aquin*[362] und den nicht minder gering geschätzten *Alphons von Liguori*[363] Überwindung gekostet haben.

Verweise auf Hermesianer kommen nur noch im zweiten Band vor [364]; weder *G. Hermes* selbst noch *H. J. Vogelsang* werden im zweiten und dritten Band erwähnt.

Daß im dritten gegenüber dem zweiten Band noch eine Steigerung in der Zurückhaltung gegenüber hermesianischen Ansichten zu erkennen ist, mag seinen Grund darin haben, daß, wie aus dem Vorwort ersichtlich ist, der zweite Band bereits im November 1837 fertiggestellt war, als der Ausgang der Bemühungen von *P. J. Elvenich* und *J. W. J. Braun* um die hermesianische Angelegenheit noch ausstand. Der dritte Band des Braunschen 'Systems' erschien dann erst nach dem Scheitern der Intervention in Rom und nach der zweiten Unterwerfung der Trierer Hermesanhänger unter die päpstliche Anordnung.

Es läßt sich sagen, daß G. Braun offensichtlich bemüht ist, den zweiten und dritten Band seines Handbuches sehr viel stärker der christlichen Tradition anzupassen, als er es im ersten Band zu tun gewillt war. Der erste Band ist sprachlich geprägt von der Auseinandersetzung mit den Gegnern des Hermesianismus, sein Stil ist bisweilen polemisch. Die weiteren Bände sind beträchtlich milder im Tonfall; ihr Ziel ist nicht mehr die Auseinandersetzung, sondern die erkennbare Suche nach bestätigenden Aussagen vor allem aus der christlichen Tradition.

---

[356] Genannt werden im dritten Band *Benedikt XI.* (III, 79), *Benedikt XIV.* (III, 39, 81, 97), *Clemens VIII.* (III, 78, 84), *Innozenz XI.* (III, 269), *Paul III.* (III, 308) und *Julius III.* (III, 308); im zweiten Band *Gregor der Große* (II, 146, 195, 206, 285) und *Leo der Große* (II, 209).

[357] Sehr häufig wird im dritten Band das Konzil von Trient erwähnt (Vgl. III, 16, 27, 29, 30, 36, 37, 38, 41, 44, 46, 47, 48, 53, 56, 59, 60, 69, 71, 87, 88, 94, 96, 121, 167 f., 251, mit II, 292.), ebenso das IV. Laterankonzil (III, 38, 47, 81, 83, 86); daneben weitere wie etwa das II. Laterankonzil (III, 63) oder das erste Konzil von Nizäa (III, 176).

[358] Vgl. III, 14, 24, 44, 48, 63, 98 mit II, 271.

[359] Vgl. III, 29 f., 31.

[360] Vgl. II, 193, 195, 304, 317; III, 139, 250.

[361] Vgl. II, 304.

[362] Vgl. III, 78 f., 87 f., 110, 265.

[363] Dieser wird allerdings auch nur ein einziges Mal erwähnt. Vgl. III, 268.

[364] Erwähnung finden *P. J. Elvenich* (II, 32, 48, 49, 50), *F. X. Biunde* (II, 213, 348) und *W. Esser* (II, 48, 49).

IV. Zusammenfassung und Urteil

Die systematische Form der Darstellung, die G. Braun für sein Handbuch gewählt hat, lag hinsichtlich des großen Interesses der Aufklärung an solcher Darstellungsart sehr nahe.

Doch offensichtlich ist es sein Lehrer *G. Hermes*, der letztendlich den entscheidenden Einfluß auf die formale Gestalt des Handbuches genommen hat. Zu deutlich sind dessen Forderungen an Gesamtkonzept und methodische Vorgehensweise einer Wissenschaft, als daß der Schüler, dessen Absicht es ist, ein Handbuch im Sinn der hermesischen Lehrweise zu verfassen, den Ruf des Meisters hätte überhören können. Systematischer Gesamtaufbau und analytische Vorgehensweise waren daher gewissermaßen unverrückbare Vorgaben. G. Braun möchte wie *G. Hermes* eine umfassende wissenschaftliche und vor allem logisch einsichtige Darstellung bieten. Nur die Erklärung jeden einzelnen Schrittes ermöglicht es ihm, auf vorausgegangene Leistungen auf dem Gebiet der Moraltheologie weitgehend zu verzichten.

Die in der analytischen Darstellungsweise umfassende Abhandlung aller Teilbereiche eines Themas birgt jedoch gleichzeitig zu ihrem Streben nach Klarheit die Gefahr der Unüberschaubarkeit. Gerade die ausgiebige Untergliederung, welche Vollständigkeit, Wissenschaftlichkeit und innere Ordnung demonstrieren will, kann zu einem schwer durchschaubaren Geäst werden.

In der Wahl des sprachlichen Ausdrucks geht G. Braun hingegen weitgehend eigene Wege. Sein im ersten Band scharf kritischer Stil findet bei *G. Hermes* keine Entsprechung. Die Wahl dieses Stiles zeigt jedoch, daß er den von *G. Hermes* so verstandenen Neubeginn der Theologie nicht völlig unabhängig von der Moraltheologie seiner Zeit konzipiert, wenn er auch zunächst den Gegensatz zu den zeitgenössischen Moraltheologen sucht und die traditionellen Quellen sehr zurückhaltend behandelt.

Nach der Verurteilung von *G. Hermes* beugt sich G. Braun auch in der Konzeption seines Handbuches dem römischen Urteil. Zumindest in der formalen Struktur hat er sich seit dem zweiten Band vom Hermesianismus abgewendet. Ob auch eine Abkehr in der Sache stattgefunden hat, kann an dieser Stelle noch nicht beantwortet werden.

Bevor nun näher auf das Selbstverständnis des Werkes eingegangen wird, soll in einem kurzen zweiten Kapitel dieses Abschnittes vorausgeschickt werden, welche Beachtung das Trierer Handbuch bis heute erfahren hat. [365]

---

[365] Die Urteile über das Werk werden bewußt erst angeführt, nachdem ein erster Überblick über Aufbau und Form gegeben wurde. Da in den Beurteilungen selbst zum Teil schon stark auf inhaltliche Aspekte eingegangen wird, sind diese erst nach einer zumindest ersten Kenntnis des Werkes einigermaßen verständlich.

2. Kapitel

BEACHTUNG UND BEURTEILUNG DES HANDBUCHES

Wie sicher zu sagen erlaubt ist, hat G. Brauns dreibändiges 'System der christkatholischen Moral' keine allzu große Beachtung gefunden. Offensichtlich ist einer der wesentlichen Gründe dafür, daß er sich gewissermaßen selbst von seinem ursprünglichen Vorhaben, ein moraltheologisches Lehrbuch im Sinne der hermesianischen Lehre zu schreiben und Professoren und Seelsorger an die Hand zu geben, abgewendet und sich schon vor dem Erscheinen des zweiten Bandes der päpstlichen Entscheidung unterworfen hat.

Dabei konnte sein Vorhaben zu Beginn durchaus auf Erfolg hoffen. Die Gedanken von *G. Hermes* waren auf dem Gebiet der Moraltheologie noch nicht fruchtbar gemacht, der Hermesianismus schien in seinem Siegeszug durch die preußischen Universitäten und Seminare nicht mehr aufzuhalten zu sein, und G. Braun erfreute sich zudem des Wohlwollens des Bischofs von Trier und des Oberpräsidenten *Pestel* von Koblenz. Bzgl. des geplanten Handbuches bat der Trierer Verleger und Buchhändler *F. A. Gall*, bei dem das Werk, wie erwähnt, schließlich auch erschienen ist, Bischof *J. v. Hommer* um eine Stellungnahme. Der Bischof wies den Buchhändler auf die Gelehrsamkeit G. Brauns hin, die bereits einen solchen Ruf habe, daß die Geistlichen der Diözese sich das Handbuch gerne anschaffen würden. [366]

Die kirchenpolitische Entwicklung verhinderte jedoch eine weite Verbreitung des Trierer Handbuches, und so findet sich nur eine einzige zeitgenössische Rezension des Werkes. Verfasser ist der Tübinger M. J. MACK, der das Handbuch von G. Braun zusammen mit dem etwa gleichzeitig erscheinenden 'Lehrbuch der christlichen Sittenlehre' des Bonner Hermesianers *H. J. Vogelsang* in der Tübinger 'Theologischen Quartalschrift' besprochen hat. [367]

Die Rezension von M. J. MACK ist im Jahre 1840 erschienen und berücksichtigt noch nicht den dritten Band von G. Brauns Handbuch. [368] Wie unmittelbar zu erkennen ist, zieht der Rezensent die Moraltheologie von G. Braun dem Lehrbuch von *H. J. Vogelsang* eindeutig vor. Er gesteht beiden Werken gleich zu Beginn seiner Rezension zu, daß sie in der neueren Literatur der Moraltheologie eine bemerkenswerte Stelle einnehmen, weist jedoch deutlich darauf hin, daß beide Werke "unverhohlen einer theologischen Richtung" angehören, "auf welche eine dem Chri-

---

[366] Vgl. BATr Abt. 53, 42 Nr. 6 Bl. 117.
[367] Das Handbuch von G. Braun wird häufiger mit dem von *H. J. Vogelsang* zusammen behandelt. Dort wo dies der Fall ist, wird auch auf die Kritik an *H. J. Vogelsang* kurz eingegangen werden müssen. Denn die Kritik an den Grundlagen des Werkes von *H. J. Vogelsang* trifft nicht selten auch die Grundlagen der Moraltheologie von G. Braun.
[368] M. J. MACK, Rezension zu den Handbüchern von G. Braun und H. J. Vogelsang, in: ThQ 22 (1840), 377-396. MARTIN JOSEPH MACK war zu jener Zeit Professor für Exegese des Neuen Testamentes in Tübingen.

stenthum zunächst äußerliche philosophische Methode umfassenden Einfluß ausübt"[369].

M. J. MACK fährt zunächst in seiner positiven Wertung der beiden Werke fort. Sie hielten durchaus am übernatürlichen Charakter des katholischen Glaubens fest und betonten die Notwendigkeit der Gnade, wenn sie auch auf wesentliche Teile der herkömmlichen Materie der Moraltheologie verzichteten, was er allerdings als Mangel betrachtet. Hier weist er vor allem auf das Fehlen einer Geschichte der Moraltheologie hin, was er jedoch bei G. Braun, besonders im zweiten Band durch seine häufigen Verweise auf zeitgenössische und ältere moraltheologischen Werke einigermaßen ausgeglichen sieht. Beide Werke zählt er aufgrund ihrer Eigentümlichkeiten zu einer Zeit des Umbruchs in der Moraltheologie. Sie bewahrten Überliefertes, öffneten aber auch den Blick auf die Leistungen der Zeit.[370]

Nicht einverstanden ist M. J. MACK mit der Bestimmung der Quelle der Moraltheologie und der Herleitung der Pflichten aus der Quelle, wie es in beiden Handbüchern zu finden sei. Eine von ihnen vorgenommene Trennung der theoretischen und praktischen Lehren Jesu sei nicht statthaft.[371] Dennoch zeigt er Verständnis für den Denkansatz der beiden Autoren. M. J. MACK ist in diesem Punkt G. Braun erneut wohlwollender gesinnt als dem Bonner Hermesschüler.

Als ganz und gar unangemessen zur Abhandlung einer wissenschaftlichen Moraltheologie sieht M. J. MACK die Methode von G. Braun und *H. J. Vogelsang*, wonach durch reine Betrachtung der theoretischen Lehren Christi der Vernunft oder dem Gewissen eine Aufforderung zum Handeln aufgetragen würde. In einer solchen Methode sieht M. J. MACK "baarsten Subjectivismus" am Werke, "welcher die christliche Sittenlehre auf eine Armuth und Unbeständigkeit bringen würde, über welche wir bei einem Blicke auf die Geschichte der Wissenschaft über und über erröthen müßten"[372]. Alle mühsame theologische Arbeit und alles wissenschaftliche Forschen sieht er durch eine derartige Vorgehensweise, die seiner Meinung nach lediglich einer Meditation gleichkomme, in Frage gestellt.

Bezüglich des Inhalts lobt M. J. MACK die Reichhaltigkeit des Werkes von G. Braun gegenüber dem von *H. J. Vogelsang*. Doch räumt er ein, daß die Moraltheologie von G. Braun "an Fülle noch wesentlich hätte gewinnen können, wenn er nicht durch seine Methode wäre behindert gewesen"[373]. Im zweiten Teil (= Band) von G. Brauns Lehrbuch sieht er eine Lockerung in der strengen Methodik des ersten Bandes und gibt daher der Darstellungsweise des zweiten Bandes den Vorzug.

Eine Unterteilung der christlichen Ethik in eine Religions- und eine Sittenlehre sieht er als nicht notwendig an, da Religion im allgemeinen Sinn alle Handlungen des

---

[369] 377.
[370] Vgl. 378 f.
[371] Vgl. 381-388.
[372] 388.
[373] 392.

Menschen zum Wohlgefallen Gottes einschließe und daher auch die Pflichten gegen die Menschen zur Religionslehre gezählt werden könnten.[374]

Obgleich M. J. MACK die Herleitung der Pflichten aus der Quelle, so wie es die beiden Hermesianer beschrieben haben, generell als nicht richtig ansieht, gibt er der Vorgehensweise von G. Braun gegenüber der von *H. J. Vogelsang* dabei den Vorzug, weil G. Braun für alle Teile der speziellen Moral von einem obersten Pflichtgebot ausgehe. Kein solch oberstes Pflichtgebot fordere dagegen *H. J. Vogelsang* für den ersten Teil seines Handbuches, für die Religionslehre. Doch die Pflichten nur dadurch herleiten zu wollen, daß man das Gesamt der dogmatischen Lehren ausreichend lange auf das Gemüt wirken läßt, wie es *H. J. Vogelsang* hier fordere, lehnt er gänzlich ab. Er weist darauf hin, daß auch G. Braun ein Herleiten aus der Quelle, das nicht auf ein oberstes Moralprinzip zurückgehe, "unzureichend, ohne objective Regel, unendlich weitschweifig und unsicher" genannt habe.[375] Beide Verfasser hätten jedoch von ihrer Methode keinen durchgängigen Gebrauch gemacht, und so hätten sie es wohl nicht so ernst damit gemeint.[376]

Obwohl M. J. MACK den beiden Werken von G. Braun und *H. J. Vogelsang* wie dem Hermesianismus insgesamt also überwiegend ablehnend gegenübersteht, sieht er in beiden Handbüchern jedoch einen durchaus legitimen Versuch, in der Moraltheologie Altes mit Neuem zu verknüpfen.

Gänzlich negativ bewertet M. J. SCHEEBEN die beiden Werke von G. Braun und *H. J. Vogelsang* in dem 1867 in Münster erschienenen 'Literarischen Handweiser'.[377] Er sieht beide Werke in starker Abhängigkeit von der Zeitphilosophie, und auch er qualifiziert die beiden Moraltheologien eindeutig als Werke des Hermesianismus. Die angestrebte streng wissenschaftliche Form findet er zu sehr ins rein Formelle übersteigert und bisweilen zu sehr die Vernünftigkeit betonend. Die kritische Distanz gegenüber den beiden Werken hermesianischer Prägung begründet M. J. SCHEEBEN vor allem aber mit ihrer "absoluten Ignorirung der ältern kathol. Leistungen"[378]. Die Werke von G. Braun und *H. J. Vogelsang* sind seiner Auffassung nach in ihrem theologischen Gehalt hinter der 'Theologia moralis' des *J. A. Stapf* zurückgeblieben.

Sehr knapp gehalten ist die Bewertung der beiden moraltheologischen Werke, die H. BRÜCK in dem 1889 in Mainz erschienenen zweiten Band seiner 'Geschichte der

---

[374] Als inhaltlich beachtenswert, wenn auch von ihm nicht bekräftigt, hebt er 393 f. hervor, daß die Handbücher, auf eine Ansicht von *G. Hermes* zurückgreifend, keine Pflichten gegen Tiere zulassen würden.
[375] 394.
[376] Vgl. 395.
[377] M. J. SCHEEBEN, Die neuere Literatur der Moraltheologie, in: Literarischer Handweiser zunächst für das katholische Deutschland 56 (1867), 241-246. Der kurze, bewertende Überblick über die damals neuere Literatur in der Moraltheologie erschien also erst nach dem Tod von G. Braun.
[378] 242.

katholischen Kirche in Deutschland im neunzehnten Jahrhundert' vornimmt. Sie umfaßt lediglich den lapidaren Satz: "Die vom hermesianischen Standpunkte verfaßten Moralwerke von Godehard *Braun*, Professor in Trier (+ 1861), und Vogelsang haben keinen besonderen Werth."[379] Unmittelbar davor liefert H. BRÜCK den Grund für seine ganz und gar ablehnende Haltung. Er sieht in der Aufklärung die Ursache einer 'unheilvollen' Beeinflussung der Moraltheologie. Für ihn verachtete diese "falsche Zeitphilosophie" die "großen Leistungen früherer Zeiten"; "an die Stelle einer auf Grundlage des Glaubens erbauten theologischen Moral" seien "seichte, von der herrschenden falschen Aufklärung getragene Moralsysteme [getreten], welche weder den Forderungen der Wissenschaft, noch den Bedürfnissen der Kirche genügten"[380].

Umfangreicher fällt die Beurteilung der Moraltheologie von G. Braun bei dem Bonner Professor H. SCHRÖRS in dessen 1922 in Köln erschienenen 'Geschichte der katholisch-theologischen Fakultät zu Bonn' aus.[381] Auch er geht auf das Werk von *H. J. Vogelsang* ein.[382] Dieses schätzt er sehr gering ein, vor allem wegen der farblosen Darstellung, der Minderbewertung der Heiligen Schrift und der hermesianischen Art der Herleitung von Pflichten: "Der Verfasser kennt ... kein Sittengesetz, weder ein natürliches noch ein positiv-kirchliches. Er spinnt alles durch Reflexion und Analyse aus dem Selbstbewusstsein und den im gemeinen Sprachgebrauche gegebenen Vorstellungen heraus."[383] Lobend hebt er aber hervor, daß das Werk durchdacht und von einem Guß sei und die landläufigen Angriffe auf die katholische Moral abwehre.

Als Beispiel für eine Moraltheologie im hermesianischen Geist ist das Handbuch von G. Braun für H. SCHRÖRS das viel bessere Werk: "Es überragt hoch das von Vogelsang, wie auch sein Verfasser an Begabung und Wissen dem Bonner Professor weit überlegen ist."[384] H. SCHRÖRS verweist darauf, daß die Moraltheologie in streng analytischer Form abgefaßt sei. In diesem Vorgehen sieht er den Grund, warum das Werk seiner Meinung nach zwar in der Darstellung klar, "aber auch weitschweifig wird"[385]. Gemeinsamkeit mit *G. Hermes* erkennt er in dem Bestreben, einen völligen Neuansatz bieten zu wollen, hier in der Moraltheologie, dort in der Dogmatik.[386] H. SCHRÖRS gesteht der Moraltheologie von G. Braun eine Neuerung bezüglich der Erkenntnisquellen zu, aus denen die Moraltheologie zu schöpfen habe. Neu sei, daß die Moral-

---

[379] 466.
[380] 466. H. BRÜCKs gänzlich negative Beurteilung der Aufklärung war ein Hauptgrund für die auf katholischer Seite lange vorherrschende einseitige Sicht der Aufklärung, die, wie erwähnt, erst durch die Arbeiten von S. MERKLE überwunden werden konnte.
[381] Vgl. 248-252.
[382] Vgl. 246-248.
[383] 246.
[384] 248.
[385] 248.
[386] Daher sei auch lediglich eine Auseinandersetzung mit den zeitgenössischen Autoren der Moraltheologie und der Philosophie zu finden.

theologie als einzige Quelle die theoretischen Lehren Christi über Gott und Mensch akzeptiere. Was so wie eine positive Grundlegung der Moral aussehe, sei es jedoch in Wirklichkeit nicht, da die Quelle nur im Innern jedes einzelnen Anwendung finde und so versubjektiviert werde. Ein solcher Umgang mit der Quelle sei "der übernatürlich und offenbarungsmäßig fundierte kategorische Imperativ"[387]. H. SCHRÖRS betrachtet es als Glücksfall, daß G. Braun sein Verfahren nicht zur Anwendung bringt und es "mehr Schein als Wirklichkeit" sei. Das Handbuch halte sich inhaltlich "durchaus im Geleise der katholischen Moraltheologie". Die analytische Form habe G. Braun nur dem System von *G. Hermes* zuliebe verwendet. Diese "formale Künstelei" habe "lediglich das Gute bewirkt, dass stets die innerliche Motivierung und eine Vergeistigung des sittlichen Handelns kräftig hervorgehoben"[388] werde. Die Anlehnung an *G. Hermes* sei nicht strikt durchgehalten worden, eine Abhängigkeit von der herkömmlichen Moraltheologie allenthalben ersichtlich. Wenn G. Braun auch die Kasuistik als nicht wissenschaftlich ausgegrenzt habe, fehle sie jedoch nicht gänzlich. Eine Aszetik sei ebenfalls vorhanden. Diese werde auf ganz eigentümliche Weise mit dem übrigen moraltheologischen Stoff, der vor allem Pflichten- und nicht Sündenlehre sei, verwoben. Hingegen fehlten im allgemeinen Teil traditionelle Themen wie die Lehre von Freiheit, Gesetz, Gewissen, sittlicher Zurechnung und Pflichtenkollision. Wenn G. Braun darüber auch gelegentlich das Nötigste sage, müsse doch gesehen werden, daß diese Themen im Hermesianismus in den Bereich der Moralphilosophie gehörten, die streng von der Moraltheologie getrennt werde. Was daher bei G. Braun fehle, könne in den Moralphilosophien von *W. Esser* und *P. J. Elvenich* gefunden werden und werde von daher vorausgesetzt. "Indes ha[be] doch Braun [im speziellen Teil] notgedrungen und den Spuren seiner katholischen Vorgänger folgend, sehr viel aus der natürlichen Moral aufgenommen."[389] Das Fehlen einer Geschichte der Moraltheologie wird von H. SCHRÖRS angesichts des unhistorischen Charakter des Hermesianismus als 'selbstverständlich' angesehen.

Spezifisch hermesische Irrtümer seien nicht übernommen worden. Allenfalls sei in der Aussage G. Brauns, die Endabsicht Gottes bestünde in der Verähnlichung des Menschen mit Gott, ein Anklang an einen Irrtum von *G. Hermes* zu finden.

H. SCHRÖRS Beurteilung des Handbuches von G. Braun zeigt die offensichtliche Tendenz, das Werk als wissenschaftliche Leistung eines Schülers von *G. Hermes* positiv herauszustellen. Nicht zu verkennen ist aber auch, daß er die hermesianische Methode nicht gutheißt und es als Glücksfall betrachtet, daß G. Braun sie nur im allgemeinen Teil strikt durchhält. Ansonsten sieht H. SCHRÖRS das ablehnende Urteil M. J. SCHEEBENs zum Werk von G. Braun und *H. J. Vogelsang* als "nicht zutref-

---

[387] 249. H. SCHRÖRS spricht hier das eigentümliche subjektivistische Verfahren an, das G. Braun beschreibt und anwenden möchte, um aus der Quelle zu einzelnen Pflichten zu gelangen. Darauf wird weiter unten noch ausführlich einzugehen sein. Daher mag an dieser Stelle die Anführung von H. SCHRÖRS' Vorwurf genügen.
[388] 249.
[389] 251.

fend" an. "Kalte Vernünftigkeit" sei eine unzutreffende Qualifizierung der Werke der beiden Hermesschüler, denen "religiöse Wärme"[390] durchaus nicht fehle.

Der Elsäßer Theologe J. DIEBOLT geht in seinem Werk 'La Théologie Morale Catholique en Allemagne au temps du Philosophisme et de la Restauration 1750-1850', das im Jahr 1926 in Straßburg erschienen ist, ausführlich auf die Grundlagen der beiden Werke von G. Braun und *H. J. Vogelsang* ein.[391] Sein Urteil fällt überwiegend kritisch aus. Er sieht in den beiden Handbüchern einen Rückschritt in den Semirationalismus, an dessen Überwindung durch die Restauration man eigentlich schon geglaubt hätte. J. DIEBOLT verweist darauf, daß beide Moraltheologen ihre Werke unabhängig von anderen Geisteswissenschaften, selbst unabhängig von Moral- und Religionsphilosophie konzipieren wollten.

Nicht einverstanden zeigt sich J. DIEBOLT mit der Verhältnisbestimmung, die die beiden Autoren zwischen Moraltheologie und Dogmatik vornehmen. Danach werde die Dogmatik ganz im Sinne der hermesianischen Lehre zu einem bloßen Meditationsobjekt, woraus die moralischen Lehren spontan entspringen würden. Um diese 'Technik' anwenden zu können, müsse man eine sehr profunde und komplette Kenntnis der dogmatischen Lehren und außerdem ein gut ausgeprägtes Moralgefühl besitzen.[392] Mit den vorhergenannten Kritikern von G. Braun und *H. J. Vogelsang* moniert J. DIEBOLT, daß beide Autoren die subjektive Erfahrung überbewerteten: "Ils n'ont pas compris que l'expérience intime ne suffit pas pour fonder le caractère absolu de la morale qui, nécessairement, doit reposer sur des principes absolus." [393]

In der näheren Beschreibung des Werkes von G. Braun wird darauf verwiesen, daß er gegenüber *H. J. Vogelsang* sehr viel intensiver auf einleitende Fragen eingehe. G. Braun halte die Vorschriften, Erzählungen und Beispiele Christi weder für eine direkte noch für eine indirekte Quelle moraltheologischer Lehren, weil sie nur den Einzelfall beschreiben und sich nicht generalisieren ließen. Auch würden sie sich nur auf äußere Umstände beziehen und die inneren, seelischen Bedingungen nicht berücksichtigen. Nur für unser äußeres Handeln seien sie ein Vorbild.

G. Braun nenne das Herleiten von Pflichten "déduction indirecte des préceptes pratiques"[394]. Dabei werde über die theoretischen Wahrheiten Gottes und unser Verhältnis zu ihnen nachgedacht. Durch dieses Nachdenken würden Gefühle hervorgerufen, die ihrerseits moralische Imperative erzeugten. Der so gewonnene moralische Anspruch präsentiere sich nach der Vorstellung von G. Braun mit absoluter Autorität.

---

[390] 251 Anm. 1.
[391] 249-257. J. DIEBOLT 249 Anm. 36, verwechselt offensichtlich den Trierer Godehard Braun mit dem Bonner *Johann Wilhelm Josef Braun*, denn er gibt für G. Braun die Lebensdaten *J. W. J. Brauns* an und sieht in G. Braun fälschlicherweise den Mann, der mit *P. J. Elvenich* in der hermesianischen Angelegenheit nach Rom reiste.
[392] Vgl. 251.
[393] 251.
[394] 253.

Bezüglich des von G. Braun geforderten obersten Moralprinzipes urteilt J. DIEBOLT, daß es sich lediglich um ein formelles und subjektives Prinzip handele.[395]

In der Konzeption von G. Braun sieht er allein den Menschen als Zentrum und Ziel der Moral, dessen Kräfte es gelte zu perfektionieren. Gott bräuchte nicht das letzte Ziel unserer Handlungen zu sein. In Konsequenz würden die religiösen Praktiken ihren eigentlichen Sinn verlieren: "En vertu de la thèse que Dieu, force suprême, n'est pas pour nous une fin morale, mais exclusivement un sujet d'édification morale, les pratiques religieuses, la dévotion, l'adoration, perdent leur sens authentique. La dévotion devient synonyme de méditation ou de souvenir de Dieu. L'adoration se réduit simplement au respect de Dieu, accompagné du sentiment de notre faiblesse." [396] J. DIEBOLT wirft G. Braun und dessen Lehrer G. Hermes vor, der menschlichen Freiheit in ihrem psychologistischen System nicht den ihr gebührenden Platz einzuräumen, da die Freiheit durch das nicht beeinflußbare menschliche Gefühl, das in den hermesianischen Systemen eine so große Rolle spiele, beeinträchtigt würde. Er räumt jedoch ein, daß G. Braun den Einfluß des freien Willens zur Findung moralischer Normen nicht gänzlich ausschließe. [397]

Auch das Bemühen G. Brauns gegen die Moraltheologen der Aufklärung findet bei J. DIEBOLT Erwähnung, ebenso der Hinweis, daß G. Braun und *H. J. Vogelsang* die moraltheologische Literatur der vorausgegangenen Zeiten ablehnten.

In seinem Resumée behauptet J. DIEBOLT, in beiden Werken rationalistische Tendenzen erkannt zu haben. In beiden Handbüchern sieht er die Grundgedanken des hermesischen Systems verarbeitet, wonach Gefühle eine zentrale Rolle spielen. J. DIEBOLT beendet seine Kritik mit dem Hinweis darauf, daß der Hermesianismus einem lebendigen Christentum nicht gerecht werde. [398]

Anders als bei J. DIEBOLT ist die kurze Charakterisierung des Handbuches, die K. THIMM in seiner Dissertation über den Hermesianismus vorgenommen hat - die Arbeit ist in einem Teildruck 1939 in München erschienen [399] -, durchweg wohlwollend. K. THIMM sieht in G. Braun den hervorragendsten Moraltheologen der Hermesschule.[400] Sein Handbuch sei das methodische und inhaltliche Gegenstück zur Moralphilosophie von *P. J. Elvenich*. Es besäße den für die hermesianische Theologie typischen Charakter, da es auf der Grundlage der autonomen Gesetzgebung der praktischen Vernunft eine christliche Sittenlehre aufbaue. Der hermesianische

---

[395] Vgl. 254.
[396] 255.
[397] Vgl. 255 f.
[398] Vgl. 257.
[399] Die Arbeit trägt, wie bereits erwähnt, den Titel: Die Autonomie der praktischen Vernunft in der Philosophie und Theologie des Hermesianismus. Vgl. ebd. 63 f.
[400] Vgl. 63.

Grundirrtum trete nur in der Methodologie in Erscheinung.[401] Abgesehen von dieser methodischen Einführung sei das Handbuch "sachlich korrekt und von religiöser Wärme erfüllt". "Ein ernster Ton, ein tiefes Bewußtsein der sittlichen Verantwortung des Christen, innige Einfühlung in die lebendige, wenngleich nur moralische Verbundheit des strebenden Menschen mit Gott [zeichneten] das Buch aus."[402] K. THIMM sieht in dem Werk ein gelungenes Beispiel der Verbindung von hermesianischer Vernunfttheologie mit religiöser Lebensauffassung.

Knapp zwanzig Jahre nach der Dissertation von K. THIMM entstanden in Trier die in der Einleitung bereits erwähnten zwei kleinen Monographien zu G. Braun. Es ist einmal die von E. BRUCH 1955 verfaßte 50-seitige Arbeit zum Leben von G. Braun, die den Titel trägt: 'Godehard Braun. Weihbischof von Trier'.

Kurze Zeit danach entstand dann im Jahr 1956 unter der Anleitung des damaligen Professors für Moraltheologie, N. SEELHAMMER, eine Arbeit etwa gleichen Umfangs zu der Frage 'Ist der Trierer Moraltheologe Godehard Braun (1798-1861) in seinem 'System der Christkatholischen Moral' vom Hermesianismus beeinflußt ?'[403] Der Verfasser K. BECKER hat sich mit seiner Arbeit die Aufgabe gestellt, "festzustellen, ob Godehard Braun Irrtümer aus der Hermesianischen Lehre in sein Werk aufgenommen, und wie er sie gegebenenfalls verarbeitet hat"[404].

K. BECKER widmet sich vor allem dem ersten Band des Werkes von G. Braun, worin die allgemeinen Prinzipien und die 'Religionslehre' enthalten sind. Er liefert dabei eine kommentierende Inhaltsangabe des Handbuches, wobei er auf hermesianische Einflüsse hinweist. Er sieht im ersten Band mehrere dieser Einflüsse, etwa in der Forderung nach einer streng wissenschaftlichen Behandlung der Moral. Wenn die Moraltheologie auch "ganz in hermesianischer Methode und in strenger Anpassung an die Grundsätze seines Meisters gehalten" sei, machten "sich in ihr doch die materiellen Irrtümer jener Theologie kaum bemerkbar". Sie gehe "sehr reichhaltig von zeitgenössischen Fragestellungen" aus "und bilde eine fruchtbare Hilfe und seelsorgerliche Verwertung für die Praxis"[405]. Die Irrtümer, die im Werk von G. Hermes verurteilt worden seien, fänden sich bei G. Braun nicht. Allenfalls könne man in der Frage nach der Endabsicht Gottes eine direkte Anlehnung an einen hermesischen Irrtum sehen, wenn hier nicht die Ehre Gottes, sondern das Glück der Geschöpfe von G. Braun als Antwort gegeben werde. Dieser hermesische Irrtum sei bei G. Braun jedoch abgemildert worden, da er diesen Gedanken seinem obersten Moralprinzip unterordne und

---

[401] K. THIMM denkt wohl, wenn er an dieser Stelle vom 'hermesianischen Grundirrtum' spricht, nicht an die hermesische Bestimmung des Endzweckes der Schöpfung, sondern an das autonome Funktionieren der praktischen Vernunft und seine Rolle als Grundlage der Moral.
[402] 64.
[403] So der vollständige Titel der Arbeit.
[404] 2.
[405] 50.

als letzten Beweggrund das Wohlgefallen Gottes an seiner 'absolut vollkommensten Heiligkeit' angebe.[406]

Neben diesem Problem des Endzweckes der Schöpfung weist K. BECKER noch darauf hin, daß man in G. Brauns Handbuch die drei göttlichen Tugenden des Glaubens, der Hoffnung und der Liebe vermisse und die 'Sittenlehre' insgesamt "zu sehr vom natürlichen Aspekt her gesehen" werde. Dies alles sei jedoch kein Grund, G. Braun hermesianischer Irrlehren anzuklagen, "wiewohl man daraus auf eine Annäherung an die hermesianische Theorie schließen"[407] müsse.

Alles in allem sieht K. BECKER in G. Braun ein Kind seiner Zeit. Sein Hauptbestreben sei gewesen, "mitzuwirken, die katholische Theologie wieder aus dem Ghetto des rationalistischen Zeitgeistes herauszuführen"[408].

Nach dieser bisher einzigen Monographie zum Werk von G. Braun findet das Handbuch eingehende Erwähnung erst wieder in der 1966 in Regensburg erschienenen Habilitationsschrift von H. WEBER, die den Titel trägt 'Sakrament und Sittlichkeit. Eine moralgeschichtliche Untersuchung zur Bedeutung der Sakramente in der deutschen Moraltheologie der ersten Hälfte des 19. Jahrhunderts'.[409]

H. WEBER geht in seinem Werk, wie der Titel schon vermuten läßt, vor allem auf die Bedeutung der Sakramente im Handbuch von G. Braun ein. Er weist darauf hin, daß G. Braun die Sakramente als Teil des äußeren Verhaltens gegen Gott ansehe, als ein Mittel, das Wohlgefallen an Gott zu wecken und zu erhalten.[410] G. Braun betrachte sie als Gnadenmittel und als solche sei ihr Gebrauch gefordert, um dem obersten Sittengebot, dem Streben nach Heiligkeit, nachkommen zu können. Im Vordergrund stehe für G. Braun die psychologische Wirkung der Sakramente. Der Nachdruck in ihrer Behandlung liege somit eindeutig "auf dem Empfang, näherhin auf der Verpflichtung zum 'Gebrauch' der Sakramente"[411], die Sakramentenspendung sei für G. Braun kaum von Interesse. Ihm gehe es vielmehr darum, den Gebrauch der Sakramente als Pflicht darzustellen, zugeordnet jener obersten Pflicht, dem Streben nach Heiligkeit.[412]

Die Behandlung der Sakramente als Pflicht stehe im Kontext seiner gesamten Moraltheologie. 'Religions' und 'Sittenlehre' handelten "beide von 'Vorschriften' für das Verhalten des Menschen"[413]. Dadurch werde die Moraltheologie G. Brauns zu einer reinen Normethik. Es gelte lediglich, 'Vorschriften' zu erfüllen. Durch die gesamte Moraltheologie ziehe sich ein anthropozentrischer und subjektivistischer bzw. individualistischer Charakter.

---

[406] Vgl. 42, 50.
[407] 50.
[408] 51.
[409] Vgl. 153-166.
[410] Vgl. 156.
[411] 157.
[412] Vgl. 156 f.
[413] 159.

Anthropozentrik insofern, als G. Braun die Verherrlichung Gottes als letzten Zweck der Schöpfung ausdrücklich in Frage stelle.[414] "Die Ähnlichkeit des Menschen mit Gott bleibt die oberste 'Vorschrift', die alles normiert."[415] Damit würden auch die Pflichten gegen Gott bei genauerer Betrachtung zu Pflichten am Menschen, denn das Verhalten gegen Gott könne nur als Vorschrift der Verähnlichung des Menschen mit Gott erscheinen. Eine echte Gottesverehrung scheine dadurch bei G. Braun kaum möglich.

Neben einer anthropozentrischen sei eine individualistische Behandlung der Pflichten zu spüren. Zwar solle der Mensch auch im Mitmenschen jene oberste Norm der Verähnlichung mit Gott zu verwirklichen suchen, doch sei in der tatsächlichen Durchführung des Werkes vor allem die Selbstentfaltung des Individuums dargestellt. "Die Ausbildung des göttlichen Ebenbildes im eigenen Ich ist die *beherrschende* Rücksicht der 'Sittenlehre'."[416] So sei es auch zu verstehen, daß G. Braun das Verhältnis zum Mitmenschen lediglich als eine Unterabteilung der 'Sittenlehre' verstehe [417] und nur sehr wenig über die Nächstenliebe zu sagen wisse.

Die Beschreibung der Gnade im Handbuch ist nach der Auffassung von H. WEBER vom Vorherrschen eines Moralismus geprägt. Denn sie sei bei G. Braun nicht ein gottgeschenktes Fundament, worauf moralische Handlungen aufbauen, sondern sie werde lediglich als Unterstützung des menschlichen Strebens nach Verähnlichung mit Gott angesehen. Gnade werde damit moralisch verzweckt, d. h. sie werde zu einem Gebrauchsgegenstand moralischen Strebens; folgerichtig würden die Sakramente als Tugendmittel betrachtet.[418]

Zusammenfassend urteilt H. WEBER, daß in der Moraltheologie von G. Braun eine anthropozentrische Ausrichtung hermesianischer Prägung zu erkennen sei. Als verdienstvoll hervorzuheben sei G. Brauns Konzentration auf das Sittliche. Für den besonderen Bereich der Sakramentenlehre gelte jedoch, daß G. Braun ihn auf das Feld ethischer Fragestellungen reduziere und so den Eigenwert der Sakramente verkenne.

Das Werk von G. Braun hat auch in weiteren Veröffentlichungen, die sich überblickartig mit der Moraltheologie des 19. Jahrhunderts befassen, Erwähnung gefunden. Dazu gehört die Untersuchung von J. RENKER über die Ehelehre der Moraltheologen in der ersten Hälfte des vergangenen Jahrhunderts.[419] Neben biographischen

---

[414] Diesen Punkt in der Moraltheologie G. Brauns hatten ja schon H. SCHRÖRS (vgl. oben S. 105), und K. BECKER (vgl. oben S. 108) als einzigen möglichen von *G. Hermes* übernommenen Irrtum angesehen.
H. WEBER 160, weist zurecht darauf hin, daß G. Braun zwar im zweiten Band – nach der Verurteilung von *G. Hermes* – die Ehre Gottes als Ziel sittlichen Handelns angebe, aber das im ersten Band formulierte Moralprinzip weiterhin Gültigkeit besitze.
[415] 160.
[416] 161.
[417] Vgl. III, 5, 231-347.
[418] Vgl. 162.
[419] Vgl. Christliche Ehe. Regensburg 1977.

Daten zu G. Braun⁴²⁰ und dem Versuch seiner Einordnung in ein Stemma, das die Abhängigkeiten der Moraltheologen untereinander darstellen will⁴²¹, wird auch in kurzen Sätzen auf seine Aussagen zur Ehe eingegangen. Doch wird betont, daß G. Braun "in der Darstellung der Ehezwecke keine neuen Gedanken" habe. "Die Einordnung der Liebe [gelänge] ihm nicht recht." Als Zweck der Ehe werde von ihm die "Erhaltung des Menschengeschlechts" sowie die "wechselseitige Unterstützung der Gatten"⁴²² angegeben. J. RENKER sieht es wohl in diesem Zusammenhang als Besonderheit an, wenn G. Braun die gegenseitige Unterstützung der Ehegatten bei den Pflichten ansiedelt. In der Frage der Beurteilung des Geschlechtstriebes komme G. Braun nur zu einschränkenden Formulierungen. Sein diesbezügliches Urteil bestätige "den Charakter einer statischen Ethik nicht hinterfragter Normen". ⁴²³ Zur Abwertung der Geschlechtslust neigen neben G. Braun aber offenbar die Mehrzahl der Theologen jener Zeit.⁴²⁴

Neben J. RENKER erwähnt auch O. MOCHTI das Trierer Handbuch in seiner Studie über 'Das Wesen der Sünde'.⁴²⁵ Er verweist auf den Einfluß des Hermesianismus⁴²⁶ sowie darauf, daß F. Probst G. Braun als Vertreter des kritischen Rationalismus der Hermesschule anführt.⁴²⁷ Zum eigentlichen Thema der Sünde bemerkt er lediglich: "Das Fehlen z. B. von G. Braun und H. Vogelsang erklärt sich daraus, daß sich in ihren hermesianisch orientierten Werken keine eigentliche Sündenlehre findet."⁴²⁸

Zusammenfassend läßt sich sagen: Wenn das Handbuch von G. Braun also auch keine allzugroße Aufmerksamkeit erfahren hat, ist es doch nicht völlig unbeachtet geblieben. Durchweg wird es als eine eigenständige wissenschaftliche Leistung anerkannt, die aus der Fähigkeit des scharfen analytischen Denkens von G. Braun resultiere. Im nächsten Kapitel soll nun die Untersuchung des Trierer Werkes fortgeführt und im zweiten größeren Abschnitt des zweiten Teiles auf seine theoretischen Grundlagen eingegangen werden.

---

[420] Vgl. 47, 62.
[421] Vgl. 78 f.
[422] 93.
[423] 147.
[424] Vgl. 156 f.
[425] Regensburg 1981.
[426] Vgl. 118 Anm. 139.
[427] Vgl. 125. Auch J. REITER, Ferdinand Probst 77, und 111 Anm. 19, verweist darauf, daß F. Probst im Werk von G. Braun zu sehr die Vernunft betont sieht. Den hermesianischen Ansatz hält F. Probst generell für verfehlt.
[428] 38.

2. Abschnitt

DIE THEORETISCHEN GRUNDLAGEN DES 'SYSTEMS DER CHRISTKATHOLISCHEN MORAL'

3. Kapitel
DAS SELBSTVERSTÄNDNIS DER MORALTHEOLOGIE G. BRAUNS - DEFINITION UND ABGRENZUNG

I. Die Definition der Moraltheologie

In den Beurteilungen des Handbuches haben verschiedene Autoren [429] darauf hingewiesen, daß G. Braun der Konzeption seines Lehrers G. Hermes dort am nächsten kommt, wo es um die Grundlegung der Moral, um die Definition der Begriffe und die Bestimmung der Quellen geht. Tatsächlich ist in der Prinzipienlehre der Einfluß des Hermesianismus am deutlichsten zu spüren. Daher ist dieser Teil des Handbuches auch der eigentümlichste, der am ehesten bemerkenswerte.

In diesem und im nächsten Kapitel soll es um diese hermesianischen Grundlagen des Handbuches gehen. Während in diesem ersten Kapitel die hermesianische Definition der Moraltheologie und ihre Abgrenzung von den Nachbarwissenschaften vorgestellt wird, soll das nächste Kapitel dann die Suche nach Fundament und Prinzip zur Auffindung konkreter Normen behandeln. Alle diese Abschnitte der Prinzipienlehre sind im Handbuch in streng systematischer Form und mit analytischer Methode abgehandelt. Daraus resultiert eine gewisse Schwierigkeit: Einerseits ist es kaum durchführbar, einzelne, nicht so wichtige Teile der Systematik zu übergehen, um die Gedanken von G. Braun zusammenfassend nachzuzeichnen, ohne das Verstehen des logischen Aufbaus zu gefährden. Andererseits ist es nicht möglich auf alle seine Verästelungen und Auseinandersetzungen mit den Zeitgenossen einzugehen, ohne dabei den zusammenfassenden Überblick zu verlieren oder G. Brauns eigenen Worten zu sehr Raum zu geben. Daher muß versucht werden, einen Mittelweg zu gehen. Dennoch wird es nicht zu vermeiden sein, der Gedankenführung von G. Braun recht eng zu folgen.

Er beginnt seine Prinzipienlehre mit einer Definition der 'christkatholischen' Moral. Erinnert man sich seiner vier Forderungen an eine wissenschaftliche Moral, wäre seine Vorgehensweise auch kaum anders vorstellbar. Eindeutige Begriffe, die ohne Verstehensunsicherheit verwandt werden können, sind für den auf Wissenschaftlichkeit bedachten Hermesianismus und damit auch für G. Braun eine entscheidende Voraus-

---

[429] Vgl. etwa oben die Beurteilung von H. SCHRÖRS, J. DIEBOLT oder K. THIMM.

setzung der eigentlichen Abhandlungen.⁴³⁰ Durch schrittweise vorgehende Begriffsbestimmungen tastet sich G. Braun, wie bereits oben bei der Darstellung der analytischen Methode erwähnt, an die Definition der 'christkatholischen' Moraltheologie heran. Voraus geht die Erläuterung der Begriffe Theologie, Moraltheologie und christliche Moraltheologie.

1. Theologie⁴³¹

Bei diesen Begriffsbstimmungen läßt sich ein beachtlicher Einfluß von G. Hermes erkennen, denn schon bei der Verdeutlichung des ersten grundlegenden Terminus 'Theologie' wird auf die Ausführungen des Meisters zu diesem Punkt verwiesen. ⁴³² Da es sich um grundlegende Aussagen zur 'Theologie' handelt, die G. Braun als Fundament für weitere Überlegungen gedient haben, sei zunächst auf die Ausführungen eingegangen, die G. Hermes zum Begriff der Theologie entwickelt hat.

Exkurs: Der hermesische Theologiebegriff

Wie umschreibt G. Hermes den Begriff 'Theologie'? Er beginnt den komplexen Begriff aufzuschlüsseln, indem er in der ihm eigenen Art nach den *Hauptgegenständen* sucht, "deren Erkenntnisse *wir theologische* nennen"⁴³³, denn es sei offensichtlich, daß 'Theologie' irgendwelche Erkenntnisse umschreibe. Er findet drei Gegenstände, deren Erkenntnisse zu dem Bereich gehören, den die Theologie umschreibe. ⁴³⁴ Der erste dieser drei Gegenstände ist Gott: Gott in seinem Dasein, seinen Eigenschaften und seinen Ratschlüssen. Diejenigen Erkenntnisse, die Gott in seiner Wesenheit erkennen, nennt G. Hermes theologische Erkenntnisse. Theologisch sei auch die Verbreitung dieses Wissens in Lehre und Schrift zu nennen.

Der zweite Gegenstand, der nach der Auffassung von G. Hermes zum Bereich der Theologie gehört, ist die Welt, und zwar "*in ihrer Beziehung zu Gott betrachtet*"⁴³⁵. Auch dabei ist die Weitergabe der Erkenntnisse Theologie.

Der dritte Bereich theologischer Erkenntnis ist im eigentlichen Sinn eine Spezifizierung der zweiten Möglichkeit, denn es geht um die Beziehung des Menschen zu Gott im besonderen, um die Bestimmung des Menschen über die anderen Geschöpfe

---

⁴³⁰ So bemerkt G. Braun zur Bedeutung von Definitionen in einer Anmerkung I, 10: "Was die Begriffsbestimmungen in diesen Dingen betrifft, welche bei andern Theologen vorkommen, so ist bekannt, daß die Alten nicht viel mit Aufstellung von Definitionen, auch nicht viel um wissenschaftliche Form überhaupt sich bekümmerten; die neuern sind darin nicht selten zu nachlässig, nehmen auch mitunter Mancherlei in die Erklärung auf, was gar nicht hineingehört."
⁴³¹ Vgl. I, 2.
⁴³² Vgl. I, 2 Anm.
⁴³³ Phil. Einleitung 7 f.
⁴³⁴ Zu diesen drei Gegenständen vgl. Phil. Einleitung 8 f. Vgl. auch H. ZEIMENTZ, Vernunft und Offenbarung 124 f.
⁴³⁵ Phil. Einleitung 8.

hinaus. Es geht um die Erkenntnisse, "was für einen besondern Zweck Gott dem Menschen vorsetzte; wie er ihn ursprünglich dafür einrichtete, lenkte und leitete; ob der Mensch diese ursprüngliche Einrichtung noch habe, oder welche andere an deren Stelle getreten sey; und ob Gott ihn auch jetzt noch zu dem ihm anfänglich vorgesetzten Ziele führen wolle, und durch welche Mittel" [436]. Wiederum werden nicht nur die Erkenntnisse selbst, sondern auch ihre lehrende Weitergabe als zum Bereich der Theologie gehörend genannt.

Über diese drei Bereiche hinaus läßt *G. Hermes* kein Erkenntnisfeld mehr gelten, das theologisch genannt werden könne. Die drei Bereiche Gott, Beziehung der Welt zu Gott im allgemeinen und Beziehung des Menschen zu Gott im besonderen, decken seiner Meinung nach alle möglichen Betätigungsfelder der Theologie ab. [437] Die drei Bereiche seien jedoch noch weiter hinterfragbar, nämlich jeweils nach 'Beschaffenheit' der Erkenntnis, nach der 'Quelle' der Erkenntnis und nach deren 'Ziel'. [438]

Bezüglich der *Beschaffenheit* der theologischen Erkenntnis trennt er zwischen 'gemeiner' und 'gelehrter' Theologie. Für sein Vorgehen komme nur die gelehrte Theologie in Betracht, da nur sie "nach Gesetzen der Gründlichkeit und Ordnung" [439] vorgehe.

In Berücksichtigung der *Quellen* der Theologie unterscheidet er zwischen natürlicher und geoffenbarter Theologie. Die natürliche oder auch rationale Theologie, deren Quellen allein Vernunft und Natur sind, ist für *G. Hermes* nicht Gegenstand der Untersuchung. Ihm geht es allein um die übernatürliche, geoffenbarte Theologie, die sich weiter in die christliche und die verschiedenen anderen Theologien, die auf einer Offenbarung beruhen, unterscheiden lasse. Dabei ist die christliche Theologie ein Inbegriff von Lehren, welche aus der Lehre Christi als übernatürlich göttliche Offenbarung geschöpft werde. Schließlich untergliedert er die christliche Theologie weiter in die 'christkatholische', die allein seinen Abhandlungen zugrunde liegt, und die nichtkatholischen Formen christlicher Theologie. 'Christkatholische' Theologie ist danach für ihn die Summe derjenigen Erkenntnisse, die das mündliche Lehramt der Kirche als Lehre Christi bestimmt und interpretiert. [440] Damit räumt *G. Hermes* der theologischen Wissenschaft nicht die Möglichkeit ein, die Bibel in einer eigenen, vom Lehramt der Kirche möglicherweise divergierenden Weise zu interpretieren.

---

[436] Phil. Einleitung 8.

[437] Daß sein Theologiebegriff keine völlig neue Interpretation von Theologie ist, versucht *G. Hermes* im Rückblick auf große frühere Theologen (*Augustinus, Gregor von Nazianz, Eusebius*) zu beweisen. Er kommt zu dem Schluß, daß der Begriff von Theologie, wie er ihn verwendet, lediglich eine mehr entfaltete Beschreibung desselben Gegenstandes sei und er daher aufgrund der besseren Verständlichkeit vorzuziehen sei. Vgl. Phil. Einleitung 14-22.

[438] Vgl. dazu Phil. Einleitung 10 f., 23-47.

[439] Phil. Einleitung 25.

[440] *G. Hermes* und G. Braun sprechen immer vom 'mündlichen' Lehramt der Kirche. Während *G. Hermes* bei der Bestimmung der 'christkatholischen' Theologie die Tradition nicht nennt, gehört für G. Braun auch die durch das Lehramt interpretierte, in der Tradition sich findende Lehre Christi dazu. Vgl. Phil. Einleitung 28, mit I, 15, 57.

In einer solchen Bestimmung der Quellen begründet *G. Hermes* die Theologie dem Anspruch nach als auf positiven Grundlagen aufgebaute Wissenschaft. Auf das Gebiet der Moraltheologie übertragen bedeutet dies, daß die Lehre vom Naturgesetz und seinen Normen aus dem Bereich der Theologie ausgeklammert bleiben muß. Das Zentrum der 'christkatholischen' Theologie bilden die Lehren Christi und ihre authentische Interpretation. Diese Zentrierung auf die Lehren Christi hat zur Folge, daß den anderen Teilen der Bibel nur sekundäre Bedeutung zukommen kann.

Nachdem *G. Hermes* so Beschaffenheit und Quellen theologischer Erkenntnis spezifiziert hat, unterteilt er auch deren *Ziel*. Hinsichtlich des Zieles trennt er zwischen theoretischer und praktischer Theologie.

Theoretisch nennt er jene Form, welche die Erkenntnis der drei Bereiche, - Gott, das Verhältnis der Welt und das des Menschen zu Gott -, zu ihrem eigentlichen Ziel hat. Sie nennt er "Theologie des Verstandes".

Praktische Theologie oder *"Theologie der Anwendung"*[441] ist nach seiner Vorstellung jene Form, welche aus den theoretischen Lehren jener drei genannten Bereiche herleitet, was für 'Gemütsstimmungen und Gesinnungen'[442] der Mensch "gegen Gott, gegen sich und andere Menschen und in Ansehung der Dinge dieser Welt in sich haben, und wie er handeln solle"[443]. Die 'Gemütsstimmungen und Gesinnungen' können nicht vorgeschrieben werden, sondern sie bilden sich im Menschen in Ansehung der theoretischen Lehren frei, erzeugen dann aber verpflichtendes Handeln.

Neben der Herleitung aus den theoretischen Lehren existiert für *G. Hermes* praktische Theologie noch in einer weiteren Weise: Es gibt auch unmittelbare, positiv göttliche Verordnungen, denen Folge zu leisten die moralische Pflicht des Menschen ist. Diese Verordnungen können jedoch ebenfalls nicht unmittelbar zum Handeln anleiten, da auch hier zunächst die zu verpflichtendem Handeln anleitenden 'Gemütsstimmungen und Gesinnungen' erzeugt werden müssen. Diese könnten auch nicht aufgrund einer autoritativen Vorgabe einfach übernommen werden.[444] Die Unmittelbarkeit dieser positiven göttlichen Verordnungen besteht für *G. Hermes* darin,

---

[441] Phil. Einleitung 29. Die Erkenntnisse der praktischen Theologie nennt *G. Hermes* ebd. gegenüber denen der theoretischen Theologie die 'höheren' Erkenntnisse.

[442] Unter Gemüt versteht *G. Hermes* das innere Prinzip im Menschen, welches das gesamte Gefühls- und Wollensvermögen umfaßt. Offenbar ist damit die jeweilige psychische Grundstruktur des Menschen gemeint, die je nach den von außen herangetragenen Begebenheiten schwankt. Unter Gesinnungen versteht er Stimmungen nur des Willens, nicht des ganzen Gemüts, gegenüber einem Gegenstand infolge einer vorausgegangenen Beurteilung des Gegenstandes. Vgl. Phil. Einleitung 30 f.
'Gemütsstimmungen und Gesinnungen' sind unmittelbar der praktischen Vernunft zugeordnet, werden hier also nicht als Gegenpol zur Vernunft verstanden. Das der Vernunft entgegengesetzte Vermögen des Menschen ist für *G. Hermes* die Sinnlichkeit. Vernunft und Sinnlichkeit bilden die zwei dem Menschen innewohnenden 'zwecksetzenden' Vermögen. Vgl. etwa Phil. Einleitung 202-210.

[443] Phil. Einleitung 30.

[444] Zum Beweis dieser für *G. Hermes* zentralen These vgl. Phil. Einleitung 30-40. Er weist darauf hin, daß die Feststellung, 'Gemütsstimmungen und Gesinnungen' könnten durch positive göttliche Verordnungen nicht vorgeschrieben werden, von entscheidender Bedeutung für die praktische Theologie sei.

daß sie uns verpflichten, die in den Geboten anklingenden 'Gemütsstimmungen und Gesinnungen' in Ansehung der theoretischen Lehren zu prüfen und nach Möglichkeit zu unseren eigenen werden zu lassen und dann den Vorschriften zu gehorchen. Doch seien die Lehren der theoretischen Theologie auch hier von entscheidender Bedeutung, denn erst sie ließen uns den verpflichtenden Charakter dieser Vorschriften erkennen.

Eine besondere Stellung innerhalb des Bereiches der positiven göttlichen Verordnungen nehmen seiner Meinung nach diejenigen Vorschriften ein, die sich auf "Handlungen und Unterlassungen im engsten Sinne des Wortes"[445] beziehen. Diese konkreten Vorschriften könnten, anders als die übrigen positiven Gebote, als besondere praktische Prinzipien erkannt und aus reinem Gehorsam befolgt werden. Doch diese 'speziellen' göttlichen Gebote bedürften der Ergänzung aus dem Bereich der theoretischen Lehren über die Gegenstände der Theologie ebenso, und dies in zweifacher Hinsicht: Einerseits könnten auch diese direkten göttlichen Gebote als verbindlich nur erkannt werden, wenn die Lehren der theoretischen Theologie bekannt seien. Denn erst müsse etwas über Gott und sein Verhältnis zur Welt und zum Menschen gewußt werden, um ein Gebot als göttliches Gebot erscheinen zu lassen. Die Verbindlichkeit der konkreten Handlungsanweisungen ergebe sich für den Menschen "einzig aus der Beschaffenheit Gottes und aus seinem Verhältnisse zu Gott, und folglich aus Lehren der *theoretischen Theologie*"[446]. Andererseits bekämen alle Handlungen des Menschen einen sittlichen Wert nur dann, wenn die inneren 'Gemütsstimmungen und Gesinnungen' beteiligt seien. Im Falle der direkten Gebote ist das innere Prinzip zwar nicht das zum Handeln drängende Moment, doch zum sittlichen Wert der menschlichen Tat notwendig.

Nach diesen Ausführungen ergibt sich für G. Hermes die Folgerung, daß die übernatürlichen positiven Verordnungen nicht unmittelbare Prinzipien für die praktische Theologie sein könnten. Diejenigen Verordnungen, die nicht die Handlungen im engen Sinn des Wortes betreffen, werden ohnehin nur mittelbar auf dem Hintergrund der theoretischen Lehren als verbindlich erkannt. Die Handlungen im engeren Sinn können zwar autoritativ befolgt werden, bedürfen aber auch der theoretischen Lehren als ergänzendes Prinzip. Unmittelbare praktische Prinzipien, die unabhängig von den theoretischen Lehren der Theologie existieren und somit die praktische Theologie als eigenständige Disziplin zu begründen vermögen, lehnt er ab.[447] Die praktische Theologie hängt seiner Auffassung nach untrennbar mit der theoretischen Theologie, der Dogmatik, zusammen, eine Position, die auch G. Braun mit seinem Lehrer teilt, wie noch zu zeigen sein wird.

---

[445] Phil. Einleitung 34 f. Aus seinen Ausführungen wird nicht ganz deutlich, was er mit 'Handlungen und Unterlassungen im engsten Sinne des Wortes' meint, da er kein Beispiel anführt. Wahrscheinlich handelt es sich aber um die ganz konkreten Vorschriften Christi, wie sie sich etwa in den Antithesen der Bergpredigt finden.
[446] Phil. Einleitung 35.
[447] Vgl. Phil. Einleitung 33-36.

Die Ausführungen von G. Hermes zum Ziel der Theologie lassen deutlich werden, daß hiernach die Grundstruktur sittlichen Handlens die Pflicht ist. Sittliches Handeln ist pflichtgemäßes Handeln.

Die praktische Theologie kann nun noch hinsichtlich der 'Subjekte'[448], denen gegenüber Gemütsstimmungen, Gesinnungen und pflichtgemäßes Handeln möglich sind, unterteilt werden. Hier sind nach G. Hermes nur zwei Subjekte denkbar: Gott und die Menschen. Die Welt an sich könne kein direktes Subjekt von Stimmungen sein, das heißt sie kann im Menschen keine 'Gemütsstimmungen und Gesinnungen' erzeugen, die irgendein Handeln gegen die Welt notwendig werden ließe. Ebensowenig sei ein direktes pflichtgemäßes Handeln gegen ein Tier möglich, "denn unsere Vernunft erkennet in ihm weder irgend ein Recht gegen uns an, noch gebiethet sie, auf welche Weise auch immer, dasselbe zu achten"[449]. Zwar könne man auch Tieren Gutes tun, doch seien wir nicht um der Tiere willen, sondern um uns selbst oder der Mitmenschen willen dazu verpflichtet.

Umfassend definiert G. Hermes die praktische Theologie nunmehr wie folgt:
Die praktische Theologie ist Pflichtenlehre gegen Gott, "wo sie aus den theoretisch-theologischen Lehren (über Gott, über das Verhältnis der Welt und des Menschen insbesondere zu Gott) herleitet, was für eine Gemüthsstimmung und was für Gesinnungen der Mensch gegen Gott in sich haben und unterhalten solle, und wo sie angibt, was für Handlungen (im engsten Sinne des Wortes) er in Beziehung auf Gott setzen solle, wenn auch nicht zufolge jener theoretisch-theologischen Lehren, doch zufolge positiver göttlichen Verordnungen, die in einer übernatürlichen göttlichen Offenbarung sich finden könnten"[450].

Die praktische Theologie ist Pflichtenlehre gegen die Menschen, "wo sie aus den theoretisch-theologischen Lehren (über Gott, etc.) herleitet, was für Gesinnungen und was für eine Stimmung des ganzen Gemüthes der Mensch gegen sich und andere Menschen in sich haben und unterhalten solle, und wo sie nach jenen theoretisch-theologischen Lehren und auch unmittelbar nach positiven göttlichen Vorschriften (welche Vorschriften wieder in einer übernatürlichen göttlichen Offenbarung sich finden könnten) bestimmet, wie der Mensch gegen sich und andere Menschen handeln solle"[451].

---

[448] Mit dem Begriff 'Subjekt' wird hier bezeichnet, was heute 'Gegenstand' des sittlichen Handelns genannt wird, nämlich die Bereiche, an denen sittliches Handeln möglich ist. Es ist nicht das handelnde Subjekt gemeint, obgleich der Mensch als handelndes Subjekt auch an sich selbst handeln kann.
[449] Phil. Einleitung 39. Nach dieser Auffassung wäre hinsichtlich einer Tier- und Umweltethik ein Argumentieren, das beim Gegenstand des sittlichen Handelns ansetzt, nicht möglich. Weder die Tiere noch die (Um-)Welt haben für G. Hermes einen eigenen Wert, der sittliches Handeln notwendig werden ließe. G. Braun ist hinsichtlich der Tiere der gleichen Auffassung. Vgl. weiter unten S. 167 f.
Über die Ansätze einer Umweltethik beim Gegenstand vgl. etwa PH. SCHMITZ, Ist die Schöpfung noch zu retten? Würzburg 1985, 67-73.
[450] Phil. Einleitung 41.
[451] Phil. Einleitung 41. Die Definition der praktischen Theologie ist so umfassend, weil sie präzise sein möchte. Doch gerade ihr Umfang macht sie wieder schwer verständlich.

Gleichbedeutend mit praktischer Theologie sind für *G. Hermes* die Begriffe 'Moraltheologie' oder 'theologische Moral', nicht aber einfach 'Moral', denn letztere Bezeichnung gelte auch für die 'philosophische Moral'. Die Pflichtenlehre gegen Gott könne auch 'Religionswissenschaft' genannt werden.[452]

In einem Schema läßt sich der hermesische Begriff von Theologie folgendermaßen darstellen:

Theologie[453]

Bereiche:

1. Gott
2. Die Beziehung der Welt zu Gott
3. Die Beziehung des Menschen zu Gott

Beschaffenheit:

1. (gemeine Theologie)
2. gelehrte Theologie

Quellen:

1. (natürliche Theologie)
2. geoffenbarte Theologie
   a. (nichtchristliche)
   b. christliche:
      α. (nicht 'christkatholisch')
      β. 'christkatholisch'

Ziel:

1. theoretische Theologie
2. praktische Theologie
   a. Pflichtenlehre gegen Gott (=Religionswissenschaft)
   b. Pflichtenlehre gegen die Menschen

Damit hat *G. Hermes* den zunächst komplexen Begriff 'Theologie' analytisch in seine möglichen Bestandteile zerlegt.

* * * * *

---

[452] Vgl. Phil. Einleitung 41 f.
[453] Vgl. Phil. Einleitung 46. Diejenigen Teile, die *G. Hermes* für seine Untersuchung ausschließt, sind in Klammern angeführt.

Diesen hermesischen Begriff von 'Theologie' setzt G. Braun, dessen Überlegungen nun nach diesem Exkurs zu den Vorstellungen von G. Hermes wieder gefolgt werden soll, voraus, wenn er seine schrittweise Erklärung der 'christkatholischen' Moraltheologie mit dem Begriff 'Theologie' beginnt. [454] 'Theologie' ist für ihn die Wissenschaft bzw. Lehre [455] von Gott und seinen Eigenschaften, von dessen Beziehungen zur Welt im allgemeinen und zum Menschen im besonderen. Die drei Bereiche, die G. Braun für die Theologie angibt, entsprechen zwar inhaltlich den von G. Hermes verwendeten, jedoch liegt bei G. Braun der Standpunkt des Betrachtens bei Gott. Es geht um Gottes Beziehungen zur Welt und zum Menschen und nicht, wie es umgekehrt bei G. Hermes heißt, um die Beziehungen der Welt und des Menschen zu Gott. [456]

Nachdem G. Braun den Begriff 'Theologie' - im wesentlichen durch einen Verweis auf G. Hermes - erläutert hat, schreitet er fort zur Klärung des Begriffes 'Moraltheologie'.

2. Moraltheologie[457]

Hier unterscheidet G. Braun zunächst zwei verschiedene Perspektiven, unter denen die Moraltheologie betrachtet werden könne: einmal erscheint die Moraltheologie als gleichwertige Ergänzung der dogmatischen Lehren; ein anderesmal ist die Moraltheologie der aus den dogmatischen Lehren hergeleitete Teil der Theologie, bedarf hier der Dogmatik als Grundlage.

In der ersten Bedeutung beinhalte Moraltheologie "das wechselnde und dem Willen der vernünftigen Wesen (insbesondere der Menschen) unterliegende Verhältnis"[458], welches die Beziehung Gottes zur Welt und zum Menschen als erst zu verwirklichende umschreibe und in Erkenntnissen und Lehren faßbar mache. Diesem dynamischen, vom Willen abhängigen Verhältnis trete in der Dogmatik ein statisches Verhältnis gegenüber, das von unveränderbaren Erkenntnissen und Lehren über das Verhältnis Gottes zur Welt und zum Menschen geprägt sei. Außerdem komme in der Dogmatik noch die Betrachtung Gottes an sich als weiterer Gegenstand hinzu.

Die zweite mögliche Definition von Moraltheologie gehe davon aus, daß ihre Erkenntnisse und Lehren in enger Verbindung mit den Erkenntnissen und Lehren der Dogmatik zu sehen seien. Würden in der Dogmatik nämlich die Erkenntnisse und Lehren über die drei Bereiche der Theologie (Gott usf.) um ihrer selbst willen er-

---

[454] G. Braun verweist (I, 2) zwar lediglich auf die Seiten 27 f. von G. Hermes' 'Philosophischer Einleitung', doch finden sich dort zentrale hermesische Aussagen zu den Quellen der Theologie. Die Aussagen können nur im Gesamt des hermesischen Theologiebegriffs verstanden werden, und so ist es offensichtlich, daß G. Braun den gesamten Theologiebegriff von G. Hermes als Voraussetzung verstanden wissen möchte.
[455] Nach G. Hermes gehören ja zur Theologie sowohl die wissenschaftlichen Erkenntnisse als auch deren Weitergabe.
[456] Vgl. G. Braun I, 2, mit G. Hermes, Phil. Einleitung 8.
[457] Vgl. dazu I, 2-8.
[458] I, 3.

strebt, erfrage die Moraltheologie das tatsächlich zu vollziehende Verhältnis, gewissermaßen als praktische Anwendung der reinen Erkenntnis. Auch in der zweiten Form schließe die Moraltheologie die Betrachtung Gottes an sich aus. An dieser Stelle bekommt auch bei G. Braun das von *G. Hermes* bekannte psychologistische Moment eine Bedeutung. Denn die 'praktische Anwendung' der theoretischen Lehre geschieht, indem "Gemüthsstimmungen und Gesinnungen . . . gegen Gott, gegen sich selbst und gegen andere Menschen und in Ansehung der Dinge dieser Welt" [459] gefunden werden und daß dann danach gehandelt werden soll.

Die so von G. Braun getroffene feinsinnige Unterscheidung zweier Arten von Moraltheologie kann nur durch seinen Hang nach Wissenschaftlichkeit erklärt werden, der die Begriffe bis in den letzten Winkel ihrer Bedeutung auszuleuchten versucht. Denn diese Abgrenzung ist so nebensächlich, daß sie für sein weiteres Vorgehen keine Rolle spielt. Außerdem wird der Unterschied unmittelbar nach seiner Erklärung nivelliert, indem G. Braun darauf hinweist, daß auch die erste, von der Dogmatik scheinbar unabhängige Form von Moraltheologie "aus der Dogmatik geschöpft werden"[460] müsse.

Als Bezeichnung dieses Teils der Theologie hält G. Braun neben 'Moraltheologie' auch 'theologische Moral' und 'praktische Theologie' für angemessen. Praktischer Theologie im Sinne einer auf kirchliche Praxis bezogene Theologie (z. B. 'Pastoraltheologie' im heutigen Sprachgebrauch) spricht G. Braun unter Berufung auf *J. S. Drey* das Recht ab, sich Theologie zu nennen, "weil sie nichts Neues mehr über Gott und göttliche Dinge"[461] lehre.

Die Unterscheidung, daß theoretische Theologie mit der Dogmatik, praktische Theologie mit der Moraltheologie identisch ist, die ja schon *G. Hermes* so vorgenommen hat und G. Braun auch unter Hinweis auf ihn hätte übernehmen können, ist jedoch auch schon vor *J. S. Drey* bekannt. Sie kennt bereits *M. v. Schenkl* (1749-1816)[462] in seiner erstmals 1800/01 erschienenen 'Ethica christiana'. [463] Von ihm über-

---

[459] I, 4. Näheres zur Herleitung der einzelnen Vorschriften vgl. weiter unten Kapitel 4, Abschnitt II.
[460] I, 5.
[461] I, 7 Anm.
[462] *Maurus v. Schenkl* dozierte ab 1778 - zunächst in den Klöstern von Weltenburg und Prüfening, dann am Lyzeum von Amberg - eine ganze Reihe von theologischen Fächern. Neben Moraltheologie lehrte er auch Dogmatik, Pastoraltheologie, Kirchengeschichte und Kirchenrecht.
Zu *M. v. Schenkl* vgl. C. SCHMEING, Art. 'Schenkl, Maurus v.', in: LThK IX, 389; ders., Studien zur 'Ethica christiana' Maurus von Schenkls OSB und zu ihren Quellen. Regensburg 1959; H. WEBER, Sakrament und Sittlichkeit 121 f.; J. RENKER, Christliche Ehe 53 f., und O. MOCHTI, Das Wesen der Sünde 72-74, 194-196.
[463] *M. v. Schenkl* schreibt in der zweiten Auflage des Handbuches 1802, I, 37: "Theologiae christianae celeberrima divisio est, qua in duas generatim dispescitur partes: quarum altera a) *theoretica* appellatur, quae certas de Deo in se, et relate ad mundum hominesque spectato . . . complectitur: altera b) *practica* appellatur, quae agendi regulas determinat, et veritates proxime ad officia hominis christiani spectantes, ipsasque eorum officiorum *propter Deum* explendorum regulas et modum exponit."
Danach scheint diese Unterscheidung schon vor *M. v. Schenkl* gängig gewesen zu sein. Zur 'Ethica christiana' des *M. v. Schenkl* vgl. weiter unten S. 183 f.

nimmt sie auch *A. K. Reyberger* für seine 'Institutiones ethicae christianae'.[464] Zumindest von *A. K. Reyberger* muß G. Braun die Unterscheidung über *J. S. Drey* hinaus bekannt gewesen sein, da er ja die 'Institutiones' seinen Vorlesungen zeitweise zugrunde legte.

G. Brauns weiteres Vortasten zu einer endgültigen Definition gelangt nunmehr zum Begriff der 'christlichen Moraltheologie'.

3. Christliche Moraltheologie[465]

Hier trifft er jene Unterscheidung für die Moraltheologie, die *G. Hermes* schon bei den 'Quellen' für die Theologie vorgenommen hat. Auf der einen Seite fände sich die rationale, 'aus reiner Vernunft geschöpfte', auf der anderen Seite die positive, aus 'geschichtlich vorliegenden Quellen schöpfende' Moraltheologie. Er betont dabei ebenso entschieden wie *G. Hermes*, daß es sich bei der zu behandelnden Wissenschaft um eine positive Größe handele. Weiter trennt er wie sein Lehrer die christliche Theologie von den nichtchristlichen Offenbarungsreligionen. Christliche Moraltheologie gehe damit darauf zurück, was Christus "als übernatürliche göttliche Offenbarung gelehrt"[466] habe.

4. 'Christkatholische' Moraltheologie[467]

Nachdem die vorbereitenden Erklärungen erfolgt sind, kann G. Braun schließlich zur Definition der 'christkatholischen' Moral kommen. Er weist darauf hin, daß es nicht üblich sei, eine 'christkatholische' von einer christlichen Moral zu unterscheiden, doch sei es für seine weitere Vorgehensweise nicht ohne Grund. 'Christkatholisch' sei eine Moraltheologie dann, wenn sie daraus schöpfe, was das mündliche Lehramt der katholischen Kirche als Lehre Christi verstehe und welche Erkenntnis es daraus für richtig halten würde. Wie *G. Hermes* erkennt auch G. Braun nur eine durch das Lehramt der Kirche bekräftigte Interpretation der Lehren Christi an.

Die Definition lautet:

Die 'christkatholische' Moral ist "ein *Inbegriff von Erkenntnissen (Lehren) über das angemessene Verhalten des Menschen gegen Gott, gegen die Menschen und in Ansehung der Dinge dieser Welt, hergeleitet aus der Lehre Christi, wie sie in den Erkenntnisquellen des Katholizismus daliegt und die katholische Kirche sie daraus entnimmt;* oder:

---

[464] Vgl. *A. K. Reyberger* I, 21 f.
[465] Vgl. dazu I, 8 f.
[466] I, 8.
[467] Vgl. dazu I, 9 f.

ein Inbegriff von Erkenntnissen (Lehren) über das vom Menschen zu verwirklichende Verhältnis zwischen Gott und der Welt überhaupt und der Menschheit insbesondere, nach den Grundsätzen der Lehre Christi, wie sie in den Erkenntnisquellen u. s. w."[468]

II. Die Abgrenzung von den Nachbarwissenschaften

Die so definierte 'christkatholische' Moral grenzt G. Braun von verschiedenen Nachbardisziplinen ab und gewinnt dadurch für seine Wissenschaft ein noch klarer umrissenes Bild. Zunächst bemüht er sich um die Abgrenzung gegenüber der seiner Auffassung nach mit der Moraltheologie am engsten verknüpften Wissenschaft, der Dogmatik.[469]

1. 'Christkatholische' Moraltheologie und Dogmatik[470]

Vorausgehend hat G. Braun schon mehrfach betont, daß die Moraltheologie aus der Dogmatik schöpfen müsse, in der Dogmatik folglich ihre wesentliche Quelle habe. An dieser Stelle der Abhandlung möchte er vor allem die seiner Meinung nach irrigen Auffassungen über das Verhältnis der beiden Wissenschaften korrigieren. Er tut dies jedoch nicht, ohne vorher noch einmal sein Verständnis des Verhältnisses von Moraltheologie und Dogmatik zu beschreiben.

Für ihn sind beide Wissenschaften Hauptzweige der Theologie. Während die Dogmatik über die Beschaffenheit der Wesen (Gott usf.) handelt, leitet die Moraltheologie daraus ihre Erkenntnisse und Lehren "über das Verhalten gegen und in Ansehung aller Wesen"[471] ab. Die Dogmatik ist damit unbestreitbar die Quelle der Moraltheologie, wenn auch beide Wissenschaften verschiedenen Inhalts sind.

G. Braun wendet sich gegen die Auffassung, beide Wissenschaften besäßen verschiedene Grundlagen. Auch könne der Unterschied zwischen beiden Disziplinen nicht einfach dahingehend beschrieben werden, daß die eine vom Glauben, die andere vom Tun handele. Eine solch strikte, sich ausschließende Trennung sei nicht möglich, da auch die Moraltheologie sich mit dem Glauben befasse, wenn auch in einer von der Dogmatik verschiedenen Weise.

Falsch sei auch die Lehre von einer gegenseitigen Verquickung beider Disziplinen, wonach die Dogmatik moralische Lehren von einem theoretischen, die Moral dogmatische Lehren von einem praktischen Standpunkt aus verwende. Dagegen sei festzuhalten, daß die Dogmatik als Quelle der Moraltheologie keine Lehren aus dieser Disziplin übernehmen könne. Jedoch sei es für die Dogmatik möglich, aus positiven,

---

[468] I, 9 f.
[469] In diesem Abschnitt soll es nur um das grundsätzliche Verhältnis der beiden Disziplinen zueinander gehen. Das Auffinden konkreter Normen, wofür eben die Beziehung der Dogmatik zur Moral eine wesentliche Rolle spielt, wird weiter unten behandelt.
[470] Vgl. dazu I, 150–153.
[471] I, 151.

praktischen Lehren Christi dogmatische, theoretische Lehren zu erschließen. Die Moraltheologie ihrerseits basiere nicht auf einzelnen dogmatischen Lehren, sondern vielmehr auf dem Gesamtinhalt der Dogmatik.

G. Braun wendet sich aber auch gegen die berühmt gewordene Umschreibung der Beziehung zwischen Dogmatik und Moral, die der Begründer der Katholischen Tübinger Schule, *Johann Sebastian von Drey*[472] in seiner 'Kurzen Einleitung in das Studium der Theologie', die 1819 in Tübingen erschienen war, bietet. *J. S. Drey* umschreibt hier die Moral wie folgt:

Sie ist "die Darstellung des christlichreligiösen Lehrbegriffs von seiner praktischen Seite, folglich noch immer Darstellung eines und desselben Lehrbegriffs. Es sind auch *an sich* dieselben Ideen des Christentums, die in der Dogmatik von ihrer rein-speculativen, in der Moral von ihrer praktisch-speculativen Seite betrachtet werden; der Unterschied der reinen Speculation von der praktischen besteht darin, daß jene überhaupt zeigt, *was ist*, - diese dagegen zeigt, *wie das*, *was ist*, *wird*. Darum ist die christliche Moral zwar nicht die *angewandte*, aber die *umgewandte* Dogmatik. Angewandt erscheinen beyde nicht mehr in einem Wissen, sondern im wirklichen Leben."[473]

Für *J. S. Drey* ist die Moraltheologie deshalb nicht die angewandte Dogmatik, weil für ihn die *Anwendung* der beiden Disziplinen ein Bereich jenseits des Denkens ist, nämlich die Nutzung ihrer Erkenntnisse im wirklichen Leben. Moral und Dogmatik gehören als Disziplin jedoch zunächst in den Bereich des Wissens, ja in den gleichen Bereich des Wissens vom christlichen Glauben. Sie handeln beide von 'denselben Ideen des Christentums'.

Die Grundlage der Ausführungen *J. S. Dreys* zum Verhältnis von Dogmatik und Moral bildet seine Idee vom "Reiche Gottes als moralischer Weltordnung"[474]. Aufgabe der Dogmatik sei es, die moralische Weltordnung "wissenschaftlich aus ihrer Idee darzustellen" "wie sie für sich ist und von Gott gesetzt" sei. Die Moral habe dagegen die Aufgabe herauszuarbeiten, wie die moralische Weltordnung "wird und wirklich wird". Die Betrachtung der Verwirklichung der moralischen Weltordnung läßt die Weltordnung "als das Product einer alles umfassenden und durchdringenden moralischen Kraft" erkennen. Diese Kraft kann für *J. S. Drey* nur die "heilige Liebe" sein, "die vom Mittelpuncte des Ganzen ausgeht, alles Einzelne ergreift, und dadurch die moralische Weltordnung wirklich macht". Damit wird für ihn die Liebe auch zum

---

[472] Zu *J. S. Drey* und zur 'Tübinger Schule' vgl. oben Anm. 187 f.

[473] 175 f. Vgl. dazu die Ausführungen von W. RUF, System der Theologie 126-143. Er hat die zu diesem Problem in der 'Kurzen Einleitung' knapp gehaltenen Aussagen anhand von Vorlesungsnachschriften und Rezensionsbemerkungen *J. S. Dreys* inhaltlich ergänzt. Seine Darstellung sei in der Beschreibung von *J. S. Dreys* Auffassung zugrunde gelegt. Vgl. auch J. REITER, Ferdinand Probst 98-101.

[474] *J. S. Drey*, Kurze Einleitung 176. Zum Reich-Gottes Begriff bei den deutschen Moraltheologen in der ersten Hälfte des 19. Jahrhunderts vgl. J. STELZENBERGER, Reich Gottes bei den deutschen Moraltheologen 1800-1850. Paderborn 1964, 70-98, zu *J. S. Drey* ebd. 88. Vgl. auch M. SECKLER, Reich-Gottes-Motiv 257-282.

Prinzip der christlichen Moral "und alles moralische Streben aus ihr darzustellen, ist die Aufgabe der christlichen Sittenlehre"[475].

Die Darstellung der moralischen Weltordnung nach ihrer Herkunft und ihrem Wesen als Bereich der Dogmatik und die Darstellung der moralischen Weltordnung in ihrer Verwirklichung als Bereich der Moral hätten die wesentlichen inhaltlichen Komponenten gemeinsam: den Sündenfall, die Wiederherstellung und das ewige Leben. Dogmatik und Moral handelten von den gleichen Gebieten des Reiches Gottes nur unter zwei Perspektiven. Dogmatik beschreibe das Reich Gottes als das, *"was ist"*, Moral beschreibe uns *" wie das was ist, wird"*[476]. Für *J. S. Drey* ist die Dogmatik "die notwendige Voraussetzung, ohne welche sich die Moral gar nicht verstehen kann" [477], denn erst nach der Beschreibung dessen, 'was ist' ist eine Beschreibung 'wie das, wie, wird' möglich. Beide Wissenschaften beschäftigten sich mit einem spekulativen Bereich, die Dogmatik mit einem rein spekulativen, die Moral mit einem praktisch spekulativen. Dabei werde bei jedem näheren Erkenntnisbereich die Spekulation der Dogmatik in eine praktische Spekulation der Moral 'umgewandt'. [478] Beachtet man den Standpunkt des Betrachters, ist der Begriff 'umgewandt' vielleicht so zu erläutern: Für den Bereich der Dogmatik schaut der Betrachter gleichsam zurück auf das, was durch Gottes Offenbarung schon ist und sucht dies wissenschaftlich zu durchdringen. Die Moraltheologie lenkt den Blick dagegen nach vorn auf die Frage, wie die Inhalte der Offenbarung in einer moralischen Weltordnung verwirklicht werden können. So wird der 'nach hinten' auf bereits Geschehenes gerichtete Blick der Dogmatik in der Moraltheologie nach vorne 'umgewandt'. [479]

Was hat G. Braun aber gegen diese von *J. S. Drey* so gesehene enge Verknüpfung von Dogmatik und Moral einzuwenden, da er doch selbst eine enge Verbindung immer wieder betont?

Er sieht bereits in den von *J. S. Drey* geschaffenen Voraussetzungen grobe Fehleinschätzungen des Inhaltes und der Aufgabe beider Disziplinen. Gegen *J. S. Drey* behauptet G. Braun, eine reine Spekulation könne sowohl theoretische als auch praktische Lehren zum Inhalt haben. Für ihn ist die reine Spekulation "nicht das eigentliche Geschäft der Dogmatik"[480]. Daher ist eine Zuteilung der reinen theoretischen Lehren in das Aufgabenfeld der Dogmatik und der spekulativ praktischen Lehren in das Aufgabenfeld der Moraltheologie in der Grundsätzlichkeit, wie *J. S. Drey* sie vorgenommen hat, für ihn nicht akzeptabel.

Auch stimmt er bezüglich der Aufgabe der 'reinen Spekulation' nicht mit dem Tübinger überein. Die 'reine Spekulation' zeige nicht einfachhin, wie *J. S. Drey* ver-

---

[475] *J. S. Drey*, Kurze Einleitung 176.
[476] *J. S. Drey*, Kurze Einleitung 175.
[477] W. RUF, System der Theologie 127.
[478] Vgl. dazu das Schema bei W. RUF, System der Theologie 130, und zu weiterführenden Gesichtspunkten dieser 'Umwendung' ebd. 130-143.
[479] W. RUF, System der Theologie 128: *"Die christliche Moral ist die Theorie des christlichen Lebens durch die Umkehrung der spekulativen Ideen des Christentums in ihr praktisches Moment."*
[480] I, 152.

mute, 'was ist', "sondern sie untersucht, woher das, was ihr gegeben ist, stamme, und warum und wie es das ist, was es ist" [481]. In den Bereich der theoretischen Spekulation falle somit auch die Frage nach dem Werden und dem Wie der theoretischen Erkenntnis. Sie sei außerdem über das ihr von *J. S. Drey* zugemutete Maß hinaus fähig, neue theologische Erkenntnisse zu finden und abzuhandeln. Desweiteren hat auch die praktische Spekulation für G. Braun nicht die Aufgabe, die ihr der Begründer der Tübinger Schule zuspricht. Da das Werden zum Bereich der theoretischen Spekulation gehöre, bleibe für die praktische Spekulation die Aufgabe, festzustellen, "was sein und werden *solle*, und durch welche Mittel und auf welche Weise dies zu Stande gebracht werde" [482].

Für die praktische Spekulation, das bedeutet für die Moraltheologie, unterstreicht G. Braun somit deutlich den Aspekt des Sollens. Unter dieser Voraussetzung können dann die Erkenntnisse und Lehren der Moraltheologie nur Sollensansprüche sein. Während *J. S. Drey* seine Konzeption der Moral auf Tugenden unter der Führung der alles durchdringenden Kraft der Liebe aufbaut, engt das Konzept des 'Sollens' G. Braun auf darzustellende Pflichten ein. Moraltheologie schreibt danach vor, wie gehandelt werden 'soll', welche Pflichten dem Handeln auferlegt sind und mit welchen Tugendmitteln diese erfüllt werden können.

Da G. Braun die Ansicht von *J. S. Drey* in wesentlichen Zügen ablehnen muß, weil sie seinen eigenen hermesianischen Definitionen von Dogmatik und Moraltheologie nicht entsprechen, hält er auch die Bezeichnung der Moraltheologie als 'umgewandte Dogmatik' für unpassend.

Neben der Auseinandersetzung mit der Auffassung seines ehemaligen Tübinger Lehrers möchte G. Braun noch zwei weitere, seines Erachtens irrige Ansichten über das Verhältnis von Dogmatik und Moral korrigiert wissen. Es ist einmal die Ansicht des von *I. Kant* beeinflußten Moraltheologen *S. Mutschelle*[483], die Dogmatik könne nicht die Quelle der Moraltheologie sein, weil auch schon die Dogmatik die Beachtung von moralischen Qualitäten voraussetze. So setze sie etwa voraus, daß Gott ein guter und kein böser Gott sei. Darauf erwidert G. Braun, diese Begriffe über moralische Qualitäten könnten und müßten für die Dogmatik aus der Philosophie genommen sein. Damit erkennt er an - wenn er auch nur von vorauszusetzenden *Begriffen* spricht -, daß die theoretische Spekulation über Gott usf. ein moralisches Vorverständnis voraussetze. Dieses Vorverständnis ist für ihn jedoch offenbar nicht spezifisch 'christkatholischer' Art, sondern von so allgemeiner Qualität, daß es aus den Lehren der Philosophie erworben werden kann. Da er nur von den von der Philosophie übernommenen *Begriffen* spricht, bleibt an dieser Stelle unklar, woher der *Inhalt* dieses Vorverständnisses stammt. Ist die Fähigkeit, grundsätzlich zwischen Gut und Böse unterscheiden zu können, gnadenhaft geschenkt, oder stammt auch sie wie die Begriffe, die diese Fähigkeit formulieren, aus den Lehren der Philosophie, also aus ra-

---

[481] I, 152.
[482] I, 152.
[483] Zu *S. Mutschelle* vgl. oben Anm. 35.

tionaler Erkenntnis? Ist das letztere der Fall, müßte die Philosophie Voraussetzung der Dogmatik sein. Doch darüber gibt G. Braun an dieser Stelle keine Auskunft.

Die letzte Auffassung über das Verhältnis von Dogmatik und Moral, die er als Widerspruch zu seinem Verständnis anführt, stammt von *J. W. Schmid* (1744-1798)[484]. Seine Auffassung ist für G. Brauns Verständnis "am unrichtigsten und zugleich komisch"[485], weil sie versuche, die Moral als Quelle der Dogmatik zu beschreiben. Dieser Auffassung nach solle die Moral zeigen, wie zu handeln sei, die Dogmatik, was der Mensch aufgrund seines Handelns vor Gottes Gericht zu erwarten habe. Die Dogmatik habe gewissermaßen nur eine korrigierende Funktion, damit die Handlungen des Menschen nicht zu sehr nach Vernunft oder Sinnlichkeit ausschlagen. Eine solche Konzeption ist für G. Braun keiner weiteren Diskussion wert.

2. 'Christkatholische' und nichtkatholische christliche Moral [486]

Einen Unterschied zwischen der 'christkatholischen' Moraltheologie und nicht katholischen Formen, darunter vor allem die protestantische Moral, sieht G. Braun im Inhalt der Erkenntnisse und Lehren. Er ergebe sich daraus, daß die verschiedenen christlichen Konfessionen auf verschiedenen dogmatischen Inhalten basierten. Die Form der Gewinnung moralischer Erkenntnisse sei auch bei den übrigen christlichen Konfessionen nicht verschieden von der katholischen Weise. Hier wie dort bilde die Dogmatik die entscheidende Quelle.

3. 'Christkatholische' Moraltheologie und Ethik

3. 1 Das Verhältnis zur Moralphilosophie [487]

In Anlehnung an die hermesianischen Lehrbücher der Moralphilosophie von *W. Esser* und *P. J. Elvenich*[488] bestimmt G. Braun die Moralphilosophie als "rein philosophische Lehre über das von der Vernunft gebotene, rücksichtlich angerathene Benehmen des Menschen auf demjenigen Standpunkte, auf welchem die Erkenntnis des Menschen nur die ihn umgebende Welt und sich selbst umfaßt" [489]. Schon in der Definition klingt an, daß die Erkenntnisobjekte der Moralphilosophie nicht denen der Mo-

---

[484] *J. W. Schmid* hat in den Jahren 1798-1804 in Jena eine dreibändige 'Christliche Moral' veröffentlicht; der letzte Band, die Aszetik, wurde erst posthum herausgegeben. Vgl. ADB XXXI, 672 f.
[485] I, 153.
[486] Vgl. dazu I, 154 f.
[487] Vgl. dazu I, 155-163.
[488] Die 'Moralphilosophie' von *W. Esser* erschien, wie erwähnt, 1827 in Münster, die von *P. J. Elvenich* in zwei Bänden 1830/33 in Bonn. Im Anhang seiner 'Moralphilosophie' versucht auch *W. Esser* einen Vergleich zwischen Moralphilosophie und Moraltheologie. Vgl. 362-384.
[489] I, 155.

raltheologie entsprechen. Während die Moraltheologie neben den Menschen auch Gott als Objekt moralischer Handlungen kenne, konzentriere sich die Moralphilosophie lediglich auf den Menschen. G. Braun betont, daß die Vernunft im Raum des katholischen Christentums zu Erkenntnissen über die Moralphilosophie hinaus gelange, wie etwa "Aufschlüsse über Mittel zur Förderung des religiösen und sittlichen Verhaltens und Anweisungen zum Gebrauche dieser Mittel" [490]. Diese Erkenntnisse der 'katholischen' Moralphilosophie seien nicht ohne Einfluß auf die Moraltheologie. Beträchtliche Unterschiede zwischen beiden Disziplinen ließen sich jedoch vor allem in der Frage nach dem 'Beweggrund' beider Wissenschaften ausmachen. Auf der Seite der Moralphilosophie sei hier die 'natürlich erkannte Menschenwürde' zu nennen. Die Moraltheologie besitze dagegen die weitaus höherwertigeren Beweggründe, nämlich die Hochschätzung des Menschen als Ebenbild Gottes und die daraus resultierende Folgerung, daß der Mensch der Annäherung an Gott bis 'ins Unendliche' fähig sei. Aus diesem höchsten Beweggrund leiteten sich noch weitere, nachgeordnete Gründe ab, wie "z. B. die sichere Hoffnung auf Nachlassung der begangenen Sünden, auf eine übernatürliche Erhebung unserer Kräfte zur höhern Vervollkommnung, auf den Beistand der Gnade, die höchste Gewißheit der Unsterblichkeit der Seele und selbst der Auferstehung des Leibes, die feste Ueberzeugung von einem allgemeinen Weltgerichte und einer ewigen Seligkeit und einer ewigen Unglückseligkeit" [491]. Diese Aufzählung der dogmatischen Lehrinhalte als weiterreichende Begründung der Moraltheologie zeigt erneut die Bedeutung, die G. Braun der Dogmatik für seine Wissenschaft zumißt.

Den Unterschied, den er im Verhältnis zur Moralphilosophie als wesentlich herausstreicht, ist in der Sache von neueren Überlegungen zum Verhältnis von Moraltheologie und philosophischer Ethik nicht verschieden. Die Moralphilosophie leitet ihre Forderungen rein aus vernünftigen Gründen ab, während die Moraltheologie sich in ihrer letzten Begründung auf den absoluten Gott stützen kann. Was G. Braun mit der Anspielung auf die höheren Beweggründe deutlich machen will, hat F. BÖCKLE in neuerer Zeit folgendermaßen ausgedrückt: "Mit der theonomen Legitimation des sittlichen Anspruchs wird der Widerspruch behoben, daß ein *bedingtes* Subjekt durch sich selbst oder durch andere bedingte Subjekte unbedingt beansprucht wird." [492] Moralphilosophie gründet sich auf der Vernunft bedingter Subjekte, Moraltheologie gewinnt durch die Rückbindung an den transzendenten Gott einen höheren Stellenwert, wie es G. Braun ausdrücklich betont.

Doch diese Rückbindung setzt Glauben voraus. Daher gibt es nach der Ansicht von G. Braun auch einen Unterschied in der Verbindlichkeit beider Wissenschaften. Die Moralphilosophie sei "für jeden vernünftigen Menschen verbindlich" [493], während die 'christkatholische' Moral nur für Katholiken verbindlich sein könne.

---

[490] I, 157.
[491] I, 157 f.
[492] Moraltheologie und philosophische Ethik, in: PhJ 84 (1977), 268. Vgl. auch ders., Theonomie und Autonomie der Vernunft, in: W. Oelmüller (Hg.), Fortschritt wohin? Düsseldorf 1972, 85 f.
[493] I, 155.

Nicht nur auf die Unterschiede der beiden Wissenschaften weist er hin. Seiner Auffassung nach gibt es auch erwähnenswerte Gemeinsamkeiten. Dazu gehöre zunächst, daß beides praktische Disziplinen [494] seien und über das sittliche Verhalten des Menschen reflektierten. Auch das 'erkennende' Prinzip sei in beiden Wissenschaften gleich, es sei die Vernunft. Über diese Gleichheiten hinaus sei die Moralphilosophie ihrem Wesen nach gegenüber der Moraltheologie die frühere Wissenschaft. Denn bevor den christlichen Morallehren denkend und handelnd beigepflichtet werden könne, müssen, so G. Braun, die Wahrheiten der christlichen Theologie überhaupt sicher erkannt werden. Dies könne nicht die Theologie, die ja selbst in Frage gestellt ist, leisten, sondern nur die "bloße Vernunft, nachdem sie eine historische Kenntnis des Christenthums erlangt hat" [495]. Die Pflichten, welche die bloße Vernunft erkenne, gehörten gerade zum Themenbereich der Moralphilosophie, die daher gegenüber der Moraltheologie die logisch vorausgehende Disziplin sei. Aber auch schon die Quelle der Moraltheologie, die Dogmatik, bedürfe der Grundlage philosophischer Lehren.

Diese Verhältnisbestimmung von Moralphilosophie und Dogmatik bzw. Moraltheologie übernimmt G. Braun von *G. Hermes*. Bei ihm geht es in der 'Philosophischen' und in der 'Positiven Einleitung' um das Verhältnis von Philosophie und Theologie. Während die 'Philosophische Einleitung' die Möglichkeit aufzeigt, "das Christenthum als äußerlich und innerlich wahr zu beweisen" und den Weg des Beweises aufzeigt, ist es die Aufgabe der 'Positiven Einleitung', "den Beweis selbst zu liefern"[496]. *G. Hermes* legt mit den beiden Bänden der Einleitung den Grundstein für seine Dogmatik, indem er alle bezweifelbaren Voraussetzungen zu unbezweifelbarer Einsicht führen will. Diese Abhandlungen von ihm setzt G. Braun voraus. [497]

Wenn die Erkenntnisse der Moralphilosophie die logisch früheren und grundlegenderen sind, folge daraus auch, daß die Moraltheologie der Moralphilosophie nicht widersprechen könne. Denn da die Moralphilosophie ausschließlich auf den Prinzipien der Vernunft basiere, wäre jedes der Moralphilosophie entgegengesetzte Ergebnis der Moraltheologie ein Verstoß gegen die Vernunft. Den Prinzipien der Vernunft könne aber auch der Christ nicht zuwider handeln. [498]

---

[494] Wie bereits oben S. 120 hingewiesen, erkennt G. Braun die Disziplinen der Theologie, die heute als praktische Theologie bezeichnet werden, nicht als Bestandteil der Theologie an. Praktische Theologie ist für ihn Spekulation über das Handeln. Theologie erschöpft sich in Dogmatik und Moraltheologie, wie auch *G. Hermes* meint. Vgl. den Anhang zur Phil. Einleitung ('Studir-Plan der Theologie') 12.
[495] I, 156.
[496] *G. Hermes*, Pos. Einleitung 1.
[497] Vgl. den ausdrücklichen Hinweis I, 156.
[498] Auch zum Verhältnis von Moraltheologie zu Moralphilosophie weist G. Braun eine Reihe von zeitgenössischen Ansichten als unrichtig zurück. Vgl. I, 158-163.

3.2 Das Verhältnis zur Religionsphilosophie [499]

Die Religionsphilosophie definiert G. Braun eingangs als "System von Erkenntnissen über unser pflichtmäßiges und gerathenes Verhalten gegen Gott, wie es auf philosophischem Standpunkte uns erkennbar ist"[500]. Die Definition gibt zu erkennen, daß die Religionsphilosophie im Gegensatz zur Moralphilosophie auch über Gott handelt. Doch auch die Autorität der Religionsphilosophie ist nach G. Braun nicht so hoch einzustufen wie die der Moraltheologie, da sie ebenfalls allein aus rationaler Grundlage entspringe. Das Verhältnis der Religionsphilosophie zur Moraltheologie sei daher mit dem der Moralphilosophie zur Moraltheologie vergleichbar.

4. 'Christkatholische' Moraltheologie und Kasuistik

G. Braun widmet dieser Verhältnisbestimmung keinen eigenen Paragraphen, sondern thematisiert sie nur in einer Anmerkung. [501] Unter Hinweis auf eine Reihe weiterer Moraltheologen *(F. G. Wanker, Vogel, Ch. F. Ammon*[502], *deWette, J. S. Drey)* vertritt er die Meinung, daß eine Kasuistik weder die wissenschaftliche Moraltheologie noch den gesunden Menschenverstand überflüssig mache. Damit wird indirekt gesagt, daß eine kasuistische Behandlungsweise moraltheologischer Themen nicht in eine wissenschaftliche Moraltheologie hineingehöre. Ein Teilaspekt der Kasuistik sei bereits im Themenbereich der Moraltheologie enthalten: "In so fern die Casuistik angiebt, was sein oder geschehen soll, sind ihre Lehren entweder schon in der Moral enthalten, oder sie sind nur fernere Anwendungen der moralischen Grundsätze." [503] G. Braun spricht der Kasuistik dennoch einen eigenständigen Wert zu und erkennt sie als eigenständige Disziplin außerhalb einer wissenschaftlichen Moraltheologie an. Sie sei von Nutzen als Vorübung zum seelsorgerlichen Beruf.

5. Die Hilfswissenschaften der 'christkatholischen' Moraltheologie

Auch diesen Punkt handelt G. Braun nur in einer Anmerkung ab. [504] Eigentliche Hilfswissenschaften der Moraltheologie erkennt er im Gegensatz zu anderen Moraltheologen, die etwa die Dogmatik, die Kirchengeschichte und das Kirchenrecht als Hilfswissenschaften ansähen, nicht an. Der Dogmatik spricht er als unentbehrlicher Quelle der Moraltheologie eine größere Bedeutung zu. In gewissen Sinne anerkennt er lediglich die Philosophie und die Geschichte der Moraltheologie als der wissen-

---

[499] Vgl. dazu I, 164-166.
[500] I, 164.
[501] Vgl. I, 164 f. Anm. 1.
[502] Zu *Ch. F. Ammon* (1766-1850) vgl. NDB I, 253 f.; und E. W. ZEEDEN, Art. 'Ammon, Christoph Friedrich', in: LThK I, 441.
[503] I, 164 Anm. 1.
[504] Vgl. I, 165 f. Anm. 3.

schaftlichen Moral zugeordnete Disziplinen; die theoretische und praktische Philosophie in dem bereits erläuterten Sinn als Voraussetzung der Dogmatik.

Zur Geschichte der Moraltheologie urteilt er, daß sie zum besseren Verständnis der Moraltheologie dieser angehängt werden könne. Ihr Wert wird somit sehr gering veranschlagt; unentbehrlich zum Verfassen eines Handbuches der Moraltheologie ist sie in keinem Fall. Diese Einschätzung der geschichtlichen Leistungen der Moraltheologie gehört zum hermesianischen Gedankengut eines Neubaus der Theologie. Wie bereits mehrfach angesprochen, werden von G. Braun nur Dogmatik und Moraltheologie als theologische Disziplinen anerkannt, so daß der Moraltheologie unter diesem Aspekt große Bedeutung zukommt. Daß G. Braun darauf verzichtet hat, eine Geschichte der Moraltheologie in seinem Lehrbuch darzustellen, zeugt von der auch tatsächlich geringen Bedeutung geschichtlicher Leistungen für seine Konzeption.

III. Zusammenfassung und Einordnung

G. Brauns Definition der 'christkatholischen' Moraltheologie lehnt sich inhaltlich sehr an die Ausführungen an, die *G. Hermes* zu Beginn seiner 'Philosophischen Einleitung' über die Theologie gemacht hat. Der Kantschen Unterscheidung zwischen theoretischer und praktischer Vernunft [505] folgend, konzipieren beide einen Theologiebegriff, der dieser Unterscheidung gerecht wird. Nach der Auffassung des Bonner Dogmatikers und seines Trierer Schülers gibt es zwei - und nur zwei - Disziplinen der Theologie, die sich Theologie heißen dürfen. Es sind die der theoretischen Vernunft korrelierende Disziplin der theoretischen Theologie und die der praktischen Vernunft entsprechende praktische Theologie. Beiden Teilen der Theologie werden nunmehr Erkenntnisbereiche zugeordnet, die mit Hilfe eines erkenntnistheoretischen Prozesses eruiert werden. Es wird gefragt, in welchen Bereichen der Vernunft theologische Erkenntnisse möglich sind. Drei Bereiche werden genannt: Gott, seine Beziehung zur Welt im allgemeinen und zum Menschen in besonderen. [506] Über alle drei Bereiche kann sich die theoretische Theologie, die Dogmatik, äußern. Die praktische Theologie kann als 'Theologie der Anwendung' hingegen nur über zwei der drei Bereiche Aussagen machen, da die reine Betrachtung Gottes der theoretischen Theologie vorbehalten ist.

Während der theoretischen Theologie die reine Betrachtung der Erkenntnisse in den drei ihr zugeordneten Bereichen genügt, fragt die praktische Theologie nach den Aufgaben des Handelns. Aus den ihr zukommenden zwei Bereichen, der Beziehung Gottes zur Welt und zum Menschen, sollen aus der Theorie die Pflichten erwachsen.

---

[505] Zum Problem des Unterschieds zwischen theoretischer und praktischer Philosophie bei *I. Kant* vgl. etwa die zusammenfassenden Aussagen E. CORETHs, Philosophie des 19. Jahrhunderts. Stuttgart 1984, 11.

[506] Auf die bei G. Braun im Gegensatz zu *G. Hermes* veränderte Sichtweise hinsichtlich der drei Bereiche der Theologie ist oben S. 119 schon aufmerksam gemacht worden.

Damit rückt die praktische Theologie, die Moraltheologie, in untrennbare Nähe zur Dogmatik, der theoretischen Theologie.

Wenn die Moraltheologie die Dogmatik zur Quelle hat, stellt sich die Frage, woraus die Dogmatik ihrerseits ihre Lehre schöpft. Auch hier gehen Meister und Schüler konform: In Distanz zu jenen Theologen, welche die Vernunft als Quelle all ihrer Erkenntnisse ansehen, betonen diese ausdrücklich, daß die Quelle ihrer Theologie in Bibel, Geschichte und (mündlichem) Lehramt der katholischen Kirche zu finden sei. Die von G. Braun hervorgehobene katholische Ausprägung der kirchlichen Lehraussagen führt konsequenterweise zu einer - zumindest im Anspruch - von der protestantischen Ausarbeitung verschiedenen Moraltheologie, da die geoffenbarten Quellen verschieden interpretiert werden.

Die auf wenigen Seiten angeführten Definitionen von *G. Hermes*, die von seinem Schüler G. Braun übernommen und hinsichtlich der praktischen Theologie nur geringfügig ergänzt werden, zeigen die Absicht beider Theologen: Es geht ihnen um eine von Grund auf erfolgende Bestimmung der theologischen Inhalte beider Teile der Theologie. *G. Hermes* sichert die Möglichkeit einer Entschiedenheit über Wahrheit mit Hilfe der Erkenntnistheorie ab, wobei ihm die Ergebnisse der Erkenntnistheorie als Zugang zur Metaphysik dienen. Auf seine erkenntnistheoretischen Ergebnisse aufbauend, liefert er den theoretischen Teil der Theologie in seiner Dogmatik. [507]

Schon in seiner Definition der Moraltheologie läßt G. Braun anklingen, daß er auf den Leistungen seines Lehrers aufbaut und den praktischen Teil der Theologie darstellen möchte. Aus der gemeinsamen Definition von Theologie ergibt sich für G. Braun nur eine einzige Möglichkeit der Darstellungsweise seiner Moraltheologie: es ist eine nach den der praktischen Theologie zustehenden zwei Bereichen geordnete Aufzählung von Pflichten. In dieser Hochschätzung der Pflicht folgen *G. Hermes* und G. Braun - über die Unterscheidung von theoretischer und praktischer Vernunft mit ihrer durch das menschliche Vermögen begrenzten Erkenntnisfähigkeit hinaus - der Konzeption von *I. Kant*. Der Königsberger Philosoph hatte schon in seiner 'Kritik der praktischen Vernunft' die Pflicht als "das einzige echte, moralische Gefühl" [508] bezeichnet. In Anlehnung an ihn ist für beide Theologen die praktische Theologie die Ausformung eines Sollensanspruches. Moraltheologie ist also die Lehre von den aus der Dogmatik abgeleiteten Pflichten des Menschen. [509]

Nach dieser Definition ist die Verknüpfung von Dogmatik und Moral zumindest im Anspruch gewährleistet; das in früheren Zeiten der Kasuistik fehlende spekulative Fundament ist vorhanden. Darauf legt G. Braun besonderen Wert. So distanziert er sich ausdrücklich von einer kasuistischen Behandlung der Moraltheologie, die er mit seiner wissenschaftlichen Darstellung für unvereinbar hält, wenn er auch der Kasuistik im praktischen Leben einen Wert beimißt.

---

[507] Dies war jedenfalls seine Absicht, wenn die 'Dogmatik' auch erst posthum erscheinen konnte.

[508] IV, 208.

[509] Zur Konzeption der Moraltheologie als Pflichtenlehre vgl. weiter unten Kapitel 5, Abschnitt I.

G. Braun versteht seine Moraltheologie ohne Zweifel als eine Wissenschaft, die auf dem Fundament der Offenbarung aufzubauen ist. Nicht ohne Grund setzt er sich mit denjenigen katholischen und protestantischen Theologen auseinander, die ebenfalls auf ein enges Verhältnis von Dogmatik und Moral hinweisen, und unter ihnen besonders mit seinem ehemaligen Tübinger Lehrer *J. S. Drey*.[510] Doch alle diese Verhältnisbestimmungen genügen ihm nicht, weil sie der hermesianischen Konzeption von Theologie nicht entsprechen.

Mit der Konzeption von *J. S. Drey* zeigen sich jedoch auch Gemeinsamkeiten. Beide sehen sowohl die theoretische als auch die praktische Theologie als spekulative Disziplinen an.[511] Beide Disziplinen gehören für sie in den Bereich des Wissens, nicht der Anwendung im praktischen Leben. Unterschiede ergeben sich aus den Zuständigkeitsbereichen der beiden Teile, welche wiederum aus den verschiedenen Grundansprüchen an die Moraltheologie resultieren. Wenn für G. Braun die Moraltheologie eine systematische Ordnung von Pflichten ist, dann kann er *J. S. Drey* nicht darin folgen, wie dieser die Aufgaben für die beiden Disziplinen verteilt. Für G. Braun muß im Bereich der praktischen Theologie der Aspekt des Sollens in den Vordergrund treten. Dies ist das Wesentliche, was er an der Konzeption des Tübingers vermissen muß: daß bei ihm der Pflichtaspekt nicht deutlich genug hervortritt.[512]

Aber *J. S. Dreys* nur kurz umrissene Vorstellungen von einer Moraltheologie, die das Werden des Reiches Gottes umschreibt, haben für das Fach durchaus Bedeutung erlangt, denn sie wurden von dem Tübinger Moraltheologen *J. B. Hirscher* (1788-1865)[513] entfaltet. *J. B. Hirschers* erster Band seiner 'Christlichen Moral als Lehre von der Verwirklichung des göttlichen Reiches in der Menschheit' ist nur ein Jahr nach G. Brauns erstem Band in Tübingen erschienen. Die dreibändige Moraltheologie

---

[510] Vgl. auch weiter unten S. 134, die Anmerkungen zu *F. Probst*.

[511] Vgl. *J. S. Drey*, Kurze Einleitung 175, mit G. Braun I, 6 f.

[512] In seiner Untersuchung zum Reich-Gottes Begriff bei den deutschen Moraltheologen in dem Zeitraum von 1800 bis 1850 bemerkt J. STELZENBERGER 95 f., zu G. Braun: "Auch dem Trierer Moraltheologen, Domkapitular und späteren Weihbischof *Godehard Braun* (+ 1861), einem Hermes-Schüler ist basileia im Sinne des Neuen Testamentes ein fester Begriff seines 'Systems der christkatholischen Moral'." Ein Gewicht, wie es etwa *J. S. Drey* und *J. B. Hirscher* der Reich-Gottes Idee beimessen, ist bei G. Braun jedoch sicherlich nicht festzustellen. J. STELZENBERGER kann seine Aussage offenbar nicht näher belegen. In einer Anmerkung korrigiert er M. GRABMANN, der in seiner 'Geschichte der katholischen Theologie'. Freiburg 1933, 234, Braun fälschlicherweise den Namen Georg statt Godehard gibt. J. STELZENBERGER irrt dort seinerseits ebenfalls, da er die Erscheinungszeit der Moraltheologie von G. Braun auf die Jahre 1834/38 datiert.

[513] *J. B. Hirscher* war seit 1817 Professor für Moral- und Pastoraltheologie in Tübingen und dort Mitbegründer der 'Tübinger Schule' und der 'Theologischen Quartalschrift'. Seit 1837 war er Professor für Moraltheologie in Freiburg/Br. Zu *J. B. Hirscher* vgl. F. X. ARNOLD, Art. 'Hirscher, Johann Baptist', in: LThK V, 383 f.; G. MARON, Art.: 'Hirscher, Johann Baptist', in: RGG III, 364 f.; F. BLÄCKER, Johann Baptist von Hirscher und seine Katechismen in zeit- und geistesgeschichtlichem Zusammenhange. Freiburg 1953; E. SCHARL, Freiheit und Gesetz. Regensburg 1958; A. EXELER, Eine Frohbotschaft vom christlichen Leben. Freiburg 1959; J. RIEF, Reich Gottes und Gesellschaft; H. WEBER, Sakrament und Sittlichkeit 171-218; E. KELLER, Johann Baptist Hirscher (1788-1865), in: Kath. Theologen II, 40-69; J. RENKER, Christliche Ehe 62-64; O. MOCHTI, Das Wesen der Sünde 104-109, 226-232.

war bereits ein Jahr später, 1836, vollständig vorhanden. Das enge zeitliche Beieinander macht einen Blick auf das Handbuch von *J. B. Hirscher* als Vertreter der Tübinger Schule besonders interessant. Auch *J. B. Hirscher* fordert eine Moral auf der Grundlage der Glaubenslehre. Er sieht als Quelle der Moraltheologie "die Offenbarung Gottes in Christus, niedergelegt in den Schriften des Alten und Neuen Testamentes; dann die Lehre und das Leben der christlichen Kirche; und endlich des eigenen Geistes Leben"[514]. In den drei Bänden seiner Moraltheologie möchte er weiterführen, was *J. S. Drey* nur kurz skizziert hat.[515] Die Verwirklichung des Reiches Gottes im Menschen geschieht seiner Vorstellung nach in drei Schritten, von denen sich je einer in einem Band findet: Der erste Schritt ist die Darstellung der Idee des Reiches Gottes als dessen Verwirklichung im Menschen. Danach folgen im zweiten Band die Faktoren, die zur Verwirklichung beitragen sollen. Schließlich wird im dritten Band die wirkliche Realisierung und die wirkliche Herrschaft des Reiches Gottes im Menschen dargestellt.[516] Die Moraltheologie ist für *J. B. Hirscher* damit die Darstellung des Vollzugs eines dynamischen Werdens des Reiches Gottes im Menschen. Die Betonung der Dynamik und der organischen Einheit des sittlichen Lebens in der Moraltheologie ist für ihn konstitutiv.[517] Damit stimmt er mit *J. S. Drey* überein: Moraltheologie ist die Darstellung dessen, was im Menschen wird, ausgehend von dem, was ist, nämlich der Idee des Reiches Gottes als "höchster Idee"[518]. "Die Idee vom Reiche Gottes ist für Hirscher, ganz im Sinne J. S. Dreys, nicht nur der Inbegriff der von Gott geoffenbarten Wahrheiten, insofern sie Gegenstand der Dogmatik sind, sondern die Dynamisierung dieser Idee, d. h. ihrer Darstellung im Vorgang des *Werdens* und der organischen Entwicklung, macht sie zugleich zum Realprinzip der Moraltheologie, aus dem sie sich nach allen Seiten entfaltet und die einzelnen Momente als Lebensprinzip organisch durchdringt."[519]

Bei *J. B. Hirscher* basiert die Moraltheologie wie bei G. Braun auf etwas durch die Offenbarung Vorgegebenem, bei beiden ist Moraltheologie positive Theologie.[520] Bei *J. B. Hirscher* ist sie die Ausformung des Werdens seiner obersten Idee, bei G. Braun soll sie die Darstellung der aus dem obersten Moralprinzip abgeleiteten Pflichten sein, wie noch zu zeigen sein wird.

Eine direkte Konfrontation zwischen beiden Linien der Moraltheologie, hier der hermesianischen, dort der Tübinger, findet sich im Werk des ersten Moraltheologen der

---

[514] Die christliche Moral I, 16.
[515] Die Beziehung zwischen J. S. Drey und J. B. Hirscher hinsichtlich ihrer Reich-Gottes-Vorstellung hat J. RIEF in seiner umfangreichen Habilitationsschrift 'Reich Gottes und Gesellschaft nach Johann Sebastian Drey und Johann Baptist Hirscher' untersucht. Vgl. Literaturverzeichnis.
[516] Vgl. Die christliche Moral I, 9 f. Zur Reich-Gottes-Idee bei *J. B. Hirscher* vgl. J. R. GEISELMANN, Tübinger Schule 224-262.
[517] Zum Organismusgedanken bei *J. B. Hirscher* vgl. E. KELLER, J. B. Hirscher 50, und J. REITER, Ferdinand Probst 150 f.
[518] *J. B. Hirscher*, Die christliche Moral I, Vorrede IV.
[519] O. MOCHTI, Das Wesen der Sünde 108.
[520] Für G. Braun kann dies zunächst nur für seinen in der Prinzipienlehre formulierten Anspruch an die Moraltheologie gesagt werden.

Neuscholastik, *F. Probst* (1816-1899)[521]. Wie für G. Braun ist auch für diesen Schüler von *J. S. Drey* die Dogmatik das Fundament der Moral. *F. Probst* bestimmt das Verhältnis von Dogmatik und Moral in der von *J. S. Drey* begründeten Weise als 'umgewandte' Dogmatik.[522] Trotz des Festhaltens an einem Miteinander beider theologischen Disziplinen sieht *F. Probst* bei manchen Moraltheologen diesen Zusammenhang übermäßig stark betont. Als Vertreter dieser Gruppe nennt *F. Probst* namentlich G. Braun, "weil dieser Mann mit einer löblichen Entschiedenheit und Klarheit diese Grundsätze entwickelt"[523]. *F. Probst* gesteht G. Braun zu, die Dogmatik als Grundlage der Moral vorauszusetzen, doch an dem Verfahren, mit dem G. Braun aus der Dogmatik praktische Vorschriften gewinnt, sieht er zu sehr die Vernunft beteiligt. Er hält die Moraltheologie selbst so jeglicher Positivität beraubt und der Gefahr der Subjektivität ausgesetzt.

Während das Bemühen dieser Moraltheologen des 19. Jahrhunderts, eine Verbindung von Dogmatik und Moral herzustellen, sich zum großen Teil aus der Distanz zu den subtilen kasuistischen Abhandlungen früherer Jahrhunderte und der damit verbundenen Loslösung jener Werke von den eigentlichen Glaubensinhalten erklärt, scheint doch die Verbindung beider Disziplinen an sich durchweg als Positivum angesehen worden zu sein. Denn die Betonung einer Verbindung von Dogmatik und Moral haben die Moraltheologen bis in unsere Tage nicht aufgegeben. R. HOFMANN etwa weist in seiner moraltheologischen 'Erkenntnis und Methodenlehre'[524] ganz ähnlich, wie es G. Braun und auch *J. S. Drey* getan haben, darauf hin, daß eine "Trennung, welche der Dogmatik die Offenbarungswahrheiten an sich, der Moraltheologie die Anwendung der Offenbarungswahrheiten auf das menschliche Handeln, bzw. die menschliche Lebensführung" zuweisen würde, "der Moraltheologie lediglich einen Platz innerhalb des Anwendungsbereiches zugestehen und sie damit zur praktischen Disziplin machen"[525] würde.

Die Moraltheologie ist dementsprechend auch für R. HOFMANN kein Teil der praktischen, sondern ein Teil der systematischen Theologie. Er sieht in der Dogmatik jenen Teil der systematischen Theologie, der "den ganzen Glaubensbereich ohne nähere Spezifizierung zum Gegenstand hat", während sich die Moraltheologie mit dem

---

[521] *F. Probst*, der lange Jahre in der Gemeindeseelsorge tätig war, wurde 1864 zum Professor für Pastoraltheologie an die Universität Breslau berufen.
Zu *F. Probst* vgl. ADB LIII, 124-126; B. FISCHER, Art. 'Probst, Ferdinand', in: LThK VIII, 780; P. HADROSSEK, Systemgedanke 93-107; E. KLEINEIDAM, Die Katholisch-Theologische Fakultät der Universität Breslau 1811-1945. Köln 1961, 76-78; H. WEBER, Sakrament und Sittlichkeit 257-272; W. DÜRIG, Ferdinand Probst (1816-1899), in: Kath. Theologen III, 87-105; J. REITER, Ferdinand Probst; ders., Leben aus dem Glauben. Grundzüge der christlichen Ethik nach Ferdinand Probst (1816-1899), in: Natur und Gnade. FS J. Piegsa. St. Ottilien 1990, 171-186; J. RENKER, Christliche Ehe 69 f., und O. MOCHTI, Das Wesen der Sünde 121-127, 250-256.

[522] Vgl. *F. Probst*, Kath. Moraltheologie I, 28. Vgl. dazu auch J. REITER, Ferdinand Probst 96-102.

[523] *F. Probst*, Kath. Moraltheologie I, 36.

[524] München 1963.

[525] 254.

"gesamten irgendwie die sittliche Bedeutsamkeit tragenden Offenbarungsinhalt" [526] beschäftigt. Da er nicht wie G. Braun von einer Ableitung aller sittlicher Pflichten aus der Dogmatik spricht, sondern eher an eine aus den Offenbarungslehren sich herleitende positiv dynamische Darstellung der moraltheologischen Inhalte denkt, steht er der Auffassung der Tübinger Theologen von einer 'umgewandten' Dogmatik insgesamt näher. Doch er weist auch über die Tübinger Ansicht hinaus, wenn er betont, daß die Dogmatik und die Moral in Teilen durchaus zu eigenständigen Ergebnissen kommen können; daß die Moral nicht einfach nach der sittlichen Seite der in der Dogmatik abgehandelten Glaubenslehre fragt.[527]

In noch jüngerer Zeit ist es etwa J. RIEF gewesen, der an einer Verbindung von Dogmatik und Moral festhält.[528] Er sieht einen wesentlichen Grund dafür darin, daß erst das Bewußtsein der Freiheit des Menschen diesem seine sittliche Aufgabe eröffnet. Erst die Rückbindung an die dem Menschen vom transzendenten Gott eröffnete Möglichkeit zum Lebensvollzug kann dieser Freiheit eine vernünftige Gestalt geben. Denn jeder Versuch, so J. RIEF unter Berufung vor allem auf *F. X. Linsenmann* (1835-1898)[529], den Gegenstand der Moraltheologie aus der theoretischen Vernunft heraus entwickeln zu wollen, scheitert an dieser dem Menschen geschenkten Freiheit, die jegliche Kontingenzerfahrung übersteigt, also von einem kontigenten Wesen nicht produzierbar ist. "So gesehen kann es kein Studium des sittlichen Gegenstandes geben, ohne daß der Studierende zu den Quellen vorstößt, die das Datum der menschlichen Freiheit begründen."[530] J. RIEF qualifiziert die Dogmatik als Lehre von den Quellen der menschlichen Freiheit und der dem Menschen damit mitauferlegten sittlichen Aufgabe. Moraltheologie lehrt, wie der Mensch dieser Aufgabe nachkommen kann. Obwohl er wegen seiner Gebundenheit an die Kontingenz alles Geschaffe-

---

[526] 255.

[527] 256 f.: "Wenn heute noch vielfach auch die Glaubenslehren dieser Gebiete [theologische Anthropologie, Gnaden- und Erlösungslehre, Ekklesiologie und Sakramentenlehre] völlig der Dogmatik überlassen werden und die Moraltheologie sich mehr auf die daraus sich ergebenden Folgerungen für die Lebensführung beschränkt, so wird dadurch die ihr innerhalb der systematischen Theologie zukommende Stellung nicht erfüllt. Desgleichen zeigt die vorliegende Verschiedenheit der theologischen Fragestellung, daß die Moraltheologie nicht einfach in die Dogmatik zurückgenommen werden kann. Die Moraltheologie muß hier auch in zentralen Fragen des Offenbarungsglaubens den eigenen Weg verfolgen, der im theologischen Verständnis den mit ontologischen und allgemeinen Kategorien nicht mehr völlig erfaßbaren wesentlichen Erfahrungen des gläubigen Menschen nachgeht."

[528] Vgl. Überlegungen zum Gegenstand der Moraltheologie, in: Anspruch der Wirklichkeit und christlicher Glaube. Düsseldorf 1980, 118-134, bes. 129-131.

[529] *F. X. Linsenmann* war seit 1867 Professor für Moraltheologie in Tübingen und bereits gewählter Nachfolger für Bischof *Reiser* im Bistum Rottenburg, als er 1898 plötzlich vor Antritt seines Amtes gestorben ist. 1878 erschien in Freiburg sein 'Lehrbuch der Moraltheologie'.
Zu *F. X. Linsenmann* vgl. P. HADROSSEK, Art. 'Linsenmann, Franz Xaver v.', in: LThK VI, 1067 f.; ders., Systemgedanke 262-281; A. AUER, Grundzüge des christlichen Ethos nach F. X. Linsenmann. Diss. Tübingen 1947; ders., Franz Xaver Linsenmann (1835-1898), in: Kath. Theologen III, 215-240; J. PIEGSA, Freiheit und Gesetz bei Franz Xaver Linsenmann. Düsseldorf 1974, und O. MOCHTI, Das Wesen der Sünde 173-186, 299-311.

[530] J. RIEF, Überlegungen 130.

nen dieser Aufgabe nie vollkommen gerecht werden kann, gilt die Forderung einer größtmöglichen Annäherung. J. RIEF betont hier nicht so sehr die Bindung der Moraltheologie an die Dogmatik als Lehrfach, sondern vielmehr die Bindung an den sich offenbarenden Gott, der freilich Gegenstand der Lehre der Dogmatik ist.

Die Rückbindung der Moraltheologie an die Dogmatik als der Lehre von dem sich dem Menschen in der Geschichte zuwendenden Gott ist somit ständiges Anliegen der Moraltheologen seit Beginn des 19. Jahrhunderts.[531] Wird die Dogmatik – in welcher Form auch immer – als Quelle der Moraltheologie anerkannt, wird dadurch auch die Vernunft in Schranken verwiesen.[532] Denn dann kann nicht mehr sie allein es sein, die die Grenzen absteckt und die Grundlagen sittlichen Handelns aufzeigt. Alleinige Herrschaft kommt der Vernunft dagegen in der Moralphilosophie zu; von ihrer Methode distanziert G. Braun sich ausdrücklich. Doch eine Rolle bei der Findung konkreter Normen kann die Vernunft auch in der Moraltheologie sehr wohl noch spielen. Welche Aufgabe G. Braun ihr hierbei zuweist, wird noch zu zeigen sein. Dabei ist es von entscheidender Bedeutung, welche Teile von der Lehre der Dogmatik er als Quelle ansieht und wie er sie verwendet.

An dieser Stelle bleibt also festzuhalten:

> Nach G. Brauns Definition der Moraltheologie stützt sich diese Wissenschaft auf die Dogmatik, in der sie ihre einzige Quelle hat. Sie wird so per definitionem als positive Wissenschaft bestimmt. Doch wie die konkrete Ausarbeitung dann tatsächlich aussieht, läßt sich aus der Definition nicht ersehen.
>
> G. Braun grenzt die Moraltheologie ausdrücklich von den philosophischen Handlungstheorien ab, die ihre Erkenntnisse auf der Grundlage der Vernunft gewinnen.
>
> Da Dogmatik und Moraltheologie seiner Auffassung nach zusammen die gesamte Theologie bilden, werden Hilfswissenschaften zum Ausarbeiten der Moraltheologie nicht benötigt. Sie dienen allenfalls der erläuternden Ergänzung.
>
> Daß das Verhältnis von Dogmatik und Moraltheologie auch in einer vom Hermesianismus verschiedenen Weise gesehen werden kann, zeigen die Theologen der 'Tübinger Schule'. Ihre Konzeption gibt Anlaß, die Rolle der Vernunft in der hermesianischen Moraltheologie G. Brauns genauer zu beachten.
>
> Das Festhalten an einer Verbindung von Moral und Dogmatik ist grundsätzlich positiv zu werten. Bis heute wird eine solche Verbindung als Konstitutivum der Moral*theologie* angesehen.

---

[531] Zum Verhältnis von Dogmatik und Moral vor allem auf protestantischer Seite vgl. H. J. BIRKNER, Das Verhältnis von Dogmatik und Ethik, in: Handbuch der christlichen Ethik I. Freiburg 1978, 281-296.
[532] Explizit etwa wieder J. RIEF, Überlegungen 130: ". . . das bedeutet, daß er [der Mensch] den Versuch der theoretischen Vernunft, den Gegenstand der Moraltheologie aus sich heraus zu entwickeln, als abwegig und unsachlich unterläßt und stattdessen der allein vernünftigen Frage nachgeht, unter welchen vernünftigen Voraussetzungen er vernünftigerweise die Chance haben könne, seiner Freiheit ein vernünftige Gestalt zu geben".

4. Kapitel

DIE SUCHE NACH FUNDAMENT UND PRINZIP MORALISCHEN HANDELNS

Nachdem G. Braun die 'christkatholische' Moraltheologie definiert hat, geht er nun daran, ihre Methode zu umreißen. Die Frage nach der Methode einer Wissenschaft ist für ihn gleichbedeutend mit der Frage nach dem Gebrauch ihrer Quelle. [533] Daher beginnt er zunächst mit einer Suche nach den Quellen der Moraltheologie.

I. Die Quelle moralischer Vorschriften[534]

In groben Umrissen hat er ja schon bei der Definition der 'christkatholischen' Moraltheologie bestimmt, was er als Quelle der moralischen Vorschriften ansieht: In Anlehnung an G. Hermes vertritt er die Auffassung, daß die Erkenntnisquelle [535] nicht die Vernunft bilde; es seien vielmehr die positiv gegebenen Lehren Christi, wie die Schrift und die Tradition sie überliefere und das mündliche Lehramt sie interpretiere. Denn es gehe ausschließlich um die *'christkatholische'* Moral. Als einzige Quelle anerkennt er die Lehre Christi, wenn nicht Christus selbst nach der Lehre der katholischen Kirche darüberhinaus auf eine außerhalb des positiven Christentums liegende Erkenntnisquelle verweise, diese damit ausdrücklich legitimiere und zu seiner eigenen Lehre werden lasse. Nur das, was Jesus selbst gelehrt oder als theologische Lehre anerkannt habe, so wie das unfehlbare Lehramt dies verstehe, könne als Quelle in Betracht gezogen werden. Jede andere Quelle würde von vornehereim die 'christkatholische' Moraltheologie verfälschen. G. Braun folgt *G. Hermes* in seiner Konzentration auf die Lehre Christi als Zentrum der 'christkatholischen' Theologie. Auch bei G. Braun scheinen von vornehereim die übrigen Teile der Bibel nur eine untergeordnete Rolle zu spielen.

Mit der Bezeichnung der Lehre Christi als Quelle der Moraltheologie ist jedoch noch nicht entschieden, ob die gesamte Lehre als Quelle anzusehen ist oder bloß Teile davon. Die selbstgewählte Verpflichtung zu Systematik und Analytik verbieten es ihm, die Quelle direkt zu nennen. Vielmehr wählt er den Weg, der dem Leser bzw. Hörer den Nachvollzug seiner Gedankengänge ermöglicht. Das Ergebnis dieses 'lauten Nachdenkens' steht für ihn freilich von vornehereim fest, doch ist es ihm offenbar daran gelegen, eine Untersuchung auch der Teile der Lehre Christi durchzuführen, die nicht als Quelle in Frage kommen. Denn alles muß bewiesen und ein-

---

[533] I, 14 f.: "Sobald man die Lösung der Frage nach der Methode, worin eine Wissenschaft zu konstruiren sei, versucht, findet man sich auch sofort angewiesen, nach dem gleichsam geistigen Orte zu fragen, wo das Materiale derselben zu suchen sei, kurz nach der Erkenntnißquelle der Wissenschaft; ist ja auch die Frage nach der Methode, die Wissenschaft zu konstruiren, im Grunde genommen, einerlei mit der Frage nach dem Wie des Gebrauches der Materialien oder der Quelle derselben."
[534] Vgl. I, 14-76. Vgl. zu diesem Abschnitt auch K. BECKER, G. Braun 20-27.
[535] 'Erkenntnisquelle' wird bei G. Braun synonym mit 'Erkenntnisprinzip' verwendet.

sichtig gemacht werden, auch die Ablehnung bedarf im hermesianischen System der Begründung. Um die Untersuchung zu beginnen, unterteilt er die Lehre Christi zunächst in einen praktischen und einen theoretischen Teil.

1. Die praktischen Lehren Christi [536]

Im Hinblick auf den hermesischen Theologiebegriff, der, wie erwähnt, für die praktische Theologie die zwei Bereiche Beziehung der Welt und des Menschen zu Gott gelten läßt, versteht G. Braun unter den praktischen Vorschriften der Lehre Jesu jene Anordnungen, "die das vom Menschen zu realisirende Verhältnis zwischen Gott und der Welt, sowohl überhaupt als insbesondere zur Menschenwelt" [537] betreffen.

Er beginnt die Untersuchung mit den praktischen Vorschriften Jesu, da diese augenscheinlich in der größeren Nähe zur Moraltheologie stünden als die theoretischen Vorschriften. Seinen eigenen Forderungen nach Gründlichkeit in der Darstellung folgend, beschreibt er die praktischen Vorschriften Jesu in Anlehnung an die von F. G. Wanker und A. K. Reyberger vorgenommene Gliederung ihrem Umfang nach folgendermaßen: [538] Zunächst gehören für ihn die ausdrücklichen praktischen Vorschriften Christi dazu. Hier denkt er wohl an die direkten Handlungsanweisungen, wie sie sich etwa in den Antithesen der Bergpredigt finden. [539] Daneben rechnet er zu den praktischen Vorschriften auch die in der Bibel vorkommenden Anweisungen, die nicht ausdrücklich gegeben werden. Dazu zählt G. Braun die Urteile über menschliches Handeln, wodurch eine Aussage über den sittlichen Wert der betreffenden Handlung gemacht werde. Außerdem gehören zu den nicht ausdrücklichen praktischen Vorschriften Christi die Beispiele, die er selbst gegeben hat oder die ansonsten zur Nachahmung oder Abschreckung vorgehalten worden sind. Schließlich zählt er auch jene Gleichnisse und Parabeln der Bibel hinzu, die sich auf eine sittliche Lehre beziehen. Somit ergibt sich folgende Gliederung: [540]

1. Ausdrückliche praktische Vorschriften
2. Nicht ausdrückliche praktische Vorschriften
   2. 1 Urteile über menschliches Handeln
   2. 2 Beispiele Christi
   2. 3 Gleichnisse und Parabeln

Jede einzelne dieser Komponenten der praktischen Lehre Jesu untersucht er nun auf ihre Brauchbarkeit als Quelle der Moraltheologie. Seine Urteile über die verschiedenen Teile der Lehre Jesu, hier der praktischen und der bei ihm weiter unten abgehandelten theoretischen Lehren, sind von nicht geringer Bedeutung für den Stellen-

---

[536] Vgl. I, 17–53.
[537] I, 16.
[538] Vgl. I, 17 Anm.
[539] Vergleichbar vielleicht mit den Vorschriften, die sich nach G. Hermes auf die 'Handlungen im engsten Sinne des Wortes' beziehen.
[540] Vgl. die Gliederung I, 18.

139

wert, den G. Braun der Offenbarung zumißt. Bei der Interpretation dieser Teile des Handbuches wird zu unterscheiden sein, wie er zum einen grundsätzlich über die Rolle und die Verbindlichkeit der biblischen Vorgaben denkt, zum andern welche Bedeutung er der Bibel oder ihren Teilen zur Konstruktion einer wissenschaftlichen Moraltheologie beimißt. Genaue Beachtung dieser Unterscheidung erfordert auch der Blick auf die Indizierung der Schriften seines Lehrers *G. Hermes*. Denn die Frage nach der Rolle der Offenbarung ist nicht zuletzt ein wichtiger Punkt in der Auseinandersetzung um die Rechtgläubigkeit von *G. Hermes* und seiner Schüler gewesen.[541] Es ist jedoch zu beachten, daß sich G. Brauns Aussagen an dieser Stelle lediglich um die Frage nach den Quellen einer wissenschaftlichen Moraltheologie bewegen. Es kann daraus zunächst nicht auf seine grundsätzliche Beurteilung von Offenbarung und Vernunft geschlossen werden.

1. 1 Die ausdrücklichen praktischen Vorschriften

Die Frage, inwieweit die ausdrücklichen praktischen Vorschriften Quelle einer wissenschaftlichen Moraltheologie sein können, klärt G. Braun, indem er das erkenntnistheoretische Instrumentarium seines Lehrers *G. Hermes* zu Hilfe nimmt. Dieser hatte das Problem der positiven göttlichen Gebote schon bei der Umschreibung der praktischen Theologie angesprochen und die positiven Vorschriften als Quelle der Moraltheologie abgelehnt. "Geht Hermes auch von der Forderung aus, daß christkatholische Theologie positive Theologie sein muß, so betont er gleichwohl in immer neuen Variationen als Grundgedanken seines moraltheologischen Ansatzes, die praktischen Vorschriften der Heiligen Schrift könnten nicht Erkenntnisprinzip oder -quelle der Moraltheologie sein."[542]

Wenn G. Braun auch im wesentlichen der Argumentation seines Lehrers folgt, ist seine Gedankenführung doch eigenständig. Denn zur Ablehnung der ausdrücklichen praktischen Vorschriften als Quelle bringen beide sowohl formale als auch materiale Gründe vor, wobei das erste formale Argument von *G. Hermes* nicht genannt wird.

Es sind also zunächst zwei formale Gründe, die G. Braun davon abhalten, die ausdrücklichen praktischen Vorschriften Christi als Quelle der Moraltheologie anzuerkennen:

1. An erster Stelle verweist er darauf, daß wohl niemand die praktischen Vorschriften Christi für unmittelbar und "bloß durch ihren Inhalt verpflichtend"[543] finden könne. Vielmehr leite jeder, der ihnen Verpflichtung beimesse, diese von jeweils noch grund-

---

[541] Vgl. H. H. SCHWEDT, Das römische Urteil 10-24.
[542] H. ZEIMENTZ, Vernunft und Offenbarung 126.
Für *G. Hermes* vgl. Phil. Einleitung 35: "Eine *geoffenbarte* praktische Theologie also, welche positive göttliche Verordnungen zu ihren Prinzipien machen wollte, würde sich erstens nur über den unwesentlichsten Theil des sittlichen Verhaltens der Menschen, nähmlich allein über die Handlungen im engsten Sinne, verbreiten können, und zweytens würde sie auch ihre Vorschriften darüber noch nicht einmahl als verpflichtend erweisen können, und also eigentlich gar keine Vorschriften geben können . . . "
[543] I, 20.

legenderen Verbindlichkeiten, etwa Gott und seinen Anordnungen Folge zu leisten, her. Er bezweifelt, daß diese eigentlichen Verbindlichkeiten, die allesamt auf die Autorität Gottes oder die Wahrheit seiner Offenbarung zurückzuführen seien, auch erkannt werden können. Daher scheinen die praktischen Vorschriften Christi ihm schon aus diesem Grund als Quelle unbrauchbar, verlange die wissenschaftliche Moraltheologie doch nach Sicherheit in der Auffindung ihrer Pflichten. Wenn der eigentliche Beweggrund des Handelns aber nicht sicher erkannt werden kann, ist für G. Brauns Verständnis ein systematischer Aufbau der Moral nicht möglich. Die Quelle der Moraltheologie soll für ihn eine echte Quelle sein, die keinen Rückgriff in der Begründung mehr zulassen kann.

Mit diesem Argument wendet sich G. Braun gegen einen Moralpositivismus. Denn er bestreitet, daß Handlungsanweisungen bloß aus sich heraus als sittlich verpflichtend erkannt werden können. Selbst wenn sie von Christus vorgetragen werden, darf die Frage nach der Begründung der Verpflichtung nicht fehlen. Die Verpflichtung ergibt sich in diesem Fall aus der hinter der Norm stehenden Autorität Gottes und dem daraus resultierenden Vertrauen in den guten göttlichen Schöpferwillen. [544]

2. Für den zweiten, weitaus ausführlicher abgehandelten Grund, die praktischen Vorschriften Christi als Quelle einer wissenschaftlichen Moraltheologie abzulehnen, verwendet er das von *G. Hermes* bekannte psychologistische Moment, wonach die im Menschen sich frei bildenden 'Gemütsstimmungen und Gesinnungen' [545] den Antrieb zum sittlichen Handeln liefern. G. Braun gesteht den 'Gemütsstimmungen und Gesinnungen' in Zusammenhang mit den praktischen Vorschriften Christi jedoch eine über *G. Hermes* hinausgehende Bedeutung zu. Während für jenen die Erklärung genügt, die 'Gemütsstimmungen und Gesinnungen' gehörten zur Natur des Menschen und es sei sowohl physisch als auch moralisch unmöglich, diese notwendigen inneren Kräfte zu umgehen [546], sucht G. Braun einen Grund auch in den praktischen Vorschriften selbst, der über den bloßen Verweis auf die Natur des Menschen den 'Gebrauch' von 'Gemütsstimmungen und Gesinnungen' rechtfertigt.

Er tut dies mit dem Hinweis, die praktischen Vorschriften des Christentums bezögen sich nicht auf bloß tote und äußere Handlungen; sie sprächen nicht nur den Willen an, sondern ihr Ziel sei auch das Herz des Menschen. Als Forderungen an ein inneres und äußeres Handeln gäben sie "dann zugleich die innere Stimmung des Gemüthes und Willens an, woraus das Handeln und Leben hervorgehen müsse, oder setzen doch eine bestimmte Stimmung des Herzens, des Gemüthes wie des Willens als

---

[544] Auf das gleiche Problem, daß ein Moralpositivismus eigentlich keine Begründung für die Verpflichtung seiner Normen liefere, verweist B. SCHÜLLER, Naturrecht und Naturgesetz, in: Grundlagen und Probleme der heutigen Moraltheologie. Würzburg 1989, 65: "Auch als Theologe muß man gegen jede Form eines Moralpositivismus einwenden: [Er setze] als schon bewiesen voraus, was es gerade zu beweisen gilt, nämlich die sittliche Pflicht, der Anordnung dieser oder jener Autoriät zu gehorchen ... "

[545] Die beiden Begriffe verwendet er in dem von *G. Hermes* vorgegebenen Sinn. Vgl. oben Anm. 442.

[546] An dieser Stelle sei von den Einschränkungen einmal abgesehen, die *G. Hermes* bezüglich den 'Handlungen im engsten Sinn des Wortes' macht. Nur bei dieser Form der Handlungen ist ja für ihn ein autoritatives Befolgen von Vorschriften möglich.

Motiv voraus, woraus es entspringen müsse, wenn das Leben und Handeln vor Gott nicht verwerflich gefunden werden solle"[547].

Er sieht in dem Vorhandensein von Gefühlen folglich eine zunächst von den praktischen Vorschriften selbst geforderte Bedingung. Die Gefühle sind erforderlich, damit kein mechanistisches Handeln entsteht, damit eine Kongruenz zwischen innerer Haltung und äußerer Tat gewährleistet ist. Ist dies nicht der Fall, werden die Handlungen als vor Gott verwerflich qualifiziert.

Die von den praktischen Vorschriften geforderten inneren Haltungen können auch nach der Auffassung von G. Braun nicht beliebig gebildet werden. Als Grund dagegen führt er die Überlegung an, die *G. Hermes* vorgegeben hat.[548] Es lehre "alle Psychologie und alle Erfahrung eines Jeden, der darauf achten will"[549], daß sich weder 'Gemütsstimmungen noch Gesinnungen' autoritativ vorschreiben lassen. Vielmehr sei es in der Beachtung des Gegenstandes des Handelns entweder physisch unmöglich oder physisch notwendig[550], an ihm Gefallen zu haben.[551] Zwar könnten die Handlungen dann noch "als bloße und nur äußere todte Handlungen"[552] vorgeschrieben sein, doch dagegen sprächen eben die Vorschriften des Christentums, die einem Handeln ohne die rechte 'Gemütsstimmung und Gesinnung' jeden Wert absprechen.[553]

---

[547] I, 21.
[548] Vgl. *G. Hermes*, Phil. Einleitung 30-32, worauf G. Braun I, 23, hinweist. Den Hinweis im Vorwort zum ersten Band von G. Brauns Lehrbuch berücksichtigend, kann davon ausgegangen werden, daß auch *F. X. Biunde* ihm bei den psychologischen Fragen zur Seite gestanden hat.
[549] I, 22.
[550] Was G. Braun und *G. Hermes* hier als 'physisch' bezeichnen, würde man wohl heute als 'psychisch' bezeichnen, zumal beide es zu den Erkenntnissen der empirischen Psychologie rechnen. Vgl. etwa *G. Hermes*, Phil. Einleitung 30 f., und G. Braun I, 21 f.
[551] I, 21: "Nun ist es aber nach Lehre der empirischen Psychologie und eben so nach jeder, auch nur oberflächlich angestellten innern Erfahrung eines Jeden hierüber, keineswegs Sache der freien Willkühr und des freien Willens, vielmehr ist es uns durch die (uns vorgestellte oder empfundene) Beschaffenheit des Gegenstandes entweder *physisch unmöglich*, an ihm Gefallen, rücksichtlich Mißfallen zu haben, oder es ist dies *physisch nothwendig*; also ist es uns in Beziehung auf Subjekte gar nicht freigestellt, ob wir für oder gegen sie gestimmt seien und demgemäß diese oder jene Gesinnung gegen sie in uns herrschen lassen. Ja sogar alle Gemüthsstimmungen in Betreff von Gegenständen richten sich nach dem Eindrucke, den diese Gegenstände auf unser Gefühlsvermögen machen, und sind dann offenbar ganz und gar abhängig von dem Verhältnisse, worin der Gegenstand zu unserem Gemüthe steht, also auch von der Beschaffenheit des Gegenstandes und unserer Vostellung (oder Empfindung) von ihm."
[552] I, 24.
[553] Bezüglich der 'Handlungen im engsten Sinne' kommt auch *G. Hermes*, Phil. Einleitung 35, auf die Möglichkeit zu sprechen, Handlungen nur aus Gehorsam zu vollziehen. Seine Begründung, warum 'Gemütsstimmungen und Gesinnungen' auch bei den 'Handlungen im engsten Sinne' beteiligt sein müssen, ist in diesem Zusammenhang im Gegensatz zu G. Braun, der einen Grund auch in den Vorschriften selbst sieht, schlicht, daß keine Handlung ohne Beteiligung des Gemütes einen sittlichen Wert habe. Der Hinweis, daß diese Gemütsstimmungen von den praktischen Vorschriften Christi selbst gefordert seien, fehlt.

Neben dieser physischen Unmöglichkeit ist es für G. Braun auch moralisch unmöglich[554], den praktischen Forderungen Christi direkt nachzukommen, denn das Christentum selbst und die Vernunft forderten nicht nur im Erkennen, sondern im ganzen Verhalten "Angemessenheit zu den Gegenständen - oder Uebereinstimmung mit der Beschaffenheit der Dinge und ihrem Verhältnisse zu uns"[555]. Damit nennt G. Braun auch hinsichtlich der moralischen Unmöglichkeit einen Grund über G. Hermes hinaus, nämlich, daß nicht wie bei G. Hermes, nur die Vernunft, sondern auch das Christentum selbst, diese 'Angemessenheit' vorschreibe. Er unterläßt auch nicht, darauf hinzuweisen, daß diese physischen und moralischen Gegebenheiten in der Natur des Menschen von göttlicher Provenienz seien, und, in Abschwächung der Bedeutung der vorher begründeten physischen und moralischen Unmöglichkeit, daß uns das Christentum selbst an vielen Stellen der Bibel ausdrücklich zur eigenen Einsicht anleite.[556]

G. Hermes wie auch G. Braun nennen jedoch über diese sich im wesentlichen aus dem hermesianischen Erkenntnissystem ergebenden formalen Gründe gegen die praktischen Vorschriften auch materiale Einwände, die sich auf Umfang und Beschaffenheit der Vorschriften selbst beziehen. Es ist nicht mehr die Frage, ob sich die positiven Vorschriften als Quelle der Moraltheologie unter der Voraussetzung der Akzeptanz des hermesianischen 'Psychologismus' eignen. Jetzt geht es um den Aufweis, daß die geoffenbarten Handlungsanweisungen *an sich* als Quelle unbrauchbar sind.

Der Bonner Dogmatiker nennt die materialen Gründe nur kurz: Die praktischen Vorschriften können nicht die Basis für eine vollständig abzuhandelnde Moraltheologie liefern, "weil in der *christlichen* Offenbarung nur sehr wenige und sehr beschränkte positive Verordnungen Gottes, die über das Handeln des Menschen bestimmen, gefunden werden"[557].

Diesen Einwand baut G. Braun weiter aus, ohne jedoch auf *G. Hermes* zu verweisen:[558]
1. Werden die positiven Vorschriften als Quelle genommen, erhält man zwar ein Konglomerat von vorgegebenen Sittenvorschriften, die aber nicht schon Wissenschaft sind, da sie eine bloß 'historische' Ansammlung von Vorschriften mit wenig universeller Geltung darstellen. Sie beziehen sich auf ganz spezielle Umstände, zu denen sie von Christus erlassen wurden. .

G. Braun hebt mit diesem Argument vor allem die Orts-, Zeit- und Situationsbedingtheit der positiven Vorschriften hervor. Sie seien zu sehr auf die Jünger in ihrer damaligen Lebenswelt zugeschnitten, als daß sie eine umfassende Geltung beanspru-

---

[554] Auch *G. Hermes* hat zwischen physischer und moralischer Unmöglichkeit unterschieden. Vgl. Phil. Einleitung 30 f.
[555] I, 25.
[556] Vgl. I, 28 f.
[557] Phil. Einleitung 35 f.
[558] Vgl. I, 45-47.

chen könnten. Die Anordnungen gelten vornehmlich denen, für die sie erlassen wurden. Sie lassen nicht erkennen, was *jeder* zu tun oder zu lassen habe.

Hinter diesem Argument von G. Braun steht eine für unser Empfinden modern anmutende Auffassung über den Umgang mit der Bibel und speziell mit den christlichen Vorschriften. Diese eher kritisch distanzierte Sicht der biblischen Vorschriften hat nur im Feld der Aufklärung zu verstehende Ursachen: Es ist einmal das große Interesse jener Zeit an Geschichte, wenngleich die früheren Leistungen von den Aufklärern kaum positiv gesehen wurden. Ein solches Interesse an Geschichte war vor der Aufklärung allenfalls in der Renaissance ausgeprägt, Geschichte als Wissenschaft gibt es erst seit dem 18. Jahrhundert. Mit diesem historischen Bewußtsein geht das Aufkommen der bibelkritischen Exegese einher.[559] Erst mit dieser Methode, die auch die historische Situation der Bibel berücksichtigt, kann die Möglichkeit einer nur begrenzten Gültigkeit der biblischen Normen eruiert werden.

Das von G. Braun konstatierte Fehlen einer universellen Geltung biblischer Normen kann durchaus als fortschrittlicher Standpunkt gewertet werden. Bis heute muß bei jedem Versuch, die biblischen Vorgaben für aktuelle Probleme fruchtbar zu machen, dieser von G. Braun, wenn auch von ihm sicher nicht erstmals, vorgetragene 'Mangel' der Bibel berücksichtigt werden.

2. Der zweite Einwand materialer Art ist mit dem ersten eng verknüpft: Die positiven Vorschriften äußerten sich nicht über *alle* menschlichen Lebensumstände. Da sie nur Teile der menschlichen Lebensbereiche umfassen, nämlich jene von Christus und den Aposteln bedachten, können sie nicht Grundlage einer umfassenden Abhandlung einer wissenschaftlichen Moraltheologie sein.[560]

Es kann kein Lehrbuch der Moraltheologie geschrieben werden, wenn sich keine Vorschriften zu jeweils aktuellen Themen in der herangezogenen Quelle finden lassen. In dieses Dilemma aber gerät der Theologe unweigerlich, will er nur die biblischen Vorschriften beachten. Somit sprechen die Forderungen nach 'Gründlichkeit' und 'Vollständigkeit' der Wissenschaft – jene beiden ersten seiner Forderungen an eine wissenschaftliche Moraltheologie[561] – ebenfalls gegen eine Verwendbarkeit der positiv biblischen Vorschriften als Quelle.

Die letztgenannten Einwände, die sich aus Situationsbezogenheit und Umfang der biblischen Weisungen ergeben, werden bis in die Gegenwart geteilt, wenngleich den Handlungsanweisungen aus dem Bereich der Offenbarung nicht jegliche Verbindlich-

---

[559] Von *G. Hermes* wurde schon gesagt, daß er genaue Kenntnisse der Exegese besaß. Vgl. oben S. 57.
[560] Mit diesem Argument steht G. Braun im Bereich der zeitgenössischen Moraltheologie nicht allein. Er nennt namentlich *S. Mutschelle* und *A. K. Reyberger*, die in diesem Punkt weithin mit ihm übereinstimmen. Vgl. I, 47.
[561] Vgl. I, 11 f.

keit abgesprochen wird.[562] Daher wird es von Interesse sein, zu fragen, welche Verbindlichkeit G. Braun ihnen grundsätzlich zugesteht.[563]

Es ist einmal die Frage, ob sie seines Erachtens zur Konstruktion einer wissenschaftlichen Moraltheologie einen Beitrag leisten können, wenn auch nicht als Quelle im Sinne einer so von G. Braun verstandenen alleinigen Quelle.

Dann ist aber auch weiter zu fragen, welche Verbindlichkeiten er den positiven Vorschriften außerhalb einer wissenschaftlichen Behandlung der Moral zugesteht.

Doch bevor diese Fragen angegangen werden können, sollen seine Urteile über die restlichen Teile der Bibel, die nicht ausdrückliche Handlungsanweisungen sind, angeführt werden, um seine Position über die Bücher der Offenbarung als Quelle der Moraltheologie zu vervollständigen.

1. 2 Die indirekten Anordnungen

Bezogen sich die bisherigen Aussagen vornehmlich auf die ausdrücklich praktischen Vorschriften, prüft er im folgenden die Verwendbarkeit der indirekten Anordnungen Christi und ihrer Interpretationen.[564] Die in der Bibel und der mündlichen Tradition vorkommenden *Urteile über den sittlichen Wert oder Unwert einer Handlung* - als Beispiel ist unter anderem Mk 12, 41-44 (Opfer der Witwe) angegeben - lehnt G. Braun ab, weil sie sich nicht direkt zu einem Sittengesetz äußerten, sondern lediglich ein Urteil über die Anwendung eines Sittengesetzes fällen. Die Forderung nach Gründlichkeit der Wissenschaft mache es jedoch notwendig, aus der ursprünglichsten Quelle zu schöpfen. Zwar könne das hinter den sittlichen Urteilen stehende Sittengesetz bisweilen erkannt werden, dies aber nicht mit Notwendigkeit. Wenn es erkannt werde, sei es aber bloß den bereits abgehandelten praktischen Vorschriften Christi gleichbedeutend.

Auch die *Beispiele Christi* seien als Quelle der 'christkatholischen' Moraltheologie nicht geeignet. Aus ihnen könne ein Muster für die Nachahmung nur dann ersehen werden, wenn hinter dem Beispiel selbst eine allgemeine Vorschrift stehe, die allenfalls eine ausdrückliche Vorschrift Christi sei und damit den genannten gleichkomme. Beispiele stellten überhaupt nur äußere Handlungen dar, die inneren 'Gemütsstimmungen und Gesinnungen', "die doch in sittlichen Dingen die Hauptsache"[565] seien, blieben im verborgenen. Das Urteil über die innere Vollkommenheit der Beispiele Christi setze die christlichen Morallehren schon als bekannt voraus. Seien die Beispiele Christi auch bedeutsam für unser moralisches Leben, so müsse doch denen widersprochen werden (*M. v. Schenkl, A. K. Reyberger, F. V. Reinhard*), die sie als Erkenntnisquelle bezeichneten.

---

[562] Vgl. etwa F. BÖCKLE, Fundamentalmoral. München ⁴1985, 230-232.
[563] Vgl. weiter unten S. 146 f.
[564] Vgl. I, 30-36. Die angeführten Gründe beziehen sich auf alle indirekten Vorschriften, die Beispiele und die Gleichnisse Christi.
[565] I, 33.

Mit ähnlichen Argumenten läßt G. Braun auch die *sittlichen Gleichnisse und Parabeln* der Bibel als Quelle nicht gelten. Die Entscheidung darüber, ob diese Gleichnisse und Parabeln befolgt werden müssen, sei an ihnen selbst nicht zu erkennen, das dahinter stehende Sittengesetz müsse anderswoher entnommen werden.

Die Ansicht, daß es in Gleichnissen und Beispielen nicht um ein Sittengesetz selbst gehe, sondern lediglich um die Frage der rechten Anwendung eines solchen Gesetzes, hat in jüngerer Zeit B. SCHÜLLER in seiner Studie über die Argumentationsformen in der Moraltheologie aufgegriffen.[566] Er konstatiert einen Unterschied zwischen Paränese und normativer Ethik und ist der Auffassung, daß es in Gleichnissen nicht um normative Ethik, sondern um Paränese gehe. [567] Wie G. Braun ist er der Auffassung, daß das eigentliche Sittengesetz hinter dem jeweiligen Gleichnis stehe; es werde in seiner Verbindlichkeit vom Gleichnis nicht mehr in Frage gestellt. Die Paränese der Gleichnisse ziele bereits auf die Anwendung der Sittengesetze. "Normative Ethik, Erklärung und Begründung sittlicher Vorschriften ist veranlaßt durch die Frage: *Was sollen wir tun?* Paränese hingegen zielt auf das *Tun* dessen, was als sittliche Forderung schon erkannt und anerkannt ist."[568] Zwar geht es B. SCHÜLLER in diesem Zusammenhang nicht in erster Linie um die Frage nach einer verbindlichen Quelle für die Moraltheologie, doch unterstützt er damit nachträglich den Standpunkt von G. Braun, indem er auf den gleichsam sekundären sittlichen Charakter der Gleichnisse hinweist.

2. Offenbarung und Vernunft

2. 1 NT, AT und die Tradition

Um die seiner Meinung nach irrigen Auffassungen verschiedener 'Moralisten' über die Quellen der Moraltheologie zurückzuweisen, unterbricht G. Braun seine Beschäftigung mit den Vorschriften Christi und geht auf die Bedeutung des *gesamten* Neuen Testamentes, des Alten Testamentes und der Tradition bezüglich ihrer Funktion für die Moraltheologie ein. Ein durchgängiges Argument seiner Ablehnung dieser Teile als Quelle ist die bereits vorgetragene Auffassung, daß positive Vorschriften generell nicht Quelle sein können, weil sie selbst keinen Aufschluß über die Verbindlichkeit ihrer Forderung geben. Er sieht bei den Theologen, die die genannten Teile als Quelle verstehen, die Tendenz, nur die darin enthaltenen positiven Vorschriften heranzuziehen. Somit greift sein Argument in allen diesen Fällen. Allerdings gibt sich G. Braun mit diesem einzigen Grund der Ablehnung nicht zufrieden, sondern fügt bisweilen weitere hinzu, obwohl seine Beweisführung, ob einzelne ganze Schriften des NT oder das Neue Testament insgesamt Quelle der Moraltheologie seien, nicht sehr ausführlich angelegt ist.

---

[566] Die Begründung sittlicher Urteile. Typen ethischer Argumentation in der Moraltheologie. Düsseldorf ³1987.
[567] Vgl. 15-33.
[568] 17.

Das NT als Ganzes lehnt er als Quelle aus dem genannten Grund ab. Nicht abfinden möchte er sich auch mit den Versuchen mancher Autoren - namentlich nennt er das Lehrbuch der christlichen Sittenlehre von *J. Fr. Bruch*[569] -, bestimmten Schriften des NT als Quelle der Moraltheologie größeren Wert beizumessen als anderen. Dagegen vertritt er die Auffassung, daß alle Bücher des NT sich hinsichtlich des Wertes ihrer sittlichen Lehren vollkommen gleich stehen. [570]

Abgelehnt wird auch die Ansicht, das Alte Testament sei eine Quelle der Moraltheologie, wie manche Theologen es in dreierlei Hinsicht verträten. Entweder würden die im AT enthaltenen Vernunftvorschriften als Quelle herangezogen, oder das AT sei Quelle, weil Christus die darin enthaltenen Sittengesetze bestätigt habe. Oder es werde schließlich Quelle genannt, weil Christus selbst seine Moral an das AT anknüpfe und es als Quelle benutze. Alle drei Auffassungen verwirft G. Braun. Zur Rolle der Vernunft verweist er zunächst auf bei ihm weiter unten gemachte Ausführungen. Die zweite Begründung entkräftet er mit dem Hinweis, daß die Sittenlehren, die von Christus als geltend anerkannt und bestätigt worden seien, christlich genannt werden müßten und nicht *neben* den Vorschriften Christi existieren dürften. Eine eigene Quelle seien sie daher nicht. Den Gedanken endlich, daß Christus das AT als Quelle seiner eigenen Moral benutze, hält er für allenfalls 'jüdisch-philosophisch', nicht aber für katholisch.

Ebenso wie das Alte Testament nicht Quelle der Moraltheologie sein könne, müsse man auch ablehnen, daß die Tradition zu diesem Zweck herangezogenen werde. [571] Die Moralisten, welche die Tradition als Quelle betrachteten, darunter seien selbst protestantische Autoren (*Ch. F. Stäudlin*[572]), würden diesbezüglich an einen Inbegriff von positiven Vorschriften denken, die mit den positiven Vorschriften der Hl. Schrift zu einem Ganzen verbunden werden sollten. Auch hier treffen für ihn die Einwände zu, die er bereits hinsichtlich der ausdrücklichen praktischen Vorschriften Christi vorgetragen hat.

Während G. Braun somit die positiven Vorschriften aller Teile der Bibel und der Tradition als Quelle der Moraltheologie für unbrauchbar hält, spricht er ihnen jedoch eine Verbindlichkeit auch für die Wissenschaft nicht gänzlich ab. Sie dienen einmal "als höhere Bestätigung, daß das christliche Morallehre sei, was als solche aus der eigentlichen Erkenntnisquelle des christlich Sittlichen geschöpft worden" [573] ist.

Zu dieser bestätigenden Funktion trete zugleich eine korrigierende. Immer dann, wenn vergleichbare positive Vorschriften Christi mit den aus der Quelle hergeleiteten

---

[569] Das Lehrbuch des evangelischen Moraltheologen *Johann Friedrich Bruch* erschien in zwei Bänden 1829/32 in Straßburg. Zu *J. Fr. Bruch* vgl. NDB II, 641.

[570] Vgl. I, 38.

[571] Die Tradition versteht G. Braun in diesem Zusammenhang als eigenständige und ausschließliche Quelle der Moraltheologie. Dazu, daß die Tradition in gewisser Hinsicht bei der Bestimmung seiner Quelle durchaus eine Rolle spielt, vgl. weiter unten Anm. 597.

[572] Vgl. weiter unten Anm. 636.

[573] I, 29.

nicht übereinstimmen, dienen die vorgegebenen Normen wegen ihrer höheren Autorität als Korrigens. Seiner Ansicht nach sollen sich so schwerwiegende Irrtümer erkennen und in grundsätzlicher Weise revidieren lassen. Eine solche Vergleichsmöglichkeit ist in den meisten Fällen vorhanden.[574] Die Autorität der positiven Vorschriften bleibt auch für die wissenschaftliche Moraltheologie ungebrochen, nur als *Quelle* sind sie wegen der vorgenannten Gründe nicht zu verwenden.

Außerhalb einer wissenschaftlichen Behandlung der Moraltheologie besitzen die positiven Vorschriften für G. Braun uneingeschränkte Autorität. Dort sind die positiven Anordnungen für alle Christen verbindlich, insoweit sie aber aus den Erkenntnisquellen des katholischen Christentums entnommen seien, insoweit sie also vom Lehramt der katholischen Kirche authentisch interpretiert worden sind, besitzen sie Verbindlichkeit nur für Katholiken. Zwar würde ein Christ nicht schon deshalb aufhören, Christ zu sein, wenn er diesen Vorschriften nicht nachlebe, jedoch Bekenner des Christentums könne er schon dann nicht mehr genannt werden, wenn er auch nur eine dieser ausdrücklichen Anweisungen Christi leugne.[575] Für das Leben der Christen seien die praktischen Vorschriften von großer Bedeutung, denn durch sie habe das Christentum wohltätig an der Menschheit gewirkt und gerade in den praktischen Vorschriften zeige sich das Christentum von seiner edelsten Seite. Diese Vorschriften kämen daher im alltäglichen Leben einer Erkenntnisquelle sehr nahe, dies umso mehr, als die Menschen gewohnt seien, auf Autorität hin zu handeln. "Darum mag und soll man wohl im gewöhnlichen Volksunterrichte in der christlichen Sittenlehre von den praktischen Vorschriften Christi ausgehen, und sich der tiefsten und strengwissenschaftlichen Beweisgründe für die Wahrheit und volle Gültigkeit ihres Inhaltes überheben; man wird aber doch auf das, was die Wahrheit und Gültigkeit jener Vorschriften beweist, und weswegen sie zu befolgen sind, zurückkommen müssen, um es dem Volke möglich zu machen und um es wirklich dazu zu bewegen, daß es diese Vorschriften erfülle."[576]

Es werden nicht nur die ausdrücklichen praktischen Vorschriften in ihrem Wert hervorgehoben, auch das gelebte Beispiel Jesu hält G. Braun für bedeutend. Das Beispiel Christi soll uns "als ein lebendiges, mächtig anregendes Muster und sinnliches Abbild für unser moralisches Bestreben"[577] dienen und die aus den Erkenntnisquellen abgeleiteten Lehren bekräftigen. Für Wissenschaft und Leben ist das Beispiel Christi somit durchaus von Bedeutung. Das gleiche gelte auch für die sittlichen Gleichnisse und Parabeln.[578] Bedeutsamkeit für das sittliche Bestreben bestätigt er schließlich auch dem Alten Testament wie der Tradition, die er - neben der Bibel -

---

[574] Vgl. I, 66.
[575] Vgl. I, 19.
[576] I, 30.
[577] I, 34.
[578] I, 36 Anm.: "Sie alle sind göttliche Aufforderungen, Ermahnungen und Ermunterungen zur Befolgung der aus ihrer wahren Quelle geschöpften moraltheologischen Vorschriften, göttliche Warnungen und Zurechtweisungen in Betreff der Uebertretungen derselben, und haben als solche gewiß einen entschiedenen und wohlthätigen Einfluß, der uns der Hervorhebung anderer Vortheile für Wissenschaft und Praxis überheben kann."

als zweite Erkenntnisquelle des Christentums anerkennt, als Quelle der Moral aber, wie erwähnt, ablehnt.

Zusammenfassend zu den bisher auf die Brauchbarkeit als Quelle der Moraltheologie untersuchten Bereiche der Offenbarung läßt sich sagen:

G. Braun aberkennt diesen Teilen der Bibel trotz ihrer Ablehnung als Quelle nicht jeglichen Wert für die Moraltheologie. Sie besitzen für die aus der eigentlichen, noch näher zu bestimmenden Quelle abgeleiteten Vorschriften vielmehr eine Funktion als übernatürliche Bestätigung und als Korrigens möglicher Irrtümer. Mit der größten Autorität sind hierbei die von Jesus selbst gegebenen Anordnungen ausgestattet, gefolgt von den indirekten praktischen Vorschriften. Der Wert des Alten Testamentes und der Tradition für die Moraltheologie wird insgesamt geringer veranschlagt. Sie dienen als Ergänzung der praktischen Anordnungen des Neuen Testamentes. G. Braun gibt so eine ausgesprochen christozentrische Sicht der Bibel zu erkennen. Altes Testament und Tradition werden der Lehre Christi zugeordnet und an ihr relativiert.

Außerhalb einer wissenschaftlichen Moraltheologie besitzen die direkten und indirekten praktischen Vorschriften Christi uneingeschränkte Verbindlichkeit für die Christen, ebenso die Aussagen der Tradition.[579] Das Alte Testament wird als "vielseitig wichtig für die christliche Moral"[580] angesehen.

Bevor sich G. Braun in seiner Suche nach der Quelle der Moraltheologie den theoretischen Lehren Christi zuwendet, überprüft er, welche Rolle die Vernunft in diesem Zusammenhang zu spielen vermag.

2. 2 Die Rolle der Vernunft

Ebenso bedeutsam wie G. Brauns Einordnung der Offenbarung und der damit verbundenen Beurteilung von Schrift und Tradition ist seine Ansicht von der Vernunft hinsichtlich ihrer Bedeutung als Quelle der Moraltheologie. Er definiert die Vernunft im zweiten Band seines Lehrbuches in Anlehnung an *F. X. Biunde*.[581] Sie ist für G. Braun eine dem Menschen notwendig innewohnende Kraft, die uns nötigt, das vom Verstand Gedachte als wirklich gelten zu lassen, indem ein hinreichender Grund hinzugefügt wird.[582] Die Vernunft eröffne mehr noch als der Verstand die übersinnliche Welt, weil sie im Gegensatz zu diesem an den erkannten Objekten Wohlgefallen

---

[579] Vgl. I, 41.
[580] I, 40 Anm.
[581] Vgl. II, 348 f.
[582] Es ist die gleiche Funktion, die *G. Hermes* der Vernunft zuspricht. Vgl. Phil. Einleitung 154. R. MALTER, Reflexion und Glaube 92 Anm. 71, weist darauf hin, daß auch schon *F. Überwasser* die Vernunft 'als ein Vermögen, das nach den Gründen fragt', bestimmt hat.

empfinde.[583] "In wie fern uns die Vernunft mit jenen übersinnlichen Gegenständen bekannt macht, nennen wir sie die *theoretische*, und in wie fern sie an denselben Wohlgefallen hat, und in Uebereinstimmung mit diesem Wohlgefallen Forderungen stellt, die *praktische* Vernunft."[584]

Da sich *G. Hermes* und seine Schüler dem Vorwurf des Rationalismus oder Semirationalismus ausgesetzt sahen[585], ist ihr Urteil über die Funktionen der Vernunft von besonderer Bedeutung. Nicht zuletzt wird an dieser Frage auch zu prüfen sein, ob es sich bei G. Braun um eine Vernunftmoral oder eine Offenbarungsmoral handelt. An jetziger Stelle geht es allerdings nur um die Frage ihrer Brauchbarkeit als Quelle.

In seinen Darlegungen führt G. Braun die Vertreter, welche die Vernunft als Quelle der Moraltheologie ansehen, mit ihren Argumenten an. Dabei handelt es sich seinen Angaben nach neben den Moraltheologen, deren Handbücher er in seinen Vorlesungen verwendet hat, *A. K. Reyberger* und *F. G. Wanker*, um die katholischen Theologen *M. v. Schenkl*, *S. Mutschelle*, und die protestantischen Theologen *J. W. Schmid* und *L. F. O. Baumgarten-Crusius* (1788-1843)[586].

Zu Beginn seiner Auseinandersetzung mit den Argumenten der genannten Moraltheologen verwirft er die von *M. v. Schenkl* und *A. K. Reyberger* vorgebrachten Belege aus dem Neuen Testament, die deren Auffassung nach die Vernunft als Quelle der Moraltheologie begründen, als seiner Ansicht nach nicht adäquat.[587] Danach wendet er sich den von den Befürwortern darüberhinaus vorgebrachten Gründen zu, verwirft diese jedoch nicht völlig, da er sich 'vernünftigen' Argumenten keineswegs verschließt.[588] So akzeptiert er grundsätzlich das von *M. v. Schenkl* vorgetragene Argument, jeder Mensch sei dem Vernunftgesetz untertan und dürfe dem natürlichen Gesetz nicht zuwiderhandeln. Doch sei es keineswegs notwendig, immer nur den Richtlinien der Vernunft zu folgen, um nicht vernunftwidrig zu handeln. Man könne auch anderen Richtlinien folgen, ohne mit der Vernunft in Konflikt zu geraten. [589]

---

[583] Zum Unterschied von 'Verstand' und 'Vernunft' vgl. oben S. 53.

[584] II, 348.

[585] So noch J. DIEBOLT, La Théologie Morale Catholique 256. Vgl. auch H. H. SCHWEDT, Das römische Urteil 13.

[586] *L. F. O. Baumgarten-Crusius* hat neben mehreren Werken zur Dogmatik und Dogmengeschichte 1826 in Leipzig eine 'Lehrbuch der christlichen Sittenlehre' veröffentlicht. Vgl. ADB II, 162-164.

[587] *M. v. Schenkl* führe drei Römerbriefstellen an: Röm 1, 18 ff.; 2, 6-13; 12, 1 f. *A. K. Reyberger* beziehe sich auf Phil 4, 8. Vgl. I, 48 f.

[588] Diese Argumente, die G. Braun zum Teil wörtlich zitiert, geben zugleich einen Einblick darin, wie die Vernunft in den Handbüchern jener Zeit beurteilt wurde. Die von ihm angeführten katholischen Moraltheologen *A. K. Reyberger*, *F. G. Wanker*, *M. v. Schenkl* und *S. Mutschelle* werden von O. MOCHTI, Das Wesen der Sünde 8, zu Recht alle als "unter dem Einfluß und in der Auseinandersetzung mit dem Geist der Aufklärung" stehend bezeichnet.

[589] G. Braun unterscheidet hier zwischen Erkenntnissen, die auf die Vernunft als Quelle zurückgehen und Erkenntnissen, die aus einer anderen Quelle stammen, deswegen aber nicht unvernünftig zu sein brauchen. Als Beispiel hierzu nennt er I, 49, den Gottesdienst, der 'vernünftig' sei, obwohl er nicht auf die Vernunft, sondern auf die Lehre Christi zurückgehe.

Der Begründung A. K. *Reybergers*, das Venunftgesetz sei ein ewiges, göttliches Gesetz und seine Vorschriften würden zur Ergänzung der christlichen Moral dienen, widerspricht G. Braun ebenfalls nicht grundsätzlich. Doch auch dieses Argument ist seiner Meinung nach nicht dafür geeignet, die Vernunft als Quelle zu begründen. Die Vorschriften Christi und der Apostel machten zwar die christliche Sittenlehre noch nicht in ihren ganzen Umfang aus, doch könnten sie auch von anderer Seite ergänzt werden, wie er noch zeigen möchte.

Wenn sich jene Moralisten, so räumt er besonders im Hinblick auf *S. Mutschelle* ein, auf die Absicht Gottes berufen, dann könne man doch wohl kaum als Gottes Absicht vermuten, daß in der Moral Vernunfterkenntnisse und Offenbarungserkenntnisse miteinander vermischt werden sollten. Damit wendet sich G. Braun gegen eine Ergänzung der Offenbarungsvorschriften durch Vernunftvorschriften. In seinem Handbuch sollen offensichtlich reine Offenbarungsvorschriften enthalten sein.

Der Ansicht *S. Mutschelles*, daß die Moraltheologie nur dann wissenschaftlich und vollständig gelehrt werden könne, wenn die Vernunft ihre Quelle sei, widerspricht G. Braun mit dem Hinweis, daß nach dieser Forderung auch spezifisch christliche Vorschriften aus der Vernunftquelle hervorgehen müßten. Niemals aber könne die Vernunft "eine Lehre Christi als christliche Lehre aus sich allein hervorbringe[n]" [590]. Solange die menschliche Vernunft nicht identisch mit Christus und der Lehre Christi sei, solange sei auch die Vernunft nicht Quelle der Moraltheologie.

Alle seine Einschränkungen widerlegten nicht, daß die menschliche Vernunft fähig sei, moralische Lehren hervorzubringen, welche mit den christlichen identisch seien. Dabei blieben "jene doch stets Vernunftlehren und werden dadurch keineswegs christliche"[591].

G. Braun erkennt also die Vernunft als Quelle der Moraltheologie nicht an. Folgerichtig lehnt er auch die Vernunftwissenschaften, die Moral- und Religionsphilosophie als Quelle ab. Er gesteht ihnen nur einen Wert als die Moral vorbereitende Wissenschaften zu.[592]

Damit hat G. Braun das AT, das NT als Ganzes, einzelne seiner Schriften und die Vernunft als Quelle der Moraltheologie zurückgewiesen und kehrt nun wieder zur Untersuchung der Lehren Christi zurück. Hier stehen noch die theoretischen Lehren aus.

3. Die theoretischen Lehren des Christentums [593]

Allein die theoretischen Lehren bleiben noch übrig, um die Quelle der Moraltheologie ausfindig machen zu können. Tatsächlich wird G. Braun sie in diesem Teil der Lehre

---

[590] I, 50.
[591] I, 50.
[592] Vgl. 50–52.
[593] Vgl. I, 53–59.

Christi finden. Doch zuvor muß er sich zur Quelle vortasten. Er beginnt seine Untersuchung mit einem logischen Schluß:
Da die christliche Moral die Lehren Christi als Erkenntnisquelle habe, die Lehren Christi nur nach einer praktischen und einer theoretischen Seite hin entfaltet werden könnten, die praktischen Lehren sich jedoch als nicht geeignet erwiesen haben, ist die Quelle der christlichen Moral folglich in dem theoretischen Teil der Lehren Christi zu suchen. Doch dieser Teil birgt ebenfalls Schwierigkeiten: Theoretische Lehren können nicht unmittelbar Erkenntnisquellen für das sittliche Handeln sein, denn sie sprächen direkt nur den menschlichen Verstand, den Bereich der theoretischen Vernunft an. Sittliches Handeln aber entsteht, so die hermesianische Lehre, aus 'Gemütsstimmungen und Gesinnungen'. G. Braun spricht dabei von dem Bereich des Herzens.[594]

Der theoretische Teil der Lehre Christi ist aber als *mittelbare* Erkenntnisquelle dienlich, in der Form, "daß nämlich *aus ihnen* vermittelst eines Andern etwas als bindende Vorschrift für das sittliche Verhalten erkannt werden könne". [595] Zur näheren Weise des Herleitens verweist G. Braun auf ein noch folgendes Kapitel seiner Darstellung. Die kurzen Ausführungen an dieser Stelle lassen schon erkennen, daß es sich um die hermesische Vorstellung von der Funktion der verpflichtenden Vernunft handelt.[596]

G. Braun verweist auch darauf, daß der theoretische Teil der Lehren Christi identisch ist mit dem Lehrinhalt der Dogmatik, "und zwar, wie sich hier von selbst versteht, [der] christkatholische[n] Dogmatik"[597]. Damit anerkennt er als Quelle nicht nur die theoretischen Lehren Christi, wie sie sich in der Hl. Schrift finden, sondern auch die Aussagen der Tradition, allerdings beide Teile nur insoweit sie als Lehre durch das Lehramt der Kirche anerkannt sind.

Den Inhalt der theoretischen Lehren Christi bzw. des Lehrinhaltes der Dogmatik setzt er als wahr voraus, da er in der Dogmatik selbst oder in der Einleitung dazu "mit schlagenden Beweisgründen, denen man mit Nothwendigkeit beistimmt" [598], bereits erwiesen worden ist. Es ist kaum erwähnenswert, daß er mit diesem Hinweis an die von seinem Lehrer *G. Hermes* erbrachten Vorleistungen denkt.

Das so definierte Verhältnis von Dogmatik und Moraltheologie zugrunde legend, behauptet G. Braun folgerichtig, daß die verschiedenen christlichen Konfessionen je

---

[594] Vgl. I, 54.
[595] I, 54.
[596] Ob G. Braun die hermesischen Aussagen zur praktischen Vernunft und ihrer Möglichkeit, zu sittlich verpflichtenden Aussagen zu gelangen, unreflektiert übernimmt oder mit eigenen Akzenten versieht, wird im nächsten Abschnitt des Kapitels mitzuberücksichtigen sein.
[597] I, 56. G. Braun versteht unter den theoretischen Lehren Christi zuallererst die von Christus selbst geoffenbarten Ausagen über Gott und seine Zuwendung zur Welt. Darüberhinaus gehören dazu die biblischen Interpretationen dieser Lehre, wie sie etwa in den paulinischen Schriften zu finden sind, und die Interpretationen der christlichen Tradition. Allerdings werden nur solche Interpretationen der theoretischen Lehre Christi als Quelle der Moraltheologie anerkannt, die vom römischen Lehramt als katholische Auffassung bestätigt worden sind oder denen nicht widersprochen wurde.
[598] I, 57.

nach dem Inhalt ihrer dogmatischen Lehren verschiedene Sittenvorschriften hätten. Auffassungen, daß es auch bei verschiedenen Standpunkten in Glaubensfragen gleiche Sittenlehren geben könne, weist er als Produkt "einer fehlerhaften Behandlung der Wissenschaft"[599] zurück. 'Christkatholische' Moraltheologie besitzt für ihn ein eigenes Gepräge.

Damit hat G. Braun nun bestimmt, wo die Quellen der 'christkatholischen' Moraltheologie für ihn zu finden sind: Sie finden sich nicht, wie vielleicht zunächst vermutet werden könnte, im praktischen Teil der Lehren Christi, sondern in den theoretischen Lehren und ihrer Interpretation in Tradition und mündlichem Lehramt.

In gleicher Weise hatte G. Hermes, wenn auch nur sehr knapp, die Erkenntnisquellen der Theologie beschrieben. Die theoretisch-theologischen Lehren über Gott und das Verhältnis der Welt und des Menschen zu Gott, so wie sie sich in Schrift, Tradition und mündlichem Lehramt finden lassen, sind für ihn die positive Grundlage der Moraltheologie.[600] Wenn G. Hermes auch mit der Beschreibung der Funktionsweise der praktischen Vernunft G. Braun einen wichtigen Baustein geliefert hat, um eine Verbindung zwischen den Quellen und den konkreten Pflichten herstellen zu können, hat er aber nicht beschrieben, wie die genaue Herleitung der Pflichten aus der Quelle auszusehen hat.

Daher gilt es für G. Braun noch zu klären, wie er aus den theoretischen Lehren der Dogmatik zu den praktischen Verhaltensvorschriften gelangen kann. Um die Beschreibung dieses Vorgangs soll es sich im nächsten Abschnitt handeln.

II. Die Herleitung der moralischen Vorschriften aus der Quelle [601]

Zwei grundsätzliche Möglichkeiten sieht G. Braun, mit der Quelle der Moraltheologie umzugehen: Es ist einmal die induktive Methode, zunächst die praktischen Vorschriften Christi darzulegen und ihre Entsprechungen dann aus den theoretischen Lehren herzuleiten, d. h. die positiv gegebenen praktischen Vorschriften Christi nachträglich auch aus der Quelle der Moraltheologie herzuleiten und so zu bestätigen. Diesem Verfahren bescheinigt G. Braun jedoch Weitschweifigkeit und mangelnde Wissenschaftlichkeit.

Die zweite, seiner Auffassung nach einzig angemessene Weise des Umgangs mit der Quelle, ist die deduktive Methode. Dabei werden zuerst alle praktischen Anordnungen aus der Quelle hergeleitet und dann mit den positiven praktischen Vorschriften verglichen. Die Beschreibung, wie die Herleitung der einzelnen Sittenvorschriften aus dem theoretischen Teil konkret zu erfolgen hat, ist wiederholt ein Hauptpunkt der

---

[599] I, 58.
[600] Vgl. Phil. Einleitung 29-41, 61-68. G. Hermes nennt die Erkenntnisquellen 'Erkenntnisprinzipien'.
[601] Vgl. I, 59-76.

Kritik an dem Lehrbuch von G. Braun gewesen.[602] Dies liegt wohl daran, daß hier an einer zentralen Stelle der theoretischen Grundlegung seiner Moraltheologie der 'psychologistische Mechanismus' von G. Hermes am deutlichsten zum Ausdruck kommt.

Denn das Auffinden konkreter Vorschriften soll folgendermaßen geschehen: "Wir müssen daher in lebhafter Betrachtung bei dem Inhalte der theoretischen Lehren Christi verweilen und in der vollen Ueberzeugung von ihrer Wahrheit, die uns im katholischen Systeme erreichbar ist, mit offenem Gemüthe verweilen und sehen, ob nicht auf den Grund derselben die Vernunft oder das Gewissen eine Aufforderung an den Willen ergehen lasse; - diese von der Vernunft oder dem Gewissen ausgehende Forderung können wir alsdann zu ihrer größern Bestätigung mit von Christo gegebenen Vorschriften, wenn ähnliche vorhanden sind, vergleichen und belegen." [603]

Konkrete Normen kommen also zustande, indem der Mensch die theoretischen Lehren Christi auf sich wirken läßt. Dabei entstehen den Gegenständen der Reflexion angemessene 'Gemütsstimmungen und Gesinnungen' [604] als unabdingbare Basis zur Findung konkreter Normen. Diese frei entstehenden inneren Werte sind die Auslöser, welche die verpflichtende Vernunft anregen, dem Willen [605] einen Auftrag zu einem konkreten Handeln zu erteilen oder doch das Handeln insgesamt dieser Verpflichtung gemäß auszurichten.[606] Die durch die Lehre Christi vorgegebenen positiven Vorschriften - soweit überhaupt ähnliche existieren - dienen dann den neu gefundenen Anordnungen als gewissermaßen 'übernatürliche' Bestätigung. Sie haben folglich nicht den Charakter einer Quelle, sondern erfüllen eine Funktion als 'Autoritätsbeweis'.

Ohne an dieser Stelle auf G. Hermes zu verweisen, von dem die Weise des Findens praktischer Vorschriften stammt[607], begründet G. Braun diese Vorgehensweise als einzige, die der Natur des Menschen angemessen sei. Nur in dieser "mittelbare[n] Deduktion"[608] könnten praktische christliche Vorschriften gefunden werden, da ein unmittelbares Vorschreiben nicht möglich sei.

---

[602] Vgl. etwa M. J. MACK, Rezension zu G. Braun und H. J. Vogelsang 388, und J. DIEBOLT, La Théologie Morale Catholique 251.
[603] I, 61.
[604] Zwar werden in dem angeführten Zitat 'Gemütsstimmungen und Gesinnungen' nicht genannt, doch zeigt ihre Erwähnung bereits in dem darauffolgenden Abschnitt, daß sie an dem Prozeß der Normenfindung maßgebend beteiligt sind.
[605] I. Kant hatte die Rolle des Willens wie folgt definiert, GMS IV, 59: "Der Wille wird als ein Vermögen gedacht, *der Vorstellung gewisser Gesetze gemäß* sich selbst zum Handeln zu bestimmen."
Die Gesetze werden von der Vernunft an den Willen herangetragen. In dieser Weise haben offenbar auch die Hermesianer die Funktion des Willens verstanden.
[606] Zu der Tatsache, daß G. Braun nicht immer an eine direkte, spezifizierte Handlung denkt, sondern häufig auch bloß ein Streben nach dieser, aus der entsprechenden 'Gemütsstimmung und Gesinnung' erwachsenden Verpflichtung meint, vgl. unten Kapitel 6, Abschnitt IV.
[607] Vgl. Phil. Einleitung 29-36.
[608] I, 61.

Die eigentliche Begründung einer solchen Vorgehensweise ist also eine psychologisch-anthropologische: Nur die 'meditative' Betrachtung der theoretischen Lehren Christi erlaubt eine freie Entstehung der 'Gemütsstimmungen und Gesinnungen', die ja nicht autoritativ erzeugt werden können. Zu dieser 'freien' Komponente tritt dann die der unmittelbaren Notwendigkeit. Die Verpflichtung, welche die praktische Vernunft an den Willen ausspricht, entsteht entweder spontan und unmittelbar oder überhaupt nicht. Die Verbindlichkeit einer sittlichen Vorschrift erzeugt die eigene praktische Vernunft also in einem autonomen Prozeß.

Mit *G. Hermes* glaubt G. Braun, daß dieses Verfahren die der menschlichen Natur am ehesten adäquate Form der Entstehung verpflichtenden Handelns ermöglicht. Sie sind überzeugt, daß die menschliche Natur tatsächlich so funktioniert, wie sie von ihnen beschrieben wird.

Daß diese Art der Herleitung konkreter Sittenvorschriften nicht ohne Widerspruch bei anderen Theologen geblieben ist, hat G. Braun wohl schon bei *G. Hermes* gesehen, denn auf die seiner Auffassung nach wichtigsten beiden Einwände gegen dieses Prinzip geht er ein.

Der erste Einwand wird mit dem Namen von *J. Frint* (1766-1834)[609] verbunden, der in seinem 'Handbuch der Religionswissenschaft' darauf hinweise, daß die praktische Vernunft nicht imstande sei, aus den den Menschen geoffenbarten Aussagen über das Sein der Welt konkrete Handlungsanweisungen abzuleiten. Denn diese Geheimnisse der Welt verstehe auch die theoretische Vernunft nicht völlig und könne sie nur auf die Autorität Gottes hin glauben. Bezogen auf die hermesianische Art der Normenfindung würde der Einwand lauten: weil die theoretische Vernunft die theoretischen Lehren Christi nicht ganz begreifen, sondern nur glauben kann, ist es der praktischen Vernunft nicht möglich, konkrete Normen aus diesen Lehren herzuleiten.

G. Braun versucht diesen Einwand durch den Nachweis zu entkräften, daß verschiedene Einschätzungen der Kräfte der praktischen Vernunft zugrunde lägen. Würde man die Funktion der praktischen Vernunft so akzeptieren, wie *J. Frint* sie sieht, dann wäre tatsächlich kein Finden konkreter Normen möglich. Hingegen sei es "nach Zeugnis des unmittelbaren Bewußtseins der Sache in uns, wie nach Lehre der empirischen Psychologie" so, daß die praktische Vernunft auch dann noch ein Wohlgefallen an den höchsten Gegenständen (Gott) habe, "ohne daß Alles an ihnen und ihren Verhältnissen zu uns vollkommen zu umfassen und zu durchschauen ist". [610] Denn gerade die Größe der höchsten Gegenstände erzeuge ein Gefühl der Erhabenheit, ohne vollständig begreifen zu können. Somit entkräftet G. Braun den Einwand *J. Frints*, indem er dessen Grundthese als falsch zurückweist: Auch wenn die Vernunft

---

[609] *Jacob Frint* war seit 1804 Inhaber des neuerrichteten Lehrstuhls für Religionsphilosophie in Wien, dann seit 1827 Bischof von St. Pölten. Sein 'Handbuch der Religionswissenschaft für die Kandidaten der Philosophie', das auch unter dem Titel 'Religionshandbuch für die gebildeten Stände' bekannt war, erschien in 6 Bänden in den Jahren 1806/08 in Wien, Baden und Triest.
Zu *J. Frint* vgl. ADB VIII, 91 f., und F. K. FELDER (Hg.), Gelehrten- und Schriftsteller Lexikon der deutschen katholischen Geistlichkeit I. Landshut 1817, 246-248.
[610] I, 62 f.

nicht alles an Gott und seiner Offenbarung begreift, können praktische Vorschriften aus den theoretischen Lehren darüber hergeleitet werden.

Der zweite Einwand, auf den G. Braun eingeht - mit ihm verbindet er keinen Namen -, ist gewichtiger als der erste und zielt auf eine Hauptschwierigkeit der hermesianischen Methode zur Herleitung konkreter Normen. Es ist der Vorwurf der Subjektivität. Es wird gefragt, ob diese Art der Herleitung der Verhaltensvorschriften nicht gänzlich vom Gemüt bzw. der praktischen Vernunft des einzelnen abhängt. In der Antwort auf diese Frage versucht G. Braun nicht zu leugnen, daß diese Methode wesentlich von dem aus der Quelle schöpfenden Subjekt abhängt. Doch traut er demjenigen, der die Moraltheologie wissenschaftlich darstellen will, zu, daß er sich "dem hier zu befürchtenden Einflusse der Neigungen, Leidenschaften, des Temperamentes und der Vorurtheile zu wehren im Stande ist" [611] und auch eine umfassende Kenntnis des Inhalts dogmatischer Lehren besitzt. Derjenige Moraltheologe also, der sittliche Vorschriften aus der Quelle herzuleiten versucht, muß sich nach G. Braun aller negativer Einflüsse zu entledigen suchen, um von diesen Einflüssen möglichst unabhängige Handlungsvorschriften zu erhalten. Der Vorwurf der Subjektivität wird dahingehend abgemildert, daß G. Braun zur Herleitung der Normen ein Subjekt heranziehen möchte, das von negativen Eigenschaften möglichst frei ist und sich im Besitz möglichst umfassender Kenntnis der dogmatischen Wahrheiten befindet. Daß die Erfüllung dieser Forderungen ein Idealzustand wäre, darauf weist G. Braun auch schon selber hin. Diese Gefahr menschlicher Unzulänglichkeit, so bemerkt er weiter, sei aber auch bei den Moraltheologen gegeben, welche die praktischen Vorschriften Christi als Quelle hätten. "Wie sehr modeln und drehen an gewissen Lehren nicht die Unwissenheit, der Leichtsinn und der böse Wille, so wie das schmutzige Gemüth?"[612] Würden zudem die praktischen Vorschriften als Quelle genommen, hätte man sich noch mit deren Zeitbedingtheit auseinanderzusetzen und dem Problem, daß die positiven Vorschriften nicht für alle Situationen hinreichten und so ergänzt werden müßten.[613] Da alle Wissenschaften mit diesen menschlichen Unzulänglichkeiten konfrontiert würden, könne man sie alle unsicher heißen, insbesondere die philosophischen, da deren Erkenntnisse "rein weg aus dem Menschen hervorgehen"[614].

Diese Erwägungen führten bezüglich der christlichen Moral zu dem Schluß, daß, verfahre man nach der favorisierten Methode, diese Wissenschaft am wenigsten unsicher sei. Sie bleibe ja nicht bei den sich bildenden 'Gemütsstimmungen und Gesinnungen' stehen, sondern führe zu einem notwendigen Ausspruch der praktischen Vernunft bzw. des Gewissens. Da dieser Ausspruch der verpflichtenden Vernunft nach

---

[611] I, 64.
[612] I, 64.
[613] Vgl. I, 64 f. Erneut führt er an dieser Stelle seine schon I, 45-47, geäußerten Bedenken gegen eine Verwendung der praktischen Vorschriften als Quelle an.
[614] I, 65.

hermesianischer Auffassung ein Automatismus der menschlichen Natur und in seinem Kern frei von jeder äußeren Beeinflussung ist, kann er nicht falsch sein. [615]

G. Braun begreift die Stimme des vorhergehenden Gewissens als identisch mit dem Ausspruch der praktischen Vernunft: "Die Stimme des Gewissens, oder was dasselbe sagt, der Ausspruch der moralischen Vernunft auf den Grund des Glaubens an die Gottheit Jesu Christi und die Wahrheit seiner Lehre ist es ja auch, was uns bestimmt, wenn wir die von Christo gegebenen Vorschriften uns zur Lebensregel nehmen sollen. Jener Ausspruch ist es auch gerade, woran der Mensch in der Ausübung der Moral zuletzt immer sich wenden muß, selbe mag nun in was immer für einer Methode ihm beigebracht sein."[616] Er setzt so die hermesianische Auffassung von der Verpflichtung der praktischen Vernunft der traditionellen Ansicht von der Verpflichtung des vorausgehenden Gewissens gleich. Dadurch lenkt er an dieser Stelle seine Art der Herleitung der Sittenvorschriften bewußt in traditionelle Bahnen. Die Stimme des Gewissens ist fähig, sich jedweder Lehrmethode der Moral zu überheben.

G. Braun versucht damit die subjektive Komponente, die mit der hermesianischen Art der Herleitung von Moralvorschriften unweigerlich gegeben ist, zu relativieren, indem er darauf hinweist, daß die traditionelle Auffassung vom vorausgehenden Gewissen doch strenggenommen mit seiner Ansicht identisch sei. Es bestehe kein Unterschied zwischen dem notwendigen Ausspruch der Vernunft und dem Ruf des (vorausgehenden) Gewissens. Dabei läßt er allerdings die übrigen Komponenten seiner Normenfindung aus gutem Grund unberücksichtigt: Daß der Ruf des vorausgehenden Gewissens nach herkömmlichem Verständnis nicht die Folge einer meditativen Betrachtung dogmatischer Lehren ist und daß ihm ebensowenig bestimmte Stimmungen notwendig vorausgehen müssen, verschweigt G. Braun. Auch darauf, daß das vorausgehende Gewissen gewöhnlich mit nur sehr geringer Intensität auftritt und gerade deshalb wenig Sicherheit für das ausstehende sittliche Handeln liefern kann, verweist er an dieser Stelle nicht. [617]

Neben der genannten Sicherheit, welche den nach der hermesianischen Art gefundenen Normen aus der praktischen Vernunft selbst erwachsen soll, verweist G. Braun darüberhinaus darauf, daß die so gefundenen Vorschriften mit den bereits gegebenen positiven Vorschriften zu vergleichen seien und sich damit wohl grundlegende Irrtümer erkennen und korrigieren ließen. Außerdem seien die theoretischen Lehren Christi selbst die zuverlässigste Quelle. Sie seien ein "unbezweifelbar zuverlässiges Medium der Auffassung der praktischen Aussprüche im unmittelbaren Bewußtsein der Sache in uns"[618].

---

[615] In ähnlich optimistischer Weise hat sich *J. G. Fichte* zur Qualität des Spruches der verpflichtenden Vernunft geäußert, System der Sittenlehre II, 567 f.: "Das Gewissen aber ist *das unmittelbare Bewußtsein unserer bestimmten Pflicht* . . . Das Gewissen irrt nie, und kann nicht irren; denn es ist das unmittelbare Bewußtsein unseres reinen ursprünglichen Ich, über welches kein anderes Bewußtsein hinausgeht".
Vgl. auch weiter unten S. 211.
[616] I, 66.
[617] Weiteres zu seiner Auffassung vom Gewissen vgl. Kapitel 6, Abschnitt II.
[618] I, 66.

In der Untersuchung über die Grundlagen der Moraltheologie hat G. Braun bisher folgendes erreicht:

Er hat zunächst die Quelle der Moraltheologie bestimmt. Diese Quelle bilden die theoretischen Lehren Christi in Schrift und Tradition, so wie sie das mündliche Lehramt der Kirche interpretiert, kurz, es ist die Lehre der katholischen Dogmatik. Danach hat er das methodische Verfahren beschrieben, mit dem seiner Vorstellung nach die einzelnen Sittenvorschriften aus der Quelle sich herleiten lassen. Durch die Betrachtung der theoretischen Lehren Christi werden bestimmte 'Gemütsstimmungen und Gesinnungen' erzeugt, welche die praktische Vernunft zur Bildung sittlicher Vorschriften anregen, die wiederum durch die Beteiligung des Willens zum Handeln führen.

Damit ist lediglich die Frage offen, welche Teile der Quelle zu diesem methodischen Verfahren herangezogen werden. Ob jede einzelne Lehre der Dogmatik oder verschiedene Verknüpfungen am ehesten geeignet sind? Zudem ergibt sich das Problem, ob die aus der Quelle hergeleiteten Morallehren in direkter Weise ein vollständiges System ermöglichen, dadurch daß sie einfach in eine Ordnung gebracht werden, oder ob gefundene einzelne Vorschriften noch weiter zerlegt werden müssen. In der dem Hermesianismus eigenen analytischen Methode geht G. Braun auch diese Frage an und sieht verschiedene Möglichkeiten des Vorgehens. Nach Verwerfung zweier seiner Meinung nach unbrauchbarer Ansätze, nämlich der Herleitung praktischer Vorschriften aus allen einzelnen theoretischen Lehren Christi [619] und aus mehreren untereinander verbundenen gleichartigen Glaubenslehren [620], favorisiert er den Gesamtinhalt der Glaubenslehre als Basis der Moraltheologie, ohne diesen 'Gesamtinhalt' zunächst näher zu bestimmen.

Doch lehnt er es entschieden ab, alle möglichen Anordnungen aus der Quelle abzuleiten und sie dann bloß noch zu ordnen. Als Hauptgründe dagegen führt er diejenigen Einwände an, die im allgemeinen einer kasuistischen Behandlung der Moraltheologie entgegengehalten werden: "Wie groß nun auch die Menge solcher individueller und vereinzelter Aufforderungen sein möchte, das Leben wird in jedem Augenblicke noch wieder eine unzählige Menge von Umständen bieten, welche die Wissenschaft nicht berücksichtigen kann, von denen allen aber eine Unzahl nie zu zerstreuender Zweifel hergenommen werden könnte, ob man auch wirklich in dem anfangs erklärten Pflichtfalle sei? Wo bliebe nun bei solcher Beschränktheit auf Individualitäten die *Allgemeingültigkeit* der Moral?" [621]

Auch ist er gegen die Verknüpfung von einigen deduzierten Vorschriften zu wenigen allgemeinen Anordnungen, woraus dann wiederum alle benötigten Morallehren

---

[619] Gegen dieses Verfahren wendet er ein, daß sich durch ein Betrachten jeder einzelnen der theoretischen Lehren Christi wohl kaum Vollständigkeit und wissenschaftliche Ordnung in der Moraltheologie erreichen lassen könne. Darüberhinaus gäbe es auch dogmatische Lehren, die für sich allein genommen keine Vorlage für praktische Anordnungen sein könnten. Vgl. I, 68-70.

[620] Diese zweite Methode verwirft er ebenfalls aus den genannten Gründen. Daneben sei eine für die Moraltheologie förderliche Verknüpfung dogmatischer Lehren nur schwer zu ermitteln. Vgl. I, 70.

[621] I, 72.

sich ableiten ließen. Für ihn gibt es nur eine einzige wissenschaftlich vertretbare Methode der Herleitung der praktischen Moralvorschriften aus der Quelle: es ist die Herleitung einer obersten Sittennorm, "woraus man sofort alle übrigen christkatholischen Morallehren"[622] ableiten könne. Eine solche oberste Sittenvorschrift werde 'Moralprinzip'[623] genannt, da alle wissenschaftliche Erkenntnis der moralischen Vorschriften in ihm ihren Anfang hätten und alles sittliche Verhalten an ihm beurteilt werden könne. Er verweist darauf, daß die Möglichkeit der Existenz eines obersten Moralprinzips von den Moraltheologen bisweilen bestritten werde oder dort, wo es postuliert werde, in seiner Natur oft verkannt sei. [624]

Um seine Vorstellungen von der Konstruktion einer wissenschaftlichen Moraltheologie zu untermauern, geht er auf das von ihm geforderte oberste Moralprinzip näher ein und bestimmt nach einer Definition die Herleitung und die Qualität dieser obersten Sittenvorschrift.

III. Das oberste Moralprinzip

Auch die Darlegungen zum obersten Moralprinzip zählen neben den Aussagen zu den Quellen der Moraltheologie und den an den Vorstellungen von *G. Hermes* orientierten grundsätzlichen Überlegungen zur Herleitung einzelner Normen zu den Kernteilen, welche die Eigentümlichkeit dieser hermesianischen Moraltheologie ausmachen. Rein äußerlich wird dies schon daran deutlich, daß G. Braun vermutet, mit diesen Punkten auf den meisten Widerstand zu stoßen und oftmals gewichtige Gegenmeinungen auszuräumen gezwungen ist.

In der Idee eines obersten Moralprinzips ist G. Braun direkt von *G. Hermes* beeinflußt worden. Dieser hatte ein oberstes Pflichtgebot für die Philosophie gefordert und definiert. Bei ihm war es die Pflicht zur Erhaltung der Menschenwürde, eine Forderung ohne Transzendenzbezug.[625] *G. Hermes* wiederum greift zurück auf die Vorstellungen von *I. Kant*, der es als unvermeidliches Bedürfnis der menschlichen Vernunft ansah, alles aus einem Prinzip ableiten zu können. Die Vernunft finde "nur in einer vollständig systematischen Einheit ihrer Erkenntnisse völlige Zufriedenheit". [626]

Aber auch außerhalb des Hermesianismus wird in der Moraltheologie in enger Verbindung mit dem Streben nach Systematisierung von einem obersten Moralprinzip

---

[622] I, 74.
[623] Vgl. K. HÖRMANN, Art. 'Moralprinzip', in: Lexikon der christlichen Moral 1086-1088.
[624] Vgl. I, 74-76.
[625] Vgl. oben S. 55.
[626] KdpV IV, 215. Für *I. Kant* war das oberste Prinzip ein kategorischer Imperativ. Vgl. dazu weiter unten S. 180.

ausgegangen. Ebenfalls deutlich an *I. Kant* orientiert, formuliert *F. G. Wanker* ein dem hermesischen inhaltlich sehr ähnliches Moralprinzip.[627]
Auch *H. Oberrauch* kennt ein Grundprinzip der Moral, das bei ihm 'Gerechtigkeit als Liebe' genannt wird.[628] Selbst *J. B. Hirscher* verstand seine 'Idee von der Verwirklichung des Reiches Gottes' als solches Prinzip der Moral.[629] In jüngerer Zeit wurde der Reich-Gottes-Gedanke, den *J. B. Hirscher* von *J. S. Drey* für die Moraltheologie übernommen hatte[630], von J. MAUSBACH[631] und J. STELZENBERGER[632] als Prinzip der Moral wieder aufgegriffen und weiterentwickelt.[633]

Wenn G. Braun also fordert, in der Moraltheologie von einem obersten Moralprinzip auszugehen, ist dies an sich keine Besonderheit. Jedoch denken die übrigen Theologen nur selten an ein solch streng formales Prinzip, wie es G. Braun für sein Handbuch verlangt. Die nähere Beschreibung des obersten Moralprinzips beginnt er mit einer Definition.

1. Definition und Rechtfertigung des obersten Moralprinzips

Unter einem obersten Moralprinzip versteht G. Braun eine Sittenvorschrift, die alle moralischen Vorschriften umfaßt. Das oberste *christliche* Moralprinzip umfaßt folglich das gesamte christliche Sittengesetz, "jedoch muß man dies nicht so verstehen, als wenn die einzelnen Vorschriften alle aus jenem durch bloße Analyse zu entwickeln wären; vielmehr nur so, daß man durch Hinabsteigen von der obersten Vorschrift zu den Bedingungen ihrer Erfüllung auf die einzelnen Vorschriften hingeführt wird"[634]. Er versteht die oberste Sittennorm als Anfang einer wissenschaftlichen Erkenntnis moralischer Vorschriften und als Direktive, der alle untergeordneten Vorschriften nicht zuwider laufen dürfen.[635] Nach der so zunächst recht unscharfen Bestimmung des obersten Moralprinzips entkräftet er in der gewohnt analytischen Art die wichtigsten Einwände gegen eine oberste Sittennorm, wovon hier nur auf zwei bemerkenswerte eingegangen sei.

---

[627] Christliche Sittenlehre I, 131: "Beziehe auf das Urbild der in ihrer Würde vollendeten Menschheit alle deine Vorstellungen, und realisiere sie nur dann und in sofern, als dadurch in dir und anderen diese Würde erhalten, hergestellt und wirksam gemacht wird." Zum obersten Moralprinzip bei *F. G. Wanker* und seine Beziehung zu der Vorstellung von *I. Kant* vgl. H. J. MÜNCK, F. G. Wanker und I. Kant 41-75.
[628] Vgl. K. H. KLEBER, Gerechtigkeit als Liebe 79-90.
[629] Vgl. O. SCHAFFNER, Das Moralprinzip, in: ThQ 143 (1963), 2 f.
[630] Vgl. oben S. 132 f.
[631] Katholische Moraltheologie, hg. v. P. Tischleder. Münster ⁷1930/36.
[632] Lehrbuch der Moraltheologie. Die Sittlichkeitslehre der Königsherrschaft Gottes. Paderborn 1953.
[633] Zu den neueren Bemühungen um ein Moralprinzip vgl. O. SCHAFFNER, Das Moralprinzip 7-21.
[634] I, 76.
[635] Vgl. I, 74, 77.

Der erste Einwand gegen ein oberstes Moralprinzip - verbunden mit dem Namen des protestantischen Theologen *Ch. F. Stäudlin* (1761-1826)[636] - basiert auf der Feststellung, es gäbe zu viele voneinander verschiedene christliche Sittenvorschriften, als daß *ein* oberstes Prinzip sie alle umschließen könnte. Gegen diese Auffassung führt G. Braun an, daß *Ch. F. Stäudlin* die Bedeutung eines obersten Moralprinzips nicht richtig erfaßt habe, "denn warum sollten sich nicht mehrere, einander heterogene Vorschriften finden lassen, die dennoch alle zusammen befolgt werden müßten, bis das geleistet wäre, was die oberste Vorschrift verlangt"[637].

Damit spricht G. Braun ein markantes Problem an, nämlich: warum müssen alle christlichen Sittenlehren befolgt werden, obwohl sie sich bisweilen stark voneinander unterscheiden und zu widersprechen scheinen?

Zur Lösung dieses Problems kommt ihm seine Postulierung eines obersten Moralprinzips entgegen, welches der Definition nach alle Vorschriften in sich begreift. Unter Berücksichtigung einer obersten Vorschrift können dann auch einander scheinbar widersprechende Einzelvorschriften befolgt werden, dienen doch alle diese Anordnungen letztlich einer in dem obersten Moralprinzip geforderten Notwendigkeit. Im Hinblick auf *Ch. F. Stäudlins* Einwand ist dies dann lediglich eine Frage der Definition dieses obersten Prinzips.

Ein weiterer Einwand gegen ein oberstes Moralprinzip, der für G. Braun schwerer wiegen muß als der erstgenannte, behauptet dessen Unverträglichkeit mit dem von ihm in Anlehnung an *G. Hermes* zuvor beschriebene Herleitung der Sittenvorschriften aus den theoretischen Lehren Jesu.[638] Dort hatte er behauptet, die Moralvorschriften resultierten aus 'Gemütsstimmungen und Gesinnungen', die sich in Ansehung der dogmatischen Lehrinhalte frei bilden.[639] Nach diesem Prinzip der Herleitung scheint eine oberste Sittennorm nicht nötig, denn einzelne Vorschriften können in Anwendung dieser Methode direkt gefunden werden und benötigen keine Ableitung aus einem obersten Prinzip. Wenn er jetzt aber dennoch ein oberstes Moralprinzip fordert, würde damit diese Methode der Normenfindung außer Kraft gesetzt, weil die Normen aus dem obersten Prinzip und nicht mehr aus der Dogmatik hergeleitet würden.

Diesen Widerspruch hat G. Braun wohl gespürt und indem er ihn aufzulösen versucht, greift er den Kritiken voraus. Dazu stellt er einer gestuften Ordnung von Sittenvorschriften mit dem obersten Moralprinzip an der Spitze eine ähnlich gestufte Ordnung der 'Gemütsstimmungen und Gesinnungen' zur Seite. Bedingung dafür ist, daß diese dem sittlichen Handeln notwendig vorausgehende Stimmung nach seiner Vorstellung nicht nur unmittelbar aus der Betrachtung der theoretischen Lehren hervorgehen kann, sondern sich auch mittelbar hervorbringen läßt. Damit sei es möglich, "daß wir die *eine* Gesinnung um der andern willen annehmen"[640] und von einer Stimmung zu einer anderen gelangen, ohne erneut das zuvor beschriebene psycho-

---

[636] *Ch. F. Stäudlin* hatte 1815 sein 'Neues Lehrbuch der Moral für Theologen' veröffentlicht, das 1825 in dritter Auflage vorlag. Vgl. ADB XXXV, 516-520.
[637] I, 77.
[638] Vgl. I, 81-83.
[639] Vgl. I, 61.
[640] I, 81.

gische Verfahren zur Herleitung von Normen in allen seinen Teilen anzuwenden. Somit könne die mit dem obersten Pflichtgebot korrespondierende oberste 'Gemütsstimmung und Gesinnung' zur Herleitung weiterer Stimmungen dienen.[641]

Nachdem er sich für ein oberstes Moralprinzip ausgesprochen, es formal umrissen und seine Notwendigkeit für eine wissenschaftliche Behandlung der Moraltheologie begründet hat, stellt sich ihm jetzt die Frage, wie das oberste Moralprinzip aufgefunden werden kann. Da es sich um ein Prinzip der 'christkatholischen' Moral handeln soll, kann es nur aus dem Inhalt der 'christkatholischen' Glaubenslehre stammen.

2. Die Herleitung des obersten Moralprinzips [642]

Wiederum gibt es für G. Braun mehrere Wege, um zu dem angestrebten Ziel zu gelangen. Diesmal sieht er drei Möglichkeiten, um ein oberstes Moralprinzip zu finden:

Erstens könnten in der bereits beschriebenen Herleitung konkreter Vorschriften "möglichst viele oder alle allgemeinen christlichen Sittenvorschriften"[643] aufgefunden und dann versucht werden, daraus eine möglichst umfassende Vorschrift zu abstrahieren.

Zweitens wäre es auch denkbar, eine positive Vorschrift aus den Evangelien herzunehmen und zu prüfen, ob sie sich aus der Quelle der Moraltheologie herleiten lasse und sich zum Prinzip eigne.

Schließlich ist es seiner Ansicht nach drittens noch möglich, zu versuchen, direkt ein solches oberstes Moralprinzip aus der Glaubenslehre herzuleiten und dann mit den positiven Vorschriften der Bibel zu vergleichen.

Die ersten beiden Wege erscheinen ihm unbrauchbar. Die erste Möglichkeit deshalb, weil hier zunächst konkrete Vorschriften vorhanden sein müßten, um das oberste Moralprinzip zu finden. Dabei solle gerade in umgekehrter Weise ein oberstes Prinzip erst dazu dienen, weitere Vorschriften aus ihm abzuleiten. Auch der zweite Weg erweist sich ihm als schwierig, könne es doch sein, daß sich unter den positiven Vorschriften Christi keine finde, die als umfassendes Prinzip geeignet sei. Selbst wenn sich ein vermeintlich oberstes Prinzip in den positiven Vorschriften Christi finden ließe, müßte bewiesen werden, daß die anderen positiven Anordnungen Christi kein höheres Moralprinzip enthielten. Auch wäre dann zu klären, ob nicht aus den theore-

---

[641] Zudem sei es denkbar, bei Betrachtung eines Gegenstandes eine Gemütsstimmung zu haben, ohne den verpflichtenden Charakter dieser Stimmung erkennen zu können. Da das Erkennen des verpflichtenden Moments der Gemütsstimmung jedoch notwendige Voraussetzung für eine Forderung zum Handeln an die praktische Vernunft sei, könne in diesen Fällen die Verpflichtung nur aus bereits bekannten Zwecken abgeleitet werden.
Schließlich sei es möglich, daß ein Gegenstand erst dann umfassend beurteilt werden und die ihm entsprechende Gemütsstimmung gefunden werden könne, wenn eine oberste Sittennorm bekannt sei.
Mit den genannten Gründen rechtfertigt G. Braun die Forderung nach einem obersten Moralprinzip auch im Hinblick auf das von G. Hermes übernommene psychologistische Verfahren der Herleitung moralischer Vorschriften.
[642] Vgl. I, 84-105.
[643] I, 84.

tischen Lehren ein höheres Prinzip sich ableiten ließe. Dazu müßte dann das aus den positiven Vorschriften entnommene Prinzip aus den theoretischen Lehren begründet werden können, wobei sich vielleicht ergebe, daß die zu begründende Vorschrift selbst wieder mehrere Vorschriften voraussetze. Oberstes Prinzip könne eine Sittenvorschrift aber nur dann sein, wenn sie sich nicht aus einem höheren Prinzip ableite. Folglich ist für G. Braun "das Sicherste, Kürzeste, und, von jeder Seite betrachtet, das Angemessenste, den dritten Weg zu gehen, die oberste Vorschrift geradezu aus der Glaubenslehre abzuleiten und dann mit ihr die angeblichen biblischen obersten Vorschriften zu vergleichen"[644].

Da es sich beim obersten Moralprinzip um eine sittliche Vorschrift handelt, so müsse ihr, führt er weiter an, eine verpflichtende Verbindlichkeit innewohnen, die den menschlichen Willen zum Handeln auffordere oder aber ein Handeln verbiete. Eine christliche sittliche Vorschrift sei eine solche Aufforderung an den Willen, die auf der christlichen Glaubenslehre beruhen müsse. Soll es sich bei dem obersten Moralprinzip nicht bloß um eine positive und auf eine von äußerer Autorität übernommene Vorschrift handeln, so müsse der Mensch selbst auf dem Fundament der christlichen Glaubenslehre diese Anforderung an den Willen stellen, was nur unter Zuhilfenahme der dem Menschen innewohnenden zwecksetzenden Vermögen geschehen könne. Nur diese zwecksetzende Vermögen können seiner Auffassung nach eine imperativische Aufforderung zum Handeln an den Willen des Menschen ergehen lassen. Dem Menschen stünden aber nur zwei solcher Vermögen zur Verfügung: die Sinnlichkeit und die praktische Vernunft.[645] Daher sei zu klären, ob die christliche Sittenvorschriften und vor allem das zu suchende oberste Moralprinzip von der Sinnlichkeit oder von der praktischen Vernunft aufgestellt würden.

2. 1 Die Rolle der Sinnlichkeit[646]

Sinnlichkeit ist für G. Braun nach der 'Lehre der empirischen Psychologie' dasjenige Vermögen, das den Menschen befähigt, Angenehmes und Unangenehmes zu empfinden. Ihrem Wesen nach strebe die Sinnlichkeit dahin, das Angenehme zu suchen und dem Unangenehmen zu entfliehen. Das Angenehme drücke sich in Lust aus; der Mensch erstrebe die Güter der Welt, um durch sie Lust zu erlangen. Berücksichtige man diese Eigenschaften der Sinnlichkeit, zeige schon der oberflächliche Blick auf die positiven Vorschriften Christi "in *diesen* einen ganz andern Geist, als den Geist der Sinnlichkeit"[647]. Die positiven Vorschriften wendeten sich entschieden gegen ein bloß

---

[644] I, 85.
[645] Diese beiden Vermögen der Sinnlichkeit und der praktischen Vernunft wurden schon von *W. Esser*, Moralphilosophie 4, genannt. *P. J. Elvenich* hat sie im ersten Band seiner Moralphilosophie 41-137, wo es wie bei G. Braun um die Auffindung des höchsten Moralprinzips geht, ausführlich beschrieben.
Auch *G. Hermes* hatte ja schon zwischen diesen beiden Vermögen unterschieden. Vgl. etwa Phil. Einleitung 208-210.
[646] Vgl. I, 87-93.
[647] I, 88.

sinnliches Streben nach Lust, und die Güter der Welt würden als Hindernisse der Sittlichkeit angesehen. Zwar seien die positiven Vorschriften nicht die Quelle der Moraltheologie, aber das Christentum verlöre allen Wert, wenn es positiv etwas verbiete, was in den theoretischen Lehren angeraten sei. So zeige auch der Blick auf den Gesamtinhalt der Glaubenslehre Jesu, "daß derselbe nicht sinnlicher Art ist, und nur für die Thätigkeit und Auffassung höherer Seelenvermögen den Stoff biete" [648]. Die Glaubenslehre Christi erweitere den menschlichen Horizont für die übersinnlichen Dinge und nicht für die Sinnlichkeit.

Neben diesen christlichen Argumenten, die gegen ein oberstes Moralprinzip sprechen, das von der Sinnlichkeit aufgestellt wird, gibt es für G. Braun aber auch Gründe, die sich in der Natur der Sinnlichkeit selbst finden. [649]

Es sind dies drei Gründe:

Der erste Grund besteht seiner Meinung nach darin, daß die Sinnlichkeit nicht in der Lage sei, den Willen zu einem Handeln zu zwingen. Sie könne zwar drängen und locken, unbedingt notwendig aber werde ein Handeln nicht. Um verpflichtende Kraft zu besitzen, müßte die Sinnlichkeit in der Lage sein, eine Strafe zu verhängen, wenn nicht nach ihrer Forderung gehandelt würde. Eine solche Strafgewalt habe sie aber nicht, und daher sei es auch möglich, nicht zu handeln, ohne daß eine Sanktion folge. Die Forderungen der Sinnlichkeit verbleiben daher für G. Braun in relativer Unverbindlichkeit.[650] Sittliche Vorschriften hingegen seien Gesetze, deren Befolgung nicht willkürlich zu handhaben sei und deren Nichtbefolgung nicht ohne Strafe hingehe. Die Kraft der Sinnlichkeit komme dagegen nicht einmal der Qualität eines sittlichen Rates gleich, denn sie dränge bloß, ohne zu bewerten, ob die Handlung geraten sei oder nicht. Die Frage der Erlaubtheit einer Handlung scheine die Sinnlichkeit geradezu zu unterdrücken.

Ein zweiter Grund, der gegen die Sinnlichkeit spricht, sei der hohe Grad an Subjektivität, der mit diesem zwecksetzenden Vermögen verbunden ist. Denn es hänge in entscheidendem Maße davon ab, was der einzelne als angenehm oder unangenehm empfinde, und zudem sei dies noch je nach den äußeren Umständen veränderlich. [651] Zwar könne ein einzelner Mensch sein Leben diesen äußeren Umständen anpassen

---

[648] I, 88.
[649] Zu diesen Ausführungen über die Fähigkeiten der Sinnlichkeit verweist er in einer Anmerkung I, 90, auf die Aussagen von *G. Hermes* und *P. J. Elvenich*, welche die Fähigkeiten dieses menschlichen Vermögens bereits beschrieben hätten.
[650] Zum unverbindlichen Charakter der Sinnlichkeit hatte sich *G. Hermes*, Phil. Einleitung 209 f., ganz ähnlich geäußert: "Die *Sinnlichkeit* hingegen setzt uns *keine nothwendige Zwecke*. Denn sie kann ihre Forderungen weder als Gebothe aussprechen, noch sie mit einer Strafe unterstützen: sondern alles, was sie dieselben durchzusetzen thun kann, besteht darin, daß sie durch Vorhaltung und Ausmahlung des Angenehmen auf der einen und des Unangenehmen auf der andern Seite die Beystimmung der Freyheit zu gewinnen sucht. Auch dieses ist Thatsache des unmittelbaren Bewußtseyns der Sache in uns."
[651] Dazu *G. Hermes*, Phil. Einleitung 211: "Die Sinnlichkeit aber ist nicht Wahrheitsvermögen: Seyn und Werth der *Dinge* ist ihr gleichgültig, bloß die *subjective Empfindung*, welche sie gewähren, hat Reiz für sie."

und die Sinnlichkeit zur Richtschnur seines Handelns machen, ein wissenschaftliches System sei aus diesen subjektiven Komponenten jedoch nicht zu konstruieren.

Der dritte Grund schließlich spricht die zwecksetzende Fähigkeit der Sinnlichkeit im eigentlichen Sinne an. Hier lautet der Einwand, die Sinnlichkeit messe den Dingen, gegen die sie gerichtet ist, keinen objektiven Wert bei. Der Wert messe sich lediglich an dem Eindruck, den die Dinge auf die Kräfte der Sinnlichkeit zu machen imstande sind. Gegen diese Eigenschaft der Sinnlichkeit spreche der im Menschen untilgbare Trieb nach Wahrheit, "nach Uebereinstimmung des subjektiven Bemühens mit dem objektiven Werthe der Dinge"[652].

Alle diese Gründe, so G. Braun, sprechen gegen die Annahme, daß die Sinnlichkeit ein oberstes Moralprinzip aufstellen könne.[653]

Ist es nicht die Sinnlichkeit, die imstande ist, ein oberstes Moralprinzip zu formulieren, so muß folgerichtig das zweite zwecksetzende Vermögen dazu in der Lage sein, die praktische Vernunft.

2. 2 Die Rolle der praktischen Vernunft [654]

Um mit der Herleitung der obersten Moralvorschrift zu beginnen, breitet er zunächst die Quelle der Moraltheologie aus, indem er ein ausführliches Glaubensbekenntnis vorträgt, in welchem sich die Lehre der katholischen Dogmatik zusammengefaßt widerspiegelt. Danach geht er mit seiner hermesianischen Methode der Herleitung an die Glaubenslehre heran und läßt ihre zwei Komponenten auf sich wirken. Die zwei Seiten der Glaubenslehre entsprechen prinzipiell der Einteilung, die *G. Hermes* für die Bereiche der Theologie vorgenommen hat.[655] G. Braun läßt hierbei jedoch den zweiten Bestandteil der Theologie, das Verhältnis Gottes zur Welt, außer acht. Er ist der Auffassung, daß, berücksichtige man den Menschen als Hauptgegenstand der Welt, alles andere mitberücksichtigt werde.

Zu welchem Ergebnis führt nun das Betrachten der zwei Seiten der Glaubenslehre? Die Betrachtung Gottes führt einmal dazu, daß die Vernunft höchstes Wohlgefallen an Gott und seinen Eigenschaften findet. Dabei erkennt sie in Gottes Heiligkeit die erhabenste seiner Eigenschaften.[656] Ein weiteres Ergebnis besteht in der Er-

---

[652] I, 90.

[653] Den christlichen Moraltheologen, die dennoch die Sinnlichkeit bzw. die Glückseligkeit zur obersten Norm christlicher Moral machten, widerspricht G. Braun unter Hinweis auf das Neue Testament, wo die Sinnlichkeit allenfalls als Anreiz zu einem christlichen Lebenswandel betrachtet werden könne. Auch *I. Kant* habe die Glückseligkeit als Prinzip der Moral abgelehnt. Vgl. I, 91-93.

[654] Vgl. I, 93-105.

[655] Vgl. oben S. 118.

[656] Offensichtlich geht die Ansicht, daß die Heiligkeit die höchste der göttlichen Eigenschaften sei, auf *I. Kant* zurück, der in der KdpV IV, 204, das moralische Gesetz mit Gottes Heiligkeit in Verbindung bringt: "Das moralische Gesetz ist nämlich für den Willen eines allervollkommensten Wesens ein Gesetz der *Heiligkeit*, für den Willen jedes endlichen vernünftigen Wesens aber ein Gesetz der *Pflicht* . . .."

kenntnis, daß die Vernunft, solange sie nur die reine Wesenheit Gottes betrachte, nichts vorschreiben kann.

Um zu Vorschriften zu gelangen, müsse vielmehr das Verhältnis Gottes zum Menschen betrachtet werden.[657] Da die Vernunft an den Eigenschaften Gottes höchstes Wohlgefallen findet, "so folgt, auf das Verhältnis zwischen Gott und den Menschen gesehen, daß ihr die möglich größte Verähnlichung des Menschen mit Gott auch sehr wohlgefallen müsse, und zwar mehr als irgend ein Anderes". Die Vernunft schreibe nun mit Hilfe des Willensantriebes das Wohlgefallen an der Verähnlichung mit Gott als Zweck vor, als "Zweck, der sich in dem reinen Gemüthe laut genug ankündigt, in dem unreinen Gemüthe um so dumpfer ertönt, je unreiner es ist, ohne daß dieser innere Ruf je ganz verstummen könnte"[658]. Das Ziel der Verähnlichung mit Gott wird durch das besondere Wohlgefallen an seiner Heiligkeit spezifiziert. So erlegt die Vernunft dem menschlichen Willen die Forderung auf, dem heiligen Willen Gottes ähnlich zu werden. Wie dem heiligen Willen alle anderen Eigenschaften Gottes untergeordnet sind, gilt für die praktische Vernunft nur die Nachahmung dieser obersten Eigenschaft Gottes als höchster Zweck; alle Kräfte des Menschen seien der Verfolgung dieses obersten Zieles untergeordnet.

Damit hat G. Braun nunmehr alle Voraussetzungen geschaffen, das oberste Moralprinzip auch inhaltlich zu bestimmen. Er hat die Existenz eines obersten Moralprinzips postuliert und dessen Eigenschaften so weit eingegrenzt, daß er es wie folgt definieren kann:

"Suche den Willen des Menschen dem heiligsten Willen der Gottheit möglichst ähnlich zu machen."[659]

Durch Anwendung des hermesianischen Verfahrens der Normenfindung, dadurch daß er den Glaubensinhalt auf sich wirken läßt, glaubt er, mit Notwendigkeit zu dieser obersten Sittennorm zu kommen. Von ihr sollen alle anderen moralischen Normen abgeleitet werden. Ob dies tatsächlich möglich ist, bedarf seines Erachtens jedoch noch einer Prüfung. G. Braun verwendet daher das soeben gefundene oberste Moralprinzip nicht schon zur Ausarbeitung der praktischen Vorschriften, sondern er schickt sich zunächst an, seine Tauglichkeit in einer Art Umkehrprobe nach allen Seiten hin zu überprüfen.

An anderer Stelle, KdpV IV, 263 Anm., wird auf drei herausragende moralische Eigenschaften Gottes verwiesen: Gott sei als Regierer gütig, als Richter gerecht, als Gesetzgeber heilig. Damit wird wiederum die gesetzgebende Handlungsweise Gottes mit seiner Heiligkeit verknüpft.

[657] G. Braun unterscheidet hier, I, 101, zwischen einem unveränderlichen und einem veränderlichen Verhältnis Gottes zum Menschen. Unter dem veränderlichen Verhältnis Gottes zum Menschen versteht er den Prozeß der Heilsgeschichte. Diese Verhältnis ist jedoch nur insoweit veränderlich, als es die Seite des Menschen, nicht aber die Seite Gottes, betrifft.

[658] I, 102.
[659] I, 104.

3. Die Qualität des obersten Moralprinzips [660]

Damit das oberste Moralprinzip als solches brauchbar ist, stellt G. Braun an es mehrere Forderungen. Zwei von ihnen sieht er als unmittelbar einsichtig an: daß es sich wirklich um eine *moralische* Vorschrift handele, und daß es sich um ein *oberstes* Prinzip handele. Beide Bedingungen mußten ja schon zur Auffindung des obersten Prinzips erfüllt sein.

Die Frage, ob es sich auch um eine christliche und 'christlichkatholische' Vorschrift handele, löst er unter Hinweis auf viele ähnliche Stellen im NT (etwa Mt 5, 48; Lk 6, 35f.; 1 Pet 1, 15 f. usf. [661]). Dabei ist es seiner Auffassung nach keineswegs erforderlich, daß Jesus selbst eine oberste Vorschrift erlassen habe oder daß sich in den praktischen Anordnungen eine mit der hergeleiteten identische finde. Das oberste Moralprinzip dürfe nur den Lehren Christi nicht widersprechen und müsse alle diese Lehren mitumfassen. Jesus selbst habe wohl nicht von einem obersten Moralprinzip gesprochen. Auch hier dienen G. Braun die angeführten positiven Vorschriften somit nur zur nachträglichen Bestätigung seiner Ansichten; sie sind erneut nicht von tragender Bedeutung.

In einer weiteren Reflexion sagt G. Braun erläuternd zum obersten Moralprinzip, daß bei jeder sittlichen Handlung eine materiale und eine formale Seite zu unterscheiden sei. Die materiale Seite gibt Auskunft über den Inhalt oder Gegenstand des Willens, die formale Seite über den Beweggrund des Willens. [662] Beide Seiten müssen beim obersten Moralprinzip vorhanden sein, was zu prüfen ist:

Die materiale Seite der obersten Vorschrift ist eben die Forderung, den Menschen Gott möglichst ähnlich zu machen. Ihre Erfüllung ist das angestrebte Ziel des Handelns.

Die formale Seite, die Antriebskraft des Willens, ist dagegen nicht unmittelbar einsichtig. Sie ergründet G. Braun mit folgender Überlegung: Da nur die Vernunft sittliche Normen aufstellen kann, indem sie dem Willen notwendige Zwecke setzt, muß, was die Vernunft bewegt, auch den Willen bewegen. Der Beweggrund der Vernunft ist schon eruiert worden: es ist das Wohlgefallen an Gottes Heiligkeit. Somit ist das Wohlgefallen des Menschen an Gottes Heiligkeit, hier näherhin an seinem heiligen Willen, auch der Beweggrund des Willens. Das Wohlgefallen an der Wesenheit Gottes, insbesondere an seiner Heiligkeit, ist damit das auslösende Moment jeder christlich sittlichen Verpflichtung überhaupt. Das Wohlgefallen an Gott ist die Triebfeder, welche die praktische Vernunft erst antreibt, Forderungen aufzustellen und unter Zuhilfenahme des Willens zu befolgen. Es ist für G. Braun somit *conditio sine qua non* für jedwedes 'christkatholisch' sittliche Handeln. Das Wohlgefallen an Gott ist die dem obersten Moralprinzip korrespondierende oberste Gemütsstimmung. Die formale Seite der obersten Sittenvorschrift läßt sich demnach folgendermaßen ausdrücken:

---

[660] Vgl. I, 105-140.
[661] Vgl. I, 107 f.
[662] Vgl. I, 109-111.

"Suche die möglichst größte Aehnlichkeit des Menschen mit Gott wirklich zu machen aus Wohlgefallen an Gott."[663]

Aus G. Brauns Sicht enthält das oberste Moralprinzip nach dieser Prüfung die geforderte materiale und formale Komponente.

Ein weiteres Ansinnen an das oberste Moralprinzip ist die Forderung, daß sich auch de facto *alle* moralischen Vorschriften des Christentums daraus ableiten lassen. Zu den christlichen Vorschriften gehören für ihn zunächst die von Christus und den Aposteln gegebenen Vorschriften und sodann alle anderen christlichen Vorschriften. Er räumt ein, daß erst dann überprüft werden könne, ob alle von Christus und den Aposteln gegebenen Vorschriften vom obersten Moralprinzip mitumfaßt werden, wenn die Moral ausgearbeitet sei. Da man aber an dieser Stelle prüfen wolle, ob das gefunde oberste Prinzip zu einer solchen Ausarbeitung hinreiche, bewege man sich im Kreis. Doch gelinge der Nachweis, daß alle übrigen Vorschriften des katholischen Christentums vom obersten Moralprinzip erfaßt werden können, seien auch indirekt die positiven Anordnungen des NT mitbewiesen.[664]

G. Braun prüft die übrigen sittlichen Vorschriften, indem er untersucht, ob das oberste Moralprinzip auch alle Objekte[665], auf die sich christlich-moralisches Handeln beziehen kann, umfaßt.[666] Ist dies der Fall, sind alle Vorschriften des Christentums ableitbar, zumindest wird kein Bereich christlich-sittlichen Handelns von vorneherein ausgeklammert. Objekte, gegenüber denen der Mensch keiner sittlichen Handlung fähig ist, brauchen daher vom obersten Moralprinzip nicht umschlossen zu werden. Dazu gehören für ihn zunächst alle leblosen Dinge. Gegen sie kann seiner Auffassung nach kein moralisches Handeln gerichtet sein, da sie in uns keine 'Gemütsstimmungen und Gesinnungen' erzeugen könnten. Wenn auch kein direktes sittliches Handeln gegen leblose Dinge möglich sei, gebe es doch eine 'moralische Rücksicht' auf sie, d. h. ein sittliches Verhalten gegen Gott oder die Menschen kann unter Berücksichtigung lebloser Dinge erfolgen. Das oberste Moralprinzip braucht daher die leblosen Dinge nur indirekt zu umfassen.

Ebenso sei auch gegen die Tiere kein direktes sittliches Handeln möglich, "weil sie uns keine Achtung einflößen"[667]. Unrechtes Verhalten gegen Tiere sei nur deshalb unsittlich, weil es mit dem Gebot der Verähnlichung des Menschen mit Gott im Widerspruch steht. Es handle sich dabei eigentlich um ein Verhalten gegen die Menschen in Ansehung der Tiere.

Gegen diese Ansicht könnte, wie er weiter erläutert, eingewandt werden, daß, weil Gott den Tieren gut will, wir dies aus Wohlgefallen an Gottes Willen nachahmen müßten. Dann seien aber wiederum nicht die Tiere Objekt sittlichen Handelns, son-

---

[663] I, 110.
[664] Vgl. I, 111.
[665] G. Braun nennt die Objekte moralischen Handelns 'Pflichtsubjekte'. Im Gegensatz dazu, was der Name vermuten läßt, sind damit jedoch ebenso wie bei G. *Hermes* nicht die Träger von Pflichten gemeint, sondern eben die Objekte sittlichen Handelns. Vgl. etwa I, 113.
[666] Vgl. die Auflistung der möglichen Objekte I, 112.
[667] I, 112.

dern in diesem Falle Gott und unser Handeln gegen die Tiere ebenfalls dadurch bedingt, daß der Forderung, Gott möglichst ähnlich zu werden, nachgekommen wird.

Schließlich könnte hinsichtlich des Verhaltens gegen die Tiere noch argumentiert werden, daß die Vernunft Gefallen an den Kräften der Tiere finde und daher vorschreibe, sie nicht bloß als Sache zu betrachten. Doch die Vernunft müsse immer dem Gefallen an dem höheren Wert finden und dies sei das Streben nach Verähnlichung mit Gott. "Sie muß daher nicht bloß erlauben, sondern fordern, daß man die Thiere als das Geringere an Werth, was keine Achtung einflößt, opfere und hingebe, wo jener Zweck es erfordert, und dies mindestens empfehlen, wenn es dazu nur irgend nützlich ist."[668]

Ein direktes sittliches Verhalten gegen Tiere ist also für G. Braun nicht möglich; die Tiere können sogar, wo es nötig ist, als Gebrauchsgegenstände zur Unterstützung der sittlichen Aufgabe des Menschen verwendet werden.[669]

So müsse weder ein Verhalten gegen leblose Dinge noch gegen Tiere direkt vom obersten Moralprinzip gefordert sein.

Als Gegenstände eines direkten sittlichen Handelns bleiben somit nur Gott und die Menschen, die wirklich beide vom obersten Moralprinzip umfaßt werden. Gott zwar nicht als Objekt des Handelns, das zu erhalten oder zu vervollkommnen sei, sondern als "der Gegenstand, der mit seinen Vollkommenheiten unser Gemüth erregt und es mit Wohlgefallen erfüllt, der den Grund enthält, warum wir aufgefordert werden, die Verähnlichung der Menschen mit ihm zu suchen"[670]. Um Gottes Willen, aus unserem Wohlgefallen an seiner Heiligkeit, wird nach Meinung von G. Braun erst überhaupt etwas erstrebt, nämlich die Verähnlichung des Menschen mit Gott. Wenn Gott auch stets der Auslöser des menschlichen Strebens ist, ist jedoch stets der Mensch Ziel dieses Strebens, denn alles sittliche Handeln wird um seiner Verähnlichung mit Gott willen erstrebt. Demnach ist, wie G. Braun richtig folgert, jedes sittliche Verhalten gegen den Menschen auch ein sittliches Verhalten gegen Gott, denn aus Wohlgefallen an ihm wird es erstrebt. "So kann man also im doppelten Sinne von sittlichem Verhalten gegen Gott sprechen, in dem einen umfaßt es das gesammte sittliche Verhalten, in dem andern steht ihm das sittliche Verhalten gegen die Menschen zur Seite."[671] Gott und die Menschen sind Objekte sittlichen Handelns, doch immer ist Gott daran beteiligt.[672]

---

[668] I, 114. G. Braun erläutert hier weiter: "Dies muß die Vernunft auch auf christlichem Standpunkte, weil die theoretischen Lehren Christi die Thiere nicht als persönliche und achtungswerthe Wesen darstellen. Die praktischen Lehren Christi erlauben sogar offenbar den Gebrauch der Thiere als bloßer Mittel für höhere sittliche Zwecke."

[669] Ein direktes sittliches Handeln gegen Tiere hatte auch G. Hermes abgelehnt. Vgl. oben S. 117.

[670] I, 116.

[671] I, 117.

[672] Das Handeln gegen die Menschen läßt sich mit G. Braun I, 115 f., weiter differenzieren: es kann gegen uns selbst und gegen andere Menschen gerichtet sein, wobei bei letzteren die lebenden und verstorbenen zu unterscheiden sind. Daß alle lebenden Menschen der Verähnlichung mit Gott fähig sind, sei ohne Schwierigkeiten einsehbar. Doch die katholische Glaubenslehre ermögliche auch ein sittliches Verhalten gegen die

Mit der Forderung nach Verähnlichung mit Gott spreche das oberste Moralprinzip alle Wesen an, gegenüber denen sittliches Handeln möglich sei. Nach dieser Prüfung ist für G. Braun die oberste Sittenvorschrift tatsächlich erschöpfend für jedes sittliche Verhalten, das innerhalb des Christentums möglich ist.

Als letzte Untersuchung bezüglich der Brauchbarkeit des aus dem Gesamtinhalt der katholischen Glaubenslehre hergeleiteten obersten Moralprinzips stellt G. Braun die nicht unwichtige Frage nach der Verbindlichkeit des Prinzips. Welche verpflichtende Kraft ist dem Prinzip zu eigen? Er unterscheidet eine Verbindlichkeit, die in einer moralischen Nötigung besteht und eine, die zum Handeln bloß anrät. G. Braun folgt auch in seinen Äußerungen über die Verbindlichkeit des obersten Moralprinzips damit den Ansichten seines Lehrers G. Hermes über den Chrarakter sittlicher Verpflichtung.[673]

Die erste Art von Vorschriften *muß* der Wille, genötigt von der praktischen Vernunft, berücksichtigen. Das Nichtbeachten wird ansonsten stets mit einer Strafe belegt.[674] Hingegen erweckt das Befolgen beim Handelnden Billigung.

Die bloß ratenden Verpflichtungen haben bei einer Unterlassung keine Strafe zur Folge, andererseits führt jedoch ihre Befolgung zu einer größeren Billigung beim Handelnden.[675]

Inwiefern besitzt das oberste Moralprinzip nun aber Verbindlichkeit? G. Braun leitet die Verbindlichkeit des obersten Moralprinzips aus der dem Menschen gegebenen psychischen Natur ab. Die Vernunft – beim obersten Moralprinzip handele es sich offensichtlich um eine Vorschrift für das Vermögen der Vernunft und nicht der Sinnlichkeit – habe nun einmal mit Notwendigkeit höchstes Wohlgefallen an Gott und seinen Eigenschaften. Dies sei in der Natur der Vernunft, so wie Gott sie dem Menschen geschenkt hat, begründet. Hat die Vernunft einmal Gott und seine Eigenschaften erkannt, mißt sie alle Dinge der Welt an dem Grad der Ähnlichkeit mit Gott. Eine völlige Gleichheit der Dinge dieser Welt mit Gott könne es jedoch nicht geben. [676]

Dem Wohlgefallen an Gott folgt, ebenfalls mit Notwendigkeit, da gleichfalls in der Natur des Menschen begründet, daß der Mensch sich Zwecke setzt. Weil nach der Vorstellung G. Brauns der Mensch aber weder Gott selbst noch irgendetwas für ihn zum Zweck setzen kann, weicht die Vernunft auf das aus, was ihrer Natur möglich ist: sie hat höchstes Wohlgefallen an dem, was Gott am nächsten kommt und zugleich dem menschlichen Willen unterworfen ist, d. h. wonach dem Menschen neben seinem Wohlgefallen auch ein Handeln möglich ist. Dies sei das Streben nach größtmöglicher Ähnlichkeit mit Gott.[677] "So wie sie [= die Vernunft] an Gott selbst und nach ihm an der größtmöglichen Aehnlichkeit mit ihm ein ausgezeichnetes Wohlgefallen hat, das

---

Toten und zwar gegenüber jenen, die der Reinigung noch bedürfen; ein sittliches Verhalten gegenüber den Heiligen und Verdammten sei nicht möglich, da sie der Vervollkommnung durch die Lebenden nicht fähig seien.
[673] Vgl. Phil. Einleitung 202-268.
[674] Vgl. dazu Phil. Einleitung 209.
[675] Vgl. Phil. Einleitung 212 f.
[676] Vgl. I, 120 f.
[677] Vgl. I, 121.

Hochachtung heißt, so hat sie auch Hochachtung gegen das Streben nach dieser möglich größten Aehnlichkeit mit Gott und sofort gegen den Willen, worin dasselbe herrscht."[678]

Umgekehrt aber verwirft die Vernunft jedes Interesse und Handeln, welches der Verähnlichung mit Gott zuwider läuft. Solches Denken und Handeln straft sie mit Verwerfung und Verachtung. Seiner Meinung nach verliert das Streben nach Gottähnlichkeit dann an Bedeutung, wenn der Mensch dem neben der Vernunft existierenden Vermögen, der Sinnlichkeit, anhangt. Je mehr der Sinnlichkeit zugesprochen wird, desto mehr wird die Vernunft mit Verachtung, im Falle des eigenen Handelns mit Selbstverachtung, strafen. Auch die Einrichtung der 'Bestrafung durch Verachtung' sieht G. Braun als zum anthropologischen Grundsubstrat des Menschen gehörend. "So ist also wegen unserer Einrichtung von selbst eine Strafe gesetzt auf die Nichtbefolgung oder Verletzung der obersten Sittenvorschrift, und dadurch ist diese als ein eigentliches Sitten*gesetz* sanctioniert. Ich bin genöthigt, diesem Gesetze Folge zu leisten, so lange ich die empfindliche Strafe der eigenen Verachtung vermeiden will." [679]

Sicherheit über den eigentlichen Wert der Dinge, über ihren Grad der Ähnlichkeit mit Gott sei auf theoretischem Weg nicht zu erreichen. Allein das dem Menschen innewohnende Gefühl des Wohlgefallens oder Mißfallens gebe eine subjektive Sicherheit. Unterstützt werde diese *subjektive* Sicherheit über den Wert der Dinge und die daraus resultierende Pflicht zum Handeln, durch die christliche Offenbarung, welche Aussagen über den eigentlichen Wert der Dinge mache. Diese Aussagen bestätigten das auf Gefühl basierende Urteil über den Wert der Dinge, denn sie lehre, daß Gott in sich und dem, was ihm am ähnlichsten ist, das höchste Wohlgefallen verspüre und alles Gegenteilige bei ihm Mißfallen errege.

Doch abgesehen von dieser Bestätigung durch die christliche Offenbarung sei der Mensch "nun einmal unabänderlich an das Urtheil gebunden, welches ihm in seiner Natur und mit Nothwendigkeit angethan ist: daß dasjenige wahrhaft Werth und denjenigen Werth habe, dem er Werth und welchen Werth er ihm beilegen muß" [680]. Für G. Braun nötigt also die psychische Natur den Menschen, ganz nach der Bedeutung, die das einzelne Subjekt einer Sache abgewinnt, entsprechend zu handeln. Dabei kann die Einschätzung der Dinge auch objektiv falsch sein, er bleibt dennoch der subjektiven Notwendigkeit verpflichtet, wenn er nicht die Strafe der Selbstverachtung in Kauf nehmen will.

Obwohl G. Braun an dieser Stelle nicht von 'Gewissen' redet, entsprechen diese zuletzt angeführten Überlegungen denen, welche die Moraltheologie traditionell über das irrige Gewissen gemacht hat: dem Gewissen sei auch dann Folge zu leisten, wenn es objektiv irrt, da der Gewissensspruch subjektiv absolut verpflichtenden Charakter besitze.[681]

---

[678] I, 121.
[679] I, 122.
[680] I, 123.
[681] Vgl. etwa W. HESSE, Art. 'Gewissen', in: Wörterbuch christlicher Ethik. Freiburg ³1983, 119.

Die Strafgewalt der Vernunft in dem Fall, daß die moralische Aufforderung nicht beachtet oder ihr zuwider gehandelt wird, treffe zunächst das Handeln und dann die Ursache der Handlung, den Handelnden. Damit werde beim eigenen Handeln die Verachtung zur Selbstverachtung, "der Mensch ist selbst der Verachtende und Verachtete"[682].

Umgekehrt aber führt die Befolgung der Aufforderung der pflichtdiktierenden Vernunft dazu, daß zunächst das Handeln gebilligt und dann der Handelnde mit Selbstzufriedenheit belohnt wird. Auch dieses von G. Braun angesprochene Phänomen der Selbstverachtung oder Selbstzufriedenheit trifft auf die Funktionen zu, die dem komplexen Gebilde 'Gewissen' zugeordnet werden. In der Lehre der Moraltheologie ist das Gewissen die Instanz der Selbstverwerfung und - allerdings in einer weitaus weniger stark sich zeigenden Form - der Selbstzufriedenheit.[683] Von 'Gewissen' spricht G. Braun jedoch wiederum an dieser Stelle nicht. [684]

Erneut greift er nach diesen spekulativen Ausführungen auf die bestätigende Funktion der positiven biblischen Aussagen zurück:

So führt er in einer Anmerkung weiter aus, daß zwar diese dem Menschen gegebene Funktion der praktischen Vernunft der Grund der Selbstverwerfung sei, doch finde ihre Wirkungsweise auch Bestätigung in den Aussagen der positiven Glaubenslehre. Schon dadurch, daß die Vernunft in Gott ihren Ursprung habe, würden ihre Vorschriften zu göttlichen Vorschriften und ihre Erfüllung erscheine als von Gott selbst gefordert.

Darüberhinaus wird die Befolgung oder Nichtbefolgung der Anordnungen der praktische Vernunft seiner Meinung nach nicht nur mit Selbstzufriedenheit oder Selbstverwerfung belegt, sondern nach der christlichen Glaubenslehre stelle Gott eine Belohnung oder Bestrafung auch in der Ewigkeit in Aussicht. Das Handeln nach der praktischen Vernunft ist damit für ihn ein Beitrag zur menschlichen Erlösung. Gott selbst gebe dazu dem Menschen übernatürlichen Beistand, indem er von seinem Geist geleitete Männer sowie Engel und Schutzgeister unter die Menschen sandte und nicht zuletzt auch seinen eingeborenen Sohn, der durch seinen Kreuzestod die Menschen dazu bewegen sollte, der Vervollkommnung ihrer Gottähnlichkeit nachzueifern. Alle diese Indizien würden dem obersten Sittengesetz einen Nachdruck verleihen, den ihm die menschliche Vernunft allein nicht geben könne.

Doch dieses Wissen um die Herkunft und das moralische Gewicht der Strafgewalt sei für das *praktische Leben* nur insoweit von Bedeutung, als dadurch eine Übertre-

---

[682] I, 124. G. Braun betont ausdrücklich, daß, auch wenn eine Verachtung des Menschen eintrete, seine eigentliche Würde als Mensch und Christ dadurch nicht in Frage gestellt sei. Vgl. I, 126 f. Anm. 3.
[683] Vgl. etwa J. MESSNER, Ethik. Innsbruck-Wien-München 1955, 11-13, 17 f., 26 f., und W. TRILLHAAS, Ethik. Berlin ³1970, 100-105.
[684] Vgl. dazu weiter unten Kapitel 6, Abschnitt II.

tung des Sittengesetzes noch schwieriger würde. Ansonsten sei es gleich, woher sie stamme, denn das Faktum ihrer Existenz genüge.[685]

Während G. Braun bisher die *absolute* moralische Verbindlichkeit der praktischen Vernunft in ihrer Unbedingtheit zu begründen suchte, indem er den Modus der Selbstverachtung als ein der menschlichen Natur mitgegebener Garant dieser Verpflichtung gedeutet hat, prüft er nun, ob die praktische Vernunft, konzentriert im obersten Sittengebot, auch bloß an- oder abratende Gebote zu fordern imstande ist.

Dazu sind seiner Auffassung nach zwei Voraussetzungen erforderlich, von deren Existenz er sich im folgenden vergewissert: erstens müsse sich eine Stufe der Gottähnlichkeit finden lassen, die nicht schon die höchste Stufe sei. Von dieser ersten Stufe müsse dann zweitens ein Aufsteigen auf eine höhere Stufe möglich sein, welches nicht durch die praktische Vernunft notwendig gefordert ist, so daß ein Verweilen auf der niedrigeren Stufe nicht schon mit der Strafe der Selbstverwerfung belegt wird.

Die Frage, ob es auch bloß angeratenes Verhalten ohne zwingende sittliche Verpflichtung gebe, beantwortet er im Rückgriff auf seine Vorstellung von Gott. Für ihn ist Gott ein rein geistiges Wesen, völlig ohne Sinnlichkeit.[686] Unter dieser Voraussetzung bedeutet Nachahmung Gottes, die geistigen Kräfte zu fördern und die Forderungen der Sinnlichkeit stets zu ignorieren. Dies bedeutet aber freilich eine erhebliche Relativierung der Strenge der obersten Sittennorm. Denn danach ist die Forderung des obersten Moralprinzips nach Verähnlichung mit Gott schon dann erfüllt, wenn der Mensch seinen Willen nach den Forderungen der Vernunft ausrichtet, dem einzig möglichen Weg einer Verähnlichung des Menschen mit Gott. Gottähnlichkeit ist für ihn schon das beharrliche Streben danach, schon die Gesinnung genügt vor jeder Tat.[687] Unter dieser Voraussetzung sind für ihn verschiedene Stufen der Gottähnlichkeit denkbar, je nach dem Grade der Beständigkeit, der Ausdauer und dem Streben des Willens. Zwar fordert die praktische Vernunft stets die höchstmögliche Verähnlichung des Menschen mit Gott, doch könne sie keinen Menschen bestrafen, wenn er diese geforderte höchste Stufe trotz beharrlichem Streben nicht erreicht. Bestrafung, die sich ja durch Selbstverachtung ausdrückt, sei nur dort möglich, wo der Mensch den Ruf der praktischen Vernunft ignoriere und sich den 'niederen Gelüsten' der Sinnlichkeit hingibt.

Für G. Braun sind damit die beiden oben genannten Voraussetzungen erfüllt. Es gibt seiner Meinung nach Stufen der Ähnlichkeit mit Gott, die über das von der Vernunft mit absoluter Notwendigkeit geforderte Maß hinausgehen und nur angeraten sind. Diese bloß angeratenen Stufen würden keine neuen Zwecke beinhalten, sondern die notwendig geforderten lediglich weiterführen.

---

[685] Mit einem Hinweis auf *G. Hermes* und *P. J. Elvenich* betont er, diese hätten nachgewiesen, daß die Strafgewalt der moralischen Vernunft nicht aus der Erziehung stamme. Vgl. I, 126 Anm.
[686] I, 128: ". . . weil Gott nicht auch Sinnlichkeit an sich hat, sondern nur höhere und reinere geistige Beschaffenheiten . . . "
[687] Vgl. dazu weiter unten Kapitel 6, Abschnitt IV.

Schließlich befragt G. Braun auch hier die positive Offenbarung, ob sie sittliche Räte anerkenne. Er findet Bestätigungen in den Evangelien (Mt 19, 11. 12. 16-21; Mk 10, 17-21; Lk 18, 18-22), bei *Paulus* (1 Kor 7, 25-28. 38), bei den Kirchenvätern und dem Konzil von Trient, die übereinstimmend eine höhere Vollkommenheit, etwa die Ehelosigkeit, kennen würden.[688]

IV. Zusammenfassung

Die von G. Braun in analytischer Ausführlichkeit dargestellten Überlegungen zur Quelle der Moraltheologie, zum obersten Moralprinzip und zur Findung konkreter Vorschriften sollen im folgenden zur besseren Überschaubarkeit thesenartig zusammengefaßt werden:

Quelle der Moraltheologie ist nicht die Vernunft, nicht das Alte Testament, weder das Neue Testament in seiner Gesamtheit noch bestimmte einzelne Schriften. Quelle der Moraltheologie ist auch nicht das Gesamt der ausdrücklichen Vorschriften Christi, sein gelebtes Beispiel oder die von ihm vorgetragenen Gleichnisse.
Quelle der Moraltheologie ist allein das Gesamt der theoretischen Lehren Christi. Es sind die Lehren, die sich im Neuen Testament und in der Tradition finden und durch das mündliche Lehramt authentisch interpretiert werden. Die Quelle der Moraltheologie ist damit deckungsgleich mit dem Lehrinhalt der Dogmatik.
Die zunächst von G. Braun so bestimmte Quelle wird jedoch im Laufe seiner weiteren Überlegungen in ihrem Umfang und in ihrer Bedeutung erheblich eingeschränkt.

Da theoretische Lehren direkt nur die theoretische, nicht aber die praktische Vernunft ansprechen, kann die Quelle der Moraltheologie nicht direkt in sittliche Vorschriften umgesetzt werden.
Sie bedarf eines Umsetzungsmodus: Die Betrachtung der theoretischen Lehren erzeugt eine Gemütsstimmung, welche der verpflichtenden Vernunft aufträgt, eine Aufforderung an den Willen ergehen zu lassen. Der Wille setzt die Forderung der praktischen Vernunft in sittliches Handeln um. Folgt das Handeln dieser Aufforderung nicht, wird der Mensch mit Selbstverachtung bestraft. Es genügt aber offenbar auch schon ein Streben zur Erfüllung der sittlichen Forderung, ohne daß es immer schon zu einem Handeln kommen muß. Die Strafe der Selbstverachtung trifft den Menschen nur dort, wo er den Ruf der prakti-

---

[688] Zu weiteren Belegstellen verweist er auf seine Schrift über die sittlichen Räte.
Im Anschluß an die Ausführungen über die sittlichen Räte geht er in seiner Moraltheologie auf vier Einwände ein, die das Verhältnis von notwendiger und angeratener Forderung betreffen. Vgl. I, 134-137.

schen Vernunft ignoriert und sich dem Streben der Sinnlichkeit, jenem der praktischen Vernunft zuwider strebenden Vermögen des Menschen, hingibt.
Die diesem Verfahren der Herleitung sittlicher Vorschriften aus der Quelle bescheinigte Subjektivität versucht G. Braun nicht zu leugnen.

Es werden nicht alle sittlichen Vorschriften aus allen Lehren der Dogmatik hergeleitet, sondern stattdessen wird das methodische Verfahren nur ein einziges Mal in vollständiger Weise angewandt.
Es dient dazu, eine oberste Sittennorm herzuleiten, von welcher alle übrigen Vorschriften ableitbar sind, indem stets auf die Bedingung zur Erfüllung der obersten Norm geachtet wird. Jede sittliche Norm muß mit dem obersten Moralgebot vereinbar sein. Die ursprüngliche Quelle tritt damit in den Hintergrund und ihre Stelle nimmt das oberste Moralprinzip ein.

Das oberste Moralprinzip ist ein Gebot der praktischen Vernunft, nicht der Sinnlichkeit.

Inhalt des obersten Gebotes ist: Versuche den Willen des Menschen dem heiligsten Willen Gottes möglichst ähnlich zu machen!
Die bloße Betrachtung der Wesenheit Gottes führt nicht schon zu einer Norm, wohl aber, wenn diese Wesenheit in eine Beziehung zum Handeln des Menschen gebracht werden kann. Dies geschieht durch die Forderung an den Menschen, der göttlichen Heiligkeit nachzueifern.

Beweggrund des Menschen, dem obersten Moralgebot Folge zu leisten, ist das Wohlgefallen an Gott, näherhin das Wohlgefallen an seiner Heiligkeit.

Die aus dem obersten Moralprinzip abzuleitenden Forderungen besitzen eine abgestufte Verbindlichkeit:
Es lassen sich sowohl Forderungen aufstellen, deren Nichtbeachtung die Strafe der Selbstverachtung nach sich zieht, als auch Forderungen, die nicht mit sittlicher Notwendigkeit gefordert sind und jene Strafe daher vermissen lassen. Die letzteren moralischen Verbindlichkeiten werden 'sittliche Räte' genannt.

Alle in der Prinzipienlehre von G. Braun vorgetragenen Anforderungen an eine wissenschaftliche Moral geben noch keinen Aufschluß darüber, inwieweit diese Prinzipien in seiner speziellen Moral Verwendung finden.

Bevor nun in einem dritten größeren Abschnitt dieses Teils einige tragende Vorstellungen des Trierer Handbuches systematisiert werden sollen, sei ein kurzer Exkurs zu dem zweiten hermesianischen Handbuch der Moraltheologie vorausgeschickt.

Exkurs: Das 'Lehrbuch der christlichen Sittenlehre' von H. J. Vogelsang

Nahezu zeitgleich mit dem Handbuch von G. Braun ist, wie erwähnt, dieses zweite hermesianische Lehrbuch der Moraltheologie erschienen, das des Bonner Moraltheologen, Dogmatikers und Exegeten *Heinrich Joseph Vogelsang*.[689] Dieser wurde am 6. Mai 1803 im westfälischen Wiedenbruck geboren und studierte in den Jahren 1824- 1826 in Bonn. Obwohl offenbar nicht von solch überragender Begabung wie der Lehrer, hatte *G. Hermes* ihn als Dozent für Bonn vorgesehen und seinen Werdegang gefördert. *H. J. Vogelsang* wurde 1827 zum Priester geweiht, im April 1829 promovierte er wie G. Braun in Breslau und wurde noch im Sommer des gleichen Jahres zum Privatdozenten ernannt.[690] Auf Betreiben von *G. Hermes* wurde er 1831 zum außerordentlichen Professor in Bonn bestellt. Der Tod des Meisters 1831 stoppte jedoch seinen raschen Aufstieg und erst 1839 wurde er Ordinarius für Moraltheologie, danach für Dogmatik und schließlich von 1843 bis zu seinem Tod am 15. April 1863 ordentlicher Professor für Exegese des Neuen Testamentes. Neben seiner Doktorarbeit, einigen Aufsätzen und seinem Hauptwerk, dem Lehrbuch für Moraltheologie, existiert von *H. J. Vogelsang* außerdem eine 1840 veröffentlichte, 160 Seiten umfassende Fundamentaltheologie, die 'Anfangsgründe der katholischen Religion'.

Seine Moraltheologie trägt den Titel 'Lehrbuch der christlichen Sittenlehre' und umfaßt, wie das von G. Braun, drei Bände, die jedoch nun zu einem Band zusammengebunden sind, nachdem sie wohl ursprünglich in Faszikel erschienen sind. Das Werk ist in den Jahren 1834, 1837 und 1839 in Bonn veröffentlicht worden. Diese neben der Braunschen Moraltheologie einzige hermesianische Moraltheologie stellt sich wie eine in allen Bereichen reduzierte Parallele zu dem Trierer Handbuch dar. Zu nennen ist zunächst der reduzierte Umfang: der erste und der zweite Teil umfassen etwa 150, der dritte Teil rund 100 Seiten. Damit beträgt der Gesamtumfang des Werkes nur knapp ein Drittel des Umfangs des Braunschen Handbuches. Die Prinzipienlehre, die bei G. Braun knapp 170 Seiten ausmacht, wird bei *H. J. Vogelsang* auf nur sechzehn Seiten abgehandelt. Der Aufriß des 'Lehrbuchs der christlichen Sittenlehre' sieht folgendermaßen aus:

Erster Band:

Einleitung (Begriff, Quelle, Einteilung, Methode)
Religionswissenschaft (Pflichten des Glaubens an Gott, der Hoffnung auf Gott und der Liebe gegen Gott und weitere daraus abgeleitete Pflichten; äußere Gottesverehrung nach dem Glauben, der Hoffung, der Liebe und nach ausdrücklichen Vorschriften der Offenbarung)

---

[689] Zu *H. J. Vogelsang* vgl. ADB XL, 154; H. SCHRÖRS, Geschichte 244-253; H. WEBER, Sakrament und Sittlichkeit 166-171, und J. RENKER, Christliche Ehe, 61 f.
[690] Vgl. ADB XL, 154, und H. SCHRÖRS, Geschichte 245.

Zweiter Band:

Theologische Pflichtenlehre gegen Menschen (Selbstbeherrschung und Selbstverleugnung, Mäßigkeit, Fleiß, Sanftmut, Selbstliebe, Demut, Glückseligkeitsliebe, Ehrliebe, Genügsamkeit, Keuschheit, Schamhaftigkeit, Heiliger Sinn, Gerechtigkeit, Wahrhaftigkeit, Treue, Güte; abgeleitete Pflichten: Ehe, Herren und Diener usf.; Anhang: Pflichtmäßiges Verhalten in Ansehung der Tiere)

Dritter Band:

Katholische Aszetik (Rechtfertigung durch die Gnade Christi, Firmung, Buße usf., Beispiel Jesu, Verehrung der Heiligen, Fasten usf., Zölibat, Standeswahl, Letzte Ölung; Anhang: Letzte Dinge des Menschen).

Im Unterschied zu G. Braun hat *H. J. Vogelsang* also die Aszetik nicht mit der Pflichtlehre verwoben, sondern in einem getrennten Abschnitt abgehandelt.[691] Ansonsten präsentiert sich sein Handbuch prinzipiell in gleicher Weise wie das von G. Braun. Es finden sich die zwei Bereiche 'Religions-' und 'Sittenlehre'; ebenso wie G. Braun stellt *H. J. Vogelsang* das Handbuch ausschließlich als Pflichtenlehre dar, wenn er auch in der Religionslehre die drei göttlichen Tugenden als Gliederungsschema verwendet. Da seine Prinzipienlehre jedoch wesentlich knapper gehalten ist, geht er selten begründend auf die hermesianischen Grundlagen ein. Zumeist werden die Ansichten von *G. Hermes* einfach übernommen.[692] Ausladende analytische Begründungsversuche der moraltheologischen Grundlagen, wie sie bei G. Braun die Regel sind, finden sich nicht. Neben der Einteilung der Moraltheologie in eine 'Religions-' und 'Sittenlehre' folgt *H. J. Vogelsang* seinem Lehrer in der Bestimmung der Quelle der Moral, die er ebenfalls in der Dogmatik sieht. Darüberhinaus herrscht Übereinstimmung in der Auffassung vom psychischen Funktionieren des Menschen, darin nämlich, daß die praktische Vernunft aufgrund von 'Gemütsstimmungen und Gesinnungen' unmittelbar Pflichten diktiert. Auch nach *H. J. Vogelsang* sollen diese 'Gemütsstimmungen und Gesinnungen' aus dem Betrachten der dogmatischen Lehrinhalte spontan entstehen. Doch anders als G. Braun es sieht, ist es für ihn bzgl. der 'Religionslehre' nicht notwendig, zunächst ein oberstes Moralprinzip abzuleiten.[693] Ein solches ist nur für die 'Sittenlehre' erforderlich und lautet: "Ahme Gott nach aus

---

[691] In der Aszetik faßt er diejenigen Mittel zusammen, die dem Menschen übernatürlichen Beistand in seinem Kampf gegen die Sinnlichkeit gewähren. Dazu gehören auch die Sakramente. Vgl. Christliche Sittenlehre I, 10 f.

[692] Zweimal wird in diesem allgemeinen Teil ausdrücklich auf *G. Hermes* verwiesen: einmal auf seine Definition der Theologie, ein anderesmal auf seine Ansicht, nur Gott und die Menschen könnten Gegenstand sittlicher Verpflichtungen sein. Vgl. Christliche Sittenlehre I, 1, 7.

[693] Hier geht er von dem Gesamt der dogmatischen Lehren aus, leitet durch Betrachten eine Pflicht her, die dann so weit wie möglich zu untergeordneten Pflichten entfaltet wird. Ist ein weiteres Entfalten dieser Pflicht nicht mehr möglich, ist ein erneutes Betrachten der dogmatischen Lehren erforderlich. Vgl. Christliche Sittenlehre I, 13.

Liebe gegen ihn!"[694] Das oberste Moralprinzip wird von *H. J. Vogelsang* erst nach Darstellung der Pflichten der Religionslehre angeführt, eine Beziehung zum Mitmenschen wird in ihm nicht berücksichtigt.

Wie *H. J. Vogelsang* in dürftiger Weise die hermesianische Theorie zur Moraltheologie vorträgt, ist auch seine Ausarbeitung wesentlich knapper als die von G. Braun ausgefallen. Das von G. Braun häufig angewandte Dreierschema zur Abhandlung der Pflichten verwendet *H. J. Vogelsang* nicht. Verweise auf traditionelle Quellen finden sich nur sehr spärlich[695], Hinweise auf ältere und zeitgenössische Moraltheologen gibt es überhaupt nicht.[696] Somit findet auch eine von G. Braun her so gewohnte kritische Auseinandersetzung mit den von der eigenen Auffassung sich unterscheidenden Ansichten nicht statt. Auch bemüht sich *H. J. Vogelsang* im Gegensatz zu G. Braun nicht darum, zur Bestätigung der hermesianischen Auffassungen auch traditionell christliche oder biblische Argumente anzuführen. Wo er zu den genannten Pflichten Bibelstellen anführt, dienen diese jedoch wie bei G. Braun ausschließlich zur nachträglichen Bekräftigung, weil positive Vorschriften nicht Quelle der Moraltheologie sein können.[697]

Inhaltlich vertritt *H. J. Vogelsang* sowohl in der 'Religions-' als auch in der 'Sittenlehre' für die damaligen Zeit durchaus gängige Ansichten. So ist er etwa der gleichen Auffassung wie G. Braun in der Frage eines sittlichen Handelns an Tieren. [698]

Zusammenfassend betrachtet läßt sich sagen, daß das Handbuch von *H. J. Vogelsang* zwar eine sich auf hermesianische Grundlagen stützende Moraltheologie bietet; sie läßt jedoch, verglichen mit dem Werk von G. Braun, drei wesentliche Punkte vermissen:

1. Die von *G. Hermes* nur angerissenen Aussagen zur Moraltheologie werden von *H. J. Vogelsang* nicht genügend entfaltet, um eine Weiterführung der Gedanken des Bonner Lehrers auf dem Gebiet der Moraltheologie zu sein. Nur die

---

[694] Christliche Sittenlehre II, 3.
[695] Vgl. etwa Christliche Sittenlehre I, 141; III, 3, 5, 25, 52, 67.
[696] Ein einziges Mal wird, Christliche Sittenlehre III, 60 Anm., im Zusammenhang mit der dogmatischen Frage nach dem Wie der Anschauung Gottes auf *B. Stattler* verwiesen.
Zu der in diesen Punkten dürftigen Ausstattung des Handbuches bemerkt *H. J. Vogelsang* II, Vorrede IX: " . . . Diese wird hoffentlich unsere Darstellungweise eben so wenig befremden, als die anscheinende Nacktheit des Buches, welche dadurch entstanden ist, daß wir zur Begründung, rücksichtlich: Empfehlung der Pflichten ausschließlich das geoffenbarte Wort benutzt und nicht auch menschliche Autoritäten angezogen haben, wodurch die Aufmerksamkeit von dem einzig wahren Verpflichtungsgrunde im christlichen Bewußtsein abgelenkt wird. Weder durch Auskramen von Gelehrsamkeit, noch durch unfruchtbare und zur Sache nicht gehörige Eintheilungen, noch endlich durch eine unerschöpfliche Casuistik wird das wissenschaftliche Studium der christlichen Ethik gefördert."
H. J. Vogelsang erhebt ja auch im Titel seines Handbuches nicht den Anspruch eines 'Systems'.
[697] Vgl. Christliche Sittenlehre I, 15.
[698] Vgl. Christliche Sittenlehre II, 151-154.

wesentlichen Gedanken - ohne Begründung - von *G. Hermes* zu übernehmen, genügt nicht, um ein Handbuch zu schreiben, das sich von bereits bestehenden in grundlegenden theoretischen Punkten unterscheiden möchte. G. Braun hat in dieser Hinsicht ein viel tiefergehendes Fundament gelegt.

2. Bei *H. J. Vogelsang* ist keine solch eigenständige denkerische Leistung wie bei G. Braun zu erkennen, welche gelegentlich die Leistungen von *G. Hermes* für die Moraltheologie zu ergänzen oder zu modifizieren vermag.

3. Verglichen mit den in jener Zeit üblichen umfangreichen Handbüchern der Moraltheologie hatte das Handbuch von *H. J. Vogelsang* nur schwerlich Aussicht, weitreichende Bedeutung zu erlangen. Den Benutzern, Professoren oder Seelsorgern, mußte es vorkommen, als fehlten wichtige inhaltliche Abschnitte.

3. Abschnitt

WESENTLICHE EINZELASPEKTE DES 'SYSTEMS DER CHRISTKATHOLISCHEN MORAL'

5. Kapitel

DIE ANTHROPOZENTRISCHE AUSRICHTUNG

I. Moraltheologie als Pflichtenlehre

G. Brauns spezielle Moraltheologie ist, wie schon des öfteren angeklungen, ausschließlich eine geordnete Aufzählung von Pflichten. Dies ergibt sich aus der Verwendung der hermesianischen Methode zur Herleitung der Normen. Die grobe Einteilung in eine Pflichtenlehre gegen Gott und in eine gegen die Menschen hat er von *G. Hermes* übernehmen können.[699] Die weitere Untergliederung der beiden Teile jedoch, etwa die der zweiten Abteilung der 'Sittenlehre', welche nach den Hauptverhältnissen der Seele zur Außenwelt unterteilt ist [700], kann wohl als eigenständige Leistung von G. Braun angesehen werden. Eine prinzipielle Einteilung der speziellen Moraltheologie nach Pflichten war in jener Zeit durchaus gängig. Während im Mittelalter die Einteilung entweder nach dem Tugendschema (*Thomas v. Aquin*) oder nach den Geboten des Dekalogs erfolgt ist, wurde seit der Neuzeit ein Aufbau nach Pflichten bevorzugt.[701] Dies geschah - schon vor *I. Kant* - seit dem 18. Jahrhundert zunächst verstärkt bei protestantischen, dann auch bei katholischen Autoren (*A. Reiffenstuel, E. Amort, A. J. Roßhirt* u. a.).[702]

Maßgeblichen Einfluß auf die Theologen und Philosophen des 19. Jahrhunderts nahm der Gedanke der Pflicht, als ihn *I. Kant* zu einem zentralen Begriff der Ethik machte. Er hat zwischen formalen und materialen Gründen der sittlichen Handlung unterschieden.[703] Die materiale Komponente zeigt an, zu welchem Zweck die Handlung geschieht, sie zielt auf die intendierten Folgen. Die formale Seite hingegen zeigt den Beweggrund des Handelns auf. *I. Kant* lehnt diesbezüglich alles Materiale als

---

[699] Vgl. Phil. Einleitung 40 f.

[700] Vgl. III, 3.

[701] Gleichzeitig wird in der Einteilung der Handbücher verstärkt Rücksicht auf die Gebiete des sittlichen Lebens genommen und eine Dreiteilung des Stoffes der speziellen Moraltheologie favorisiert: moralisches Handeln gegen Gott, den Mitmenschen und sich selbst. Für diese Dreiteilung hat man sich auf Tit 2, 12 (besonnen [gegenüber sich selbst], gerecht [gegenüber dem Mitmenschen], fromm [gegenüber Gott]) oder Origenes, De oratione 28, 1-4 berufen. Vgl. R. HOFMANN, Moraltheologische Erkenntnis- und Methodenlehre 282.

[702] Vgl. J. REITER, Ferdinand Probst 208.

[703] Vgl. etwa GMS IV, 59. Diese beiden Komponenten finden sich auch bei G. Braun, wie oben S. 166 f. beschrieben. Sie gehören auch bei ihm notwendig zum Umfang einer sittlichen Handlung.

Komponente des Sittlichen ab, da es sich nur auf Empirie begründe und so der subjektiven Beliebigkeit unterworfen sei. Es sei "von der größten Wichtigkeit in allen moralischen Beurteilungen" darauf zu achten, daß "alle Moralität der Handlungen in der Notwendigkeit derselben *aus Pflicht* und aus Achtung fürs Gesetz, nicht aus Liebe und Zuneigung zu dem, was die Handlungen hervorbringen sollen, gesetzt werde"[704]. Der Antrieb zu sittlichem Handeln also, die formale Komponente, ist für ihn die Pflicht.[705] Diese betrachtet er als mit dem Wesen des Menschen unveränderlich verknüpft.

Aber auch die Erscheinungsform des Sittlichen begegnet *I. Kant* nur als Pflicht, Sittenlehre ist Pflichtenlehre, denn das "Sittengesetz kann für den Menschen ... nur in der Form von Imperativen, d. h. in einem 'Du sollst', ausgesprochen werden" [706]. Nur wenn das sittliche Sollen Gesetzescharakter habe, könne es ohne Rücksicht auf subjektive Komponenten wie Neigungen, Umstände oder Zeit existieren. Seine Vorstellung vom Sittengesetz hat er in einer Kurzformel ausgedrückt: "handle pflichtmäßig, aus Pflicht"[707]. Durch den Ausschluß jeglicher materialer Komponente glaubte *I. Kant*, das Sittengesetz als ewiges, nicht-empirisches, kategorisches und nicht-hypothetisches Gesetz erfaßt zu haben. Daraus resultiert der kategorische Imperativ, der somit "nicht die Materie der Handlung und das, was aus ihr folgen soll, sondern nur die Form und das Prinzip, woraus sie selbst folgt" [708] betrifft. Der kategorische Imperativ ist ein oberstes Moralprinzip, das bei allen Menschen gleichermaßen gilt, da es sich jeder Erfahrung überhebt und so zu einem objektiven Prinzip wird. Aus ihm kann die praktische Vernunft alle weiteren Pflichten ableiten; der Mensch wird sich so selbst zum Gesetzgeber. Grundforderung des kategorischen Imperatives ist dabei, daß sittliches Handeln immer nur nach der Maxime geschehe, gleichzeitig für alle vernünftigen Wesen als Gesetz gelten zu können; nur dann bleibt Handeln rein sittlich, d. h. unabhängig vom Individuum.[709] In einer zweiten Form zielt der kategorische Imperativ auf die Würde des Menschen: Sittliches Handeln hat auch immer so zu erfolgen, daß der Mensch stets Selbstzweck ist und niemals einem fremden Zweck untergeordnet wird.[710]

Demgemäß hat *I. Kant* eine reine Pflichtethik vertreten: sittlich handelt der, der aus Pflicht und um der Pflicht willen handelt. Jedes Handeln auf einen bestimmten Zweck hin, sei es zur Erlangung eines Lohnes oder der Glückseligkeit oder auch aus Furcht

---

[704] *I. Kant*, KdpV IV, 203.
[705] Vgl. dazu H. W. ZWINGELBERG, Kants Ethik und das Problem der Einheit von Freiheit und Gesetz. Bonn 1969, 38-43, und W. HEIZMANN, Kants Kritik spekulativer Theologie. Göttingen 1976, 61-64.
[706] F. UEBERWEG, Grundriß der Geschichte der Philosophie III. Basel-Stuttgart ¹²1961, 582.
[707] MS IV, 521.
[708] F. UEBERWEG, Geschichte der Philosophie III, 583.
[709] *I. Kant*, GMS IV, 72: "Das formale Prinzip . . . ist: handle so, als ob deine Maxime zugleich zum allgemeinen Gesetze (aller vernünftigen Wesen) dienen sollte."
[710] *I. Kant*, GMS IV, 66: "Denn vernünftige Wesen stehen alle unter dem *Gesetz*, daß jedes derselben sich selbst und alle andere *niemals bloß als Mittel*, sondern jederzeit *zugleich als Zweck an sich selbst* behandeln *solle*."

vor Strafen, kann zwar richtig, niemals aber sittlich sein. Jede materiale Komponente soll ausgeschlossen werden, um nicht zu bloß hypothetischen Imperativen zu kommen. Dabei geht er so weit, sogar Werte und Tugenden als materiale Gegebenheiten aus dem Prozeß des sittlichen Handelns auszuschließen, da auch sie der menschlichen Beliebigkeit anheim gestellt seien. Nur die Pflicht allein ist seiner Auffassung nach unbeliebig.[711]

Diese beträchtliche Aufwertung, mit der *I. Kant* den Gedanken der Pflicht bedacht hat, beeinflußte nachhaltig die Moraltheologen des ausgehenden 18. und der ersten Hälfte des 19. Jahrhunderts. Mehr noch als vor seiner Zeit wird die spezielle Moraltheologie nun nach Pflichten eingeteilt. Um diesen Einfluß etwas zu verdeutlichen, sei auf die Aufrisse einiger Handbücher von Zeitgenossen G. Brauns kurz eingegangen, die alle eine gewisse Beziehung zum Trierer Handbuch aufweisen. Dadurch bietet sich auch für den Aufriß der speziellen Moral, wie ihn G. Braun vorgenommen hat, eine bessere Basis zur Beurteilung.

Eine Einteilung nach Pflichten wurde vor allem von jenen Moraltheologen bevorzugt, die sich dem philosophischen System von *I. Kant* entweder verbunden fühlten oder ihre Werke als Ergebnis einer Auseinandersetzung mit dem Königsberger Philosophen gesehen haben.

Zu nennen ist zunächst *F. G. Wanker*[712], der die spezielle Moral nach den drei Pflichtenkreisen einteilt. Im ersten Band schickt er den allgemeinen Teil der 'Sittenlehre' voraus. Hier behandelt *F. G. Wanker* in einer Einleitung die sittliche Würde des Menschen, Methode und Quellen sowie die Geschichte der Sittenlehre. Der Einleitung folgen sechs größere Abschnitte.[713] Diesen sechs Teilen folgt schließlich ein Anhang 'Von der christlichen Bekehrung und Besserung'.[714] Im zweiten Band wird dann die spezielle Moral nach den drei Pflichtenkreisen eingeteilt.[715] Es ergibt sich folgende Gliederung:[716]

---

[711] In ähnlicher Weise steht auch für *J. G. Fichte* die Pflicht im Zentrum sittlichen Handelns. Bei ihm lautet die formale Komponente des Handelns, System der Sittenlehre II, 557: " . . . handle schlechthin gemäß deiner Überzeugung von deiner Pflicht".
[712] Zu *F. G. Wanker* vgl. oben Anm. 205.
[713] Sie handeln von den Gesetzen der Willenstätigkeit (1), vom obersten Prinzip der Sittlichkeit (2), von Moralgesetz, Pflicht und Recht (3); dann von dem Sittengesetz angemessenen (4) und widerstreitenden Betragen (5) sowie von dem durch das Sittengesetz bestimmten Wert des Menschen (6), wozu u. a. auch die Lehre vom Gewissen gehört.
[714] Vgl. O. MOCHTI, Das Wesen der Sünde 71.
[715] Der Pflichtenlehre schließt *J. G. Wanker* in einem dritten Teil eine Abhandlung über die christlichen (göttliche, kirchliche, natürliche) Tugendmittel an.
[716] Die Gliederung, die der zweiten Auflage der 'Sittenlehre', Wien 1804, IX-XXIV, entnommen ist, wird in einer vereinfachten Form und in heutiger Schreibweise wiedergegeben. Zudem wird nur eine Auswahl der von *F. G. Wanker* genannten Pflichten angeführt.

Erste Abteilung: Unmittelbare Pflichten gegen Gott.

1. Glauben an Gott: Begriff und Arten; Pflicht zu glauben; Unglauben; Zweifelsucht usf.

2. Gesinnungen gegen Gott: Gesinnung und Pflicht der Liebe Gottes; kindliche und knechtische Furcht Gottes; Anbetung usf.

3. Äußerung der Gesinnungen gegen Gott: Ehrfurcht und Liebe; abergläubische Gottesverehrung; Eid usf.

Zweite Abteilung: Mittelbare Pflichten gegen Gott: Ausführung des göttlichen Willens an unsrer Person. Selbstpflichten.

1. Von der christlichen Selbstliebe überhaupt und ihrer allgemeinen Äußerung: christliche Ehrbegierde; Selbst- und Weltverleugnung; falsche Demut; Müßiggang usf.

2. Besondere Äußerung der Selbstliebe auf die Person: Pflicht gegen die Seele; Pflicht gegen den Leib; Gebrauch der Kleidung usf.; Keuschheit; Unkeuschheit usf.

3. Besondere Äußerung der Selbstliebe auf Gegenstände außer der Person: äußere Ehre; Begnügsamkeit; freiwillige Armut; Regeln für den Genuß; Gebrauch der tierischen Schöpfung usf.

Dritte Abteilung: Ausführung des göttlichen Willens an der Person unserer Nebenmenschen nach ihren allgemeinen Verbindungen. Allgemeine Sozialpflichten.

1. Von der christlichen Nächstenliebe überhaupt und ihrer allgemeinen Äußerung: Gerechtigkeit; Güte; Hochachtung; Feindesliebe; gegenteilige Gesinnungen usf.

2. Besondere Äußerung der Nächstenliebe auf die Person des Nebenmenschen: Aufrichtigkeit; brüderliche Zurechtweisung; Pflichten gegen Leib und Leben des Nächsten; gerechter Krieg usf.

3. Besondere Äußerung der Nächstenliebe auf die Gegenstände außer der Person des Nächsten: Sorge für den guten Namen des Nächsten; Verträge; Almosen usf.

4. Pflicht der Wiedererstattung: Gründe, Regeln, Gegenstände der Wiedererstattung usf.

Vierte Abteilung: Ausführung des göttlichen Willens an der Person unserer Nebenmenschen nach ihren besonderen Verhältnissen und Ständen in der Welt. Besondere Sozialpflichten.

1. Von den unbedingten Ständen: Pflichten der Glieder der christlichen Kirche; Pflichten des Staatsbürgers

2. Von den bedingten Ständen: Pflichten der Eheleute; Pflichten der Eltern, der Kinder usf.

Die Gliederung der speziellen Moral macht deutlich, daß F. G. Wanker im Grunde alle Pflichten als Pflichten gegen Gott versteht. Auch die Pflichten gegen die eigene

Person und die Mitmenschen sind Pflichten gegen Gott, wenn auch nur mittelbare. Dies wird von ihm dahingehend begründet, daß die moralische Gesinnung des Christen Liebe und Gehorsam gegen Gott erfordere. [717] Sittenlehre ist damit eine Form der Religionslehre. Trotz dieser theozentrischen Sicht treten bei *F. G. Wanker* die drei Pflichtenkreise deutlich hervor: Die ganze spezielle Moraltheologie besteht aus Pflichten gegen Gott, sich selbst und die Mitmenschen.

Anders als es G. Braun getan hat, hat *F. G. Wanker* der Pflichtenlehre im zweiten Band eine Tugendmittellehre (Aszetik) angehängt. [718] Darüberhinaus hat er in seinem ersten Teil, der allgemeinen Moraltheologie, größere Zugeständnisse an die traditionelle Moraltheologie gemacht, da sich hier, wie oben genannt, etwa die Sündenlehre[719] und der Traktat vom Gewissen finden, Themen, die bei G. Braun nicht eigens angesprochen werden.

Während G. Braun die Gliederung, mit der *F. G. Wanker* seine 'Christliche Sittenlehre' einteilt, sehr genau gekannt haben muß, da er das Handbuch ja seinen Vorlesungen zugrunde gelegt hat, ist dies beim zweiten zu nennenden Werk nicht unbedingt der Fall, wenn er das Handbuch auch als solches kennt. Es handelt sich um die dreibändige 'Ethica christiana' des Benediktinerpaters *M. v. Schenkl*[720], welche in erster Auflage in den Jahren 1800/01 in Ingolstadt erschienen ist. [721] Bereits 1802/04 erlebte sie eine zweite Auflage, der nach *M. v. Schenkls* Tod noch drei weitere folgten. Neben dieser durchaus bemerkenswerten Beachtung, die das Werk *M. v. Schenkls* bei einer breiten Leserschaft gefunden hat, verdient es noch in einer weiteren Weise, erwähnt zu werden, wirkte es doch unmittelbar als Vorbild für eine Reihe weiterer Handbücher der Moraltheologie: Maßgeblichen Einfluß hatte es auf die Werke von *J. G. Riegler* (1778-1847)[722] und *J. M. Ruef* (1759-1830)[723], deren Aufrisse stark von der Vorgabe *M. v. Schenkls* abhängen. Ähnlichkeiten gibt es darüberhinaus im Aufbau der erst nach dem Handbuch G. Brauns erschienenen Moraltheologien von *K. Lomb* (1804-1862)[724] und *F. Probst* (1816-1899)[725]. Auch auf G. Braun hat das Handbuch von *M. v. Schenkl* Einfluß genommen, allerdings nur auf indirekte Weise. Denn die Moraltheologie, die G. Braun an zweiter Stelle als Vorlage seiner Vorlesungen benutzt hat, da das deutsche Lehrbuch von *F. G. Wanker* Bischof *J. v. Hommer* mißfiel, die 'Institutiones ethicae christianae seu theologiae moralis' des Professors für Moraltheologie in Wien und späteren Abtes von Kloster Melk,

---

[717] Vgl. Christliche Sittenlehre II, 2.
[718] Vgl. II, 376-495.
[719] Zu J. G. Wankers Sündenlehre vgl. O. MOCHTI, Das Wesen der Sünde 190-194.
[720] Zu M. v. Schenkl vgl. oben Anm. 462.
[721] G. Braun nennt M. v. Schenkl etwa I, 35, 39 Anm., 48.
[722] G. Riegler, Christliche Moral nach der Grundlage der Ethik des Maurus von Schenkl. 4 Bde., Augsburg 1825/28.
[723] J. M. Ruef, Leitfaden zur christlichen Moral. 3 Bde., Dillingen 1824/25. Die zweite Auflage dazu nennt er: Handbuch der christlichen Moral. 2 Bde., München 1829.
[724] K. Lomb, Christkatholische Moral. Regensburg 1844.
[725] F. Probst, Katholische Moraltheologie. 2 Bde., Tübingen 1848/50.

A. K. Reyberger[726], ist in seiner Struktur mit M. v. Schenkls 'Ethica christiana' weitgehend identisch. "Die Übernahme geht sogar bis zum wörtlichen und inhaltlichen Gleichklang, nur in der Zuordnung einzelner Materien zeigen sich kleinere Abweichungen."[727] Die Einteilung der speziellen Moral nach den drei Pflichtenkreisen, so wie sie M. v. Schenkl vorgenommen hat, wird von A. K. Reyberger für seinen Aufriß übernommen. Da er in größerer Nähe zu G. Braun steht, sei daher nicht auf den Aufriß von M. v. Schenkl, sondern auf den von A. K. Reyberger etwas näher eingegangen:

Im ersten Band findet sich die allgemeine Moraltheologie, worin nach einleitenden Bemerkungen über Religion, Theologie, Moraltheologie und deren Quellen, Aussagen über die sittliche Natur des Menschen, seine Handlungen und seine Pflichten angefügt werden. In der allgemeinen Moraltheologie werden etwa auch die Sündenlehre und die Lehre vom Gewissen abgehandelt. Der Umfang der ersten Bandes beträgt gut ein Drittel des gesamten Handbuches.

Die spezielle Moraltheologie ist im zweiten Band wie bei F. G. Wanker nach den drei Pflichtenkreisen aufgeteilt. Anders als dieser behandelt A. K. Reyberger aber die besonderen Sozialpflichten in einem von der übrigen Aufreihung getrennten Abschnitt (Pars II), der sich im dritten Band findet:

Pars I: Ethica communis seu disciplina officiorum omnibus hominibus christianis communium.

Sectio I: De officiis erga Deum internis.
Caput I: De officiis erga Deum generatim.
Caput II: De fidei officio.
Caput III: De officio spei christianae.
Caput IV: De officio caritatis in Deum.

Sectio II: De officiis erga Deum externis.
Caput I: De religione externa generatim.
Caput II: De religionis externae officiis ordinariis.
Caput III: De religionis externae officiis extraordinariis.

Sectio III: De officiis erga nosmetipsos generalibus.
Caput I: De officiis hominis christiani erga se ipsum universim.
Caput II: De officiis hominis christiani erga se ipsum generalibus.

Sectio IV: De officiis erga nos specialibus.
Caput I: De specialibus erga animum officiis.
Caput II: De specialibus erga corpus vitamque nostram officiis.
Caput III: De officiis erga semet specialibus, statum hominis externum adtinentibus.

---

[726] Zu A. K. Reyberger vgl. Anm. 206.
[727] O. MOCHTI, Das Wesen der Sünde 83.

Sectio V: De officiis erga alios homines communibus.
Caput   I: De officiis erga alios generatim.
Caput II: De officiis specialibus animum aliorum adtinentibus.
Caput III: De officiis specialibus erga alios homines, ad corpus vitamque eorum adtinentibus.
Caput IV: De officiis specialibus erga alios, statum illorum externum adtinentibus.

Pars II: Ethica particularis seu disciplina officiorum particularium, ex diversa scilicet status ordinisque conditione oriundorum.
Sectio I: De officiis ex societatum privatarum conditione oriundis.
Caput   I: Officia particularia societatis conjugalis.
Caput II: Officia societatis parentalis.
Caput III: Officia particularia societatis domesticae.

Sectio II: De officiis ex societatum publicarum conditione oriundis.
Caput   I: Officia particularia societatis civilis.
Caput II: Officia particularia societatis ecclesiasticae.

Bei *A. K. Reyberger* schließt sich, wie bei *F. G. Wanker* und *M. v. Schenkl* auch, im dritten Band eine eigenständige Aszetik an, die mit gut 80 Seiten knapp ein Zehntel des Gesamtumfangs beansprucht.[728] Die Aufteilung der Pflichten auf die verschiedenen Gliederungspunkte ist bei *A. K. Reyberger* anders als bei *F. G. Wanker* gelöst worden, doch die drei Pflichtenkreise bleiben dominant. Ebenso haben alle oben angeführten, von *M. v. Schenkl* abhängigen Handbücher eine Einteilung nach Pflichtenkreisen vorgenommen.

Nach diesem kurzen Blick auf verschiedene Lehrbücher jener Zeit kann somit eine Einteilung der speziellen Moraltheologie nach Pflichten, wie G. Braun sie vorgenommen hat, nicht als außergewöhnlich bezeichnet werden. Zwar gibt es auch Moraltheologen unter den Zeitgenossen G. Brauns, welche die spezielle Moral nicht nach den Pflichtenkreisen ordnen. Als Beispiel mag dazu *J. B. Hirscher* dienen, der den zweiten und dritten Band seiner Moraltheologie, welche die spezielle Moraltheologie beinhalten, nicht an Pflichten, sondern vor allem 'auf der Grundlage des Zuges der Liebe' an Tugenden orientiert.[729] Doch noch sein Vorgänger in einer 'organischen' Behandlung der Moral, *J. M. Sailer*, gliedert seinen zweiten und dritten Band durchaus nach den drei Pflichtenkreisen.[730]

---

[728] Bei *M. v. Schenkl* ist die Aszetik Pars IV der Gliederung, da er mit der Zählung bei der allgemeinen Moraltheologie (Pars I) beginnt. *A. K. Reyberger* läßt jedoch erst die spezielle Moraltheologie mit Pars I beginnen. Damit die Aszetik nun auch bei *A. K. Reyberger* Pars IV der Gliederung ist, überspringt er in der Zählung einfach Pars III, der somit bei *A. K. Reyberger* nicht existiert.
[729] Vgl. etwa die Gliederung des dritten Bandes. Tübingen 1836, III-X.
[730] Vgl. Handbuch der christlichen Moral II und III. Wien ²1818.

Wenn sich für G. Brauns Einteilung nach Pflichten auch grundsätzlich viele Parallelen bei seinen Zeitgenossen finden lassen, sei doch auch auf Besonderheiten seiner Gestaltung der speziellen Moraltheologie aufmerksam gemacht:
Bei den übrigen Autoren ist die Einteilung nach Pflichtenkreisen vornehmlich ein *Gliederungsprinzip* der speziellen Moral. Die Darstellung anhand von Pflichten folgt einem formalen Gestaltungswunsch. Bei G. Braun hingegen erwächst die Darstellung nach Pflichten aus einem viel tiefergreifenden Beweggrund. Es ist die Wirkungsweise der autonomen praktischen Vernunft, die Ursache für die Pflichten ist. Während die übrigen Autoren den Aufbau der speziellen Moral grundsätzlich auch an Tugenden hätten orientieren können, ist dies für G. Braun nicht möglich, ohne die in der allgemeinen Moral aufgestellten Grundsätze zu ignorieren. Zwar hat er in anderen Punkten seine Theorie der Moral keineswegs immer konsequent angewandt - es war ihm etwa nicht möglich, alle Pflichten nur aus dem obersten Moralprinzip herzuleiten -, doch in diesem offenbar für ihn zentralen Punkt hält er sich strikt an seine hermesianische These. G. Braun konzipiert die spezielle Moraltheologie *ausschließlich* als Pflichtenlehre. Da die übrigen Autoren nicht so sehr von ihren theoretischen Grundlagen eingeengt werden, bieten diese zumeist noch Abhandlungen über die Pflichtenlehre hinaus. Meist grenzen sie die Aszetik als eigenen Teil aus. G. Braun hingegen verwebt diesen Teil mit der Pflichtenlehre, die Tugendmittel werden, wenn man so will, als 'Mittel zur Erfüllung der Pflicht' verwendet.

Auch gibt es Autoren, die neben der Aszetik noch weitere Kapitel neben der Pflichtenlehre bieten. So etwa *J. M. Ruef*, der in seinem 'Handbuch der Christlichen Moral' neben einer ersten Abteilung, der allgemeinen Moraltheologie, und einer zweiten Abteilung, der nach den drei Kreisen geordneten Pflichtenlehre, eine dritte Abteilung folgen läßt. Sie beinhaltet Abhandlungen über Eigentum und Eigentumsrecht, Ehemoral und das Verhältnis von Herrscher und Untertanen. Danach kommt bei ihm in einer vierten Abteilung die Aszetik. Eine solche Gliederung wäre für G. Braun nicht möglich gewesen.

Darüberhinaus richtet sich G. Braun nicht nach den gängigen drei Pflichtenkreisen, sondern er führt den zweiten und dritten Kreis zu einem einzigen zusammen. Er folgt damit der von *G. Hermes* so vorgenommenen Zweiteilung der Moraltheologie. [731] Eine getrennte Anführung der Pflichten gegen sich selbst und der Pflichten gegen die Mitmenschen lehnt er ab. Denn häufig seien die 'Gemütsstimmungen und Gesinnungen', aus denen dann die Pflichten resultieren, gegen einen selbst identisch mit denen gegen die Mitmenschen. So müßten - bei der Anwendung von drei Pflichtenkreisen - Pflichten des zweiten Kreises (gegen einen selbst) häufig bei der Ausarbeitung des dritten Kreises (gegen die Nebenmenschen) wiederholt werden. [732] In dem von G. Braun so zusammengeführten zweiten Pflichtenkreis wird die weitaus größere Aufmerksamkeit den Pflichten gegen sich selbst gewidmet. "Nicht nur, daß fast der gesamte zweite Band Pflichten enthält, die in einer nach den drei Pflichtenkreisen aufgebauten Moraltheologie unter die Selbstpflichten gerechnet würden, Braun hat

---

[731] Vgl. Phil. Einleitung 40 f.
[732] Vgl. I, 144 f.

auch keinerlei Bedenken empfunden, das Verhältnis zum Mitmenschen als Grundlage für eine weitere *Unterabteilung* der 'Sittenlehre' zu verwenden."[733] Zwar soll auch die Heiligkeit der Mitmenschen befördert werden[734], doch Prävalenz besitzt die Beachtung des eigenen Ichs. Schon der Blick auf die quantitative Verteilung des Stoffes vermag dies zu verdeutlichen: Den Pflichten gegen die Mitmenschen steht nicht annähernd der dritte Teil der speziellen Moraltheologie zu, sondern nur etwa 150 von knapp 1000 Seiten, was nicht einmal einem Sechstel entspricht.

Insgesamt gesehen überwiegt also im Teil der speziellen Moraltheologie eine individualistische Sicht. Die Pflichten (und Räte) zeigen sich in erster Linie als Anspruch an das Individuum zur Ausgestaltung des *eigenen* sittlichen Lebens. Sie sollen, individuell befolgt, zur immer größeren Annäherung an die göttliche Heiligkeit führen.[735]

Ursprung für eine solch individualistische Prägung der Braunschen speziellen Moraltheologie ist sicherlich die aus den Vorstellungen von *J. G. Fichte* resultierende Aufwertung des Ichs und der dadurch folgenden ich-zentrierten Weltsicht, was freilich nicht mit einem Egoismus im herkömmlichen Sinne zu verwechseln ist. G. Braun verknüpft die Pflichten gegen sich selbst und die gegen die Mitmenschen folglich ebenfalls unter Beachtung seiner philosophischen Vorgaben.[736]

G. Brauns 'Religions-' und 'Sittenlehre' stellt sich also ausschließlich als eine Aufreihung von Pflichten dar. Es handelt sich dabei nicht um konditionale Gebote nach der Art der Kasuistik, die nach Zeit und Umständen sehr stark variierten. Das hermesianische Handbuch der Moraltheologie wird nicht durch ein Interesse an der genauen Art der Verfehlung und dem daraus resultierenden Strafmaß geleitet - so findet sich bei G. Braun, wie erwähnt, auch keine Sündenlehre im eigentlichen Sinn - [737], sondern im Mittelpunkt steht die Absicht, die sittlich relevanten Lebensbereiche des Menschen durch 'christlichkatholisch' verstandene Pflichten abzudecken. Dabei können die Pflichten entweder gebietend[738] oder verbietend[739] formuliert sein.

Ihre eigentliche Verbindlichkeit erhalten die Pflichten aus der autonom entstehenden Verpflichtung der praktischen Vernunft, die in der Verpflichtung des obersten Moralprinzips gipfelt. Eigentlich hätte es aus hermesianischer Sichtweise genügt, die Verbindlichkeit des obersten Moralprinzips zu belegen, denn die abgeleiteten Pflich-

---

[733] H. WEBER, Sakrament und Sittlichkeit 161.
[734] Vgl. I, 118 f. Anm.; II, 1 f.
[735] H. WEBER, Sakrament und Sittlichkeit 156 f., hat in seiner Untersuchung darauf hingewiesen, daß G. Braun die Sakramente als 'Gnadenmittel' zur Erfüllung des obersten Sittengebots ansieht. Im Vordergrund stehe daher die Pflicht zum Empfang. Außerdem weist er, ebd. 161, auf den für ein moraltheologisches Lehrbuch sicherlich nicht unbedeutenden Umstand hin, daß G. Braun nur "äußerst wenig über die Nächstenliebe zu sagen weiß".
[736] Vgl. I, 144 f., wo er die Begründung für diese Gliederungsweise liefert.
[737] Vgl. O. MOCHTI, Das Wesen der Sünde 38.
[738] Vgl. etwa II, 8 f., die Pflicht des Religionseifers und viele Pflichten der 'Religionslehre'.
[739] Vgl. etwa III, 130 f., das Verbot des Selbstmordes und weitere Pflichten der 'Sittenlehre'.

ten besitzen diese Verbindlichkeit ebenso, weil sie alle zur Erfüllung des obersten Prinzipes dienen.

G. Braun versucht jedoch darüberhinaus, die Evidenz auch der konkreten Normen zu erweisen. Dabei geht er zumeist in einem Dreierschritt [740] vor: Er beginnt damit, die Pflicht mit einer hermesianischen Überlegung zu begründen, worin er durchweg eine Verbindung zur Forderung des obersten Moralprinzips herzustellen versucht. [741] Ein zweiter Schritt ist das Anführen von bestätigenden Bibelstellen, die zum Teil wörtlich zitiert werden. In einem dritten Schritt folgt schließlich die Auseinandersetzung mit den Auffassungen von Zeitgenossen. [742] Diese Vorgehensweise ist in der 'Religionslehre' recht ausgeprägt. Sie läßt sich ebenso im ersten Band der 'Sittenlehre' nachweisen, wo allerdings, worauf schon verwiesen wurde, die Auseinandersetzung mit den Zeitgenossen zugunsten der Verweise auf die Bibel und verschiedene Quellen der Tradition zurücktritt, was im zweiten Band der 'Sittenlehre' noch stärker zum Ausdruck kommt. Die hermesianische Überlegung zu Beginn der jeweiligen Pflicht findet sich im ersten Band der 'Sittenlehre' noch durchgängig. Erst im zweiten Band wird auf sie verzichtet und zumeist unmittelbar auf die Pflicht hingewiesen. [743] Daß G. Braun im dritten Band seines Handbuches viel von den hermesianischen Überzeugungen aufgegeben hat, bezeugt auch ein Paragraph über 'Pflichten, die auf positiven Geboten der Kirche beruhen'. [744] Gemäß dem hermesianischen Verständnis von Sittlichkeit ist es unmöglich, in einer wissenschaftlichen Moral von Pflichten zu sprechen, die auf die bloße Autorität eines anderen hin befolgt werden sollen. Gerade das schreibt G. Braun aber vor, wenn er auf Beachtung der positiven kirchlichen Gesetze drängt. [745]

Bzgl. der gewählten Themen lassen sich in der Ausarbeitung der speziellen Moral bei G. Braun keine nennenswerten Besonderheiten gegenüber den Pflichtenlehren anderer

---

[740] Dieser Dreierschritt ist nicht zu verwechseln mit seinem dreigliedrigen Schema zur Abhandlung der Pflichten: Vorstellung der Pflicht - Mittel zur Erfüllung derselben - Verletzung der betreffenden Pflicht. Der an dieser Stelle gemeinte Dreierschritt findet sich jeweils innerhalb des Abschnittes, in welchem er die Pflicht vorstellt.

[741] So begründet er etwa die Pflicht der Demut vor Gott I, 192: "Die Betrachtung der unendlichen Heiligkeit des göttlichen Willens weckt in uns den Gedanken an unsere eigene Beschränktheit, Schwäche und Unvollkommenheit im Wollen. Betrachten wir aber die unendliche Heiligkeit Gottes im Verhältnisse zu unserer Beschränktheit, Schwäche und Unvollkommenheit im Wollen des Guten, so wie wir dies denn zur Weckung und Erhaltung des pflichtgemäßen Wohlgefallens an Gott auch sollen: so wird dies den Willen stimmen, seinen geringen Werth und weiten Abstand von Gott anzuerkennen und sich demgemäß zu verhalten . . . "
Ähnliche Überlegungen finden sich zu den meisten Pflichten der 'Religionslehre'.

[742] Vgl. etwa zum Bittgebet I, 304-312.

[743] So heißt es zum Verbot des Selbstmordes III, 130, ohne hermesianische Vorüberlegung: "Eine schreckliche, schauderhafte und alles menschliche Gefühl empörende Sünde ist der *Selbstmord.*" Dann folgt allerdings die gängige Begründung, daß der Selbstmörder sich jeder Möglichkeit der Besserung beraube.

[744] III, 99-102.

[745] III, 101: "Wenn nun die Kirche Gewalt hat, Gesetze zu geben, so müssen die Glieder derselben verpflichtet sein, diese Gewalt anzuerkennen, und die von ihr ausgegangenen Gesetze zu befolgen."

Autoren jener Zeit ausmachen. Freilich gliedert und gewichtet jeder Autor anders [746], doch insgesamt handelt es sich um eine recht kongruente Behandlung des Stoffes der Pflichtenlehre. Dieser wird eben in erster Linie durch die damaligen moralischen Vorstellungen begrenzt, Gentechnologie etwa ist verständlicherweise noch kein Thema. Zudem werden die Themen aus der damaligen Überzeugung heraus beurteilt.[747] Als eine Besonderheit der Handbücher jener Zeit ist die Aufmerksamkeit zu nennen, die den einzelnen Ständen der Gesellschaft gewidmet wird. Bei G. Braun sind diese Standespflichten unter den 'besonderen Vorschriften' der 'Religions-' und 'Sittenlehre' abgehandelt.

Wenn im ausgehenden 18. und in der ersten Hälfte des 19. Jahrhunderts eine Darstellung der Moral in der Form der Pflichtenlehre häufig zu finden ist, mag das einen Grund in der Eigenart der Aufklärer haben, als Lehrer aufzutreten, wobei die Form der Pflicht diese unterweisende Art unterstützt haben mag.[748] Eine weitere Ursache ist sicherlich auch darin zu sehen, daß *I. Kant* dem Pflichtgedanken in seiner Ethik eine herausragende Bedeutung zukommen ließ. Ausschlaggebend war jedoch wohl die pragmatische Ursache, daß die drei Pflichtenkreise sich als außerordentlich günstig zur Einteilung der speziellen Moral anboten, weil sie sehr gut den Bereichen des sittlichen Lebens entsprechen. Sie schienen gegenüber den Einteilungsprinzipien in Anlehnung an den Dekalog oder das Tugendschema eine größere Breite des sittlichen Sollens abzudecken. Indiz dafür ist, daß das Einteilungsschema nach den Pflichtenkreisen nicht verschwand, als Mitte des 19. Jahrhunderts eine stärkere Neubesinnung auf *Thomas von Aquin* einsetzte. Selbst *F. Probst*, dessen 'Katholische Moraltheologie' an der Schwelle dieser Neubesinnung steht, bietet eine nach den drei Pflichtenkreisen geordnete Pflichtenlehre. "Obwohl Probsts System eine ausführliche, an Thomas orientierte Tugendlehre enthält, ist in seiner Moraltheologie nicht der Tugend-, sondern der Pflichtgedanke führend."[749]

Bis weit in unser Jahrhundert hinein ist eine Einteilung nach den drei Pflichtenkreisen aktuell geblieben. O. SCHILLING[750], der sich in seiner Darstellung eng an

---

[746] Vgl. etwa I, 323-333, wo G. Braun darauf hinweist, welche Pflichten andere Moraltheologen in der Religionslehre über die von ihm genannten abhandeln.
[747] So geht G. Braun etwa völlig konform mit F. G. Wanker (Wien ²1804, II, 340) in der Frage nach der Erlaubtheit der Auflehnung gegen die staatliche Gewalt. G. Braun hält III, 367 "jede [gewaltsame] Empörung gegen die rechtmäßige Obrigkeit für höchst verwerflich".
Anders urteilt beispielsweise J. MESSNER, Ethik 367 f., der den gewaltsamen, bewaffneten Widerstand gegen eine die Staatsgewalt mißbrauchende rechtmäßige Regierung mit den Prinzipien der Notwehr begründet.
[748] Freilich zeigen die Aufklärer auch ein großes Interesse an Tugenden. Doch auch diese erscheinen häufig unter dem Pflichtaspekt, gewissermaßen als 'Pflicht zur Tugend'.
[749] J. REITER, Ferdinand Probst 216.
[750] Vgl. Lehrbuch der Moraltheologie. 2 Bde., Stuttgart 1928. Die zweite, nahezu unveränderte Auflage erscheint dreibändig unter dem Titel Handbuch der Moraltheologie. Stuttgart 1952.

Thomas orientiert, aber auch F. TILLMANN [751] und J. STELZENBERGER [752] verwenden diese Einteilung.[753] Noch E. HIRSCHBRICH, der eine Übersicht über die deutschsprachige Moraltheologie seit der letzten Jahrhundertwende gibt, spricht sich 1959 für die Pflichtenkreise als Einteilungsschema aus: "Mit großer Wahrscheinlichkeit kann man annehmen, daß das Schema nach den Pflichtenkreisen die meiste Zukunft als Einteilungsschema für die spezielle Moraltheologie haben wird." [754] E. HIRSCHBRICH sollte nicht in diesem Maße recht behalten, da sich die Aufmerksamkeit der Moraltheologen seit Beginn der 70er Jahre mehr der allgemeinen Moral zugewandt hat. In den Vordergrund ist immer mehr die metaethische Diskussion um die Begründung von Pflichten gerückt, wobei die autonome Vernunft wieder zu stärkerer Beachtung gefunden hat.[755] Dabei ist die Frage nach dem Warum des Handelns und die nach seiner verpflichtenden Kraft von größerem Interesse als die Frage nach dem Wie des Handelns. Die spezielle Moraltheologie hat sich vorwiegend auf Monographien und Aufsatzsammlungen verlagert und erhebt nicht den Anspruch, umfassende Darstellung zu sein.[756] Seit jener Zeit ist auf katholischer Seite nur noch *ein* umfassendes Handbuch der Moraltheologie erschienen.[757]

Das Ringen um eine Begründbarkeit sittlicher Normen, das in den letzten Jahren in der Moraltheologie verstärkt festzustellen ist, hat es auch schon zur Zeit der Aufklärung gegeben. Es ist hier die Frage nach der formalen Komponente der sittlichen Handlung, nach ihrem Beweggrund. G. Braun hatte dies 'Wohlgefallen an der Heiligkeit Gottes' genannt.[758] Zugleich ist mit dieser Frage nach dem Grund des morali-

---

[751] Vgl. Die Idee der Nachfolge Christi (Handbuch der katholischen Sittenlehre Bd. III). Düsseldorf 1934, und Die Verwirklichung der Nachfolge Christi (Handbuch der katholischen Sittenlehre Bd. IV/1 und 2). Düsseldorf 1935/36.

[752] Vgl. Lehrbuch der Moraltheologie. Paderborn 1953.

[753] Gegen eine Einteilung nach den drei Pflichtenkreisen sprechen sich hingegen G. ERMECKE, Die katholische Moraltheologie heute, in: Theologie und Glaube 41 (1951), 127-142, und B. HÄRING, Das Gesetz Christi. 3 Bde., Freiburg ^{8}1967, aus.

[754] Die Entwicklung der Moraltheologie 147. Er gibt allerdings einer Einteilung nach fünf Pflichtenkreisen den Vorzug. Vgl. ebd. 149 f.

[755] Vgl. etwa B. SCHÜLLER, Typen ethischer Argumentation in der katholischen Moraltheologie, in: ThPh 45 (1970), 526-550; ders., Die Begründung sittlicher Urteile. Düsseldorf 1973 (^{3}1987); A. AUER, Autonome Moral; R. GINTERS, Typen ethischer Argumentation. Düsseldorf 1976; F. BÖCKLE, Fundamentalmoral 305-319 u. a.

[756] Auch die in Freiburg im Jahr 1985 (^{2}1988) erschienene spezielle Moraltheologie von F. FURGER, Ethik der Lebensbereiche, will nur die vordringlichsten Probleme der speziellen Moral aufgreifen. Vgl. das Vorwort 7.

[757] Es ist der Versuch von B. HÄRING, dem freiheitlicheren Denken in der Moraltheologie Rechnung zu tragen und mit einem zweiten Handbuch an den Erfolg seiner dreibändigen Moraltheologie 'Das Gesetz Christi', die 1967 in achter Auflage erschienen war (^{1}1954), anzuknüpfen. Das ebenfalls dreibändige Handbuch 'Frei in Christus'. Freiburg 1979/81, stieß allerdings nicht mehr auf solch großes Interesse.
Erwähnung soll in diesem Zusammenhang auch das von A. HERTZ, W. KORFF, T. RENDTORFF und H. RINGELING herausgegebene ökumenische 'Handbuch der christlichen Ethik', Freiburg-Basel-Wien 1978/82, finden, das zunächst auf zwei Bände ausgelegt war. Ein dritter Band mußte nachgeliefert werden, nachdem wichtige Themen in den ersten beiden Bänden nicht behandelt wurden.

[758] Vgl. I, 110.

schen Handelns auch die Frage nach ihrem Sinn gestellt. Sie geht einher mit der Frage nach der Bestimmung des Menschen und der Welt. Die Autoren jener Zeit behandeln die Fragen nach dem Endzweck des Menschen und der Welt zumeist vor der Pflichtenlehre im allgemeinen Teil ihrer Handbücher. Da bei G. Braun diese Frage durch die Verurteilung von G. Hermes aus heutiger Sicht besondere Bedeutung zukommt, sei darauf in einem kurzen Abschnitt eigens eingegangen. Vorauszuschicken ist jedoch die hermesische Ansicht über Sinn und Zweck der Schöpfung.

II. Der Zweck des Menschen und der Schöpfung

G. Hermes löste die Frage nach dem Endzweck der Schöpfung auf eine Weise, die zu einer innerkirchlichen Auseinandersetzung geführt und an deren Ende die Verurteilung seiner Schriften gestanden hat, wenn auch keine einzelne Thesen verurteilt worden sind.[759]

Das Problem des Endzweckes der Schöpfung und des Menschen findet sich bei ihm einmal inmitten der Untersuchung über Gott und seine Eigenschaften in der 'Philosophischen Einleitung' § 71, ein anderes Mal in der von J. H. Achterfeldt posthum herausgebrachten 'Dogmatik' §§ 175-180. G. Hermes geht von einem philosophischen Gottesbild aus. Dazu gehört die Überlegung, daß Gott durch ein äußeres, ein menschliches Handeln nicht verändert werden kann. Daraus schließt er folgerichtig, daß Gott daher die Welt nicht aus Eigennützlichkeit erschaffen haben kann, denn jeder Versuch von Teilen der geschaffenen Welt, Gott (positiv) zu beeinflussen, wären, akzeptiert man Gottes Unveränderlichkeit, völlig ohne Wirkung. Ein 'selbstsüchtiger Zweck' bei der Erschaffung der Welt ist ausgeschlossen, da ohne Wirkung: "Daß Gott uneingennützig die Welt erschuf, ist also für die Vernunft eine nothwendige Wahrheit."[760]

Hinzu tritt eine zweite Überlegung, die deckungsgleich mit der oben bereits genannten ethischen Form des Kantschen kategorischen Imperativs ist: Der Mensch darf nicht als Mittel fungieren, er hat immer Selbstzweck zu sein. Da der Mensch dies mit seiner Vernunft erkennt und Gott im Besitz der höchsten Vernunft ist, muß angenommen werden, daß auch er den Menschen nicht zum Mittel, sondern zum Selbstzweck bestimmt hat.

Aus diesen beiden Komponenten der Überlegung formuliert G. Hermes nun seine Ansicht über den Zeck des Menschen und der Schöpfung: Gott hat den Menschen um seiner selbst willen geschaffen, zu dessen Glückseligkeit. Alle anderen Geschöpfe haben, da sie vernunftlos sind, nur den Rang eines Mittels. Und zwar eines Mittels, das der Glückseligkeit des Menschen zu dienen hat.[761] Nicht verkannt wird von

---

[759] Vgl. H. H. SCHWEDT, Das römische Urteil 211.
[760] G. Hermes, Phil. Einleitung 477 f.
[761] G. Hermes, Phil. Einleitung 480: "Der Mensch ist also unter allen uns bekannten Geschöpfen Gottes das einzige Wesen, wofür Gott seine Welt erschuf - er ist der erwählte Liebling, der Gegenstand und das Ziel der Güte Gottes, welche sich in der irdischen Schöpfung offenbarte."

G. *Hermes* jedoch, daß die Schöpfungstat aus dem Antrieb der Liebe und Güte Gottes erfolgt ist.

Wie G. *Hermes* geht auch G. Braun von einem *philosophischen* Gottesbild aus.[762] Es ist auch beim Schöpfungsakt zwischen einer materialen und einer formalen Seite zu unterscheiden. Daraus resultieren zwei Fragen: Erstens, aus welchem Antrieb hat Gott die Welt erschafffen (warum; finis operantis)? Und zweitens, von der ersten Frage nicht unwesentlich unterschieden, zu welchem Zweck hat er die Welt erschaffen (wozu; finis operis)? Die 'Antriebskraft', die nach G. Braun Gott zur Erschaffung der Welt geführt hat, ist das Wohlgefallen an der höchsten seiner (guten) Eigenschaften, das Wohlgefallen an seiner Heiligkeit. Das Ziel seines Handelns aber ist wie bei G. *Hermes* nicht seine eigene Ehre, sondern Ziel ist der Mensch und seine Verähnlichung mit Gott.[763]

Sowohl G. Braun als auch G. *Hermes* meinen, für diese Auffassung in der Bibel Unterstützung zu finden, bzw. dort keine ihrer Ansicht entgegengesetzten Aussagen ausmachen zu können.[764] In einem kurzen Aufriß zeigt G. Braun den Ablauf der Heilsgeschichte als das Bestreben Gottes auf, mit seiner Hilfe und der seines menschgewordenen Sohnes die durch die Erbsünde zerstörte Möglichkeit zur Erreichung der Heiligkeit wiederherzustellen. "Die Menschwerdung des Gottessohnes, Jesu Christi, seine herrliche Lehre, seine erstaunenswürdigen Thaten, sein reines, durch keinen Hauch der Sünde beflecktes Beispiel, sein gnadenreiches Leiden und Sterben, seine triumphirende Auferstehung und Himmelfahrt sollen den Menschen zum Bewußtsein seiner Würde, zur Erkenntnis und Anerkennung des Ebenbildes Gottes bringen, und in ihm das Verlangen und den festen Entschluß erzeugen, dasselbe in sich und Andern mit dem Aufwande aller Kräfte unter fernerer Beihülfe Gottes zu vervollkommnen."[765]

Hauptaufgabe des Menschen ist in hermesianischem Denken also nicht, Gott zu loben und zu ehren, sondern durch sittliches Bemühen, die Ähnlichkeit mit dem heiligsten Wesen zu suchen, ist dies nach dem Sündenfall auch nur annähernd möglich. Diese hermesianischen Überlegungen sprechen somit dem sittlichen Bemühen eine ganz erhebliche Bedeutung zu: Nur durch sittliches Streben nach Verähnlichung mit der Heiligkeit Gottes kann die Endabsicht Gottes, sein Plan mit den Menschen, ge-

---

Dogmatik II, 106: "So ist denn gewiß, daß *Gottes eigene Ehre* nicht als *sein letzter Endzweck* bey der Erschaffung, und also auch nicht, so viel wir jetzt noch sehen, bey der Erhaltung der Welt angenommen werden könne, so viele Vertheidiger auch diese Meinung unter den Philosophen und Theologen auch gefunden haben mag. Die *Vernunft* verwirft diesen Zweck, und die *Offenbarung* behauptet ihn nirgends."

[762] Die von ihm im allgemeinen Teil seines Handbuches I, 97-99, vorgetragene Glaubenslehre beginnt folgendermaßen: "Es ist ein Gott und zwar nur Ein Gott, ein Wesen durch sich selbst, ewig, unveränderlich, allgegenwärtig, über Raum und Zeit erhaben, rein geistig, von diesem Universum und allen seinen Theilen verschieden . . . "

[763] II, 3: "Die Endabsicht Gottes bei seinem sämmtlichen Verhalten gegen die Menschen ist . . . unverkennbar *die Verähnlichung des Menschen mit Gott in seiner höchsten Vollkommenheit, in seiner Heiligkeit*; und der Beweggrund dazu ist *das Wohlgefallen Gottes an seiner absolut vollkommensten Heiligkeit* . . . "

[764] Vgl. II, 4, 7 f., und G. *Hermes*, Dogmatik II, 107-109.

[765] II, 5.

lingen. Das oberste Moralprinzip mit seiner Forderung nach Verähnlichung mit Gott ist nicht nur oberstes *Moral*prinzip, es ist auch oberstes *Religions*prinzip, denn die gesamte Heilsgeschichte ist gewissermaßen als Hilfsmittel seiner Erfüllung zugeordnet. Religion erschöpft sich in Sittlichkeit, denn auch die Gnadenmittel werden als diesem obersten Prinzip zugeordnete göttliche Hilfen verstanden. Als solche Hilfen dienen sie dem Streben nach Verähnlichung, und da der Mensch verpflichtet ist, alle Möglichkeiten zur Erfüllung des obersten Moralprinzips auszuschöpfen [766], wird selbst der Gebrauch der Gnadenmittel, zu denen etwa die Sakramente gehören [767], zur Pflicht. "Es ist also durchaus folgerichtig, wenn Braun die Sakramente vor allem als Objekte von Verpflichtungen betrachtet. Die Sakramente gelten ihm nicht so sehr als Gaben, aus denen das sittliche Leben erwächst, er erblickt in ihnen vielmehr 'Mittel', gegenüber denen der Mensch 'Vorschriften' zu erfüllen hat." [768] Die Gnadenmittel werden auf diese Weise sittlich verzweckt. Sie sind übernatürliche Hilfen zur Sittlichkeit und stehen im Dienste des obersten Moralgebots. Sie sind unterstützende Wegbegleiter der menschlichen Verähnlichung mit Gott.

Die Erschaffung der Welt ist also nach Ansicht von G. Braun und *G. Hermes* für den Menschen erfolgt; die Erschaffung des Menschen dient diesem selbst, seiner Annäherung an Gott. Das Dasein des Menschen dient in seinem letzten Zweck nicht der Verherrlichung Gottes. Sie wird ausdrücklich als Endzweck der Schöpfung und des Menschen abgelehnt.[769]

G. Braun hat diese Anlehnung an *G. Hermes* nach dessen Verurteilung keineswegs revidiert und nunmehr die Ehre Gottes als Endziel der Schöpfung ausgewiesen. Er hält vielmehr an der hermesianischen Vorstellung fest, wenn er auch die Ehre Gottes zu Beginn des zweiten Bandes quasi als 'Nebenzweck' qualifiziert, der mit jeder Pflicht immer auch mitgefordert sei.[770] Vielleicht kann auch die Betonung der Notwendigkeit der göttlichen Gnade zu Beginn des dritten Bandes [771] als Abmilderung verstanden werden. Dennoch besitzt das im ersten Band formulierte oberste Moralprinzip, das nicht die Ehre Gottes als ersten Zweck angibt, weiter Gültigkeit. [772]

---

[766] Es gehörte ja für *G. Hermes* zum Konstitutivum der praktischen Vernunft, daß sie zur Durchsetzung ihres Anspruches dem Menschen gebietet, alle möglichen Hilfsmittel heranzuziehen. Auf diese Weise ist für *G. Hermes* ein Einbringen fremder Erkenntnis in den Prozeß der Wahrheitsfindung überhaupt erst möglich. Vgl. Phil. Einleitung 221-225.

[767] G. Braun nennt III, 9 f., drei Gnadenmittel: das Bittgebet, die Mitwirkung mit der empfangenen Gnade und den Empfang der Sakramente.

[768] H. WEBER, Sakrament und Sittlichkeit 159.

[769] I, 366: "Dagegen ist zu erinnern, daß es sich nicht gültig erweisen läßt, daß der letzte Zweck der ganzen Schöpfung die Verherrlichung Gottes sei . . . ";
G. *Hermes*, Phil. Einleitung 478 Anm.: "Wenn man hier die Ehre Gottes finis primarius und die Glückseligkeit der Geschöpfe finis secundarius nannte; so wurde darin nicht nur der Sinn von primarius und secundarius, sondern auch der Sinn von finis ganz verfehlt."

[770] II, 10 f.: "Wir werden ferner auch angewiesen, Alles was wir thun, selbst die geringfügigsten Handlungen zur Ehre Gottes zu verrichten . . . "

[771] Vgl. III, 6-9, auch 9-14.

[772] Vgl. H. WEBER, Sakrament und Sittlichkeit 160.

Schwerlich wird man jedoch darin ein Abweichen G. Brauns von der Rechtgläubigkeit sehen können. Zu jener Zeit war noch keine authentische lehramtliche Äußerung über den Endzweck der Schöpfung und des Menschen vorhanden. Wohl war es offenbar sensus communis, ihn in der Ehre Gottes zu sehen [773], doch erst 1860 äußerte sich eine amtliche kirchliche Stelle, die Versammlung der Kölner Kirchenprovinz, aufgrund der Streitigkeiten um *G. Hermes* und *A. Günther* zusammenhängend zu diesen Fragen.[774]

Das ausschlaggebende Moment dieser hermesianischen Ansicht ist nicht die negative Intention, Gott die Ehre der Geschöpfe zu verweigern, sondern vielmehr sind zwei positive Aussagen beabsichtigt, die bereits oben genannt worden sind: Gott könne nicht selbstsüchtig zu seiner Ehre handeln und der Mensch könne nicht als Mittel zu Gottes Ehre, sondern nur als Selbstzweck zu seiner eigenen Vollkommenheit dienen. Diese Gedanken sind Bestandteil des hermesianischen philosophisch-theologischen Systems und als solche für die Hermesianer unaufgebbar. In diesen Ansichten folgen sie den Gedanken *I. Kants*, zu dessen Ethik ebenfalls zentral die Vorstellung vom Menschen als Selbstzweck gehört.

III. Zusammenfassung

G. Brauns Darstellung der speziellen Moral als Pflichtenlehre fällt als solche nicht aus dem Rahmen der damaligen Handbücher. Das Außergewöhnliche daran ist jedoch, daß er diese Darstellungsweise nicht in erster Linie aus formalen Gründen verwendet, sondern sie sich notwendig aus hermesianischen Grundlagen ergibt. Die praktische Vernunft kann sich nur in Pflichten äußern.

Die hermesianischen Aussagen zum Endzweck der Schöpfung und des Menschen lassen eine Sichtweise dieser Theologie deutlich hervortreten: Wenn es der Mensch ist, für den Gott die Welt erschaffen hat und für dessen Heil alle anderen Kreaturen ins Dasein gerufen wurden, dann steht er, innerweltlich betrachtet, ungefährdet im Mittelpunkt. Alle Vorgänge in der geschaffenen Welt konzentrieren sich letztlich um den Menschen, um ihm die Annäherung an die Heiligkeit Gottes zu ermöglichen. Eine solche Sichtweise läßt der übrigen kreatürlichen Schöpfung keinen Platz für einen eigenen Selbstzweck. Pflanzen und Tiere können nicht Träger von Eigenrechten sein, sondern nur Mittel zur Unterstützung des sittlichen Strebens des Menschen. Die

---

[773] Vgl. dazu den Aufsatz von J. STUFLER, Die Lehre des hl. Thomas von Aquin über den Endzweck des Schöpfers und der Schöpfung, in: ZKTh 41 (1917), 656–700, worin er die Auffassung des Aquinaten als denen von *G. Hermes* und *A. Günther* entgegengesetzt darstellen will.
Doch die Auffassung des *Thomas von Aquin* ist in diesem Punkt so weit nicht von der hermesianischen entfernt, wenn er in seiner Summe II-II, 81, 6 ad 2, das Glück des Menschen der Ehre Gottes gleichsetzt und betont, daß Gottes Ehre des Menschen Nutzen sei.
[774] Vgl. NR 309-313.

Sicht der Hermesianer ist von einem ausgeprägten Anthropozentrismus gekennzeichnet.[775]

Es ist die Vernunft, die der Grund der Vormachtstellung des Menschen auf der Welt ist. Sie überhebt den Menschen über alle anderen Geschöpfe auf der Welt und ermöglicht erst eine solch individualistische und anthropozentrische Sicht des Menschen. Im nächsten Kapitel soll daher herausgearbeitet werden, welche Bedeutung G. Braun der menschlichen Vernunft in seinem 'System' eigentlich zumißt. Er, der mit seinem Handbuch die 'praktische' Seite der Theologie vertritt, legt besonderes Augenmerk auch nur auf die praktische Vernunft, da nur sie in direkter Weise für ein sittliches Handeln von Bedeutung ist.

---

[775] Vgl. H. WEBER, Sakrament und Sittlichkeit 164.

6. Kapitel

DIE BEDEUTUNG DER PRAKTISCHEN VERNUNFT

In mehreren Zusammenhängen kommt G. Braun in seinem Handbuch auf die Rolle der menschlichen Vernunft zu sprechen. Einmal ist die Frage nach dem Gewicht der Vernunft bedeutsam bei der Suche nach der Quelle der Moraltheologie. Als Erkenntnisquelle wird die Vernunft jedoch schnell für unbrauchbar erklärt. Eine größere Rolle spielt sie jedoch bei der Herleitung der Sittenvorschriften aus der Quelle und hier vor allem beim Auffinden der für G. Braun zentral bedeutsamen obersten Sittennorm. Daneben kommt der Vernunft auch eine Bedeutung in der Frage nach der Verbindlichkeit der daraus hergeleiteten sittlichen Vorschriften zu.

Um das Verhältnis von Vernunft und Offenbarung und damit den Stellenwert beider Größen in seiner Moraltheologie besser einschätzen zu können, sei zunächst auf die Rolle der praktischen Vernunft im Prozeß der Normenfindung, wo sie als erkennendes Prinzip fungiert, beurteilend eingegangen. Danach soll die Kraft ihrer Verbindlichkeit für den Handelnden untersucht werden, wozu auch die Frage nach den sittlichen Räten gehört. Abschließend hierzu sei schließlich geprüft, inwieweit die von G. Braun gesehene Verbindlichkeit der Normen überhaupt zu einem Handeln und nicht bloß zu einer Gesinnung anleitet.

I. Die praktische Vernunft als Instrument autonomer Sittlichkeit

Die an *I. Kant* orientierte Trennung der menschlichen Vernunft in eine theoretische und eine praktische Seite ist für G. Braun kein eigentliches Thema mehr, da *G. Hermes* bereits die mit dieser Unterscheidung verbundenen Aussagen über das menschliche Erkenntnisvermögen ausreichend abgehandelt hat. Die Erkenntnismöglichkeiten der theoretischen und praktischen Vernunft sind ja Hauptgegenstände seiner 'Philosophischen' und 'Positiven Einleitung'. Im Bereich der Moraltheologie ist damit für G. Braun nur noch die sittlich verpflichtende Vernunft, die praktische Vernunft also, Gegenstand des Interesses.

Auch *G. Hermes* hat sich zur Bedeutung der praktischen Vernunft für die Moraltheologie geäußert. Er gelangt zu dem Schluß, daß sie als Erkenntnisprinzip [776] abzulehnen ist. Es ist seiner Ansicht nach nicht die Vernunft, welche die Inhalte der Moraltheologie liefert. Doch als *"erkennendes Prinzip* steht sie oben an, und ist im Grunde das einzige. Als solches schöpft sie nicht nur aus den Erkenntnis-Prinzipien die Lehre Jesu, sondern sie erkennt und prüft auch die Erkenntnis-Prinzipien selbst; kurz: sie führt das ganze Geschäft - wie sich überall zeigen wird." [777] *G. Hermes* hält an der positiven Grundlage der Moraltheologie fest; die Vernunft, hier nicht näher spezifiziert, wird jedoch als unentbehrlich angesehen, um überhaupt aus der Quelle

---

[776] Der von den Hermesianern verwendete Begriff 'Erkenntnisprinzip' meint den Ursprung der Erkenntnis, die Erkenntnisquelle.
[777] Phil. Einleitung 68.

schöpfen zu können. Sie ist das Instrument, das die entscheidende Verbindung zwischen der positiven Grundlage und den zu findenden eigentlichen Sittenvorschriften herstellt. Mehr noch, sie formuliert die Pflichten, da die theoretische Lehre Christi als solche nicht schon sittliches Sollen ist.

An anderer Stelle verweist er darauf, daß die 'Offenbarungs-Erkenntnis' mit der 'natürlichen Erkenntnis' nicht im Widerspruch stehen darf.[778] Die abgeleiteten Sittenvorschriften dürfen daher den Erkenntnissen der Vernunft nicht widersprechen.[779] Wie G. Hermes lehnt auch G. Braun die Vernunft als Erkenntnis quelle ab, da auch er an einer positiven Grundlage der Moraltheologie festhält. Offenbar um von vornherein den Vorwürfen entgegenzuwirken, sein Handbuch sei rationalistisch, verankert er den Ursprung der Vernunft und ihrer Forderungen ausdrücklich in Gott. Ist Gott der Ursprung der menschlichen Vernunft, besitzen auch die von der praktischen Vernunft aus der Quelle hergeleiteten Forderungen nicht nur menschliche Qualität, sie scheinen mit übernatürlicher Verbindlichkeit gefordert: "Die oben aufgestellte Vernunftvorschrift erscheint nämlich . . . nach den Grundsätzen der christlichen Glaubenslehre - im Besondern gemäß der Lehre, daß Gott der Urheber unserer Vernunft und ihres gesetzmäßigen Wirkens ist, als eine göttliche Vorschrift, und die Erfüllung erscheint hier als von Gott selbst, dem heiligsten Wesen, gefordert."[780]

Die Vernunft ist für ihn eine von Gott gegebene Einrichtung, und sie muß nun einmal mit der ihr gegebenen Funktion agieren.[781] Da dem Menschen nur zwei zwecksetzende Vermögen innewohnen und eines von beiden, die Sinnlichkeit nämlich, gänzlich ungeeignet ist, verläßliche sittliche Normen aus der Quelle herzuleiten, bleibt nur die praktische Vernunft als Instrument der Herleitung.

Obwohl G. Braun die Vernunft als einziges 'erkennendes Prinzip' sittlicher Vorschriften anerkennt, sie gar mit quasi-göttlicher Autorität ausgestattet wissen will, wird sie durch die Tatsache der Offenbarung von einer Verabsolutierung ihrer selbst bewahrt. Neben der bestätigenden und korrigierenden Funktion der sittlich relevanten biblischen Aussagen ist gerade die Verankerung ihrer Funktionen in der Schöpfungstat Gottes Zeichen einer nicht nur menschlichen Sicht der Vernunft. Sie ist mit ihren Funktionen Geschenk Gottes, Bestandteil der göttlichen Zuwendung. Da die positiven Aussagen der Bibel und der Tradition für eine wissenschaftliche Moraltheologie nicht hinreichen, findet ersatzweise die praktische Vernunft die moralischen Vorschriften und dies für den mit dem göttlichen Geschenk der Vernunft begabten menschlichen Wesen in einzig angemessener Weise.

Diese von G. Braun vorgetragenen Ansichten zur praktischen Vernunft und ihrer Wirkungsweise sowie zu dem Gewicht der Offenbarung sind nicht nur auf dem Hintergrund der damaligen Auseinandersetzung mit der oftmaligen Überschätzung der Vernunft im Feld der Aufklärer zu verstehen, sie bleiben hochmodern vor allem auf

---
[778] Vgl. Dogmatik I, 65.
[779] Vgl. H. ZEIMENTZ, Vernunft und Offenbarung 125.
[780] I, 125 Anm 1.
[781] Vgl. I, 121. Auch für I. Kant, KdpV IV, 261, ist der Endzweck der praktischen Vernunft die "Erkenntnis aller Pflichten als göttlicher Gebote".

dem Hintergrund des in unserem Jahrhundert vorgetragenen Konzepts einer 'Autonomen Moral'.[782] Das Verhältnis von Vernunft und positiver Offenbarung und das der Vernunft dabei zukommende Gewicht sind Problemstellungen auch heutiger moraltheologischer Diskussion.

So weist etwa L. HONNEFELDER im 'Handbuch der christlichen Ethik' ganz im Sinne G. Brauns[783] darauf hin, daß es "die Botschaft selbst [ist], die theologischer Ethik diese kritische Bezugnahme auf die Vernunft auferlegt und in ihren Grundlinien vorzeichnet".[784] Wenn L. HONNEFELDER weiter sagt, daß der Anspruch Gottes an das sittliche Handeln der Menschen der Vernunft nicht widerstreiten darf, weil sie Teil des Ebenbildes Gottes im Menschen sei [785], so ist auch dies eine Aussage, die von G. Braun bekräftigt worden wäre. Die Vernunft ist auch für ihn ein "Theil der Gottähnlichkeit im Menschen"[786]; jeder "Mensch ist freilich dem Vernunftgesetze bleibend unterthan [und] darf dem natürlichen Gesetze nicht zuwider handeln" [787].

Die Aussage, daß die Vernunft trotz ihrer göttlichen Herkunft nicht absolut zu setzen sei, sondern zu dem Bereich des Geschaffenen gehört und daher in den endlichen Bahnen alles Kontingenten verbleibt[788], würde von G. Braun durch den Hinweis unterstützt, die positiven Vorschriften könnten die mit Hilfe der Vernunft gewonnenen zurechtweisen. Er spricht den geoffenbarten Vorschriften somit eindeutig Priorität zu und zeigt so die Grenzen menschlicher Vernunft auf. [789] Außerdem ist die Gefahr eines autoritären Agierens der Vernunft für ihn vor allem durch das Gegengewicht der Sinnlichkeit bedroht. Es ist ihm durchaus bewußt, daß alles menschliche Tun in kontingenten Bahnen verläuft: "Der Irrthum und die Täuschung bleiben hier [= beim Schöpfen aus der Quelle] freilich, wie in allen menschlichen Dingen, auch in allen Wissenschaften, welche aus andern Quellen schöpfen, möglich." [790]

Auf den von ihm angesprochenen Mangel der Bibel an materialen Normen weist L. HONNEFELDER hin, wenn er anmerkt, daß die "biblische Botschaft . . . dem menschlichen Handeln nicht als ein bestimmtes geschlossenes System einzelner moralischer Normen"[791] gegenübertritt, sondern als 'radikaler Anspruch' an das sittliche Handeln.

---

[782] Vgl. dazu A. AUER, Autonome Moral, in erster Auflage 1971 erschienen, und F. BÖCKLE, Fundamentalmoral, die in erster Auflage 1977 erschienen ist.

[783] Vgl. I, 28.

[784] Handbuch I, 19.

[785] Vgl. Handbuch I, 19.

[786] I, 126 f.

[787] I, 49.

[788] Vgl. L. HONNEFELDER, Handbuch I, 20 f.

[789] Er kennt jedoch eine abgestufte Autorität innerhalb der positiven Vorschriften. Vgl. I, 66.

[790] I, 64.

[791] Handbuch I, 20.

Mit dem Hinweis auf die 'Unzulänglichkeit' der Bibel hinsichtlich ihres Gebrauchs als eine umfassende Quelle heutiger Moraltheologie steht L. HONNEFELDER nicht allein. So macht etwa auch J. GRÜNDEL, Ethik ohne Normen? Freiburg 1970, 26, auf dieses Desiderat aufmerksam, nachdem er die Bibel als "vorzüglichste theologische Quelle einer christlichen Sittenlehre" herausgestellt hat: "Allerdings führt ein unbefangener Rückgriff

Die Funktion, die G. Braun der Offenbarung im Rahmen der Moraltheologie zumißt, lautet in der Sprache der modernen Moraltheologie in einer Aussage F. BÖCKLES: "Bei der *Genese von relevanten Werteinsichten* kommt der Theologie eine *kritisch stimulative Funktion* zu. Indem der christliche Glaube für bestimmte Werte optiert, nicht zu vergessende Einsichten garantiert oder falsche Prioritäten korrigiert, modifiziert er nicht unerheblich das Dispositionsfeld möglicher Güterabwägung." [792]

Es sind genau die zwei wesentlichen Punkte, die hier wie dort herausgehoben werden: Die Vorgaben der Offenbarung dienen als Stimulans und Korrigens. Für G. Braun sind sie nicht nur 'nicht unerheblich', sie stecken ganz klar die Grenzen ab, die 'christkatholische' Moraltheologie nicht überschreiten kann.

Wenn auch einige grundsätzliche Funktionen, die G. Braun der praktischen Vernunft zugesteht, in wesentlichen Punkten mit dem übereinstimmen, was Vertreter der heutigen Moraltheologie der praktischen Vernunft zuschreiben, bleibt doch die Frage, ob die Funktionen der praktischen Vernunft im konkreten Prozeß der Normenfindung eine ebensolche Ähnlichkeit aufweisen.

Die Vorstellung von G. Braun sei daher in einem Schema zur besseren Übersicht noch einmal zusammengefaßt:

1. Schritt: Die Suche nach einer obersten Sittennorm

Theoretische Lehren des Christentums: 'Heiligkeit' als hervorragendste Eigenschaft Gottes

daraus folgt:

Gemütsstimmungen und Gesinnungen: Wohlgefallen an der Heiligkeit Gottes

daraus folgt:

praktische Vernunft/Gewissen: Aufforderung an den Willen: "Suche die möglich größte Aehnlichkeit des Menschen mit Gott wirklich zu machen aus Wohlgefallen an Gott." (I, 110)

daraus folgt:

das Ableiten weiterer Normen

2. Schritt: Das Ableiten weiterer Normen

oberste Sittennorm

daraus folgt:

oberste Gemütsstimmung

---

auf die ethisch relevanten Aussagen der Bibel keineswegs weiter. Die neugewonnenen Erkenntnisse der Exegese und der biblischen Hermeneutik verbieten es, die Schrift als ethisches Lehrbuch anzusehen und aus ihr wie aus einem Steinbruch die sittlichen Entscheidungen einfach herauszulesen."
[792] Moraltheologie und philosophische Ethik 276.

daraus folgt:

abgeleitete Gemütsstimmungen: a b c d usf.

daraus folgt:

praktische Vernunft/Gewissen: Aufforderung: a b c d usf.

an den:

Willen

daraus folgt:

sittliches Handeln: a b c d usf.

Wie kommen nun nach G. Brauns Ansicht einzelne sittliche Vorschriften zustande? Grundbestandteil der Normenfindung ist immer, daß auf der Basis einer 'Gemütsstimmung und Gesinnung' die praktische Vernunft oder das Gewissen dem Willen einen Auftrag zu sittlichem Handeln erteilt. Der Gemütsstimmung voraus geht das Betrachten der theoretischen Lehren Christi bzw. des Lehrinhaltes der Dogmatik. Doch diese Quelle wird nur ein einziges Mal betrachtet, nämlich um die oberste Sittennorm zu finden. So hat G. Braun auch nur bei der Herleitung der obersten Pflicht den Inhalt der notwendigen Gemütsstimmung näher beschrieben: die theoretische Lehre von der Heiligkeit Gottes erweckt die Gemütsstimmung 'Wohlgefallen an der Heiligkeit Gottes'. Die Gemütsstimmungen abgeleiteter Normen können seiner Vorstellung nach aus dieser obersten Gemütsstimmung hergeleitet werden, ohne daß erneut die Gegenstände der Offenbarung betrachtet werden müssen.[793] Das Wohlgefallen an der Heiligkeit Gottes impliziert folglich alle abzuleitenden 'Gemütsstimmungen und Gesinnungen' für ein pflichtgemäßes Handeln gegen Gott einerseits und gegen die Menschen andererseits. Aus dieser obersten Gemütsstimmung müßten, folgte man der Theorie G. Brauns, alle untergeordneten Gemütsstimmungen spontan entstehen, woraus die praktische Vernunft alle Normen einer speziellen Moraltheologie zu formulieren hätte. Das Meditieren über die Heiligkeit Gottes müßte folglich alle sittlichen Verhaltensregeln etwa des Bereiches der Sexualität, der Problematik von Krieg und Frieden oder der verschiedenen Stände zur Folge haben. Da G. Braun dieses Prinzip der Herleitung offenbar als zeitlos gültiges Prinzip versteht, wenn er es auch nicht ausdrücklich so bezeichnet, müßte es uns auch heute durch das Betrachten der Heiligkeit Gottes möglich sein, die sittlichen Normen für die Bereiche Gentechnologie, Umweltethik usf. zu finden. G. Braun erwähnt an keiner Stelle seiner Prinzipienlehre, daß bereits gemachte Erfahrungen oder bereits bestehende sittliche Regeln über die zu beurteilenden Lebensbereiche in diesen Prozeß der Normenfindung miteinbezogen werden müssen.

Vereinfacht formuliert funktioniert das Finden von Normen nach G. Brauns Auffassung wie folgt: Der wissenschaftlich arbeitende Moraltheologe leitet zunächst das

---

[793] Vgl. I, 81. Vgl. oben S. 160 f.

oberste Moralprinzip durch Nachdenken über die Lehren der Dogmatik her. Danach verharrt er im Gefühl des Wohlgefallens an der Heiligkeit Gottes, das bei der Herleitung des obersten Prinzips als oberste Gemütsstimmung entstanden ist. Die Pflichten werden von der autonom arbeitenden praktischen Vernunft selbständig formuliert, nachdem eine Reihe untergeordneter Gemütsstimmungen sich frei gebildet haben. Die praktische Vernunft liefert also die Inhalte der Normen, den ganzen materialen Teil der Sittlichkeit. Der Vernunft kommt somit eine entscheidende Bedeutung zu, was den Inhalt der Normen betrifft, dies umso mehr, da G. Braun keine positiven Normen in diesen Prozeß der Herleitung miteinbeziehen möchte, welche die zu findenden relativieren könnten. Die positiven Anweisungen der Bibel werden erst hinterher zum Vergleich herangezogen. Streng genommen bleiben G. Braun nur zwei Komponenten zur Herleitung der Pflichten: das Wohlgefallen an der Heiligkeit Gottes als Quelle und die Autonomie der praktischen Vernunft, welche die Möglichkeit des spontanen Entstehens weiterer Gemütsstimmungen garantiert. Es scheint jedoch gänzlich unmöglich, damit alle Bereiche der speziellen Moraltheologie erfassen zu können.

So zeigt der Blick auf die spezielle Moraltheologie des Handbuches denn auch, daß diese Form der Herleitung konkreter Pflichten nur ihrem Anspruch nach besteht, worauf schon M. J. MACK[794] und H. SCHRÖRS[795] hingewiesen haben. Am einfachsten ist es für G. Braun in der 'Religionslehre', die Pflichten in Beziehung zur obersten Gemütsstimmung, dem Gefallen an Gottes Heiligkeit zu bringen, da es im wesentlichen Pflichten sind, die sich aus den Eigenschaften Gottes ergeben. Doch betrachtet er schon in diesem Teil, wo es nötig ist, neben der Heiligkeit auch die anderen Eigenschaften Gottes mit, damit der beschriebene Prozeß des sittlichen Handelns beginnen kann. So heißt es etwa zur Pflicht des Bittgebets: "Wenn wir Gottes Heiligkeit, Güte, Weisheit und Macht betrachten, so finden wir uns schon geneigt, bei jedem gefühlten Bedürfnisse, dessen Befriedigung auf unsere Verähnlichung mit Gott abzweckt, und das Niemand außer Gott befriedigen kann oder will, bei ihm Hülfe zu suchen. Dazu treibt uns auch an das pflichtmäßige Streben nach Aehnlichkeit mit Gott und das Wohlgefallen an ihm wegen dieser seiner Eigenschaften, um so mehr noch das wahre Vertrauen, die Demuth und die Liebe." [796] Es ist dementsprechend schon nicht mehr das alleinige Betrachten der Heiligkeit, wie es das oberste Moralprinzip fordert. Zwar bemüht sich G. Braun, wie erwähnt, in der 'Religionslehre' und noch im ersten Band der speziellen Moraltheologie, die jeweiligen Pflichten durch hermesianische Erwägungen in Beziehung zum obersten Prinzip zu bringen, was er im zweiten Band der speziellen Moral gänzlich aufgibt, doch greift er de facto wie selbstverständlich auch auf überlieferte Erfahrung und schon bekanntes Wissen zurück.[797]

---

[794] Vgl. oben S. 103.
[795] Vgl. oben S. 105.
[796] I, 299 f.
[797] So beruft er sich etwa zur Pflicht der Ausbildung des moralischen und religiösen Gefühls auf die Erfahrung II, 214: "Das moralische Gefühl und religiöse Gefühl kann, wie die Erfahrung lehrt, bis zu einem hohen Grade ausgebildet, es kann aber auch

Immer wieder referiert er auch ohne Bedenken, vor allem im dritten Band, das bislang gültige sittliche Urteil.[798] Dies geschieht häufig ohne weitergehende Begründung. An einer Stelle der ersten Bandes begründet er jedoch das Übernehmen der Pflichten des traditionellen Sittenkodex: "Nach der katholischen Glaubenslehre müssen wir auch die Vorschriften und Anordnungen der katholischen Kirche als Vorschriften und Anordnungen Gottes ansehen, und somit sind wir verpflichtet, diese, sowie die unmittelbaren Vorschriften Christi und die Vorschriften der Apostel zu befolgen."[799] Betont G. Braun in der Prinzipienlehre immer wieder, daß ein unmittelbares Befolgen positiver Vorschriften kein eigentlich sittliches Handeln sei, und benötigt er auch eine umfangreiche Konstruktion zum Beweis, daß die Moraltheologie ihre Pflichten nur aus einem obersten Moralprinzip herleiten könne, macht er mit der eben zitierten Bemerkung alle diese Bemühungen zunichte. Denn hier werden sowohl die positiven Vorschriften der Bibel als auch die der katholischen Kirche als unmittelbar verbindlich ausgegeben.

Festzuhalten ist also, daß in dem Trierer Handbuch eine nicht unerhebliche Diskrepanz zwischen den in der Prinzipienlehre formulierten theoretischen Grundlagen zur Herleitung konkreter Vorschriften und der tatsächlichen Ausarbeitung in der speziellen Moral besteht. Zu dieser Abweichung von den Forderungen der Prinzipienlehre war G. Braun gezwungen, weil seine Methode der Herleitung ohne Beziehung zu Bereichen, die Inhalte für die Normen liefern, nicht funktionieren konnte. Selbst unter ständiger Miteinbeziehung aller theoretischen Lehren Christi über das Verhältnis Gottes zur Welt und sein Verhältnis zum Menschen, unter Umgehung der durch das oberste Moralprinzip erfolgten Einengung der Quelle also, ließen sich nicht alle Inhalte der speziellen Moral finden. Die theoretischen Lehren Christi und ihre authentische Interpretationen über Gott und sein Verhältnis zur Welt und zum Menschen geben, wie die positiven Vorschriften der Bibel auch, keine Auskunft über eine ganze Reihe von ethischen Problemfeldern. Wenn sich das kirchliche Lehramt zu bisher noch nicht geklärten sittlichen Fragen äußert, handelt es sich dabei um nichts anderes als den gleichen Prozeß der Normenfindung, den auch der Moraltheologe vollzieht,

---

abgestumpft und beinahe ganz ertödtet werden." Vgl. zum Einbringen von Erfahrung etwa auch II, 100, 130; III, 153 u. a.
In der Beurteilung der Abtreibung stützt er sich beispielsweise ausdrücklich auf neuere Erkenntnisse der Medizin. Vgl. III, 154 Anm.
[798] Vgl. III, 68, 108-114, 130, 153, 160 f., 212-216 etc.
Beispiele finden sich auch schon in der 'Religionslehre'. Bei den Pflichten eines äußeren Handelns gegen Gott stellt er I, 335, fest: "Obgleich nun aus der Natur der Sache nicht zu entnehmen ist, welche Handlungen gegen Gott ein unentbehrliches Mittel seien für alle Menschen zur Erweckung und Erhaltung ihrer pflichtmäßigen Gemüthsstimmungen und Gesinnungen gegen Gott: so kann uns doch die Offenbarung noch positive Aufschlüsse geben, welchen zufolge das Setzen gewisser Handlungen gegen Gott als Pflicht angesehen werden muß." Nach dieser Feststellung folgt die Nennung der seiner Ansicht nach von der katholischen Kirche als Pflichten des äußeren Verhaltens gegen Gott (Empfang der Sakramente, Teilnahme am Meßopfer und gottesdienstlichen Versammlungen u. a.) verstandenen Anweisungen. Zu diesen Pflichten wird keine Herleitung aus einer theoretischen Lehre versucht, sie werden als selbstverständliche, positiv vorgeschriebene Pflichten übernommen. Vgl. I, 335-357.
[799] I, 351.

selbst wenn er zu verschiedenen Ergebnissen führen sollte. Was für G. Braun Quelle der Moraltheologie ist, hat also selbst einen Prozeß der Normenfindung zu durchlaufen.

Keine Schwierigkeiten macht es hingegen, zu akzeptieren, daß alle christlichen Vorschriften vom obersten Sittengebot, so wie es G. Braun formuliert hat, umfaßt werden müssen. Es ist so weit konzipiert, daß dies für den an Gott glaubenden Menschen ohne weiteres gelingt.

Möglicherweise ließen sich durch Anwendung von G. Brauns Methode viele Elemente eines Gott geschuldeten Verhaltens, so wie es G. Braun verstanden hat, ableiten, ohne daß zusätzliche Quellen herangezogen werden müssen. Denn ein Meditieren über die Heiligkeit Gottes und andere seiner Eigenschaften als höchstes gutes Wesen sowie seine erlösende Zuwendung zur Welt können tatsächlich zu dem Gefühl der Dankbarkeit gegen Gott, zur Liebe für ihn oder zu einem Vertrauen auf ihn führen. [800] Zur Regelung des menschlichen Zusammenlebens ist es jedoch unmöglich, alle Normen in der von G. Braun beschriebenen Weise aus der Dogmatik oder gar einer einzigen obersten Norm abzuleiten. Es ist nicht zu erkennen, wie aus der obersten Sittennorm konkrete materiale Normen sich finden ließen, ohne neben der praktischen Vernunft (auch schon in Normen verdichtete) Erfahrung und Intuition sowie die zu beurteilende Wirklichkeit selbst als Erkenntnisquelle einsetzen zu müssen. Wie ließe sich sonst aus dem geoffenbarten Wissen um Gottes Heiligkeit, um seine Liebe, Güte und Macht etwa eine sichere sittliche Bewertung des Tanzes ableiten. [801]

Anders ausgedrückt: aus der Kenntnis der Eigenschaften Gottes und seiner Zuwendung zum Menschen können nicht einfachhin konkrete materiale Normen entstehen. Die Normen findet die praktische Vernunft unter Beachtung von Umständen und Folgen in einem Erkenntnisprozeß, an dem alle Kräfte des Menschen, auch die intuitiven und emotionalen, beteiligt sind, wie das Beispiel des Tanzes zu zeigen vermag. Das hier gefällte Urteil und die daraus resultierende Verpflichtung läßt sich kaum aus dem Wohlgefallen an der Heiligkeit Gottes in solcher Konkretheit ableiten.

Wenn G. Braun auch in der speziellen Moral eher traditionell vorgeht, bleibt doch seine Theorie der Normenfindung bestehen. Die hier beschriebene Autonomie der

---

[800] Bei den Pflichten eines eigentlichen Handelns gegen Gott, bei den kultischen Handlungen, mußte G. Braun jedoch schon seine Art der Herleitung verlassen.

[801] Falls sich nicht eine positive Vorschrift dazu in der Bibel finden ließe; die positiven Vorschriften lehnt G. Braun jedoch als Quelle ab.
Seine Beurteilung des Tanzes ist im übrigen ausgesprochen negativ, II, 175 f.: "Man genieße das Vergnügen des Tanzes nur selten, besser nie, indem die dabei vernünftigerweise zu beabsichtigenden Zwecke auf manche andere weniger gefährliche Weise erreicht werden können; man genieße es nur zu sittlichen Zwecken, also vorab zur Erholung, Aufheiterung, und enthalte sich dessen gänzlich, wenn es mit der Erfüllung unserer Pflichten streitet, oder doch starke Versuchungen zur Uebertretung derselben verursacht. Wo die Gesundheit oder die Sittsamkeit gefährdet, eitle Wünsche und Liebeshändel angeregt und eingeleitet, Aergernisse gegeben, und die Rücksichten auf Stand, Alter und Ansehen hintangesetzt werden, ist das Vergnügen des Tanzes unerlaubt. Für den katholischen Priester eignet sich der Genuß dieses Vergnügens gar nicht. Es wäre zu wünschen, daß die Tänze überhaupt seltener und nicht so spät in die Nacht fortgesetzt, und daß die jungen Leute dabei mehr von ihren Eltern beaufsichtigt würden."

praktischen Vernunft drängt den Vergleich mit der Normenfindung im Bereich der 'Autonomen Moral' auf.

'Autonome Moral', deren Name in der Moraltheologie untrennbar mit A. AUER verbunden ist, sieht die Quelle der Normen in der Wirklichkeit. So formuliert A. AUER seine These der 'Autonomen Moral' in Anlehnung an eine Formulierung J. PIEPERS: "'Alles Sollen gründet im Sein. Die Wirklichkeit ist das Fundament des Ethischen. Das Gute ist das Wirklichkeitsgemäße.' Das Sittliche ist also zu bestimmen als der Anspruch, den die Wirklichkeit an die menschliche Person stellt."[802] Das Sittliche ergibt sich gänzlich aus der den Menschen umgebenden Wirklichkeit, indem diese Wirklichkeit erkennend realisiert wird und die Vernunft einen wirklichkeitsgemäßen Anspruch an das Tun stellt. Den konkreten Inhalt materialer Normen liest die Vernunft aus dem sie umgebenden Sein der Wirklichkeit ab.[803] Sie ergeben sich aus dem in der Wirklichkeit implizierten Anspruch. Das kirchliche Lehramt spielt dabei nicht die Rolle einer Quelle, sondern ihm wird eine integrierende, stimulierende und kritisierende Funktion zuerkannt.[804] Auf den von Vertretern einer 'Autonomen Moral' gemachten Hinweis auf das Ungenügen der Bibel hinsichtlich konkreter Normen ist schon verwiesen worden.[805]

Ist G. Brauns Handbuch nach den schon oben festgestellten Übereinstimmungen in grundsätzlichen Dingen auch bei der Theorie der Herleitung einzelner Pflichten eng an diesen Vorstellungen einer 'Autonomen Moral' angelehnt? Ist seine Moraltheologie gar als Vorläufer einer 'Autonomen Moral' zu charakterisieren, wie es A. AUER in der 'Theologischen Moral' S. *Mutschelles* sehen möchte?[806]

Die Fragen können weder grundsätzlich bejaht noch verneint werden. Bei der Theorie der Herleitung einzelner Pflichten finden sich in der 'christkatholischen' Moral durchaus Übereinstimmungen mit einer 'Autonomen Moral'. Hierbei ist vor allem die 'Selbstläuferfunktion' der praktischen Vernunft zu nennen. Es ist diese dem Menschen unaustilgbar innewohnende Autonomie, die sittliches Sollen zu formulieren imstande ist. Wie H. ZEIMENTZ hinweist, hat der Hermesschüler *P. J. Elvenich* die Funktionsweise dieser Autonomie treffend zusammengefaßt: Die Gesetzgebung der Vernunft ist "eine *Selbstgesetzgebung (Autonomie)*, und zwar zunächst in dem Sinne, daß die Vernunft die praktischen Gesetze nicht als ein Etwas außer sich findet und alsdann dieselben zu den ihrigen macht, sondern daß sie, nach dem Lichte der eigenen Erkenntnis, *rein aus sich* auch die Gesetze des Handelns gibt oder nothwendige Zwecke setzt – *lediglich darum weil sie nun einmal diese, aber schlechthin keine andere Vernunft ist*" und weil "das *eigentliche Selbst* (das übersinnliche Prinzip) im Menschen oder der Mensch als *Subjekt* in der That nichts Anderes ist denn die Ver-

---

[802] Autonome Moral 16. Vgl. J. PIEPER, Die Wirklichkeit und das Gute nach Thomas von Aquin. Münster ³1934, 3–5.
[803] Vgl. A. AUER, Autonome Moral 16 f., 178 Anm. 88.
[804] Vgl. Autonome Moral 185–197.
[805] Vgl. Anm. 791.
[806] Vgl. Autonome Moral 131–136.

nunft in ihm. Wo also die Vernunft dem Menschen Zwecke setzt, da ist *Er selbst es*, der sich die Zwecke setzt".[807] Wenn die so von P. J. *Elvenich* beschriebene 'autonome' Vernunft sich auch im wesentlichen mit den Vorstellungen G. Brauns deckt, gilt es doch einen Unterschied zu beachten: *P. J. Elvenich* macht die Aussagen im Rahmen seiner Moralphilosophie, was bedeutet, daß hier die praktische Vernunft nicht auf die Quelle der Dogmatik zurückgreift, wie es G. Braun für die Moraltheologie fordert.[808] Die sittliche Selbstgesetzgebung beschränkt sich, wie bereits bemerkt, bei der Moraltheologie auf die Vernunft als 'erkennendes' Prinzip. Die Gesetze kommen also 'autonom' zustande, aber innerhalb eines Rahmens, des Rahmens der Glaubenslehre. Die Autonomie, die, wie *P. J. Elvenich* sagt, darin besteht, keine außerhalb des einzelnen liegenden materialen Normen zu übernehmen, sondern sie selbst hervorzubringen, wird christlich integriert.

Zu A. AUERS Vorstellung der 'Autonomen Moral' besteht jedoch ein gradueller Unterschied: Während er die sittlichen Normen aus der Wirklichkeit *ablesen* will, in der sie implizit vorhanden sind, *formuliert* sie bei G. Braun erst die praktische Vernunft. Für ihn beinhaltet die Quelle nicht schon einen Sollensanspruch, dieser wird erst in einem eigenen Prozeß von der praktischen Vernunft vorgetragen. Für A. AUER enthält die Quelle selbst schon das Sollen, wenn die Ausformulierung der Normen auch bei ihm der praktischen Vernunft vorbehalten bleibt.

Zwischen der 'Autonomen Moral' und der Braunschen Theorie ergeben sich noch weitere Unterschiede. Eine zweite Verschiedenheit, die als beträchtlicher als die erstgenannte zu gelten hat, findet sich in der Sicht des sittlichen Grundanspruches. Während etwa L. HONNEFELDER diesen im Liebesgebot der Bibel sieht [809] und den Prozeß der Normenfindung für die jeweils konkrete Lebenssituation der normativen Vernunft "durch Ethosübernahme oder Ethosentwurf, Normrezeption oder Normfindung"[810] zuspricht, ist für G. Braun die theoretische Lehre von der Heiligkeit Gottes oberste Grundlage sittlichen Handelns. Ein positives Gebot dient ihm nicht als 'oberste Sittennorm', obwohl doch die Forderung nach Liebe in größerer Nähe zu weiteren sittlichen Forderungen stünde, als die von ihm als sittlicher Grundanspruch herangezogene theoretische Lehre.

Der bedeutsamste Unterschied zwischen der Konzeption der 'Autonomen Moral' und der Moraltheologie G. Brauns liegt aber in der Verbindlichkeit der materialen Normen. Ein wesentliches Merkmal der 'Autonomen Moral' ist nämlich, daß ihre Vor-

---

[807] Moralphilosophie I, 102. Vgl. H. ZEIMENTZ, Vernunft und Offenbarung 123. Der Aufsatz von H. ZEIMENTZ wird in der Rezension der Festschrift für J. G. Ziegler (ThRv 85 (1989), 317-320), in der er erschienen ist, von H. DOBIOSCH kurz zusammengefaßt. Dabei wird G. Braun als Interpret seines Lehrers *G. Hermes* erwähnt.
[808] Vgl. den von G. Braun beschriebenen Unterschied zwischen Moraltheologie und Moralphilosophie I, 155-163.
[809] Ähnlich auch F. BÖCKLE, in: F. BÖCKLE - I. HERMANN, Die Probe aufs Humane. Über die Normen sittlichen Verhaltens. Düsseldorf 1970, 22, und J. GRÜNDEL, Wandelbares und Unwandelbares in der Moraltheologie. Düsseldorf ²1971, 97.
[810] Handbuch I, 20.

schriften universale Geltung beanspruchen. Da sich hier die Normen aus der allen Menschen gleichermaßen umgebenden Wirklichkeit herleiten, erheben diese Normen den Anspruch, in grundsätzlicher Weise kommunikabel für alle zu sein. Die Wirklichkeit und der in ihr implizierte sittliche Anspruch stellt sich allen Menschen als Vernunftwesen gleichermaßen dar.[811] "Die autonome Moral ist eine wirkliche Möglichkeit des Menschen. Sie entspricht der Logik der Selbstverpflichtung der praktischen Vernunft, und sie läßt sich empirisch als bindende Orientierung für Menschen mit unterschiedlichem Bekenntnisstatus nachweisen."[812] Für den Bereich, den A. AUER mit dem Begriff 'Weltethos'[813] zu umfassen sucht, gibt es für den Christen keine spezifisch *christlichen* Forderungen. "Der Christ muß sich in den Bereichen der Welt genau so verhalten wie der Heide, nämlich den Werten und Gesetzen dieser Bereiche entsprechend, also sachgerecht."[814] Das spezifisch Christliche stellt sich für die 'Autonome Moral' im wesentlichen als Integration der autonomen Sittlichkeit in das Feld des Glaubens des einzelnen dar. Die Befolgung der universal gültigen materialen Normen kann damit tiefergehend begründet werden. Eine Änderung am Inhalt der einzelnen Vorschriften geschieht durch die Integration in einen 'gläubigen Kontext' nicht.

Anders wirkt sich die Autonomie der praktischen Vernunft nach der Vorstellung von G. Braun aus. Da in seiner Theorie die einzelnen Vorschriften in ihrem Inhalt von der Quelle begrenzt werden, gelangt er konsequenterweise aufgrund verschiedener Quellen zu verschiedenen Inhalten der Moral. Zwar ist die Quelle der Moraltheologie immer die Dogmatik, diese jedoch in ihren je nach Konfession verschiedenen inhaltlichen Ausprägungen. Verschiedene Inhalte der Quellen bedingen die verschiedenen Inhalte der Moraltheologie: "In dem Inhalte weichen sie [= die Morallehren] indessen in manchen Punkten bedeutend von einander ab, weil die Moral der Katholiken auf dogmatischen Lehren sich fußt, welche im Lehrbegriffe der Protestanten u. s. w. nicht gelegen sind."[815]

Daraus ergeben sich auch die Bedingungen für den Geltungsanspruch der Normen. Die Normen einer Moral*theologie* erheben keinerlei Anspruch auf universale Geltung. In der Abgrenzung der Moraltheologie von der Moralphilosophie kommt G. Braun, wie bereits angedeutet, darauf zu sprechen: "Die Moralphilosophie ist für jeden vernünftigen Menschen verbindlich; die christliche Moral kann nur für die

---

[811] Vorausgesetzt wird hier, daß das menschliche Erkennen der Wirklichkeit gerecht wird. Der menschliche Geist muß mit dem Wirklichen übereinstimmen. Vgl. A. AUER, Autonome Moral 17, 212.

[812] D. MIETH, 'Natürliche' Theologie und 'autonome' Ethik, in: Anspruch der Wirklichkeit, 74.

[813] Autonome Moral 185: "*Unter Weltethos* verstehen wir das Gesamt der aus der Sachordnung der einzelnen menschlichen Lebensbereiche sich ergebenden Verbindlichkeiten. Es handelt sich hier ... um ein Ethos der Sachlichkeit, um ein immanentes Ethos, das dem Verstehenshorizont der jeweiligen Geschichtszeit entsprechend autonom und säkular entwickelt wird."

[814] A. AUER, Autonome Moral 177.

[815] I, 155. Den Grund einer in den Lehrbüchern identischen Behandlung der Moral verschiedener Konfessionen sieht er in einer fehlerhaften Behandlung der Wissenschaft. Vgl. I, 57 f.

Christen, und die christkatholische nur für die katholischen Christen verbindlich sein."[816]

G. Braun stellt sich die Verbindlichkeit der einzelnen Normen für die Katholiken in Form einer Pyramide vor. Die für alle 'vernünftigen' Menschen verbindliche Basis bilden die Vorschriften, die von der Moralphilosophie hergeleitet werden. Verbindlichkeit für alle Christen fordern die dem Christentum aufgrund gemeinsamer Glaubensinhalte gemeinsamen Vorschriften; Verpflichtungscharakter nur für Katholiken zeigen die auf den katholischen Glaubensaussagen beruhenden Anordnungen. In dieser für die 'Autonome Moral' wesentlichen Frage nach der Verbindlichkeit der einzelnen Vorschriften weicht G. Braun also ab. Obwohl die seiner Konzeption innewohnende Autonomie des Sittlichen nicht zu verleugnen und in weiten Stücken auch mit den heute diskutierten Autonomievorstellungen in Einklang zu bringen ist, kann bei seinem Handbuch nicht von einer 'autonomen Moral' in heutigem Sinn gesprochen werden. Zu sehr hängen für ihn die Sittenvorschriften mit der katholischen Glaubenslehre zusammen und verstehen sich - in indirekter Weise über den beschriebenen Weg der Herleitung freilich - als *katholische* Morallehren. Einen Wegfall der positiven Quelle, was den Prozeß der Normenfindung erst beim Einsetzen der autonom funktionierenden Vernunft beginnen lassen würde, wie es sein Zeitgenosse *S. Mutschelle* offenbar gehalten hat, weist er entschieden zurück.[817] Dies bedeutet aber nicht, daß die christlichen Morallehren nicht im Einklang mit der Vernunft stehen würden. Für G. Braun ist ein Handeln wider die Vernunft ebensowenig möglich wie ein Handeln gegen die positiven Vorschriften des Christentums. Dennoch können seiner Auffassung nach die Sittenvorschriften des Christentums nicht von allen Menschen gefunden werden, da die Vernunft nicht das Erkenntnisprinzip der christlichen Morallehre ist. Diese Ansicht widerspricht der Moralauffassung der 'Autonomen Moral', aber auch dem, was R. SPAEMANN als Charakteristikum der Moral der Aufklärungsepoche ansieht: religiöser Glaube füge der Moral nichts Inhaltliches hinzu, sondern er sei "eine spezifische Motivation, das zu tun, was jedermann als das Gute erkennen kann"[818]. In diesem Sinn kann G. Braun nicht als Aufklärer gesehen werden. Die Inhalte seiner Moraltheologie wollen spezifisch katholisch sein.

An dieser Stelle bleibt festzuhalten, daß bei G. Braun wie auch in der Konzeption der 'Autonomen Moral' eine Autonomie der praktischen Vernunft zu erkennen ist. Hier wie dort ist aber die Offenbarung am Prozeß der Normenfindung als ein der Vernunft vorausgehendes und sie begleitendes Geschehen beteiligt, welches jedoch die Funktionen der Vernunft nicht ausschaltet oder überlagert. Die Vernunft erscheint jeweils als von Gott gegeben, ihre Funktion gilt als ein Geschenk im Zusammenhang mit der Offenbarung.

---

[816] I, 155. Gleiches gilt hinsichtlich der Verbindlichkeit der positiven Vorschriften. Anordnungen, die aus den Erkenntnisquellen des Christentums stammen, seien für alle Christen, solche aus den Erkenntnisquellen des katholischen Christentums nur für Katholiken verbindlich. Vgl. I, 19.
[817] Vgl. I, 50.
[818] Christliche Religion und Ethik, in: PhJ 80 (1973), 284.

Unterschiede ergeben sich in der Bewertung der christlichen Glaubenslehre im Prozeß der Normenfindung. Zwar verstehen beide Richtungen die Autonomie der Vernunft als eingebettet in den Glauben, Quelle der Herleitung der Normen wie bei G. Braun sind die Glaubensaussagen für die 'Autonome Moral' jedoch nicht. Die Autonomie G. Brauns verläuft in engeren Bahnen.

Die unterschiedliche Anwendung der Glaubensaussagen führt zu unterschiedlichen Geltungsansprüchen der einzelnen Normen. Spezielle christliche oder gar katholische Normen gibt es für die 'Autonome Moral' im Bereich des 'Weltethos' nicht. Diese Forderung hat die 'Autonome Moral' offenbar mit den Moraltheologen der Aufklärung gemeinsam.

Neben der bisher beschriebenen Funktion der praktischen Vernunft als wichtiger Bestandteil der Normenfindung bestätigt G. Braun ihr noch eine zweite gewichtige Aufgabe: sie repräsentiert auch den Ort, an dem sich die eigentliche sittliche Verpflichtung manifestiert.

II. Die praktische Vernunft als Garant letztgültiger sittlicher Verpflichtung

G. Braun bietet, wie bereits angesprochen, in seiner Moraltheologie keinen ausgearbeiteten Traktat über das Gewissen. Er steht damit im Gegensatz zu gängigen moraltheologischen Handbüchern der Barockzeit [819] und zu Moraltheologien im Umfeld seiner Zeit.[820]

Sein Zeitgenosse *J. B. Hirscher* etwa liefert seine Abhandlung über das Gewissen im ersten Band seiner 'Christlichen Moral'. Der Aufbau des Traktates gliedert sich bei ihm folgendermaßen:[821]

1. Deduktion und Begriff des Gewissens.
2. Funktionen des Gewissens.
3. Objektive Realität der Gewissens-Aussprüche.
4. Fehl- und Unfehlbarkeit des Gewissens.
   Das zweifelnde Gewissen.
5. Integrität des Gewissens.
6. Bildungs-Fähigkeit und Bildungs-Bedürftigkeit des Gewissens.

---

[819] So etwa die Handbücher der Jesuiten *Johannes Azor* (1536-1603), *Thomas Sanchez* (1550-1610) und *Paul Laymann* (1574-1635). Vgl. J. THEINER, Entwicklung 269, 278 f. und 291.

[820] Abhandlungen über das Gewissen bieten etwa *S. Mutschelle* (1749-1800), *A. K. Reyberger* (1757-1818), *F. X. Mißle* (1782-1856), *J. B. Hirscher* (1788-1865), *K. Lamb* (1804-1862), *F. Probst* (1816-1899) u. a.

[821] Vgl. Die christliche Moral I, 176-211. Zu *J. B. Hirschers* Traktat vom Gewissen vgl. E. SCHARL, Freiheit und Gesetz 161-168, und A. EXELER, Eine Frohbotschaft 235-242.

J. B. Hirscher sieht das Gewissen als das Organ im Menschen, das fähig ist, "*der Wahrheit als der ewigen Gottesordnung bewußt zu seyn*"[822]. Im Sinne seiner Vorstellung von der ursprünglichen Einheit der Beziehung des Menschen zu Gott, die durch die Sünde zerissenen ist, erkennt er im Gewissen die beständige Forderung nach Wiederherstellung der ursprünglichen Einheit. Die Funktion des Gewissens stellt sich ihm als Anwalt des göttlichen Willens und als Vertreter seines Weltenplans dar. Die neutestamentliche Sicht des Gewissens nicht vernachlässigend, sieht er drei Hauptfunktionen gegeben: eine gesetzgebende, die das 'geistige Weltgesetz' vor den 'Menschengeist' trägt, eine richterliche, die über Schuld und Verdienst des Willens angesichts jener Gesetze wacht, und eine exekutive Funktion, welche lohnt oder straft. Den Inhalt der Gesetze bringt das Gewissen nach *J. B. Hirschers* Vorstellung nicht selbst hervor, er ist vielmehr, integriert in die Wahrheit des göttlichen Weltenplans, dem Menschen apriorisch vorgegeben.

Die durchweg positive Sicht des Gewissens bei *J. B. Hirscher* ist jedoch nicht euphorisch. Zwar ist es bei ihm per se unfehlbar, doch in concreto kann es durchaus irren, nämlich dort, wo die begrenzte menschliche Intelligenz einen Irrtum für Wahrheit hält. Auch ist das Gewissen für ihn der Ausbildung fähig und benötigt sie auch. "Je mehr Erkenntnis der Wahrheit, je mehr Selbstbewußtseyn der Freiheit; desto mehr Gewissen."[823] Kann das Gewissen für *J. B. Hirscher* auch unterdrückt und vernachlässigt werden, zu vernichten ist es nicht.

J. B. Hirscher bindet den Traktat über das Gewissen in seine Vorstellungen vom moralischen Handeln des Menschen ein. 'Klassische' Teile des Gewissenstraktates, Aussagen über den Begriff und die Funktionsweise des Gewissens oder das zweifelnde Gewissen etwa, sind seiner Lehre vom Werden des Reiches Gottes im Menschen integriert. Das Gewissen ist somit hier die Vermittlungsstelle zwischen dem Reich Gottes und dem Menschen und zugleich Garant der Ausführungen der göttlichen Vorstellungen im Menschen. Es ist die Verbindung zwischen dem Willen Gottes und dem Willen des Menschen. Es erscheint somit bei *J. B. Hirscher* als in seine Vorstellung vom Werden des Reiches Gottes im Menschen integrierte Größe.

In seine Vorstellungen vom moralischen Handeln des Menschen fügt auch G. Braun seine Aussagen über das Gewissen ein, die sich nur vereinzelt finden oder aus dem Zusammenhang erschlossen werden müssen. Sie stehen in enger Verbindung zu den Ausführungen, die er zur praktischen Vernunft im Prozeß der Normenfindung macht. Neben der Aufgabe, welche die praktische Vernunft zur Herleitung der einzelnen materialen Normen zu erfüllen hat, repräsentiert sie auch den Bereich, in dem die Strafe der Selbstverachtung ihren Ausdruck findet für den Fall, daß der Mensch der Forderung der praktischen Vernunft nicht Folge leistet. Sie ist damit auch der Ort der letztgültigen sittlichen Entscheidung des einzelnen. Letzte sittliche Verbindlichkeit zeigt sich für den einzelnen in ihrer Forderung. Die Forderung der praktischen Vernunft ist für G. Braun identisch mit dem Spruch des vorausgehenden Gewissens. [824]

---

[822] Die christliche Moral I, 178.
[823] Die christliche Moral I, 209.
[824] Vgl. oben S. 156.

Der Gewissensspruch des einzelnen übersteigt, wie erwähnt, die Methode der Lehre der Moraltheologie. Die allgemeine Verbindlichkeit der 'christkatholischen' Morallehren, die sich auf die Autorität der zugrundeliegenden Quelle stützt, wird für den einzelnen durch die Verbindlichkeit der individuellen praktischen Vernunft übertroffen. Das Gewissen, wie G. Braun es sieht, ist die individualisierte praktische Vernunft: "Die eigene Vernunft, in so fern sie uns in vorkommenden Fällen unser Verhalten vorschreibt, oder über unser wirkliches Verhalten urtheilt, ob es pflichtmäßig oder pflichtwidrig sei, und ihm Belohnung oder Strafe zuerkennt, heißt auch *Gewissen.*"[825] Das vorhergehende Gewissen (conscientia antecedens) ist identisch mit dem notwendigen Ausspruch der praktischen Vernunft infolge der Betrachtung der theoretischen christlichen Glaubenslehren.[826] Das nachfolgende Gewissen (conscientia consequens) entspricht in seiner Funktion dem von G. Braun beschriebenen Akt der Selbstverwerfung.

Damit liefert G. Braun alle wesentlichen Aussagen über seine Vorstellung vom Gewissen. Es ist die Tätigkeit der individuellen praktischen Vernunft in der gleichen dreifachen Weise, wie sie, wie oben gesehen, auch *J. B. Hirscher* beschrieben hat: das Gewissen schreibt uns ein Verhalten vor (= gesetzgebende Funktion bei *J. B. Hirscher*), es urteilt über den Vollzug des Handelns (= richterliche Funktion), und es belegt das Handeln mit Belohnung oder Strafe (= exekutive Funktion). G. Braun benötigt keinen ausgearbeiteten systematischen Traktat vom Gewissen, weil alle Aussagen über seine Wirkungsweise in den Beschreibungen der Wirkungsweise der praktischen Vernunft enthalten sind. Hierin herrscht Übereinstimmung mit der Auffassung von F. BÖCKLE, der im Vorwort der 'Fundamentalmoral' darauf hinweist, daß den Aussagen zum Gewissen kein eigenes Kapitel gewidmet sei, sondern daß die ganze 'Fundamentalmoral' "dem begründeten sittlichen Urteil"[827] diene.

Die Funktionsweise des Gewissens ist von der gleichen Unmittelbarkeit geprägt, mit der die praktische Vernunft einen Sollensanspruch kundtut. Der Spruch des vorausgehenden Gewissens steht nicht am Ende eines Prozesses des 'vernünftigen' Abwägens, sondern es gibt nur durch das Betrachten der dogmatischen Lehren unmittelbar erkennbare Pflichten und deren Befolgung, pflichtwidriges Befolgen oder die Unterlassung der Pflicht. Das vorausgehende Gewissen entspricht dabei der Verpflichtung an sich, dem Drängen zum Handeln, der moralischen Notwendigkeit. Das nachfolgende Gewissen stellt sich bei dieser Art von moralischem Handeln immer ein: lobend, wenn der Pflicht Genüge getan wird, selbstverachtend, wenn die Pflicht unterlassen oder falsch befolgt wird.

Die Funktionsweise des Gewissens ist damit bei G. Braun im Grunde eine Weiterführung des Modus der Herleitung materialer Normen. Das vorausgehende Gewissen reicht bis zu dem Zeitpunkt, an dem eine Pflicht aus der Quelle hergeleitet ist oder eine bereits abgeleitete als moralische Verpflichtung erkannt wird; das nachfolgende Gewissen beurteilt die wirkliche Ausführung der Tat.

---

[825] I, 166 f.
[826] Vgl. I, 65 f.
[827] Fundamentalmoral 12.

Da G. Braun den Modus der Herleitung konkreter Normen trotz der stark subjektiven Komponente für objektiv sicher hält, kann es ein irriges Gewissen zum einen nur dort geben, wo diese Herleitung gestört ist, wo aus der Quelle eine falsche Pflicht abgeleitet und für verbindlich gehalten wird. Diesen Fall hält er zwar grundsätzlich für möglich, doch mißt er einer möglichen falschen Herleitung von Pflichten keine große Bedeutung zu.[828]

Eine weitere Form des irrigen Gewissens wäre zum andern dort gegeben, wo eine von einem Moraltheologen bereits abgeleitete Pflicht nicht als solche erkannt wird. In beiden Fällen möglichen Irrtums hat sich der Handelnde an die persönliche Verpflichtung der praktischen Vernunft zu wenden, sie ist letzte Norm sittlichen Handelns. Das bedeutet aber nicht, daß moralisches Handeln in das Belieben des einzelnen gestellt ist. Aufgrund des Pflichtcharakters des Anrufes der praktischen Vernunft kann der Mensch auch im Gewissensirrtum nicht einfach nicht handeln. Auch wenn die Pflicht objektiv falsch ist, trifft ihn bei Unterlassung die Strafe der Selbstverachtung.

Es stellt sich noch die Frage, ob das Gewissen, so wie G. Braun es sieht, von außen manipulierbar ist? Kann in diesem individuellen Zusammenspiel von praktischer Vernunft und Handeln überhaupt von außen fördernd oder benachteiligend Einfluß ausgeübt werden? Dies kann bejaht werden, wenn auch zwischen einer Einflußnahme auf das eigene und auf fremde Gewissen unterschieden werden muß und sich diese Beeinflussung nur auf das Umfeld sittlicher Verpflichtung bezieht.

Die Möglichkeit einer Einflußnahme auf das eigene Gewissen wird überall dort angesprochen, wo G. Braun die einzelnen Pflichten in dem genannten dreigliedrigen Schema abhandelt. Unter den 'Mitteln zur Erfüllung der Pflicht' werden stets Möglichkeiten beschrieben, welche die Erfüllung der jeweiligen Vorschrift erleichtern sollen. Diese Mittel dienen also dazu, ein mögliches Nichtbeachten einer Pflicht zu vermeiden oder dem lässigen Nachkommen einer solchen entgegenzuwirken. Es kann hier von einer Einflußnahme auf das Gewissen gesprochen werden, da das Ziel des Befolgens der Ratschläge ja ein Vermeiden der Strafe der Selbstverachtung ist. Das eigentliche Entstehen der Verpflichtung in der praktischen Vernunft wird jedoch nicht tangiert, wodurch ihre subjektive Sicherheit nicht gefährdet wird.

Solche Mittel zur 'Erfüllung der Pflicht' lauten etwa bzgl. der Pflicht der 'Furcht vor den Strafen Gottes': "Die Erweckung, Erhaltung und Belebung des festen Glaubens an Gottes Wort und der Liebe zu Gott, genaue Selbstkenntniß und Demuth, öftere Selbstprüfung, der öftere Gedanke an die Flüchtigkeit der Zeit, an den Tod, an die angedrohten Strafen selbst, an die Allwissenheit und Allheiligkeit Gottes, an die schon in Erfüllung gegangenen göttlichen Drohungen, u. dergl." [829]

Daß diese 'Mittel zur Erfüllung der Pflicht' stets aus der Aszetik genommen sind, ist von G. Braun intendiert. Er möchte so die 'Tugendmittellehre' mit der eigentlichen

---

[828] Vgl. I, 64.
[829] I, 261.

Moraltheologie verbinden.[830] Er bestätigt damit sein doppeltes Anliegen: eine wissenschaftlich und seelsorglich zu handhabende Darstellung der Moraltheologie zu bieten.

Neben der in der 'Tugendmittellehre' aufgezeigten Möglichkeit, das *eigene* Gewissen positiv dahingehend zu beeinflussen, daß die Strafe der Selbstverachtung vermieden werden kann, sieht G. Braun auch eine Weise der Einflußnahme auf das *fremde* Gewissen. Sie findet ihren Ausdruck in den Pflichten, die sich aus dem Hauptverhältnis der Seele zu den Mitmenschen ergeben. Übergeordnete Pflicht hierbei ist die der 'wechselseitigen Erbauung'. Weiter abgeleitete Vorschriften sind etwa die der 'Bekehrung', der 'brüderlichen Zurechtweisung' oder der 'Wahrhaftigkeit'. Wie es notwendig ist, die eigene Gottebenbildlichkeit zu fördern, ist es auch notwendig, dies am Mitmenschen zu versuchen. Das größte Gewicht einer gegenseitigen Einflußnahme auf das sittliche Handeln sieht G. Braun jedoch beim Handelnden selbst: Von ihm selbst hängt es ab, "ob und in wie weit er sich jenem Einflusse hingeben oder entziehen will".[831]

Eine dritte Sicht der gegenseitigen Beziehung, nämlich die Hilfe der Mitmenschen zur Förderung der eigenen Gottebenbildlichkeit in Anspruch zu nehmen, hält er für nicht so dringend.

So finden sich bei G. Braun, obwohl kein zusammenhängender Traktat zur Lehre vom Gewissen vorhanden ist, alle wesentlichen Teile eines solchen Traktats. Definition, Beschreibung der Funktionsweise sowie der Maßnahmen der Bildung des eigenen und fremden Gewissens lassen sich nachweisen. Dabei ist G. Braun freilich mehr noch, als es etwa bei *J. B. Hirscher* zu sehen ist, seinem Gesamtkonzept verpflichtet. Er ist es so sehr, daß eine systematische Abhandlung der Lehre vom Gewissen nicht in das Konzept seiner allgemeinen Moraltheologie paßt. Da die Funktionen des Gewissens für ihn im wesentlichen mit der Funktionsweise der praktischen Vernunft identisch sind, ist ein eigener Traktat vom Gewissen überflüssig; zumindest hätte er das analytische Gesamtkonzept einer hermesianischen Moraltheologie erheblich gestört.

Neben dieser engen Verbindung von praktischer Vernunft und Pflicht kennt G. Braun jedoch auch einen Bereich, der zwar zu dem Feld der praktischen Vernunft gehört, aber nicht von Notwendigkeit geprägt ist, das Gebiet der sittlichen Räte.

III. Die anratende praktische Vernunft - die sittlichen Räte

Bereits zwei Jahre vor Erscheinen des ersten Bandes der Moraltheologie hat sich G. Braun 1832 zu dem Thema des angeratenen Verhaltens in der bereits genannten kleinen Schrift 'Kritik der Ansichten der neueren christlichen Moralisten über die sittlichen Räthe' geäußert. Daraus geht hervor, daß er das Thema in seinen Vorlesun-

---

[830] Vgl. I, 148-150 Anm.
[831] III, 231.

gen wohl ausführlich behandelt, zur Kritik der Ansichten einzelner zeitgenössischer Moraltheologen jedoch dort keine Zeit gefunden hat. [832] Daher geht es ihm in der Schrift, die er seinen Studenten an die Hand gegeben hat, vor allem darum, die seiner Meinung nach falschen Ansichten jener Moraltheologen zu revidieren. Falsche Einschätzungen der sittlichen Räte sieht er bei fast allen seinen Zeitgenossen gegeben.

Wie die verpflichtenden Handlungsanweisungen sind auch die bloß angeratenen für ihn allein das Ergebnis einer Leistung der praktischen Vernunft: "Nur die Vernunft des Menschen ist das Prinzip, welches an und für sich gültige Sittenaussprüche an uns richten kann, sie mögen nun Gebothe oder Verbothe, Räthe oder Mißräthe, sittliches Lob oder Tadel, sittliche Belohnung oder Strafe enthalten." [833] Also auch die sittlichen Räte werden von der praktischen Vernunft aufgestellt; sie dürfen folglich den ebenfalls von der Vernunft aufgestellten Sittengesetzen in keinem Punkt widersprechen. G. Braun leugnet auch an dieser Stelle nicht die Verbindlichkeit übernatürlich geoffenbarter Sittenlehren, deren Wahrheit nicht vom "Erkennen und Begründen der menschlichen Vernunft abhänge"[834], doch um ihre Verpflichtung zu erkennen und ihr nachzukommen, hält er die Beteiligung der menschlichen Vernunft für unerläßlich.[835]

Hinsichtlich der sittlichen Räte unterscheidet er zwei Arten: Es sind einmal solche, die sich auf sittlich Gutes beziehen, das höher als die Pflicht steht, und somit ein Verhalten über die Pflicht hinaus anraten. Zum anderen sind es Räte, die in Verbindung mit der Pflicht stehen und in Fällen des Zweifelns zu sicherem Verhalten beitragen können. Von Bedeutung sind jedoch vor allem die Räte der ersten Art. [836] In der kleinen Schrift bemüht er sich nicht um eine weitergehende Begründung der sittlichen Räte. Ihre Existenz beweist er, indem er das Neue Testament und neben dem Konzil von Trient eine Reihe von Kirchenvätern in Autoritätszitaten anführt. [837] Dies dient ihm jedoch nur als Vorbemerkung dazu, katholische und protestantische Moraltheologen seiner Zeit in ihren Ansichten über die sittlichen Räte zu korrigieren. Lediglich der Meinung von J. A. Stapf (1785-1844)[838] kann er in vollem Umfang zustimmen. Bei allen anderen angeführten Moraltheologen sieht er sich genötigt, zu widersprechen.

---

[832] Vgl. Kritik der Ansichten 3.
[833] Kritik der Ansichten 3. Die ersten Seiten der Schrift lesen sich wie ein engagiertes Plädoyer für die menschliche Vernunft.
[834] Kritik der Ansichten 3.
[835] Kritik der Ansichten 4: "Unsere Vernunft ist es auch, oder zuletzt der Schöpfer der Vernunft, der durch dieselbe spricht, wovon alle Verpflichtung, den übernatürlich geoffenbarten Sittenvorschriften Folge zu leisten, ausgehen muß; wer nur einen richtigen Begriff von Verpflichtung hat, kann hieran nicht zweifeln."
[836] Auch in seinem Handbuch behandelt er ausführlich nur diese im üblichen Sinne verstandenen sittlichen Räte. Vgl. I, 131 Anm.
[837] Kritik der Ansichten 7-11.
[838] Es ist schon früher darauf hingewiesen worden, daß G. Braun von J. A. Stapf offensichtlich eine hohe Meinung gehabt hat. Vgl. Anm. 332.

Während sich die eigenständige Schrift nicht um eine hermesianische Begründung der sittlichen Räte bemüht, versucht dies sein Handbuch.[839] In der Unterscheidung einer praktischen Vernunft, die notwendige wie auch bloß angeratene Zwecke zu setzen vermag, kann G. Braun wie so oft auf *G. Hermes* zurückgreifen. Schon dieser bringt die Unterscheidung in Beziehung zur Strafgewalt der Selbstverwerfung und sieht den bloß geratenen Zweck der praktischen Vernunft dieser Selbstbestrafung nicht unterworfen. Geraten ist für ihn ein Verhalten im Gegensatz zu einem notwendigen Verhalten dort, wo es um die Vervollkommnung der Menschenwürde über die 'reine Darstellung und Erhaltung' hinaus geht. Kommt es im Bereich des bloß angeratenen Verhaltens zu einem Widerstreit zwischen praktischer Vernunft und Sinnlichkeit, sieht er gar die Möglichkeit, daß der Mensch den Rat der Vernunft ignorieren und dem der Sinnlichkeit folgen kann, da die praktische Vernunft in solchen Fällen keine nötigende Kraft besitzt.[840]

Auch andere Hermesianer kennen die Existenz eines über das gebotene hinausgehende angeratene Verhaltens, scheinen aber wie *G. Hermes* selbst auf eine ausführlichere Begründung zu verzichten.[841] Sie alle sehen den Grund offenbar im obersten Sittengebot enthalten. Da der Mensch zu einer vollkommenen Erfüllung der obersten Sittennorm aufgrund der ihm anhaftenden Sinnlichkeit niemals fähig ist, sind sittliche Räte dort anzusiedeln, wo er bemüht ist, über die gebotenen Pflichten hinaus der obersten Norm nachzueifern: "Dann ist ferner dieses Moralprinzip [= das oberste] theils *gebiethend*, insofern es uns die reine Darstellung und Erhaltung, theils *rathend*, insofern es uns die immer größere und größere Vervollkommnung und Veredlung der Menschenwürde, nachdem sie bereits rein dargestellt und erhalten ist, zum Zwecke setzt."[842] Wie für G. Braun spielt auch für *G. Hermes, P. J. Elvenich* und *W. Esser* die sogenannte 'reine Darstellung und Erhaltung' der obersten Sittennorm dabei eine wichtige Rolle.[843] Die 'Darstellung und Erhaltung' der jeweiligen obersten Sittennorm - innerhalb der Moralphilosophie ist es die Menschenwürde[844], innerhalb der Moraltheologie die Gottähnlichkeit - repräsentiert die Grenze zwischen Pflicht und Rat. Jenseits der 'Darstellung und Erhaltung' der obersten Sittennorm ist das Feld des nur angeratenen Verhaltens. Doch wo diese Grenze zu ziehen ist, darauf können die Hermesianer keine verbindliche Antwort erteilen. Es ist ihren Aussagen nicht zu entnehmen, wann genau die praktische Vernunft eine Pflicht und wann nur einen Rat hervorbringt, was doch Voraussetzung wäre, eine vollständige Pflichtenlehre zu erstel-

---

[839] Vgl. I, 127-137.
[840] Vgl. Phil. Einleitung 207 f., und 212 f.
[841] Vgl. *W. Esser*, Moralphilosophie 38 f., und *P. J. Elvenich*, Moralphilosophie I, 103-113.
[842] *W. Esser*, Moralphilosophie 38 f.
[843] Vgl. G. Braun I, 130 mit *G. Hermes*, Phil. Einleitung 208, *W. Esser*, Moralphilosophie 39, und *P. J. Elvenich*, Moralphilosophie I, 103.
[844] Die 'Menschenwürde' ist ja gewissermaßen oberstes Moralprinzip einer säkularisierten Form von Moraltheologie, der Moralphilosophie. Sie darzustellen und zu erhalten ist oberstes Prinzip bei *I. Kant* und *G. Hermes*, sowie den Moralphilosophen *W. Esser* und *P. J. Elvenich*. Die Moraltheologen G. Braun und *H. J. Vogelsang* heben dieses zunächst nur innermenschliche Prinzip auf eine transzendentale Ebene, dadurch daß an die Stelle der Menschenwürde die Gottähnlichkeit tritt.

len. Auf dem Hintergrund anderer Äußerungen wird man jedoch vermuten können, daß ihrer Auffassung nach dem einzelnen dieser Unterschied aufgrund der individuellen praktischen Vernunft unmittelbar bewußt ist.

Insgesamt gesehen scheint aber allen genannten Hermesianern schon das *Streben des Willens nach 'Darstellung und Erhaltung' der Menschenwürde* bzw. der Gottähnlichkeit zu genügen, um die Strafe der Selbstverachtung zu umgehen. Die Tat an sich steht offenbar nicht im Mittelpunkt ihres Interesses. G. Braun begründet dies über die anderen Hermesianer hinaus wie erwähnt im Rückgriff auf sein Gottesbild. Da Gott ohne Sinnlichkeit sei, genüge es für den Menschen schon, seinen Willen beständig danach auszurichten, der Sinnlichkeit zu entsagen, um die Forderung der obersten Sittennorm nach Gottähnlichkeit zu erfüllen: "Die Aehnlichkeit des Menschen mit Gott ist schon dann erreicht, wenn der Mensch aus Wohlgefallen an dem Gottähnlichen oder zuletzt an Gott selbst beharrlich nach Gottähnlichkeit strebt, so daß das Sinnliche im Menschen dem Vernünftigen unterthan, oder die Vernünftigkeit herrschend ist."[845] Nach Auffassung der Hermesianer gibt es einen sogenannten 'guten Willen', der nach Erfüllung der obersten Sittennorm strebt, und einen 'besseren Willen', der sich über das geforderte Maß hinaus um diese Erfüllung bemüht. [846] Der 'bessere Wille' ist dem Phänomen der Selbstverachtung nicht mehr unterworfen, d. h. er ist nicht mehr mit der ganzen der praktischen Vernunft zur Verfügung stehenden Verbindlichkeit gefordert, sondern eben nur angeraten.

Die Ausführungen von G. Braun und den anderen Hermesianern zu den sittlichen Räten lassen eine Gewichtung des Hermesianismus deutlich hervortreten: es scheint nicht die *Ausführung* der Pflicht, nicht die konkrete Tat zu sein, die das eigentliche Ziel der sittlichen Vorschriften ist. Vielmehr zielt die Verpflichtung der praktischen Vernunft auf die *'rechte Gesinnung'* des Menschen. Sie ist es offenbar, die im eigentlichen Sinn gefordert ist, wenn von einem guten und einem besseren Willen die Rede ist. Wo aber liegen die Ursachen für diese Hochschätzung der rechten inneren Einstellung vor aller Tat?

IV. Die praktische Vernunft als Verpflichtung zur rechten Gesinnung

Ein Blick auf die philosophischen Grundlagen des Hermesianismus läßt die Ursprünge dieser Hochschätzung der rechten Gesinnung unschwer erkennen: Auch im Idealismus, als deren Vertreter die beiden 'Hauptquellen' des Hermesianismus, *I. Kant* und *J. G. Fichte*[847] zu gelten haben, wird die Gesinnung hochgeachtet. Auch dort ist die Tat an sich nicht das Entscheidende, die Hauptsache ist die Gesinnung, der gute Wille.

---

[845] I, 129.
[846] Vgl. I, 130.
[847] *F. Überwasser* sei an dieser Stelle nicht als eigene Quelle des Hermesianismus angeführt, da er im wesentlichen die Auffassungen von *I. Kant* und *J. G. Fichte* zusammenführt.

Für *I. Kant*, der gar als Begründer einer Gesinnungsethik gilt [848], ist nichts sittlich gut außer einem guten Willen. [849] Dieser ist jedoch nicht deshalb gut, weil er etwas bewirkt, sondern er ist es in sich. Die Moralität einer Handlung bestimmt sich somit nicht durch ihre Folgen. [850] So bemerkt er in der 'Kritik der praktischen Vernunft' etwa bzgl. der Gottes- und Nächstenliebe: "Gott lieben, heißt in dieser Bedeutung, seine Gebote *gerne* tun; den Nächsten lieben, heißt, alle Pflicht gegen ihn *gerne* ausüben. Das Gebot aber, das dieses zur Regel macht, kann auch nicht diese Gesinnung in pflichtmäßigen Handlungen zu *haben*, sondern bloß darnach zu *streben* gebieten." [851] Demnach richtet sich nach *I. Kant* das Doppelgebot der Gottes- und Nächstenliebe nicht in erster Linie auf ein konkretes Handeln, sondern lediglich darauf, nach dieser inneren Einstellung zu streben. Die Kompetenz der Pflicht endet bei *I. Kant* in diesem Fall in dem Auftrag der praktischen Vernunft, den Willen nach der entsprechenden inneren Gesinnung auszurichten. Tatsächlich ist über das Beispiel hinaus der entscheidende Punkt in *I. Kants* Ethik die rechte Gesinnung oder der gute Wille, wenn für ihn damit auch die "Aufbietung aller Mittel" [852] zur Umsetzung der Gesinnung in eine moralische Tat untrennbar verbunden ist. Doch über den moralischen Wert einer Handlung entscheidet für *I. Kant* nicht diese 'Aufbietung der Mittel', denn der "gute Wille ist nicht durch das, was er bewirkt, oder ausrichtet, nicht durch seine Tauglichkeit zur Erreichung irgend eines vorgesetzten Zweckes, sondern allein durch das Wollen, d. i. an sich, gut". [853] Gut ist das Wollen dann, wenn es aus einer sittlichen Verpflichtung hervorgeht.

J. G. Fichte, dessen Auffassungen die zweite Quelle des Hermesianismus darstellen, kennt zwei Ordnungen, die für den Menschen bestimmend sind: eine Ordnung, die sich innerhalb der Sinnenwelt des Menschen manifestiert, und eine, die diese Sinnenwelt übersteigt. Letztere ist seiner Auffassung nach für den Menschen im Grunde unerklärlich, da sie den Erfahrungen der Sinnenwelt entgegensteht. Das Wissen um die Inhalte dieser 'übersinnlichen' Ordnung kann daher nicht erfahren werden, sondern ist ein unmittelbares Wissen, vergleichbar mit dem im Hermesianismus bekannten 'unmittelbaren Bewußtsein der Sache in uns'. [854] Die höhere Ordnung gehört in

---

[848] Vgl. H. SCHMIDT - G. SCHISCHKOFF, Art. 'Gesinnung' 229.
[849] GMS IV, 18: "Es ist überall nichts in der Welt, ja überhaupt auch außer derselben zu denken möglich, was ohne Einschränkung für gut könnte gehalten werden, als allein ein *guter Wille*."
[850] GMS IV, 27: "Es liegt also der moralische Wert der Handlung nicht in der Wirkung, die daraus erwartet wird, also auch nicht in irgend einem Prinzip der Handlung, welches seinen Bewegungsgrund von dieser erwarteten Wirkung zu entlehnen bedarf."
[851] IV, 205.
[852] GMS IV, 19.
[853] GMS IV, 19. Vgl. H. J. MÜNCK, F. G. Wanker und I. Kant 111-113.
[854] *J. G. Fichte*, Appellation an das Publikum, III, 165: "Dieses Bewußtsein einer höheren, über alle Sinnlichkeit erhabenen Bestimmung, eines absolut pflichtmäßigen, eines notwendigen Zusammenhanges der Erfüllung des letzteren mit der Würdigkeit und der allmählichen Erreichung der ersteren, welches jeder gebildete Mensch in sich finden wird, kann aus keiner Erfahrung hervorgehen; denn es erhebt uns ja über alle Erfahrung. Wir müssen es in unserm eignen von aller Erfahrung unabhängigen Wesen finden;

den Bereich der Vernunft. Sie zu realisieren, soll oberste Bestimmung des Menschen sein. Künder der 'übersinnlichen' Ordnung ist die "unmittelbar gebietende, unaustilgbare und untrügliche Stimme des Gewissens"[855]. Die absolute Selbstgenügsamkeit der Vernunft, d. h. die Unabhängigkeit von jeglichem Einfluß der sinnlichen Ordnung, nennt er 'Seligkeit'. Ähnlich wie bei G. Braun der Mensch notwendig Wohlgefallen an Gottes Heiligkeit finden muß, strebt er bei *J. G. Fichte* notwendig der im Innern jedes einzelnen errichteten Seligkeit zu. Dies nennt er eine "pflichtmäßige Gesinnung"[856]; sie zu verwirklichen, darauf drängt die Stimme des Gewissens. Die pflichtmäßige innere Gesinnung als Teil jener den Menschen übersteigenden Ordnung begegnet dem Menschen mit Notwendigkeit, ohne daß er zu begreifen vermag, wie sie ihn zur Seligkeit führen kann.[857]

Die zwei von *J. G. Fichte* genannten Ordnungen bestimmen den Menschen also so: Die eine Ordnung ist die der Sinne und des Fleisches, gänzlich zum Menschen gehörend; die andere Ordnung ist dem Menschen an sich unerklärlich, sie übersteigt seine Sinne. Sie wird jedoch von der (praktischen) Vernunft als pflichtmäßige Gesinnung unmittelbar erahnt. Konkrete Entscheidungen zum Handeln werden vom Gewissen bestimmt, welches die unerklärliche Ordnung repräsentiert. Für die erste, rein menschliche Ordnung ist wichtig, "was geschieht", bei der zweiten, höheren Ordnung ist jedoch entscheidend, "aus welcher Gesinnung es geschieht"[858].

Der höherwertigen Ordnung wird von *J. G. Fichte* die rechte Gesinnung zugeordnet. Sie wird auch bei ihm höher gewertet als letztlich die konkrete Ausführung der Tat.

Wenn *I. Kant* und *J. G. Fichte* die Gesinnung als tragendes Element menschlicher Sittlichkeit herausheben, ist es nicht verwunderlich, wenn *G. Hermes* ebenfalls nicht die Tat an sich als den unbedingt wichtigsten Bestandteil sittlichen Handelns ansieht. Für ihn sind es die "Gemüthsstimmungen überhaupt und Gesinnungen insbesondere, welche ... die Hauptsache, und gleichsam die Seele der Handlungen seyn müssen"[859]. Generell machen für ihn Handlungen "nur den unwesentlichsten Theil der Religion und Moral aus"[860]; es ist der innere Zustand des Menschen, der im eigentlichen Sinne zählt.

---

wir müssen es unmittelbar dadurch wissen, daß wir von uns selbst wissen. Es ist so gewiß, als unser eigenes Dasein, und von nichts abhängig als von diesem Dasein selbst."

[855] *J. G. Fichte*, Appellation an das Publikum III, 165.

[856] *J. G. Fichte*, Appellation an das Publikum III, 166.

[857] *J. G. Fichte*, Appellation an das Publikum III, 167: "Kurz, es ist so, es ist schlechthin so, es ist ohne allen Beweis so; ich weiß es unmittelbar, so gewiß als ich irgend etwas weiß, und so gewiß als ich von mir selbst weiß."

[858] *J. G. Fichte*, Appellation an das Publikum III, 167. Vgl. Die Bestimmung des Menschen III, 377: "In der Sinnenwelt, die an der Kette der materiellen Ursachen und Wirkungen fortläuft; in welcher das, was erfolgt, von dem abhängt, was vorher geschah, kommt es nie darauf an, *wie, mit welchen Absichten und Gesinnungen* eine Tat unternommen würde, sondern *nur, welches diese Tat sei.*"
Vgl. auch H. K. KOHLENBERGER, Art. 'Gesinnung', in: Historisches Wörterbuch der Philosophie III. Darmstadt 1974, 537.

[859] Phil. Einleitung 37.

[860] Phil. Einleitung 38.

Insofern G. Braun also betont, das innere Streben reiche zur Erfüllung der obersten Sittennorm aus, besteht somit hierin Ähnlichkeit mit den Auffassungen der Philosophen *I. Kant* und *J. G. Fichte* sowie den von daher stammenden Ansichten seines Bonner Lehrers. Die Bedeutung der Gesinnung für das sittliche Handeln unterstreicht G. Braun auch an einer anderen Stelle seines Handbuchs, an der allerdings nicht von den sittlichen Räten die Rede ist: "Es ist schon hervorgehoben worden, ist auch vom Christenthume ausdrücklich anerkannt und versteht sich überdies von selbst, daß das sittliche Verhalten im Christenthume vorzüglich etwas Inneres ist, welches jedem äußern Verhalten erst Seele und Leben giebt." [861] Hier qualifiziert er die rechte Gesinnung als ein vom Christentum selbst legitimiertes Faktum und durchbricht mit dieser Begründung erneut die Grenzen des Hermesianismus, der diese Legitimation nicht im Christentum, sondern in der Psychologie des Menschen sucht. G. Braun hebt hier die rechte Einstellung als die bei sittlichem Verhalten maßgebende und es beseelende Komponente hervor.

Überdies zeigt der Blick auf die spezielle Moraltheologie seines Handbuches, daß zur Hauptsache Gesinnungen gefordert sind. Der Pflichtenkatalog der 'Religionslehre' etwa belegt dies in eindrucksvoller Weise: Der umfangreichere der beiden Teile der 'Religionslehre', der von den allgemeinen Vorschriften des Menschen gegen Gott handelt, ist unterteilt in Pflichten des inneren und in solche des äußeren Verhaltens gegen Gott.[862] Den weitaus größten Raum nehmen hier die Pflichten ein, die eine innere Einstellung fordern. Sie beanspruchen knapp drei Viertel der Abhandlung. [863]

Nicht jede der in diesem Abschnitt des Handbuches sich findende Forderung läßt sich sogleich als Forderung nach einer rechten inneren Einstellung erkennen. So nennt G. Braun hier etwa auch die Pflicht zur Anbetung Gottes. [864] Doch geht es ihm nicht in erster Linie, wie vielleicht zunächst zu vermuten wäre, um die Ausübung verschiedener Gebets- oder Andachtsformen. Vielmehr verbirgt sich auch hier die Forderung nach einer 'Gemütsstimmung', nach einer rechten inneren Einstellung: "Die im Obigen hergeleitete Pflicht der Anbetung ist die Pflicht *der Anbetung im Gemüthe oder im Geiste;* diese Anbetung ist etwas im Geiste Existirendes oder zu Bewirkendes, und so ist die eigentliche Anbetung Gottes eine *geistige.*"[865]

Dies bedeutet aber nicht, daß die Tat völlig ohne Bedeutung für G. Braun wäre. Er weist darauf hin, daß eine äußere Anbetung Gottes "wohl nützen, und an sich gar

---

[861] I, 60.
[862] Während die Pflichten des äußeren Verhaltens gegen Gott von G. Braun eigens so genannt werden (I, XLIII und 333), entwickelt er die Pflichten, welche eine bestimmte Gesinnung fordern, aus der formalen Dimension des obersten Moralprinzips. Sie hatte er als 'reines Wohlgefallen an Gott' beschrieben.
Eine mit "A. Vorschriften des Verhaltens gegen Gott, welche zunächst durch die Betrachtung des Wollens Gottes motivirt sind" auf Seite 179 des ersten Bandes begonnene weitere Unterteilung der 'Religionslehre' bleibt ohne entsprechende Parallele.
[863] Vgl. I, 171-333. Die Pflichten des äußeren Verhaltens gegen Gott finden sich I, 333-374.
[864] Vgl. I, 179-186.
[865] I, 181. Zur Unterstützung dieser Ansicht führt er Joh 4, 23 f. als Autoritätszitat an.

nicht schaden"⁸⁶⁶ könne und die innere die äußere unwillkürlich nach sich ziehe. Dennoch scheint er eine Umsetzung der Gesinnung in die Tat, ähnlich wie *I. Kant,* für sekundär zu erachten. Denn einerseits erklärt er, daß die Frage nach der Form der äußeren Anbetung sich wissenschaftlich nicht erfassen lasse, damit für seine Abhandlung unerheblich sei. Andererseits zeigen die von ihm genannten Mittel zur Erfüllung der Pflicht der Anbetung, daß auch hier die Tat nur an zweiter Stelle angeführt wird.⁸⁶⁷

Auch der kleine Teil, der die Pflichten des äußeren Verhaltens gegen Gott umfaßt, wird von G. Braun in enger Verbindung zur inneren Einstellung gesehen, da ja seiner Ansicht nach jeder Pflicht eine innere Gesinnung voraufgeht: "Wir verstehen unter *Handlungen gegen Gott* solche Handlungen, wozu der nächste Beweggrund in einer Stimmung oder Gesinnung gegen Gott liegt, und welche zugleich als erscheinende Handlungen sich unmittelbar auf eine Stimmung oder Gesinnung gegen Gott beziehen."⁸⁶⁸

Daß die Gesinnung von den Philosophen und Theologen im Umfeld der Aufklärung so hoch eingeschätzt wird, hat einen entscheidenden Grund wohl in der Liebe der Aufklärer zur 'Idee'. Der Idee wird der Vorrang vor ihrer Konkretisierung in den Dingen dieser Welt eingeräumt. Analog dazu zählt auf ethischem Gebiet die Gesinnung mehr als ihre Konkretisierung in einer Handlung. Das Konkrete, Einzelne scheint den Aufklärern zu banal.

Darüberhinaus resultiert die Zuneigung zur Gesinnung aus einer tiefen Abneigung der Aufklärer gegen jegliche Form von Fremdbestimmung. Es ist der Versuch, ein Menschen- und damit auch Weltbild zu konzipieren, das keine Gefahr eines Legalismus aufkommen läßt. Die Gesinnung garantiert dabei, daß der jeweils vor einer sittlichen Entscheidung stehende Mensch wesentlich aus eigener Kraft an dem Geschehen beteiligt ist und nicht durch fremde Autorität geleitet wird. *I. Kants* kategorischer Imperativ in seiner ethischen Form, wonach der Mensch stets Selbstzweck sein muß und nicht als Mittel mißbraucht werden dürfe ⁸⁶⁹, ist ein deutlicher Hinweis dafür. Ein Anhaltspunkt auf solches Denken findet sich auch bei *G. Hermes,* und zwar in der Begründung, warum er nur Gott und die Menschen, nicht aber die Tiere und die Welt an sich als Subjekte moralischen Handelns anerkennt. Seine Begründung lautet, wie schon genannt, daß nur gegen Gott und die Menschen Pflichten um ihrer selbst willen möglich seien.⁸⁷⁰ Ausschlaggebend ist also wie bei *I. Kant* der Selbstzweck des Pflichtsubjektes.

---

⁸⁶⁶ I, 182.
⁸⁶⁷ I, 184 f.: "Zu den vorzüglichern *Mitteln,* die Anbetung Gottes in sich zu Stande zu bringen, zu erhalten und zu befördern, zählen wir die Erhaltung der Reinheit des Herzens und die Werthschätzung derselben; das Streben nach Heiligkeit im eigenen Wollen; öftere Betrachtung der Heiligkeit Gottes und der heiligen Ordnung der Dinge, in welcher und zu welcher er Alles leitet; die äußere Anbetung und die Theilnahme an öffentlichen Uebungen der Anbetung und der Verehrung Gottes überhaupt; vorzüglich aber das Beiwohnen bei der Darbringung des h. Meßopfers."
⁸⁶⁸ I, 333 f.
⁸⁶⁹ Vgl. GMS IV, 66.
⁸⁷⁰ Vgl. Phil. Einleitung 40.

'Selbstzweck' als Forderung an den Menschen bereitet den philosophischen Denkern weniger Schwierigkeiten als den theologischen. Letztere stehen erneut vor dem Problem, wie sie die nun einmal nicht zu leugnende und von ihnen auch akzeptierte Tatsache der Offenbarung und ihrem sittlichen Anspruch mit der erstrebten 'Autonomie' in Einklang bringen können. Dies kann auch als das Kardinalproblem von G. Braun angesehen werden: wie gelingt es, die Inhalte der Offenbarung, dargelegt in Schrift, Tradition und mündlichem Lehramt der Kirche, mit der 'autonomen' Funktion der praktischen Vernunft zu verbinden. G. Braun übernimmt in seiner Prinzipienlehre, grob gesagt, die Lösung des Hermesianismus: die Offenbarung dient als Quelle, die konkreten Pflichten sind Ergebnis der praktischen Vernunft in ihrer, vom Hermesianismus so gesehenen, eigentümlich individualistischen autonomen Funktionsweise.

Allerdings klebt G. Braun nicht sklavisch an den Vorgaben seines Meisters. Zwar möchte er in voller Absicht ein hermesianisches Handbuch verfertigen und übernimmt die wesentlichen Grundstrukturen von *G. Hermes*, doch findet er den Mut, von den Vorgaben des Lehrers an einigen Stellen abzuweichen. So sucht er stets auch nach Gründen in der Offenbarung und hier vor allem in den Vorschriften Christi, um die grundlegenden Aussagen über die Wirkungsweise der praktischen Vernunft weitergehend auch positiv zu belegen. Diese Stellen zeichnen G. Braun als durchaus eigenständigen Denker aus, der wohl nicht umsonst von *G. Hermes* als dessen Nachfolger in Bonn ausersehen war.

V. Zusammenfassung

Als Ergebnis der Betrachtung der von G. Braun an verschiedenen Stellen seines Handbuches gemachten Aussagen zur praktischen Vernunft ist festzuhalten: Er sieht in der praktischen Vernunft ein autonom arbeitendes Prinzip, welches fähig ist, aus der Quelle – die auf das oberste Moralprinzip reduzierten theoretischen Lehren des Christentums – spontan Verbindlichkeiten zu formulieren. Die praktische Vernunft benennt aus dem in der Quelle vorhandenen Sein selbsttätig ein sittliches Sollen. Die so bestimmte Sittlichkeit erhebt den Anspruch, positiv zu sein, weil ihre Quelle positiv ist. Hierin unterscheidet sie sich wesentlich von heutigen Formen 'Autonomer Moral'. Da diese ihre Normen aus der alle Menschen gleichermaßen umgebenden Wirklichkeit abliest, kommt sie zu allgemeinverbindlichen Normen. Die Sittlichkeit, die G. Braun beschreibt, kommt nur zu Pflichten, die den katholischen Glauben voraussetzen.

Die gleiche Kraft, welche die Pflichten autonom formuliert, wacht auch über deren Erfüllung: die praktische Vernunft. Für G. Braun sind die Wirkungsweisen, die herkömmlich dem Gewissen zugesprochen werden, von der Funktionsweise der praktischen Vernunft umfaßt. Sie fordert zum Handeln auf und belegt die Nichtbeachtung mit der Strafe der Selbstverachtung.

Die praktische Vernunft bzw. das Gewissen kann auch zu einem Handeln bloß raten, ohne daß das Unterlassen dieser Verpflichtung mit Strafe bedroht wäre. Das eigentlich Sittliche einer sittlichen Handlung liegt für G. Braun nicht im Handeln selbst, sondern in der diesem vorausgehenden inneren Einstellung. Diese unabdingbare innere Beteiligung ist es offenbar, die für die Hermesianer ein legalistisches Handeln zu verhindern vermag und zu einem eigenverantwortlichen Tun führt.

Abschluß

ZUSAMMENFASSENDE WÜRDIGUNG

Zum Abschluß der Beschäftigung mit dem Handbuch des Trierer Moraltheologen G. Braun kann bestätigt werden, was oben schon einmal angeklungen ist. Es ist ein Werk, das in einer Zeit entstanden ist, in der sich die Theologie in einer Umbruchsituation befand.[871] Zeichen dafür ist, daß das Werk auf zwei Säulen ruht, welche zwei Perioden der Theologie resp. der Moraltheologie repräsentieren. Eine Stütze ist die hauptsächlich in der Prinzipienlehre zum Tragen kommende Autonomie der Vernunft in ihrer Hochschätzung der Fähigkeiten des Individuums; sie bedeutet ein Zugeständnis an die neue Weltsicht der Aufklärer. Als zweite Stütze dient G. Braun die Offenbarung, die als ausschließliche Quelle der Moraltheologie die Möglichkeit zur Hereinnahme von traditionellen Auffassungen sicherstellt. G. Brauns 'System der christkatholischen Moral' zeigt sich als eine Moraltheologie, die aus dem Umgang mit beiden Komponenten erwachsen ist. In einem abschließenden Abschnitt soll versucht werden, das Trierer Lehrbuch auf einigen Seiten kritisch zu würdigen und dabei auch auf die unterschiedliche Gewichtung der beiden Bestandteile zu achten.

Die langanhaltenden Bemühungen von *G. Hermes* und der preußischen Regierung um den Studenten G. Braun zeugen davon, daß dieser sich schon früh durch Fleiß und eine überdurchschnittliche Begabung hervorgetan hat. Obwohl G. Braun sich als Schüler von *G. Hermes* und Vertreter des Hermesianismus zu einer Richtung bekannt hat, die mit der offiziellen Lehre der Kirche in Auseinandersetzung geraten ist, gibt es in seinem Lebenslauf keinerlei Anzeichen dafür, daß er seine Begabung dazu verwandt hätte, gegen die offizielle kirchliche Lehrmeinung zu opponieren. Im Gegenteil zeugen seine zahlreichen hohen Ämter in der Bistumsverwaltung und sein Wirken als Weihbischof in deutlicher Weise davon, daß er seine Kräfte zum Wohle der Kirche zur Entfaltung bringen wollte. Nicht zuletzt gibt auch schon der Titel seines moraltheologischen Hauptwerkes – 'System der christkatholischen Moral' – seine Nähe zur katholischen Tradition zu erkennen.

Das Handbuch läßt G. Brauns Begabung erkennen. Es ist mit einigem wissenschaftlichem Geschick verfaßt und offenbart vor allem in der Prinzipienlehre eine ausgeprägte Fähigkeit zu spekulativem Denken. Hier stimmt G. Braun alle Teile logisch aufeinander ab und fährt in seiner Analyse der Grundbegriffe immer erst dann fort, wenn er zuvor zu sicheren und für den Leser einsichtigen Ergebnissen gekommen ist. Er zeigt ein nicht zu übersehendes Bemühen, dem Leser die Grundlagen der hermesianischen Moral begreiflich zu machen. Seine analytische Vorgehensweise ist wohldurchdacht, seine Definitionen der Hauptbegriffe wollen so verständlich wie möglich sein, und die Abgrenzung von den Nachbarwissenschaften ist scharf konturiert. Die strenge Methodik, mit der er die Prinzipienlehre gestaltet, findet sich zwar nicht in solch ausgeprägtem Maße in der 'Religions-' und 'Sittenlehre', vor allem

---

[871] Vgl. oben S. 31, vgl. auch S. 102.

nicht im letzten Band des Handbuches, doch zeugt der Dreierschritt zur Behandlung der Pflichten, mit dem sich G. Braun in der speziellen Moral methodisch von den zeitgenössischen Autoren abhebt, auch hier von seinem Bemühen um Systematik. Die Prinzipienlehre gibt Zeugnis davon, daß G. Braun die keineswegs einfach zu durchdringenden Vorstellungen seines Lehrers *G. Hermes* nicht nur souverän beherrscht, sondern sie auch auf das bisher für hermesisches Gedankengut nahezu unerschlossene Gebiet der Moraltheologie zu transponieren weiß. Neben der Übertragung der hermesischen Gedanken von der Erkenntnistheorie zur Moraltheologie, versteht er es auch, sie, wo es ihm nötig erscheint, in seinem Sinne abzuändern oder zu ergänzen. Dabei ist eine generelle Neigung zu beobachten: überall dort, wo *G. Hermes* die Dinge nur aus der psychischen Natur des Menschen, aus der von ihm so gesehenen anthropologischen Grundsubstanz heraus erklärt, sucht G. Braun darüberhinaus eine Erklärung, die sich aus der Offenbarung, aus Bibel und Christentum, ergibt. Er ist darum bemüht, für die hermesischen Grundaussagen stets eine christliche Bestätigung zu finden, da ihm der erkenntnistheoretische Begründungsansatz allein offensichtlich nicht genügt. Während *G. Hermes* etwa die Beteiligung von 'Gemütsstimmungen und Gesinnungen' an einer sittlichen Handlung ausschließlich psychologisch erklärt[872], sieht G. Braun sie auch von den praktischen Vorschriften des Christentums selbst gefordert.[873] An diesen Stellen tritt G. Braun schon bei der Behandlung der Grundlagen seiner Wissenschaft aus dem Schatten seines Meisters heraus[874] und ist mehr Moraltheologe als Hermesianer, da diese Abänderungen der Vorgaben zumeist ein Zugeständnis an die traditionelle Moraltheologie darstellen.

Trotz dieser augenscheinlichen Zuneigung zu überlieferten traditionellen Werten wird man sagen müssen, daß G. Brauns Prinzipienlehre im wesentlichen von hermesischem resp. hermesianischem Gedankengut mit seiner Hochschätzung der Vernunft getragen wird. Es ist die Vernunft, die in der theoretischen Konzeption der Moraltheologie eine tragende Rolle spielt: Sie ist es, welche mit ihrer Forderung nach Analytik und einsichtiger Vorgehensweise die Form der Darstellung bedingt, welche durch Vorbringen von Sachgründen zur gesuchten Quelle hinführt und welche die Brauchbarkeit des durch rationales Abwägen gefundenen obersten Moralprinzips prüft. Es ist schließlich auch die Vernunft, welche die Inhalte der Normen herleitet. Allerdings gebraucht G. Braun zu dem letztgenannten Zweck den Vernunftbegriff in einem erweiterten, nicht nur spekulativ-rationalen, sondern eher in einem von *G. Hermes* übernommenen psychisch-existentialen Sinn[875], was durchaus eine Bereicherung für die Moraltheologie der damaligen Zeit bedeutet hat. Denn es ist *G. Hermes* ohne Zweifel

---

[872] Vgl. Phil. Einleitung 29-33.
[873] Vgl. I, 20 f.
[874] *H. J. Vogelsang* war nicht dazu in der Lage, so souverän mit den Vorgaben von *G. Hermes* umzugehen und sich von ihnen gegebenenfalls zu lösen.
[875] Darauf weist etwa die Nähe der 'Gemütsstimmungen und Gesinnungen' zur Normenfindung hin, aber auch, daß es G. Braun, wie erwähnt, gelingt, die Elemente der traditionellen Lehre vom Gewissen in seinen Vernunftbegriff zu integrieren. Dabei ist etwa das von ihm in diesem Zusammenhang beschriebene Phänomen der Selbstverachtung, das seiner Auffassung nach ebenfalls von der praktischen Vernunft hervorgebracht wird, ein solch existentiales, die ganze Person betreffendes Element.

als Verdienst anzurechnen, daß er den Versuch unternommen hat, den psychischen Gegebenheiten des Menschen Rechnung zu tragen. Bevor sich die Psychologie als eigenständige Wissenschaft etablieren konnte, hat er erkannt, daß die Psyche des einzelnen eine wichtige Schleuse ist, die objektive Wahrheiten zu subjektiv-individuellen werden läßt.[876] Diese Einstellung übernimmt G. Braun für die Moraltheologie. Er ist davon überzeugt, daß die Vernunft des einzelnen mit ihrer jeweils subjektiven Wertung der Dinge Entscheidendes zu sittlichem Handeln beiträgt. Christliche Moral hat für ihn in der autonom agierenden individuellen praktischen Vernunft einen unverzichtbaren Partner, wodurch G. Braun das sittliche Handeln des Menschen aufwertet. Es soll nicht bloß von außen bestimmt, nicht autoritativ gelenkt sein, sondern seinen eigentlichen Wert aus der Mitte der handelnden Person erhalten. Die praktische Vernunft ist dabei das Instrument autonomer Sittlichkeit und zugleich der Garant der Beachtung ihres verpflichtenden Charakters, wodurch einem rein legalistischen Handeln vorgebeugt werden kann.

Alles in allem rückt G. Braun seine Moraltheologie in der Prinzipienlehre nahe an die erste ihrer zwei Hauptkomponenten heran, an die Vernunft. Die Komponente der Offenbarung wird in der Prinzipienlehre nur durch die auf das oberste Moralprinzip reduzierte Quelle der Moraltheologie und durch die oben genannten Zugeständnisse an eine traditionelle Moraltheologie repräsentiert. Wenn das Element der Offenbarung auch in der Prinzipienlehre hinter das der Vernunft zurücktritt, bleibt es doch unverzichtbar. Denn es darf nicht unterschätzt werden, daß es für G. Braun ein unaufgebbares Moment ist, die Quelle der Moraltheologie nicht in der Vernunft, sondern in der Offenbarung zu suchen. Durch das Festhalten an einer positiven Grundlage konnte es G. Braun vermeiden, daß sein Handbuch, auf einem rein rationalen Fundament ruhend, die Inhalte der Offenbarung nur als bloße übernatürliche 'Zugabe' zu bereits rein rational gefundenen Normen behandelt. Da die Offenbarung schon im theoretischen Entwurf seiner Moraltheologie essentiell ist, werden der Autonomie der Vernunft von vorneherein Grenzen gesteckt. Im speziellen Teil des Handbuches wird die Bedeutung der Offenbarung noch stärker hervorgehoben.

In der speziellen Moral ist eine deutliche Verlagerung des Gewichtes von der Komponente der Vernunft hin zur jener der Offenbarung zu spüren. G. Braun bietet hier inhaltlich keine nennenswerten Besonderheiten. Obwohl er in der 'Religionslehre' die Ansichten seiner Gegnern bisweilen heftig zurückweist[877], was den Schluß auf außergewöhnliche inhaltliche Aussagen zulassen könnte, bleibt er jedoch im gesamten materialen Teil seines Handbuches in herkömmlichen Bahnen. Da er die von ihm beschriebene Methode der Herleitung von Normen de facto, sieht man von den Versu-

---

[876] Nicht *G. Hermes* ist es freilich gewesen, der zum erstenmal psychisch individuelle Aspekte mit philosophischen Denken verbindet. Die maßgebliche Wurzel liegt im Idealismus und hier besonders bei *J. G. Fichte*.
[877] Das umfangreiche akademisches Streitgespräch, welches G. Braun in sein Handbuch einfließen läßt, zeigt, daß er nicht nur die Auffassungen des Hermesianismus, sondern auch die der zeitgenössischen Moraltheologie sehr wohl kennt. Wenn er auch von vorneherein weiß, daß er die Argumente seiner Zeitgenossen, von wenigen Ausnahmen abgesehen, nicht akzeptieren wird, weist sein geschicktes Entkräften ihrer Ansichten auch hier auf eine genaue Kenntnis und ein souveränes Beherrschen der Materie.

chen in der 'Religionslehre' ab, nicht verwendet, zeigt er eine Inkonsequenz, die ihn dazu führt, die Normen des speziellen Teils seines Handbuches in gewohnter Weise zu suchen. G. Braun mußte wohl feststellen, daß das oberste Moralprinzip und die von ihm in der Prinzipienlehre beschriebene Methode der Herleitung von Pflichten nicht genügen, um den materialen Teil des Handbuchs zu füllen, zieht er doch weitere Grundlagen zur Normenfindung heran. Er orientiert sich über das oberste Moralprinzip hinaus an der gesamten christlichen Offenbarung, an der Bibel, der Tradition und dem kirchlichen Lehramt. Er beachtet überdies die herrschende wissenschaftliche Meinung und übernimmt auch traditionelle moraltheologische Auffassungen, die ihrerseits ebenfalls zum größten Teil auf offenbarungsgeschichtlicher Grundlage beruhen. Mit dieser, gegenüber den Aussagen der Prinzipienlehre erweiterten Grundlage stellt er sich den ethischen Anforderungen der ihn umgebenden Wirklichkeit und findet Lösungen in Pflichten, die das Problembewußtsein seiner Zeit widerspiegeln. Die Vorgaben der Prinzipienlehre werden wie selbstverständlich erweitert und die Vernunft wird zugunsten der auf Offenbarung beruhenden Tradition zurückgedrängt.

Auf der einen Seite kann man die Folgewidrigkeit, die G. Braun sich bezüglich seiner theoretischen Grundlagen erlaubt hat, durchaus positiv bewerten, denn sie hat zu einer für die damalige Zeit brauchbaren speziellen Moraltheologie des Trierer Theologen geführt. Glücklicherweise, wie man sagen muß, weicht G. Braun von seinen insgesamt gesehen doch stark die Vernunft betonenden theoretischen Prinzipien weitgehend ab und gibt dem traditionellen Verfahren der Normenfindung, das auf einer viel breiteren Basis als das hermesianische ruht, den Vorzug. Doch auf der anderen Seite liefert diese Inkonsequenz auch den entscheidenden Ansatzpunkt für eine weniger positive Sicht des Werkes.

Denn betrachtet man das Handbuch als Ganzes, offenbart die genannte Inkonsequenz eine nicht unerhebliche Diskrepanz zwischen dem allgemeinen und speziellen Teil des Werkes. Die in der Prinzipienlehre mit großem spekulativem Aufwand betriebene Suche nach der Quelle und der Methode der Herleitung sittlicher Normen findet in der 'Religions-' und 'Sittenlehre' keine ihr gemäße Entsprechung. Die Anstrengungen, die G. Braun zur Klärung der theoretischen Grundlagen unternommen hat, waren zum größten Teil vergeblich, weil er seine Grundlagen bei der Ausarbeitung der Moral weitgehend nicht mehr berücksichtigt. Zurück bleibt ein formal unausgewogenes Werk, das als alleinige Grundlage der Vorlesungen es den Dozenten der Moraltheologie wohl schwer gemacht hätte, einen logisch stringenten Übergang zwischen dem allgemeinen und speziellen Teil zu finden. [878]

Die Prinzipienlehre für sich genommen zeigt bei allem lobenswerten Bemühen um wissenschaftliche Klarheit ein bisweilen übersteigertes Streben nach logischer Evidenz. Die strenge Systematik und die damit verbundene analytische Methode führen zu einem Übermaß an Untergliederung. Die Prinzipienlehre wird durch diese Darstellungsweise derart weit verzweigt, daß der Leser sich ständig orientieren muß, in wel-

---

[878] *St. Lück* hatte das Handbuch ja schon vor seinem vollständigen Erscheinen auf Wunsch von G. Braun als Grundlage der Vorlesung zurückgezogen. Vgl. oben Seite 75.

chem Zusammenhang die Begründung nun steht und auf welches Ziel sie hinarbeitet. Erschwert wird die Orientierung noch dadurch, daß auch Teile, die schließlich als unbrauchbar verworfen werden, in die Abhandlung miteinbezogen sind. [879]
Die zwei hermesianischen Grundpfeiler der Prinzipienlehre, die Bestimmung der Quelle mit der damit verbundenen Postulierung eines obersten Moralprinzips sowie die Methode der Herleitung einzelner Pflichten aus der Quelle muten darüberhinaus für heutiges Verständnis sehr eigentümlich an. [880] Zwar sieht G. Braun richtig, daß es für einen wissenschaftlich arbeitenden Theologen nicht damit getan ist, die praktischen Vorschriften der Bibel nur zu ordnen, um so die ganze spezielle Moraltheologie zu erhalten – Zeitgebundenheit und Begrenztheit biblischer Aussagen stellen bis heute ein zentrales Problem für die Moraltheologen im Umgang mit der Bibel dar –, doch wird man nicht soweit gehen können, die positiven Aussagen der Bibel generell als Quelle der Moraltheologie abzulehnen. Sie regen an, zeigen Wege und Grundstrukturen christlichen Handelns auf. Als Quelle ablehnen wird man sie nur, wenn man den Begriff der Quelle so eng faßt, wie es die Hermesianer tun: daß sich aus einer einzigen Quelle alle Vorschriften einer christlichen Moral ableiten lassen. In diesem Sinn werden die ethischen Aufforderungen der Bibel der Vorstellung einer Quelle tatsächlich nicht gerecht.

Doch die wohl auffälligste Eigenart dieser hermesianischen Moraltheologie ist die Methode der Herleitung der einzelnen Normen aus der Quelle. Sie vertraut ganz auf die individuelle Kraft der praktischen Vernunft in ihrer autonomen Funktionsweise. In meditativer Betrachtung der Offenbarungswahrheiten sollen die sittlichen Ansprüche spontan entstehen. Schon G. Braun selbst hat in seiner 'Sittenlehre' gezeigt, daß die Vernunft bzw. das Gewissen eine viel umfassendere Orientierung nach außen benötigt, als dies die hermesianische Methode vorsieht. Er gesteht dadurch ein, daß ein solches Vertrauen auf die praktische Vernunft eine erhebliche Überschätzung ihrer Fähigkeiten im Prozeß der Normenfindung bedeutet. Einer isolierten Einzelvernunft fehlt der notwendige Bezug zu bereits erbrachten Leistungen früherer Zeiten und zu den faktischen Gegebenheiten der Welt außerhalb des eigenen Kopfes. Es fehlt ihr ganz wesentlich auch die soziale Komponente, d. h. die konstruktive Auseinandersetzung mit zeitgenössischen Auffassungen. Ein nach hermesianischer Methode – ohne Absicherung nach außen – gefälltes sittliches Urteil bedeutete neben der Überschätzung des Einzelgewissens auch eine nicht geringe Überbewertung der gefundenen Norm selbst. Müßte diese, nach hermesianischer Art hergeleitet, nicht zeitlos sein, da ihre einzige Quelle, die Heiligkeit Gottes, zeitlos ist? Wenn Normen auch nicht beliebig wandelbar sind, so werden die meisten doch gewiß in hohem Maße von sozialen Strukturen geprägt und ändern sich mit ihnen. Eine 'hermesianische' Norm aber könnte stoisch über den Wechselspielen der Zeit thronen, da sie durch äußere Faktoren kaum beeinflußbar wäre.

---

[879] Vgl. etwa die Abhandlung der Frage, I, 87-93, ob die Sinnlichkeit das oberste Moralprinzip zu finden imstande ist.
[880] Sie taten es auch schon in früheren Zeiten, wie die Beurteilungen des Trierer Handbuches bestätigen.

Neben diesem schwerwiegenden Mangel an sozialer Orientierung würde sich noch eine weitere Schwierigkeit ergeben, die allerdings erst aus heutigem Blickwinkel ersichtlich ist. Denn bei dieser Art der Findung von Vorschriften spielten die Folgen einer Handlung nur eine sehr untergeordnete Rolle, würden doch spontan Pflichten entstehen, die ihre Verbindlichkeit nicht von den Folgen der jeweiligen Handlung erhielten, sondern in sich tragen würden.[881] Aus heutiger Sicht, in der eine Argumentation von den Folgen einer Handlung her eine ausschlaggebende Rolle spielt [882], wirkte eine solch deontologische Moral befremdend.

Bezüglich dieser hermesianischen Art der Normenfindung ist schließlich noch zu beachten, daß G. Braun ihr von vorneherein nur Gültigkeit für eine wissenschaftliche Moral zuspricht. Er muß einräumen, daß im populären Umgang mit Moral Eltern, Seelsorger und Erzieher die Pflichten nicht jedesmal neu herzuleiten hätten, sondern auf bereits bestehende zurückgreifen können. Er muß daher schon in der Prinzipienlehre zugestehen, daß hinsichtlich einer gelebten Moral die hermesianischen Theoreme über das Funktionieren der praktischen Vernunft kaum Bedeutung besitzen [883], ist das Befolgen bereits hergeleiteter Pflichten doch ein Handeln auf fremde Autorität hin, welches er für eine wissenschaftliche Moral heftig zurückgewiesen hat.[884] Im 'gewöhnlichen Volksunterrichte', wo nicht strengwissenschaftlich nach Gründen gefragt werden müsse, rückt das, was bei einer wissenschaftlichen Moral als unaufgebbar bezeichnet wurde, in den Hintergrund. Hier ist ein genaues Begründen und Begreifen der sittlichen Verbindlichkeit sowie der Herkunft der Strafgewalt nicht nötig. Das was vorher für eine wissenschaftliche Behandlung der Moral essentiell war, verliert für G. Braun umsomehr an Bedeutung, je mehr er an Menschen denkt, die gewohnt sind, 'sich durch Autorität leiten zu lassen'. Er kann letztlich diese Antinomie nicht auflösen: was er einerseits mit *G. Hermes* als Funktion der allgemeinmenschlichen Psyche so vehement verteidigt, soll in anderen Situationen nicht so wichtig sein.

Zwar hat G. Braun wesentliche Teile seiner hermesianischen Theorie in der speziellen Moral nicht zur Anwendung gebracht, doch sind dagegen auch hermesianische Gedanken nachweisbar, die er sein ganzes Werk hindurch vertritt. Dazu zählt seine individualistisch-subjektivistische und anthropozentrische Sichtweise. Individualistisch ist seine Moraltheologie deshalb, weil er vor allem das Interesse des Individuums an dem *eigenen* sittlichen Lebenswandel in den Vordergrund stellt. Die von G. Braun eigentlich mitgeforderte 'Förderung des Ebenbildes Gottes im Mitmenschen' tritt in der speziellen Moral deutlich zurück. Es dominiert eine ich-zentrierte Sittlichkeit. Gemeint ist damit freilich nicht ein egoistisches Handeln, das zum Schaden des Nächsten gereicht. Vielmehr steht der 'Eigennutzen' des Handelnden, die eigene Annähe-

---

[881] Es wäre eine rein deontologische Moral. Handeln wäre damit nicht objekt-, sondern subjektbezogen. Pflicht und Pflichtsubjekt machten sie aus; weniger würde sie vom Objekt der Handlung her bestimmt. Es ist die Kantsche Pflichtmoral, die hier maßgebenden Einfluß genommen hat.
[882] Zur teleologischen Begründung vgl. etwa B. SCHÜLLER, Die Begründung sittlicher Urteile 282-298, und F. BÖCKLE, Fundamentalmoral 306-315.
[883] Vgl. I, 29 f.
[884] Vgl. etwa I, 20-27.

rung an das Wesen Gottes vor der des Mitmenschen, wobei ein gewisser egoistischer Zug gewiß nicht zu leugnen ist. Eng damit verbunden ist eine subjektivistische Sicht der Dinge. Wenn es auch in der Tendenz richtig ist, wenn *G. Hermes* und seine Schüler immer wieder darauf verweisen, daß es keine objektive, sondern nur eine subjektive Sicherheit über Wahrheit geben kann, wird man jedoch nicht so weit gehen können, den Wahrheitsbegriff der Hermesianer in seiner radikal versubjektivierten Weise[885] zu akzeptieren.

Zum individualistisch-subjektivistischen Blickwinkel tritt eine anthropozentrische Betrachtungsweise. Am deutlichsten kommt sie in der Bestimmung des Endzweckes der Welt und des Menschen zum Ausdruck. Alle Dinge der Welt gruppieren sich um das einzige Ziel, dem Menschen die sittliche Annäherung an Gott zu ermöglichen. Sie sind deswegen erschaffen worden und erhalten ihre Daseinsberechtigung nur hinsichtlich dieses Zieles. Dies bedeutet eine Verzweckung alles dessen, was nicht Mensch, was nicht vernunftbegabt[886] ist. Ein Eigenzweck wird den Dingen nicht zugestanden, sie erhalten Sinn nur im Hinblick auf den Menschen. Die Tiere und die Natur können in dieser Konzeption nicht zu Trägern von Eigenrechten werden, eine Sicht, die jedoch in jener Zeit auch außerhalb des Hermesianismus von Moraltheologen generell vertreten wurde.

Problematischer hingegen ist in diesem Zusammenhang, wie G. Braun das göttliche Geschenk der Gnade beurteilt. Die Gnade findet für ihn ihren Ausdruck nur in den sogenannten 'Gnadenmitteln', zu denen er vor allem den Empfang der Sakramente zählt. Die 'Gnadenmittel' werden von G. Braun – wie die den Menschen umgebenden Dinge der Welt – sittlich verzweckt; auch sie werden dem moralischen Streben des Menschen untergeordnet. Der Mensch, der, so wie es die theoretische Vorgabe von *G. Hermes* fordert, alle erforderlichen Mittel zur Erfüllung des obersten Pflichtgebotes heranziehen muß, bedient sich der 'Gnadenmittel' zur Erfüllung des obersten Gebotes. Wie schon von H. WEBER bemerkt wurde, wird von G. Braun eine ontologische Wirkung der Gnade nicht gespürt.[887] Die Sakramente sind lediglich Hilfsmittel zur Erfüllung des obersten Pflichtgebotes. Dabei dienen sie auch in der Sichtweise von G. Braun letztlich dem Heil des Menschen, bei ihm jedoch ausschließlich auf ethische Art und Weise. Religion wird so auf Sittlichkeit reduziert.

Daß G. Braun die genannten hermesianischen Ansichten im gesamten Werk beibehalten hat, hat sicher einen Grund in der Darstellung der speziellen Moraltheologie ausschließlich in Form einer Pflichtenlehre, denn diese Darstellungsweise war die dem theoretischen Entwurf am ehesten entsprechende. Nachdem die 'Religionslehre' schon vor dem Urteil über *G. Hermes* erschienen war, wollte und konnte G. Braun offenbar die einmal für die spezielle Moraltheologie gewählte Form nicht mehr ändern, da die 'Sittenlehre' konzeptionell eng mit der 'Religionslehre' zusammenhing, sie nach hermesianischer Vorstellung zusammen die beiden Bereiche der Moraltheologie bildeten.

---

[885] Vgl. oben S. 53, die hermesische Ansicht zur Sicherheit über Wahrheit.

[886] Der Besitz von Vernunft ist für G. Braun ausdrücklich das Kriterium, das die Sonderstellung des Menschen rechtfertigt. Vgl. etwa seine Aussagen zum sittlichen Verhalten gegenüber Tieren I, 111-114.

[887] Vgl. Sakrament und Sittlichkeit 163 f.

Durch die Darstellung der speziellen Moral ausschließlich in Form von Pflichten hat G. Braun seiner Entfaltungsmöglichkeit selbst Grenzen gesteckt. Denn etwa den Einfluß der Gnade auf das sittliche Handeln zu beschreiben, fällt innerhalb einer Tugendlehre, die sich nicht so konkret wie eine Plichtenlehre auf spezifisches Handeln beziehen muß, da sie nur Handlungsdispositionen, nicht aber Handlungen beschreibt, wesentlich leichter.

Abschließend läßt sich sagen:

Was G. Braun und andere Hermesschüler an dem Bonner Dogmatiker sicher fasziniert hat, war seine strikt logisch vorgehende Darstellungsweise. *G. Hermes* war es, so schien es damals, dem es endlich gelungen war, die Vernunft, deren latenten Fähigkeiten die Philosophie der Aufklärung herauszustreichen vermochte, als sichere Basis zum Wahrheitserweis des Offenbarungsgeschehens zu verwenden. Als Hörer von *G. Hermes* mußte man nun einmal von einem System überzeugt sein, das auf den ersten Blick die beiden Komponenten Vernunft und Offenbarung gleichrangig zu würdigen wußte und zudem scheinbar keinen Platz für irgendeinen Zweifel bot, da es jeden Schritt auf den bereits gesicherten vorhergehenden aufbaute. G. Brauns Versuch, die hermesischen Gedanken für ein Handbuch der Moraltheologie zu verwenden, ist nur allzu verständlich. Er mußte zu Beginn seiner Arbeit als Dozent der Moraltheologie davon überzeugt gewesen sein, in der hermesischen Lehre die richtige Formel für eine sinnvolle Verbindung von Vernunft und Offenbarung in der Moraltheologie gefunden zu haben. Die ständig wachsende Anhängerschar von *G. Hermes* unterstützte zusätzlich diese Überzeugung.

G. Brauns Theorie der Moraltheologie gelingt ihm in seinem Handbuch auch noch weitgehend im Sinne des hermesischen Systems. Sie ist ohne Zweifel ein faszinierendes, festgefügtes und nahezu widerspruchsfreies Gebilde spekulativer Vernunft, das für sich genommen einen fast unangreifbaren Schutzwall logischer Stringenz besitzt. Sie ist daher vielmehr schon im Ansatz zurückzuweisen, da die Theorie der Normenfindung nicht dazu geeignet ist, sich auf das Feld angewandten ethischen Handelns übertragen zu lassen. G. Braun hat schnell erkennen müssen, daß es für eine christliche Moral mehr als logische Analyse erfordert. Zwar zeigt der erweiterte hermesianische Vernunftbegriff mit seiner Nähe zu den psychischen Gegebenheiten des Menschen in die richtige Richtung, doch der entscheidende Fehler einer hermesianischen Moral war es offenbar, aus einer einzigen Quelle in logischer Stringenz zu den Normen vorstoßen zu wollen und dabei die Vernunft in individueller Abgeschiedenheit zu gebrauchen. Dieser Versuch führte G. Braun dazu, nur die theoretischen Lehren des Christentums als Quelle anzuerkennen, die traditionelle Moraltheologie als überflüssig zurückzuweisen und die Normen in der genannten eigentümlichen Weise aus einem obersten Moralprinzip herleiten zu wollen. Glücklicherweise hat G. Braun den Mut bewiesen, nicht an seinen so überzeugend und apologetisch vorgetragenen Theoremen festzuhalten, sondern in seiner speziellen Moral auf die Tradition aufzubauen und sich neben seiner Vernunft auf Gefühl, Intuition und vor allem die christlichen Vorgaben zu besinnen. Dem Werk als Ganzes hat diese Inkonsequenz zwar geschadet, denn es wurde seinem Anspruch als Lehrbuch nicht gerecht, weil es als solches, gerade wegen dieser sich widersprechenden Teile, nicht mehr zu gebrauchen war.[888] Doch weil G. Braun rechtzeitig die Inkompatibilität seiner theoretischen Grundlagen erkannt hat, kann er durch seinen Rückgriff auf die traditionelle Weise der Normenfindung dafür sorgen, daß ihm der spezielle Teil des Handbuches im wesentlichen besser gelingt, die Komponente der Vernunft zumindest nicht annähernd so stark zum Vorschein kommt, wie es der Aufriß der Prinzipienlehre vermuten läßt.

Wenn auch äußere Umstände, die Verurteilung des Meisters und das Einsetzen der Neuscholastik um die Mitte des 19. Jahrhunderts, den Niedergang der Hermesschule forcierten, zeigt doch das Trierer Handbuch schon eine Schwäche im System selbst, die den Hermesianismus über kurz oder lang auch ohne äußeren Anstoß zu Fall gebracht hätten: Obwohl die Hermesianer auf einer positive Grundlage aufbauen, wird diese zu sehr den Regeln der Vernunft untergeordnet und erhält nicht den ihr in einer Offenbarungsreligion gebührenden Stellenwert. Gerade in der Moraltheologie, wo es um sittliche Entscheidungen geht, ist die Vernunft als alleiniger Entscheidungsträger nicht selten überfordert.

Wollte man eine Lehre aus dem Versuch des Trierer Theologen ziehen, eine vernunftgesicherte christliche Moral zu schreiben, so könnte sie lauten: Es ist für die christliche Moraltheologie offenbar nicht damit getan, eine bis in den letzten Winkel ausgefeilte theoretische Basis zu bilden, die jedem Angriff der Logik standhält. Christlichsittliches Handeln ist vielfach mehr, als die Vernunft zu deduzieren imstande ist, weil das Leben in seinem Reichtum, seiner Vielfältigkeit und Lebendigkeit die Fähigkeiten einer individuellen Vernunft überfordert. Hier hat G. Braun der Rückgriff auf die christliche Tradition und die sich dort findende Auseinandersetzung mit göttlicher Offenbarung weitergeholfen. Hätte er der Bibel und der christlichen Tradition auch im theoretischen Entwurf mehr Raum zugestanden, wäre ihm der Bruch mit seinen Theorien wohl in dieser Schärfe erspart geblieben.

---

[888] Da es bei seinem vollständigen Erscheinen 1840 wegen der Verurteilung von G. Hermes ohnehin schon obsolet war, kann davon ausgegangen werden, daß nie ein Dozent der Moraltheologie das ganze Werk als Grundlage seiner Vorlesungen benutzt hat.

PERSONENREGISTER

Achterfeldt, J. H. 47, 48, 58, 59, 191
Ackermann, P. F. 66
Adamski, R. 36
Albs, W. 97
Alphons von Liguori 38, 99
Altenstein, K. v. 45, 67, 69, 72
Ambrosius 98
Ammon, Ch. F. 96, 129
Amort, E. 36, 179
Arnold, F. X. 132
Arnoldi, W. 62, 67, 74, 75, 76
Aubert, R. 32, 40, 42
Auer, A. 87, 135, 190, 198, 204, 205, 206
Auer, H. 71
Augustinis, C. de 73
Augustinus 77, 98, 114
Azor, J. 208

Bastgen, B. 75, 76
Baumanns, P. 90
Bäumer, R. 88
Baumgarten-Crusius, L. F. O. 149
Becker, K. 27, 63, 95, 108 f., 110, 137
Becker, K. J. 38
Benedikt XI. 99
Benedikt XIV. 99
Berg, J. 61
Berks 64
Bernhard von Clairvaux 98
Bihlmeyer, K. 31, 32
Billen, Th. 67
Birkner, H. J. 136
Biunde, F. X. 48, 71, 73, 74, 84, 91, 92, 97, 99, 141, 148
Bläcker, F. 132
Blümm 63
Böckle, F. 38, 88, 127, 144, 190, 198, 199, 205, 210, 227
Bolzano, B. 61
Boner, F. X. 71, 73
Braun, J. W. J. 48, 73, 74, 99, 106
Braun, K. 63
Brentano, C. 47
Breulmann, H. 49
Brosch, H. J. 65
Bruch, E. 27, 63, 64, 65, 66, 68, 69, 70, 71, 72, 74, 75, 108

Bruch, J. Fr. 146
Bruch, R. 39
Brück, H. 46, 49, 103 f.
Brüggemann, Th. 72, 76
Brugger, W. 87
Busenbaum, H. 38

Cannabich, G. Ch. 96
Clemens VIII. 99
Coreth, E. 32, 34, 37, 130

Dalberg, Th. v. 31
DeWette 129
De Vries, J. 93
Delbrück 64
Descartes, R. 61
Diebolt, J. 28, 49, 106 f., 112, 149, 153
Dobiosch, H. 205
Drey, J. S. 65, 120, 121, 123-125, 129, 132, 133, 134, 159
Droste zu Vischering, K. A. 45
Droste zu Vischering, K. M. 44, 66
Dürig, W. 134
Dyroff, A. 47

Elorduy, E. 88
Elvenich, P. J. 48, 73, 74, 85, 97, 99, 105, 106, 107, 126, 162, 163, 172, 204, 205, 214
Ermecke, G. 190
Eschweiler, K. 36, 47, 49, 53, 54, 57, 58, 59, 60
Esser, W. 43, 44, 45, 46, 47, 48, 49, 85, 97, 99, 105, 126, 162, 214
Eusebius 114
Exeler, A. 132, 208
Eyrich, G. L. 64

Feilmoser, A. B. 65
Felder, F. K. 154
Fichte, J. G. 40, 44, 49, 50, 52, 61, 82, 90, 156, 181, 187, 215, 216 f., 218, 224
Fischer 63, 64
Fischer, B. 72, 134
Franz von Sales 89, 98
Franzen, A. 48

Franz II. 31
Freytag 64
Friedrich der Große 33
Friedrich Wilhelm III. 75
Friedrich Wilhelm IV. 75
Fries, H. 65
Frint, J. 154
Funk, Ph. 32, 40
Furger, F. 190

Gall, F. A. 81, 101
Galland, J. 45
Gallitzin, A. v. 45
Ganthaler, H. 61
Gatz, E. 44
Geiselmann, J. R. 48, 65, 133
Gelmi, J. 31, 32
Gerbert, M. 36
Gilen, L. 49
Ginters, R. 190
Glaser, H. 41
Grabmann, M. 132
Gratz, P. A. 64, 69
Gregor der Große 99
Gregor von Nazianz 114
Gregor XVI. 73
Gründel, J. 198, 205
Günther, A. 61 f., 194
Günther, W. A. 73, 74, 76

Haaß, R. 32, 33, 34, 36
Hadrossek, P. 28, 37, 39, 87, 88, 89, 90, 134, 135
Häring, B. 190
Hashagen, J. 40
Hazard, P. 32
Hegel, E. 34, 35, 43, 44, 45, 46, 47, 48, 49, 76
Hegel, G. W. Fr. 90
Heinen, W. 68
Heizmann, W. 180
Herbst, J. G. 65
Hermann, I. 205
Hermes, G. 43-61, 90 f., 94, 113-118, et mult.
Hertz, A. 190
Hesse, W. 170
Heyer, F. 38
Hieronymus 98
Hirschberger, J. 33, 34
Hirschbrich, E. 28, 190
Hirscher, J. B. 27, 62, 97, 132 f., 159, 185, 208 f., 210, 212

Hoffmeister, J. 93
Hofmann, R. 134 f., 179
Hohlwein, H. 36
Holzer, K. J. 76
Hommer, J. v. 63, 66, 67, 68, 69, 70, 71, 72, 73, 75, 79, 81, 101, 183
Honnefelder, L. 198, 205
Hörhammer, E. 37, 38
Hörmann, K. 28, 158
Huber, E. R. 66
Huber, G. 37
Huber, W. 66
Hugo von St. Viktor 87
Humboldt, W. v. 67
Hunscheidt, W. 37

Ignatius von Loyola 89
Innozenz XI. 99

Jakob, L. 63, 68, 70, 71
Jedin, H. 48
Jendrosch, B. 36
Johannes Chrysostomus 98
Johannes von Damaskus 77
Johannes vom Kreuz 89
Joseph II. 37
Julius III. 99

Kant, I. 33, 37, 40, 44, 49, 50, 52, 57, 59, 61, 90, 125, 131, 153, 158, 159, 164, 179-181, 189, 194, 196, 197, 214, 215 f., 217, 218, 219
Keller, Ch. 36, 37
Keller, E. 132, 133
Kleber, K. H. 28, 36, 37, 87, 88, 89, 90, 159
Klein 63
Kleineidam, E. 134
Kleutgen, J. 49
Klinger, E. 65
Klövekorn, L. 45
Kluckhohn, P. 41
Kohlenberger, H. K. 217
Köhler, O. 32, 40
Komp, J. 72
Kopp, C. 37, 49, 50, 52, 54, 56
Korff, W. 190
Kovacs, E. 28
Krauss, W. 40, 41

Lachner, R. 65
Lambruschini, L. 74, 75
Laurent, J. Th. 76

Laymann, P. 89, 208
Lehmann, J. 41
Lenz, J. 48, 71, 73
Leo der Große 99
Lessius, L. 88, 89
Lill, R. 31, 45
Linsenmann, F. X. 135
Lipgens, W. 43, 46
Locke, J. 34
Lomb, K. 183, 208
Lönne, K. E. 31
Lubos, A. 41
Lück, St. 72, 73, 75, 84, 98, 225

Mack, M. J. 101-103, 153, 201
Malter, R. 49, 53, 148
Maria Theresia 37
Maron, G. 61, 132
Marx, J. 63, 67, 71, 73
Mausbach, J. 159
Medicus, F. 82
Menne, A. 87
Merkle, S. 39, 48, 104
Messner, J. 171, 189
Michelis, F. 48
Mieth, D. 206
Mochti, O. 27, 36, 37, 68, 97, 111, 120, 132, 133, 134, 135, 149, 181, 183, 184, 187
Montesquieu, Ch. de 34
Morscher, E. 61
Mühlher, R. 40
Mühlsteiger, J. 37
Müller, J. 37
Müller, J. G. 71, 73, 75, 76
Müller, M. 28
Müller, W. 36
Münck, H. J. 68, 159, 216
Mutschelle, S. 27, 36, 37, 97, 125, 143, 149, 150, 204, 207, 208

Napoleon 31
Neumann, L. 49, 58, 59
Nüssle, F. X. 208

Oberleitner, A. 66
Oberrauch, H. 90, 159
Onymus, A. J. 64
Origenes 98, 179
Oßwald, B. 61
Overath, J. 43

Pabst, J. H. 62

Paulus 173
Paul III. 99
Persch, M. 63, 72
Pestel 79, 101
Peter, K. 41
Petrus Abaelard 87
Petrus Lombardus 87
Philipp, W. 32
Piegsa, J. 135
Pieper, J. 204
Piepmeier, R. 32, 34
Pius VII. 66
Pius IX. 62, 76
Pritz, J. 61, 62
Probst, F. 48, 111, 132, 134, 183, 189, 208

Raab, H. 31, 32, 33, 35
Rautenstrauch, St. 37, 38
Rehmke, J. 50
Reichelstein, J. W. 70
Reichert, F. R. 72
Reiffenstuel, A. 179
Reikerstorfer, J. 61
Reinhard, F. V. 144
Reinhardt, K. 88
Reinhardt, R. 65
Reiser, W. v. 135
Reiter, J. 39, 42, 48, 61, 87, 89, 111, 123, 133, 134, 179, 189
Rendtorff, T. 190
Renker, J. 36, 38, 63, 68, 85, 97, 110 f., 120, 132, 134, 175
Reyberger, A. K. 27, 68, 85, 97, 121, 138, 143, 144, 149, 150, 184 f., 208
Rief, J. 65, 132, 133, 135 f.
Riegler, J. G. 79, 97, 183
Ringeling, H. 190
Ritter, J. I. 48
Rodriquez, A. 89
Rosenbaum, J. J. 71, 73, 74
Roßhirt, A. J. 179
Rousseau, J. J. 33, 34
Ruef, J. M. 183, 186
Ruf, W. 65, 123, 124
Ruttenstock, J. 66

Sailer, J. M. 27, 36, 62, 65, 79, 97, 185
Sanchez, Th. 208
Schäfer, Ph. 40
Schaffner, O. 36, 159
Scharl, E. 132, 208

Scheeben, M. J. 103
Scheffczyk, L. 31, 32, 43, 44, 46, 47, 49, 65
Schelling, F. W. J. 61, 63, 90
Schenkl, M. v. 27, 120, 149, 183 f., 185
Scherr, M. 67
Schiel, H. 36
Schilling, O. 189
Schischkoff, G. 87, 93, 216
Schleiermacher, F. 63
Schlund, R. 43, 49
Schmeing, C. 120
Schmid, J. W. 96, 126, 149
Schmidt, H. 87, 93, 216
Schmidt, M. 32
Schmitz, Ph. 117
Schnabel, F. 31, 67
Scholder, K. 40, 42
Scholl, F. X. 71, 73
Scholz, F. 36, 90
Schön 64
Schöndorf, H. 32, 34, 37
Schreier, J. 40, 45
Schröer, A. 47
Schröer, Ch. 37
Schrörs, H. 43, 44, 45, 46, 47, 48, 49, 64, 66, 67, 69, 70, 104-106, 110, 112, 175, 201
Schue, E. 67
Schüller, B. 140, 145, 190, 227
Schurr, A. 90
Schwaiger, G. 32, 33, 34, 35, 36, 38, 39
Schwarz 64
Schwarz, A. 32
Schwedt, H. H. 43, 44, 47, 49, 58, 59, 139, 149, 191
Seber, F. J. 67
Seckler, M. 65, 123
Seelhammer, N. 63, 72, 75, 108
Seneca 99
Sokrates 99
Spaemann, R. 207
Spiegel, F. A. 46, 69
Stapf, J. A. 97, 98, 103, 213
Stattler, B. 27, 36, 37, 43, 90, 177
Stäudlin, Ch. F. 146, 160
Steinbüchel, Th. 32, 40, 42
Steininger, R. M. 67, 72
Steinsiepen, J. H. 67, 68
Stelzenberger, J. 123, 132, 159, 190
Stollenwerk, A. 72

Störig, H. J. 50
Stufler, J. 194
Suarez, F. 88, 89
Sudhof, S. 45

Teresa von Avila 89, 98
Tertullian 78
Thanner, J. 37
Theiner, J. 27, 28, 87, 89, 208
Thimm, K. 46, 49, 85, 107 f., 112
Thomas von Aquin 87 f., 89, 99, 179, 189, 190, 194
Thomas, A. 48, 63, 67, 68, 71, 72, 73, 74, 75, 76
Tillmann, F. 190
Tischleder, P. 159
Totok, W. 32, 40, 61
Trillhaas, W. 171
Tüchle, H. 31, 32

Überwasser, F. 44, 97, 148, 215
Ueberweg, F. 180

Valjavec, F. 37
Vazquez, G. 88
Verweyen, H. 82
Vogel 129
Vogel, C. 88
Vogelsang, H. J. 85, 97, 99, 101, 102, 103, 104, 105, 106, 107, 111, 175-178, 214, 223
Volkmuth, P. 48
Voltaire 34

Wagner 63
Walter, F. 64
Wanker, F. G. 27, 68, 79, 85, 97, 129, 138, 149, 159, 181-183, 184, 185, 189
Wappler, A. 65, 66
Weber, Ch. 63, 72, 76
Weber, H. 36, 38, 39, 44, 81, 83, 85, 89, 96, 97, 109 f., 120, 132, 134, 175, 187, 193, 195, 228
Weischedel, W. 33
Weitlauff, M. 32
Wenzel, P. 61, 62
Werner, C. 62
Wilpert, G. v. 40, 41
Windischmann, K. J. 47, 64
Winter, E. 61
Wittmann, M. 87, 89
Wolff, Ch. 36

Wörle, J. 97
Xavier, F. J. 38
Zahn, M. 87, 90
Zängerle, R. S. 61, 66
Zeeden, E. W. 129
Zeimentz, H. 49, 53, 54, 55, 56, 113, 139, 197, 204, 205
Ziegler, J. G. 28, 87, 89, 205
Zwingelberg, H. W. 180

Studien zur Geschichte der katholischen Moraltheologie
Herausgegeben von Johannes Gründel

Die Bände 1–10 sind vergriffen.

Band 11: Seybold, Michael: Sozialtheologische Aspekte der Sünde bei Augustinus. 1963. 301 Seiten, kart. DM 38,– (ISBN 3-7917-0166-5)

Band 12: Doherty, Dennis: The Sexual Doctrine of Cardinal Cajetan. (Nur in englischer Sprache erschienen) (vergriffen)

Band 13: Weber, Helmut: Sakrament und Sittlichkeit. Eine moralgeschichtliche Untersuchung zur Bedeutung der Sakramente in der deutschen Moraltheologie der ersten Hälfte des 19. Jahrhunderts. 1966. 439 Seiten, kart. DM 68,– (ISBN 3-7917-0179-7)

Band 14: Meier, Anton M.: Das peccatum mortale ex toto genere suo. Entstehung und Interpretation des Begriffes. Eine moralgeschichtliche Studie unter besonderer Berücksichtigung der Lehre des heiligen Thomas von Aquin. 1966. 405 Seiten, kart. DM 58,– (ISBN 3-7917-0109-6)

Band 15: Mieth, Dietmar: Die Einheit von vita activa und vita contemplativa in den deutschen Predigten und Traktaten Meister Eckharts und bei Johannes Tauler. Untersuchungen zur Struktur des christlichen Lebens. 1969. 335 Seiten, kart. DM 52,– (ISBN 3-7917-0112-6)

Band 16: Derungs, Ursicin: Der Moraltheologe Joseph Geishüttner (1763–1805) I. Kant und J. G. Fichte. Studien zu den philosophischen Grundlagen der „Theologischen Moral" Joseph Geishüttners. (vergriffen)

Band 17: Theiner, Johann: Die Entwicklung der Moraltheologie zur eigenständigen Disziplin. 1970. 456 Seiten, kart. DM 68,– (ISBN 3-7917-0169-X)

Band 18: Kleber, Karl-Heinz: De parvitate materiae in sexto. Ein Beitrag zur Geschichte der katholischen Moraltheologie. 1971. 344 Seiten, kart. DM 58,– (ISBN 3-7917-0199-1)

Band 19: Jendrosch, Barbara: Johann Michael Sailers Lehre vom Gewissen. 1971. 258 Seiten, kart. DM 48,– (ISBN 3-7917-0320-X)

Band 20: Fraling, Bernhard: Mystik und Geschichte. Das „ghemeyne leven" in der Lehre des Jan van Ruusbroec. 1974. 509 Seiten, kart. DM 78,– (ISBN 3-7917-0344-7)

Band 21: Klein, Paul: Die „kreative Freiheit" nach Nikolaj Berdjajew. Zeichen der Hoffnung in einer gefallenen Welt. (vergriffen)

Band 22: Gil, Francisco P.: Die Aus- und Einwanderungsfreiheit als Menschenrecht. Zur Geschichte dieses Rechts und zu seiner christlichen Begründung heute. 1976. 224 Seiten, kart. DM 58,– (ISBN 3-7917-0445-1)

Band 23: Renker, Joseph: Christliche Ehe im Wandel der Zeit. Zur Ehelehre der Moraltheologen im deutschsprachigen Raum in der ersten Hälfte des 19. Jahrhunderts. 1977. 243 Seiten, kart. DM 58,– (ISBN 3-7917-0526-1)

Band 24: Evers, Gernot D.: Sittlichkeit im Wort-Feld der Begegnung. Sittlichkeit als struktur-dialogisches Freiheits-Ereignis. Dargestellt an der Strukturontologie Heinrich Rombachs und der Pneumatologie Ferdinand Ebners. 1979. 406 Seiten, kart. DM 68,– (ISBN 3-7917-0593-8)

Band 25: Mochti, Otto: Das Wesen der Sünde. Kontinuität und Wandel im Verständnis von Sünde bei den Moraltheologen des deutschen Sprachraums in der ersten Hälfte des 19. Jahrhunderts. 1981. 336 Seiten, kart. DM 74,– (ISBN 3-7917-0638-1)

Band 26: Stanke, Gerhard: Die Lehre von den „Quellen der Moralität". Darstellung und Diskussion der neuscholastischen Aussagen und neuerer Ansätze. 1984. 365 Seiten, DM 52,– (ISBN 3-7917-0920-8)

Band 28: Sill, Bernhard: Androgynie und Geschlechtsdifferenz nach Franz von Baader. Eine anthropologisch-ethische Studie. 1986. 512 Seiten, kart. DM 72,– (ISBN 3-7917-0952-6)

Band 29: Gruber, Hans-Günter: Christliches Eheverständnis im 15. Jahrhundert. Eine moralgeschichtliche Untersuchung zur Ehelehre Dionysius' des Kartäusers. 1989. 280 Seiten, kart. DM 74,– (ISBN 3-7917-1199-7)

Preisänderungen vorbehalten

VERLAG FRIEDRICH PUSTET · REGENSBURG